Klaus Behling
Berlin im Kalten Krieg

W0054799

Berlin im Kalten Krieg
Schauplätze und Ereignisse

Klaus Behling
(Mitarbeit: Christian Behling)

 Kai Homilius Verlag

Impressum
©Kai Homilius Verlag, Berlin 2008
Alle Rechte vorbehalten. Ohne ausdrückliche
Genehmigung des Verlages ist es nicht
gestattet, diese Broschüre oder Teile
daraus auf fotomechanischem Wege (Fotokopie,
Mikrokopie) zu vervielfältigen oder in
Datenbanken aufzunehmen.

Kai Homilius Verlag
www.kai-homilius-verlag.de
Email: home @ kai-homilius-verlag.de

Autor: Klaus Behling
Lektorat: Peter Feist
Layout: KM Design, Berlin
Druck: Printed in E.U.
ISBN: 978-3-89706-901-5

Die Deutsche Bibliothek-CIP-Einheitsaufnahme
Behling, Klaus:
Berlin im Kalten Krieg / Klaus Behling - Berlin:
Kai Homilius Verlag, 2008

   ISBN 978-3-89706-901-5

Ne: GT

Inhalt

Erinnern, kennenlernen, besichtigen –
Ein Service ...

BERLIN IM FADENKREUZ
DES KALTEN KRIEGES

45 Jahre lang war Berlin eine der Fronten im Kalten Krieg.
Die anderen verliefen quer durch Korea und Vietnam, am Horizont der Reichweiten von Radargeräten und Atombomben, im Meer vor Kuba und vor allem in den Köpfen der Politiker in Ost und West.

Rückblick: Fast 800 Jahre lang schien Krieg für Berlin, wie auch anderswo auf der Welt, ein legitimes politisches Mittel zur Regelung von Herrschafts- und Machtproblemen zu sein. Wer erkannte, dass Krieg immer nur Probleme schafft, aber kein einziges davon löst, wurde nicht gehört.
Berlin feierte lieber das, was ein paar Jahre, manchmal über ein paar Jahrzehnte lang, wie eine Lösung anmutete. Doch stets war das eigentlich nichts anderes, als eine zeitliche Neuordnung der Brisanz ungelöster Widersprüche.
Was die Stadt mit Denkmälern vom Kreuzberg bis zur Siegessäule in Erinnerung hielt, konnte niemals der Gewinn eines Krieges sein. Zu gewinnen war allenfalls Zeit.
Und so wurde für Berlin jede Nachkriegszeit zwangsläufig auch wieder zu einer Vorkriegszeit, in der sich die Widersprüche erneut zuspitzten.

Dann ändert sich die Welt. Berlin ist am Anfang des 20. Jahrhunderts einer der Orte, an denen das deutlich zu spüren ist. Und zu spüren bekommen es auch jene, die aus Berlin fröhlich in den Krieg ziehen. Jetzt sterben auf einmal mehr Menschen durch Waffen als durch Seuchen und Hunger. Fast unbemerkt hat Vernichtung eine zusätzliche technische Dimension bekommen.

Das ist der Erste Weltkrieg. Er ist eine Zeitenwende, die auch in Berlin nur wenige begreifen.

Das zeigt sich schon wenige Jahre später, als von hier ein neuer Krieg ausgeht. Der Zweite Weltkrieg produziert nicht nur Millionen von Toten, sondern zerstört auch die Lebensgrundlagen der Überlebenden.
Die Berliner lernen brutal: Wer mit zerschossenen Gliedern in zerstörten Häusern sitzt und hungert, begreift zwangsläufig, dass es nicht so wie immer weiter gehen kann. Eine neue Art des Umgangs miteinander und neue Wege zur Lösung von Problemen müssen gefunden werden.

Aber welche? Berlin liegt in Trümmern. Die Sieger haben das Sagen. In der zerstörten Stadt prallen die Ideologien aufeinander. Der totalitäre Machtanspruch des Kommunismus fühlt sich nach dem Zweiten Weltkrieg ebenso gestärkt und bestätigt, wie die moralische Überlegenheit der westlichen Demokratien.

Für die Sieger ist das Ende des Zweiten Weltkrieges Ausgangspunkt, um die eigene Macht zu festigen. Das beginnt in den Sektoren Berlins ebenso, wie in den Zonen Deutschlands. Beide Seiten fühlen sich dabei im Recht, beide Seiten fühlen sich in der Pflicht.
So entsteht der Kalte Krieg als neue Vorkriegszeit in der Nachkriegszeit.
Krieg, weil offenbar keine Seite andere Wege kennt, um Konfrontationen zu lösen. Kalt, weil jeder weiß, dass er heiß nicht noch einmal zu überleben wäre.

Dass die Verbündeten von einst jetzt die Gegner im Kalten Krieg sind, kann nicht verwundern. Ihr Sieg im heißen Krieg hat nämlich wieder einmal nichts anderes erreicht als das, was vermeintliche Siege immer erreichen: Die Lösung ihres Hauptproblems, das Finden einer bislang ungekannten, stabilen Form des Zusammenlebens, wurde vertagt. Berlin ist einer der Orte auf der Welt, wo dies wie unter einem Brennglas sichtbar wird.

Doch nicht nur das. In Berlin glimmt die Lunte. Die sich hier gegenüber stehenden Weltmächte haben neue, bislang ungekannte Waffen. Sie töten nun nicht mehr nur Menschen, sondern vernichten das Leben schlechthin.

Es bleibt nicht mehr viel Zeit, um zu handeln. Entweder gelingt es, eine neue Weltordnung zu schaffen, oder es droht die Vernichtung der Welt. In Berlin könnte sie beginnen.

Die Front des Kalten Krieges verläuft mitten durch die Stadt. Hier stehen sich die Kontrahenten direkt gegenüber. Hier können sie probieren, was passiert, wenn man den Fuß über die weiße Linie setzt oder auch einmal ein paar Schüsse auf den Feind abfeuert.
In Berlin geschieht das immer wieder.
Eine blutige Konfrontation kann und will hier aber keine der beiden Seiten wagen. Berlin wird zum Probefeld für die Politik des Kalten Krieges.

Wer kann wo wie weit gehen – das zu prüfen, ist nirgends so günstig zu haben wie in der geteilten Stadt.
Natürlich wird auch der Kalte Krieg weltweit mit den bekannten kriegerischen Methoden geführt: Bedrohen, einschüchtern, rüsten, gegenrüsten, überrüsten – und Berlin ist der Ort, wo immer mal wieder im letzten Moment die Lunte ausgetreten wird.

Doch die Welt um die geteilte Stadt ändert sich.

Wie nie zuvor in der Geschichte wächst auf beiden Seiten der Front des Kalten Krieges die Verflechtung von Kriegerischem und Un-Kriegerischem. Verbündete gewinnen an Gewicht, in Berlin stehen sich nicht mehr nur Mächte, sondern Bündnissysteme gegenüber.

Nicht allein die Herrschenden, nicht nur die Wirtschaft oder die Militärs bestimmen, wie sich die Dinge entwickeln. Die politisch-militärisch-industriellen Komplexe beider Seiten sind in sich verflochten, bedingen aber auch einander und schaffen so neue Abhängigkeiten.

Das eröffnet eine neue Dimension der Problemlösung: Das Aufgehen eines Systems im anderen auf friedlichem Wege. Wie an keinem anderen Ort der Welt findet diese Entwicklung in Berlin ihren Kristallisationspunkt. Hier bietet sich die Chance, sowohl die deutsche Frage zu lösen, als auch einen Endpunkt der weltweiten Konfrontation zu finden.

Es ist kein Zufall, dass der Schlusspunkt des Kalten Krieges gerade in Berlin gesetzt wird. Sein Ende ist nicht nur der endgültige Abschluss des Zweiten Weltkrieges, sondern gleichzeitig die Möglichkeit des friedlichen Übergangs in eine neue Form internationaler Beziehungen, die es bislang im Zusammenleben der Menschen nicht gab.

Mit dem Ende des Kalten Krieges verschwindet die Konfrontation der Systeme, weil sich die Systeme gemeinsam wandeln.

Das haben Menschen freien Willens zustande gebracht. Deshalb stehen sich am Ende des Kalten Krieges weder in Berlin, noch im restlichen Deutschland keine Sieger und Besiegte gegenüber. Der ehemalige „Osten" ist nicht nur einfach „Westen" geworden, der „Westen" nicht unverändert geblieben.

Berlin ist eine Stadt, in der Kriege geplant, vom Zaune gebrochen, durchlitten, verloren und gebüßt wurden. Aber auch eine Stadt, die wie kein anderer Ort auf der Welt einen friedlichen Weg aus dem Teufelskreis des Wechsels der Zeiten von Krieg und Nicht-Krieg gefunden hat.

Das bürdet gerade diesem Ort mitten in Europa eine neue Verantwortung auf. Sie ist nicht kleiner als die in den Jahren des Kalten Krieges: Die neu gewonnene Art des internationalen Umgangs miteinander wird nämlich erst dann auf Dauer funktionieren, wenn die Einsicht, dass Kriege untaugliche Mittel zur Lösung internationaler Probleme sind, Gemeingut geworden ist.

Berlin kann zeigen, dass es geht.

1. KAPITEL

NEUANFANG, FROST UND EISZEIT

Am Ende des Krieges liegt Berlin in Schutt und Asche.

Ein Satz, wie er in Geschichtsbüchern steht, ein Satz, der Kommentare einleitet oder Filme begleitet. Sagen kann er wenig. Schwelende Trümmer, hungernde Menschen mit toten Augen, der Geruch von Lumpen und Leichen und der Lärm, aber auch die lauernde Angst der Sieger sind nicht einfach in Worte zu fassen.

Auch Zahlen helfen kaum weiter: anderthalb Millionen Flüchtlinge, zweihundert Gramm Brot am Tag, zwei Drittel total zerstörte Wohnungen – das Unvorstellbare macht das alles nicht vorstellbar.

Und dennoch ist Berlin für Millionen von Menschen auch ein Ort der Sicherheit und Geborgenheit, ein Ort des Neuanfangs aus dem Nichts. Sowjets, Amerikaner, Briten und Franzosen begleiten das mit Regeln und Härte. Bis Ost und West selbst zerstritten und Berlin geteilt ist.

ZWIESELER STRASSE 4 / ECKE RHEINSTEINSTRASSE: In der Nacht vom 8. zum 9. Mai 1945 unterzeichnen im Offizierskasino der Heeres-Pionierschule 1 in **Karlshorst** Generalfeldmarschall Keitel, Generaladmiral von Friedeburg und Generaloberst Stumpff die bedingungslose Kapitulation der Deutsche Wehrmacht. Die Unterschriften nehmen Marschall Shukow als sowjetischer Oberkommandierender und der britische Air-Marshal Tedder für das westliche Hauptquartier entgegen. Als Zeugen sind der amerikanische General Spaatz und der französische General de Lattre de Tassigny dabei.

KARLSHORST: Berlin hungert. Als provisorische Lebensmittelrationen hatte die sowjetische Stadtkommandantur am 5. Mai 1945 für Erwachsene festgelegt: 200 g Brot, 10 g Zucker, 25 g Fleisch, 10 g Salz, 400 g Kartoffeln und 2 g Kaffee. Meist reicht es nicht, diese Mengen auch tatsächlich bereitzustellen.

MASURENALLEE 8: Unter sowjetischer Kontrolle sendet der am 15. Mai neu gegründete „Berliner Rundfunk" auf der Frequenz 841 kHz ab 21. Mai 1945 wieder rund um die Uhr. Er hat seinen Sitz im Rundfunkhaus **Masurenallee**.

Eine sowjetische Einheit unter dem Kommando von Major Popow, einem Experten für Hochfrequenztechnik, hatte bereits am 13. Mai 1945 einen improvisierten Sendebetrieb von einer Stunde pro Tag aus dem Sendehaus **Tegel** aufgenommen.

Die außerordentlich schnelle Inbetriebnahme des Rundfunks war möglich, weil sich Major Popow dort bestens auskannte: Er war 1931 bis 1933 Volontär beim Reichsrundfunk.

Der „Berliner Rundfunk" wird schnell zum Propagandainstrument der Sowjets in Berlin. Deshalb fordert die SPD nach den freien Wahlen vom 20. Oktober 1946, ihn „unter die Aufsicht des gewählten Parlamentes" zu stellen. Weil nichts geschieht, erklärt sie im Februar 1947: „Solange diese Leute ihre Hetze weiter betreiben, wird kein Sozialdemokrat mehr in diesem Sender sprechen."

Als Antwort auf den inzwischen aus den Westsektoren sendenden RIAS werden nun auch Sendungen ausgestrahlt, die sich direkt an die Menschen im Westen richten. Der Kalte Krieg tobt im Äther.

Einen Höhepunkt findet er, als die Franzosen in einem Handstreich innerhalb von zwei Stunden am 16. Dezember 1948 die Sendetürme in Tegel sprengen. Den Protest der Sowjets weisen sie mit dem Hinweis auf Notwendigkeiten der Flugsicherung zurück.

Der „Berliner Rundfunk" sendet noch am gleichen Tag wieder über eine schwache Station in Potsdam und später über den Sender Leipzig. In Berlin ist er jedoch nur noch verrauscht zu empfangen.

Nun fürchten die Sowjets, dass die Briten das Funkhaus in der Masurenallee besetzen könnten. Doch Großbritannien will keine Eskalation.

In großer Eile wird in **Oberschöneweide** derweil ein neues Funkhaus eingerichtet. Im Sommer 1952 zieht der „Berliner Rundfunk" aus der Masurenallee aus. Alle technischen Einrichtungen und sämtliches bewegliches Inventar werden mitgenommen.

Die Sowjets übergeben das Haus in der Masurenallee im britischen Sektor erst am 5. Juli 1956 an den Berliner Senat. Bis dahin wird es von sowjetischen Soldaten, die wiederum unter Aufsicht britischer Militärs stehen, bewacht.

Vor dem Funkhaus stehen Warnschilder: „Achtung! Dies ist kein West-Berliner Sender!" Besonders eifrige kalte Krieger haben auf dem Gehsteig mit Kreide „Achtung Menschenfalle" gemalt. **(1)**

WENDENSCHLOSS: Am 21. Mai 1945 gibt die Rote Armee erstmals die „Berliner Zeitung" heraus. Ab 20. Juli ist sie das offizielle Organ des Berliner Magistrats. Als Chefredakteur fungiert der KPD-Funktionär Rudolf Herrnstadt (1903–1966).

PAROCHIALSTRASSE 1–3: Stadtkommandant Nikolai Bersarin führt am 19. Mai 1945 den Magistrat von Groß-Berlin als Verwaltung für ganz Berlin ins Amt ein. Er arbeitet bis zum 5. Dezember 1946.

Weil das eigentlich Stadthaus zur Hälfte zerstört ist, muss ein Ausweichgebäude her. Es findet sich mit dem Haus der Städtischen Feuer-Sozietät in der Parochialstraße 1–3., Um Missverständnisse zu vermeiden, wird dieses Haus am 20. November 1945 in „Neues Stadthaus" umbenannt.

Das „Stadthaus" in der **Klosterstraße 47** wird nach der Renovierung ab November 1955 Sitz des DDR-Ministerpräsidenten Otto Grotewohl (1894–1964).

WENDENSCHLOSS: Die Oberbefehlshaber der alliierten Besatzungsstreitkräfte unterzeichnen am 5. Juni 1945 im sowjetischen Hauptquartier in der **Niebergallstraße** die Vereinbarung über die künftige Vier-Mächte-Verwaltung Berlins und die Errichtung einer gemeinsamen Kommandantur.
Am gleichen Tag unterschreiben sie dort auch eine Deklaration über die Übernahme sämtlicher Hoheitsrechte des Deutschen Reiches.

**ZWIESELER STRASSE 4 /
ECKE RHEINSTEINSTRASSE:** Mit Befehl Nr. 1 gibt Marschall Georgi K. Shukow am 9. Juni 1945 die Errichtung der Sowjetischen Militäradministration in Deutschland (SMAD) bekannt. Sie hat ihren Sitz in der ehemaligen Heeres-Pionierschule in **Karlshorst**.

FRIEDRICHSTRASSE: Am 16. Juni 1945 gestattet die SMAD die Aufnahme des Spielbetriebes der Deutschen Staatsoper in deren Ausweichquartier im Admiralspalast in der Friedrichstraße.

ALT-FRIEDRICHSFELDE / ECKE SCHLOSSSTRASSE (heute Am Tierpark): Am gleichen Tag verunglückt Stadtkommandant Nikolai E. Bersarin tödlich bei einem Motorradunfall. Sein Nachfolger wird Alexander W. Gorbatow.
Am 2. Mai 1946 beschließt der Magistrat die Umbenennung des **Baltenplatzes** und der **Petersburger Straße** in **Bersarinplatz** und **Bersarin-Straße**. Nach der Einheit wird die Umbenennung rückgängig gemacht.

FLUGHAFEN TEMPELHOF: Am 1. Juli 1945 trifft das Vorkommando der künftigen US-Militärregierung, bestehend aus 50 Offizieren und 140 Mann ein. Mit ihm kommen auch die ersten amerikanischen Geheimdienstler in die Stadt.
Am gleichen Tag erreichen die amerikanischen Vorausverbände die Stadtgrenze von Berlin.
Als „noble Geste" übergeben die Sowjets bereits am 2. Juli den Amerikanern den Flughafen Tempelhof. Sie haben ihr Ziel erreicht und die Geheimdienstler bei der Ankunft fotografiert und registriert (SIEHE KAP. 4, FLUGHAFEN TEMPELHOF). Die offizielle Übergabe der Sektoren an die Amerikaner und Briten ist für den 4. Juli festgelegt, die Befehlsgewalt über den Flughafen übernehmen amerikanische Offiziere am 12. Juli 1945.

WENDENSCHLOSS: Am 11. Juli 1945 findet im sowjetischen Hauptquartier die erste Sitzung der Alliierten Kommandantur („Inter-Allied Military Commandantura") statt. Sie bestätigt bisher angeordnete Ordnungsmaßnahmen der Sowjets.

Auf die Bildung und Aufgaben der Alliierten Kommandantur einigten sich Georgi K. Shukow, Lucius D. Clay und Ronald M. Weeks bereits am 7. Juli. Am 10. Juli beschlossen sie, auch einen Vertreter der französischen Besatzungsmacht dazu zu laden.

REINICKENDORF: Die Britische Militärregierung übernimmt am 12. Juli 1945 den Bezirk Reinickendorf.

BRANDENBURGER TOR: Am gleichen Tag treffen sich Feldmarschall Bernard L. Montgomery und die sowjetischen Marschälle Georgi K. Shukow und Konstantin K. Rokossowski zum ersten Mal am Brandenburger Tor.

WENDENSCHLOSS: Am 14. Juli 1945 legt die Alliierte Kommandantur die für Berlin zugelassene Zahl von Kraftfahrzeugen fest. Auf je 150 Einwohner kam ein Lkw, auf je 5 000 Einwohner ein Bus und auf je 450 Einwohner ein Pkw.

PODBIELSKIALLEE 28: Am 17. Juli 1945 kommt ein Jeep mit ein paar Soldaten nach Berlin. Sie haben den Befehl, den amerikanischen Soldatensender „American Forces Network" (AFN) auf Sendung zu bringen. Das gelingt mit einem fahrbaren 250-Watt-Militärsender auf einem 2,5-Tonnen-Lkw.

Wenig später zieht AFN in die 27-Zimmer-Villa von Hitlers Außenminister Joachim von Ribbentrop (1898–1946) in **Dahlem** um. 1958/59 werden die Studios dort renoviert, denn AFN Berlin ist inzwischen eine wichtige strategische Position für den Fall eines Krieges um Berlin.

Als Ende der 60er Jahre auch Fernsehsendungen geplant werden, wird das ehemalige US Army Post Office in der **Saargemünder Straße 24** neues AFN-Funkhaus.

Von den kriegerischen Notfallplanungen beim Soldatensender erfahren die Berliner nichts. Für sie ist AFN von Anfang an der Sender mit der flottesten Musik, der unter den deutschen Tanzmusikern als Trendsetter gilt.

AFN sendet 19 Stunden am Tag. Nach dem Mauerbau nutzen das die Ost-Berliner Propaganda-Strategen und installieren einen Piratensender. Die Amerikaner nennen ihn „OPS" („Operation Pirate Station"). Mark White, früher AFN-Programmdirektor: „Sie hatten amerikanische, ein paar britische und sogar englisch sprechende Ansager, die aber Deutsche waren. Sie imitierten die AFN-Sendungen." **(2)**

Dann kommt eine Delegation des US-Kongresses. White: „Wir spielten ihnen ein paar Tonbandaufnahmen von ‚OPS'-Sendungen vor, und sie sagten, 'stop them'. Wir sagten, ‚kein Problem', und sendeten von da an 24 Stunden am Tag. Das war das Ende von ‚OPS'." (3)

Nebenbei: Auch die Sowjets betreiben von Potsdam aus unter dem Namen „Radio Wolga" einen Soldatensender. Beim Kalten Krieg im Äther spielt er keine Rolle, denn das besorgen die Ost-Berliner Verbündeten.

CHARLOTTENBURGER CHAUSSEE: Großbritanniens Premierminister Winston S. Churchill (1874–1965) nimmt am 21. Juli 1945 auf der späteren **Straße des 17. Juni** die Siegesparade der britischen Truppen ab. Amerikanische, sowjetische und französische Offiziere sind als Gäste dabei.

KAISERSWERTHER STRASSE 16–18: Die Alliierte Kommandantur bezieht ihr Hauptquartier (SIEHE KAP. 4, KAISERSWERTHER STRASSE 16–18).

Der Alliierte Kontrollrat als oberstes Organ der Vier-Mächte-Verwaltung Deutschlands beschließt auf seiner 1. Sitzung am 30. Juli 1945, in Berlin auch einen französischen Sektor einzurichten.

Am 8. August bezieht er seine erste Residenz im amerikanischen Hauptquartier in der **Kronprinzenallee** in **Zehlendorf**, der späteren **Clayallee** (SIEHE KAP. 4, CLAYALLEE).

WENDENSCHLOSS: Am 1. August 1945 befiehlt die sowjetische Militärverwaltung die Einrichtung der Eisenbahndirektion Berlin und der Wasserverkehrsdirektion Brandenburg.

KAISERSWERTHER STRASSE 16–18: Die Alliierte Kommandantur verbietet am 3. August bei Strafe das Tragen von Uniformen durch Zivilisten.

Am 9. August untersagt sie den Berlinern den eigenmächtigen Umzug zwischen den Sektoren.

Eine Ausgangssperre zwischen 23 und 5 Uhr wird am 14. August verfügt, eine Lotterie zum Wiederaufbau Berlins am 16. August genehmigt.

Am 4. September 1945 folgt die Anordnung von Überwachungsmaßnahmen gegen die Verbreitung von Typhus, Paratyphus und Ruhr.

Am 13. September 1945 erlässt die Alliierte Kommandantur eine Anordnung, nach der alle Personen, die sich am 30. September in Berlin befinden und nicht auf der Durchreise sind, eine Lebensmittelkarte erhalten.

WEDDING / REINICKENDORF: Entsprechend dem Beschluss des Alliierten Kontrollrates vom 30. Juli werden beide Bezirke am 12. August 1945 von den Franzosen besetzt.

WILHELMSHAVENER STRASSE: Am 7. August 1945 wird ein Mann bei der Durchsuchung seiner Wohnung verhaftet, weil er dort eine Pistole und 39 Schuss Munition versteckt hatte. Er bekommt eine lebenslange Haftstrafe.

In allen Sektoren gehört das strikte Verbot von Waffen und die Aufforderung, sie unverzüglich abzugeben, zu den ersten Maßnahmen der jeweiligen Besatzungsmächte. Gegen Verstöße wird hart vorgegangen.

So verurteilt ein britisches Militärgericht am 9. August 1945 einen 23-jährigen Polen, der eine geladene Pistole bei sich führte, zum Tode. Ein weiterer Pole (24) der mit einer Pistole am Bahnhof **Westend** aufgegriffen wurde, erhält am 25. August lebenslängliche Haft.

Im Gebäude des Landgerichtes in der **Turmstraße 91** fällt das Höhere britische Militärgericht am 5. und 6. September drei Urteile wegen unerlaubten Waffenbesitzes, darunter ein Todesurteil.

LITTENSTRASSE 12–17: Auf bei geringeren Delikten wird konsequent durchgegriffen.

Am 17. August verurteilt das Amtsgericht **Mitte** eine Frau wegen Unterschlagung zu drei Monaten Gefängnis. Sie hatte Eigentum jüdischer Bürger zurückgehalten.

Wegen Unterschlagung von Lebensmittelkarten wird der Chef der Kartenstelle 8 in der **Chausseestraße** am gleichen Tag zu einem Jahr Gefängnis verurteilt.

Vier Monate bekommt eine Frau am 30. August wegen des Abreißens von Plakaten der französischen Militärregierung.

Der Diebstahl von Kohl bringt vier Angeklagten am selben Tag Haft zwischen 15 Tagen und einem Monat ein.

Ein Schnellgericht der Amerikaner verhängt am 6. September Geldstrafen von bis zu 150 Mark, weil gegen die Ausgangssperre verstoßen wurde.

KAISERSWERTHER STRASSE 16–18: Am 21. August 1945 teilt die Alliierte Kommandantur mit, dass es im Winter für die Bevölkerung keine Kohlen gibt. Deshalb sollen Waldstücke in Berlin bestimmt werden, wo der Holzeinschlag erlaubt wird.

Zwei Jahre später, am 25. Mai 1947, stellt der Magistrat fest, dass von den einstmals vorhandenen drei Millionen Festmetern des Berliner Waldbestandes nur noch 1,4 Millionen vorhanden sind.

Für Kinder bis zu 9 Monaten legen die Alliierten am 22. August 1945 eine Versorgung mit 0,75 Liter Milch pro Tag fest. Kinder bis zu sechs Jahren bekommen 0,5 Liter und bis acht Jahre 0,25 Liter.

Am 27. September wird die Lebensmittelration für Kinder von neun bis 17 Jahren auf 1 500 Kalorien pro Tag angehoben.

Im Zuge der Rationierung von Tabakwaren werden am 1. September 795 000 Raucherkarten für Männer und 1 049 000 Karten für Frauen ausgegeben.

KRONPRINZENALLEE: Die US-Kommandantur verbietet am 21. August 1945 in ihrem Sektor die Tätigkeit aller von den Sowjets eingesetzten Haus- und Straßenobleute.

CHARLOTTENBURGER CHAUSSEE (heute: Straße des 17.Juni): Am 7. September 1945 findet aus Anlass des Endes des Krieges in Ostasien eine gemeinsame Siegesparade der vier Besatzungsmächte statt.

POTSDAMER STRASSE 188: Im BVG-Hauptquartier wird Tag und Nacht gearbeitet. Zum ersten Mal nach dem Krieg befördert die Verkehrsgesellschaft am 20. September 1945 wieder mehr als eine Million Fahrgäste pro Tag.
Am 8. Februar 1946 verkehrt die S-Bahn erstmals wieder auf dem kompletten Innenring.

KAISERSWERTHER STRASSE 16–18: Die vier Stadtkommandanten beschließen am 20. September, die Berliner Zeit um eine Stunde zurückzustellen.
Damit wird die Entscheidung der Sowjets korrigiert, die am 20. Mai in Berlin die Einführung der Moskauer Zeit (plus 2 Stunden zur MEZ) verfügt hatten.

WENDENSCHLOSS: Die sowjetische Kommandantur plant am 1. Oktober 1945 mit Beginn des neuen Versorgungsjahres eine beschränkte Menge Gerste für die Herstellung eines dreiprozentigen Bieres ein. Für die Rote Armee wird Bier mit sieben Prozent Alkoholgehalt gebraut. Am 21. Juni 1946 verbietet sie den Export ihres Bieres in die drei Westsektoren.

KAISERSWERTHER STRASSE 16–18: Auf ihrer 13. Sitzung am 4. Oktober 1945 diskutiert die Alliierte Kommandantur Maßnahmen zur Verbesserung der Lebensmittelversorgung. Die Westmächte fordern von den Sowjets die Bahnstrecke Helmstedt–Magdeburg so herzurichten, dass täglich statt neun, 16 Züge verkehren können.
Außerdem wird eine Gasrationierung beschlossen. Verstöße werden unter Strafe gestellt.

CHARLOTTENBURGER CHAUSSEE: Am 7 Oktober 1945 wird das sowjetische Ehrenmal zur Erinnerung an die im Kampf um Berlin gefallenen Soldaten fertiggestellt.
Die Einweihung findet am 11. November im Rahmen der Feierlichkeiten zur Oktoberrevolution statt.

KAISERSWERTHER STRASSE 16–18: Die Alliierte Kommandantur billigt am 11. Oktober 1945 die Eingliederung des Dorfes **Stolpe** (Mark Brandenburg) in den unter französischer Verwaltung stehenden Bezirk **Reinickendorf**.

Die Franzosen wollen dort einen Flugplatz anlegen. Am 18. Dezember 1948 teilt die SMAD dem französischen Militärkommandanten mit, dass sie die Vereinbarung als aufgelöst betrachtet – die Franzosen haben ihren Flugplatz während der Blockade in **Tegel** gebaut. Stolpe muss bis zum 3. Januar 1949 an die sowjetische Besatzungsmacht zurückgegeben werden.

POTSDAMER CHAUSSEE: Am 17. Oktober 1945 enthüllen die Sowjets für die Gefallenen einer ihrer Panzer-Armeen in **Zehlendorf** ein Denkmal. Es ist ein Panzer T 34, der im Krieg im Einsatz war.
Zehn Jahre später, am 3. Mai 1955 demontieren amerikanische Soldaten das Siegesdenkmal und bringen es per Tieflader in den sowjetischen Sektor.

RUHLEBEN: Im November 1945 wird Sergeant Ken Scarrott vom britischen Soldatensender „British Forces Network" (BFN) nach Berlin abkommandiert. Da die Sowjets keine Telegraphenleitungen durch ihre Zone dulden, strahlt BFN seine in Hamburg produzierten Sendungen bald darauf mit amerikanischer Hilfe von mehreren Feldern in Ruhleben aus ab.
Ein reguläres BFN-Programm aus Berlin gibt es erst seit 1961. Die deutschen Hörer in Ost und West schätzen es wegen des neuesten Jazz und Swing.
Der Soldatensender residiert zunächst im „Education Block" in Spandau, Später – bereits in „British Forces Broadcasting Service" (BFBS) umbenannt – zieht er an den **Theodor-Heuss-Platz** in **Charlottenburg** um.
Die letzte BFBS-Sendung, die in Berlin zu empfangen ist, kommt am 12. Dezember 1994 aus Herford. Moderator Richard Hutchinson legt „The Long and Winding Road" von den Beatles als allerletzten Musikwunsch auf. **(4)**
Nebenbei: Die französische Rundfunkgeschichte in Berlin beginnt erst am 2. April 1957. Nach mehrwöchigen Versuchssendungen, die ausschließlich aus der Ansage „Ici Paris" bestehen, beginnt „Forces Francaises à Berlin" (FFB) am 8. Mai 1957 als 21. UKW-Sender im Großraum Berlin sein Programm. Gesendet wird von der Relaisstation aus **Waidmannslust.**
FFB produziert keine eigenen Beiträge, sondern nutzt nur Sendungen des französischen Rundfunks, um den Soldaten den Kontakt zur Heimat zu erhalten. Von Kehl am Rhein bis nach Berlin werden sie über ein altes Kabel der Wehrmacht übertragen.
Ab 15. September 1963 nimmt FFB auch deutschsprachige Sendungen von „Radio France" ins Programm. Mit der flotten Musik von AFN und BFBS kann sich das alles nicht messen. Für die Berliner gilt FFB deshalb einfach nur als „Quatschsender".

AM KLEISTPARK: Am 30. November 1945 schließen die Siegermächte des Zweiten Weltkrieges das erste, später ergänzte, Abkommen über den Luft-Zugang der West-Mächte. Sie vereinbaren die Einrichtung von drei 32 Kilometer breiten „Luftkorridoren": Berlin–Hamburg, Berlin–Bückeburg (bei Hannover) und Berlin–Frankfurt am Main. Die Mindestflughöhe beträgt dort 300 Meter, eine Höchstflughöhe wird nicht festgelegt, 3 000 Meter bürgern sich ein.

Für Berlin wird eine „Luftkontrollzone" mit gemeinsamer Verwaltung festgelegt. Sie hat einen Radius von 32 Kilometern, gemessen vom Gebäude des Alliierten Kontrollrates als Mittelpunkt und umfasst damit eine Gesamtfläche von 3 215 Quadratkilometern (Fläche Groß-Berlin: 880 Quadratkilometer). Ihre Höhe betrug 3 000 Meter.

Eine Luftsicherheitszentrale mit Sitz im Kontrollratsgebäude koordinierte Starts und Landungen und bestimmte über Sicht- und Instrumentenflug.

Sie regelte auch die sowjetischen Flüge zum und vom Flugplatz **Werneuchen**. Wegen der Luftkontrollzone Berlin musste der DDR-„Zentralflughafen" außerhalb, in **Schönefeld**, errichtet werden.

Diese Regelungen galten bis zum Ende der Besatzungszeit am 2. Oktober 1990.

Nebenbei: Die Luftkontrollzone Berlin funktioniert auch in den Blockade-Monaten. Während die Sowjets sämtliche Landverbindungen sperren, sorgen sie in der Luft mit dafür, dass die „Rosinen-Bomber" reibungslos fliegen können.

PAROCHIALSTRASSE 1–3: Der Magistrat gibt am 19. Januar 1946 bekannt, dass die Alliierte Kommandantur die Tätigkeit von Kleingärtner- und Kleintierzüchtervereinen genehmigt hat.

Derweil friert Berlin. 1 035 Betriebe haben wegen Kälte und Kohlenmangel bereits geschlossen.

Die Alliierte Kommandantur erlässt am 29. Januar 1946 Richtlinien für den Stromverbrauch. Danach stehen jeder Familie 0,4 Kilowattstunden Grundbedarf und weitere 0,1 Kilowattstunden pro Familienmitglied pro Tag zu.

RINGBAHNSTRASSE / DERNBURGERSTRASSE 50: Obwohl die 1928 gegründete Reichspostzentrale und die Oberpostdirektion Berlin schwere Kriegsschäden zu verzeichnen haben, muss das Leben weitergehen. Am 1. Februar 1946 werden die ersten Berliner Briefmarken ausgegeben. Sie sind in allen vier Sektoren gültig.

Am 15. Februar erscheint das erste Telefonbuch. Es verzeichnet etwa 15 000 Anschlüsse. Im Jahr 1940 existierten in Berlin 663 665 Telefonanschlüsse.

WINTERFELDTSTRASSE: Am 7. Februar 1946 nimmt der „Drahtfunk im amerikanischen Sektor" (DIAS) aus dem Fernmeldeamt **Berlin-Schöneberg** seine Sendungen auf. Er kann nur über etwa 500 noch intakte Drahtfunk- und gerade einmal 1 000 Telefonleitungen empfangen werden und ist so keine Konkurrenz zum „Berliner Rundfunk" der Sowjets.

In Berlin sind per 1. Oktober 1945 insgesamt 483 000 Rundfunkteilnehmer gemeldet.

Ab August 1946 wird der DIAS über einen nur 800 Watt starken amerikanischen Militärsender auch per Funk übertragen. Er heißt nun „Radio im amerikanischen Sektor" (RIAS) und meldet sich als „Eine freie Stimme der freien Welt" (SIEHE KAP. 4, KUFSTEINER STRASSE 69).

Am 6. Juli 1948 zieht der RIAS in die **Kufsteiner Straße 69** in Schöneberg. Sein Programmschwerpunkt liegt nun darin, die Vorteile der westlichen Marktwirtschaft gegenüber der östlichen Planwirtschaft zu propagieren.

Während der Berlin-Krise 1948 wird er zum wichtigsten Kommunikationsmittel der Stadt. Hören zu Beginn der Blockade noch die Hälfte der Berliner den sowjetisch gesteuerten „Berliner Rundfunk", sind am Ende 93 Prozent RIAS-Hörer geworden.

Die Wirksamkeit des RIAS veranlasst die Amerikaner, ihn massiv auszubauen. Am 15. Januar 1953 weiht Ernst Reuter (1889–1955) in **Steglitz** neue Sendeanlagen ein. Der RIAS ist nun der stärkste Mittelwellensender in ganz Europa. **(5)**

KAISERSWERTHER STRASSE 16–18: Die Alliierte Kommandantur erlaubt am 18. Februar 1946, die ersten 1 000 Gaslaternen wieder in Betrieb zu nehmen.

Am 15. März folgt der Befehl, bis zu 1. Oktober 10 000 Gaslaternen und weitere elektrische Straßenlampen instand zu setzen.

Am 16. März ordnet sie an, die Müllabfuhr für ganz Berlin zentral in zwei Schichten vorzunehmen.

KAISERSWERTHER STRASSE 16–18: Am 19. Februar 1946 lehnen die Alliierten den bereits vom Magistrat gebilligten Entwurf einer Verfassung für Berlin ab.

Der am 1. Mai erneut eingereichte Entwurf wird am 9. August akzeptiert und mit den Wahlen am 20. Oktober 1946 in Kraft gesetzt.

PAROCHIALSTRASSE 1–3: Der Magistrat beschließt am 9. März 1946 die vorübergehende Verlängerung der Schulpflicht um ein Jahr. Damit sollen zum einen die Versäumnisse aus dem Krieg nachgeholt, zum anderen die arbeitslosen Jugendlichen beschäftigt werden.

KRONPRINZENALLEE: Der Alliierte Kontrollrat gibt am 28. März 1946 den Industrieplan für Berlin bekannt. Darin ist eine Obergrenze von 65 Prozent der Industrieproduktion des Jahres 1936 festgeschrieben.

KAISERSWERTHER STRASSE 16–18: Wegen drastischer Zunahme von Diebstählen auf Feldern und in den Wäldern genehmigt die Alliierte Kommandantur am 1. April 1946 die Einrichtung von Schnellgerichten bei den Amtsgerichten **Mitte, Tiergarten, Neukölln, Schöneberg** und **Reinickendorf.**

FRIEDRICHSTRASSE 101/102: Am 21. April 1946 vereinigen sich im Admiralspalast auf sowjetischen Druck die KPD und die SPD zur „Sozialistischen Einheitspartei Deutschlands" (SED).
Bereits am 31. März 1946 hatte in den zwölf Westsektoren Berlins eine Urabstimmung unter den SPD-Mitgliedern stattgefunden, bei der sich 82,2 Prozent gegen eine Vereinigung mit der KPD aussprachen. 62 Prozent befürworteten die Zusammenarbeit, wenn die Selbstständigkeit gewahrt bliebe.
Die britische Militärregierung untersagte am 19. April für ihren Sektor den Zusammenschluss der beiden Parteien, solange dies nicht von der Alliierten Kommandantur genehmigt sei.

MOHRENSTRASSE: Das Zentralorgan der neu gegründeten SED, „Neues Deutschland", erscheint erstmalig am 23. April 1946. Dafür stellen die KPD-Zeitung „Deutsche Volkszeitung" und die SPD-Zeitung „Das Volk" ihr Erscheinen ein.

TIERGARTEN: Die britische Militärregierung genehmigt am 25. April 1946 die Nutzung des zentralen Berliner Parks für die Landwirtschaft. Aus dem Tiergarten wird bald darauf eine Kleingartenkolonie.
Die erste Linde zur Wiederaufforstung pflanzt Ernst Reuter (1889–1955) am 17. März 1949.

FLUGHAFEN TEMPELHOF: Auf der Behelfspiste des Flughafens landet am 16. Mai 1946 die erste DC 4 der „American Overseas Airlines". Ab sofort betreibt diese Gesellschaft den Flugverkehr zwischen Berlin und Frankfurt am Main für amerikanische Militärangehörige.
Die erste direkte Flugverbindung nach New York startet am 20. Mai.
Für Deutsche geht's bescheidener zu: Am 25. August 1946 nimmt der erste Interzonenautobus von Berlin nach Hannover seinen fahrplanmäßigen Verkehr auf.

KAISERSWERTHER STRASSE 16–18: Am 31. Mai 1946 lässt die Alliierte Kommandantur in allen vier Sektoren sowohl die SPD, als auch die SED zu.

MARIENDORFER DAMM 222–298: Am 3. Juli 1946 wird die Trabrennbahn Mariendorf wieder in Betrieb genommen.

HEIDELBERGER PLATZ: Aus dem ehemaligen „Haus der Zahnärzte" senden die Briten ab 8. Juli 1946 per Drahtfunk das Programm des Nordwestdeutschen Rundfunks (NWDR). Am 17. August wird ein eigener Mittelwellensender für die drahtlose Übertragung in Betrieb genommen.

Mit Aufkommen der frostigen Atmosphäre zwischen Sowjets und Westmächten ordnet sich auch das NWDR-Programm bald in den Ätherkrieg beider Großmächte ein. Vier kommunistische Mitarbeiter in leitenden Positionen im NWDR-Funkhaus Köln, darunter Politik-Chef Karl-Eduard von Schnitzler (1918–2001) und Kommentator Karl-Georg Egel (1919–1995) fliegen und finden fortan im Propagandaapparat des Ostens ihr Aus- und Einkommen. (6)

KRONPRINZENALLEE: Der Alliierte Kontrollrat erlässt am 10. Juli 1946 ein Gesetz über den Einsatz von Trümmerfrauen. Offiziell heißen sie „Hilfsarbeiterinnen im Baugewerbe". In Berlin gibt es zu dieser Zeit bereits 60 000 Trümmerfrauen, davon 40 000 in den Westsektoren.

KÖLLNISCHER PARK 5: Trotz 80-prozentiger Zerstörung des Gebäudes und Verlust eines Fünftels der Bestände wird das Märkische Museum am 12. Juli 1946 als erstes Berliner Museum wieder eröffnet.

ZEHLENDORF: Am 23. Juli 1946 startet die erste Schule für amerikanische Kinder in Europa. Sie darf auch von Kindern der Verbündeten besucht werden.

BREITE STRASSE 36/37: Im Marstall wird am 1. August 1946 die Berliner Stadtbibliothek wiedereröffnet.

KAISERSWERTHER STRASSE 16–18: Auf Anordnung der Alliierten Kommandanten vom 4. September 1946 wird der Name „Stadt Berlin" wieder in „Groß-Berlin" geändert.

PAROCHIALSTRASSE 1–3: Am 6. September 1946 werden die noch aktiven Abwicklungsstellen der ehemaligen Reichsregierung dem Magistrat unterstellt.

PAROCHIALSTRASSE 1–3: Bei den ersten freien Wahlen zur Stadtverordnetenversammlung seit dem 12. März 1933 geht die SPD am 20. Oktober 1946 mit 48,7 Prozent der abgegebenen Stimmen als Sieger hervor.

Das ist eine bittere Niederlage für die SED. Sie versucht in den folgenden Monaten die Umsetzung des Wahlergebnisses zu sabotieren, indem sie ihre Funktionäre nicht zurückzieht und so die Amtsübernahme der neuen Stadtregierung blockiert.

Eine Volkszählung mit Stichtag 30. Oktober ergibt, dass Berlin 3 170 832 Einwohner hat. Davon sind 1 285 376 Männer und 1 885 456 Frauen.

KAISERSWERTHER STRASSE 16–18: Am 31. Oktober 1946 ordnet die Alliierte Kommandantur strenge Maßnahmen zur Eindämmung der Geschlechtskrankheiten an. Mindestens zwei- bis dreimal pro Monat sollen Razzien zur Feststellung der Ansteckungsherde erfolgen.

Am 11. Juli 1947 kritisieren die Besatzer den Magistrat, weil er zu wenig gegen Geschlechtskrankheiten getan hat. Eine am 1. Juni in den „Stern-Lichtspielen" **Neukölln** begonnene Aufklärungskampagne reicht offenbar nicht aus.

Im Osten gibt es nicht nur Aufklärung sondern auch den drohenden Zeigefinger. Am 13. April 1948 hat der Film „Straßenbekanntschaft" im „Filmtheater am Friedrichshain" Premiere. Filmheldin Erika steckt sich in den West-Sektoren an, weil sie sich durch Männerbekanntschaften dort ein wenig Luxus gönnen will.

KRONPRINZENALLEE: Das amerikanische Hauptquartier reduziert am 1. November 1946 die Besatzungstruppe von 28 000 auf 7 800 Mann.

KAISERSWERTHER STRASSE 16–18: Die Alliierte Kommandantur einigt sich am 18. November 1946 darauf, dass im Krieg evakuierte Mütter mit Kindern nach Berlin zurückgebracht werden sollen. Auf einer Sitzung am 17. Januar 1947 erklären sich die Kommandanten mit der Rückführung von 20 050 Kindern und 4 775 Müttern einverstanden.

Nebenbei: Der Vertreter der Französischen Militärregierung fordert am 26. November die Zerstörung der Siegessäule. Sein Wunsch wird abgelehnt.

WEDDING: Am 3. Januar 1947 werden im Bezirk Wedding und einigen anderen Bezirken Angestellte der Bezirksämter entlassen, weil sie der SED angehören.

HAKENFELDE: Bei einem Brand des aus Holz errichteten Vergnügungslokals „Karlslust" in **Spandau** kommen 80 Menschen ums Leben, darunter auch britische Soldaten. Rund 150 Personen werden verletzt.

KRONPRINZENALLEE: Der Alliierte Kontrollrat beschließt am 25. Februar 1947 die Auflösung des Staates Preußen. Die Provinzen „sollten die Rechtsstellung von Ländern erhalten oder Ländern einverleibt werden.". Berlin erhielt den Rang eines Landes. Gleichzeitig erlosch am 27. Februar laut Gesetz Nr. 46 seine Funktion als preußische Landeshauptstadt.

Am 10. März 1947 bestätigt der Rat der Außenminister bei seiner Tagung in Moskau den Beschluss über die Auflösung Preußens.

Über die staatsrechtliche Stellung Berlin fällt die 10. Zivilkammer des Landgerichtes am 10. Mai 1947 ein Urteil. Sie stellt fest, das Berlin „faktisch ... als fünfte Zone Deutschlands die Stellung eines Landes hat."

KAISERSWERTHER STRASSE 16–18: Am 5. März 1947 untersagt die Allliierte Kommandantur dem Magistrat bis zu ihrer Entscheidung die Überführung von Konzernen und anderen Wirtschaftsunternehmen in Gemeineigentum.

KAISERSWERTER STRASSE 16–18: Militärpolizei der Besatzungsmächte und deutsche Polizisten führen am 9. April 1947 befehlsgemäß Großrazzien gegen Kriminelle und Deserteure der Besatzungsmächte durch.
Bereits am 17. März hob die Alliierte Kommandantur das Vorfahrtsrecht für ihre Zivilfahrzeuge auf allen Berliner Straßen auf.

PAROCHIALSTRASSE 1–3: In einer außerordentlichen Sitzung der Stadtverordnetenversammlung am 11. April 1947 stellt die SPD einen Misstrauensantrag gegen Oberbürgermeister Otto Ostrowski (1883–1963). Grund: Er hatte am 22. Februar in der Wohnung des SED-Fraktionschefs Karl Litke (1893–1963) in der **Sonnenallee** Absprachen mit den SED-Funktionären Hermann Matern (1893–1971) und Karl Maron (1903–1975) getroffen.
Das hat Ostrowski auch bei der amerikanischen Militärregierung suspekt gemacht. Deren politischer Berater Captain Ulrich Biel teilt dem SPD-Vorstand mit: „Dr. O. hat eine Wendung um 180 Grad zu den Sowjets hin gemacht. Er ist als das trojanische Pferd innerhalb der SPD zu betrachten. Er ist aus seinem Amt zu entfernen." **(7)**
Nun beginnt gegen Ostrowski eine Pressekampagne die schließlich mit seinem Rücktritt am 17. April 1947 endet.
Am 24. Juni 1947 wählt die Stadtverordnetenversammlung dann Ernst Reuter (1889–1955) zum Oberbürgermeister. Dagegen legt die Sowjetunion in der Alliierten Kommandantur ihr Veto ein. Bis ins Jahr 1948 übernahm deshalb die Vize-Bürgermeisterin Louise Schroeder (SPD) die Amtsgeschäfte. **(8)**
Nebenbei: Ulrich Biel (1907–1996) war als Ulrich Bielschowsky 1933 in die USA emigriert. 1961 kehrte er nach West-Berlin zurück und ließ sich dort als Rechtsanwalt nieder. Von 1973 bis 1979 ist er Abgeordneter der CDU, zuletzt Alterspräsident, im Berliner Abgeordnetenhaus.

HALLESCHES TOR: Ab 27. April 1947 fährt wieder die U-Bahn zwischen Halleschem Tor und **Gleisdreieck.** Damit sind sämtliche Beeinträchtigungen durch den Krieg beseitigt und alle U-Bahnstrecken wieder befahrbar.

KAISERSWERTHER STRASSE 16–18: Die Alliierte Kommandantur ordnet am 29. Mai 1947 eine einheitliche Schulspeisung für alle Berliner Schüler an. Die Lebensmittel müssen die jeweiligen Besatzungsmächte bereitstellen.
Am 21.Juni 1947 beginnt für 400 000 Schüler die Schulspeisung. Täglich werden 200 000 Liter Essen gekocht.

LEIPZIGER STRASSE 5-7: Die Sowjetische Militäradministration (SMAD) bildet am 14. Juni 1947 für ihre Besatzungszone die „Deutsche Wirtschaftskommission" (DWK). Sie bezieht ihren Sitz im ehemaligen Reichsluftfahrtministerium, das später Regierungssitz der DDR-Regierung wird. Die DWK ist eine Vorläuferorganisation einer künftigen ostdeutschen Regierung. Das ist eine Reaktion auf die Entwicklung im Westen. Am 2. Dezember 1946 hatten der US-Außenminister James Byrnes und sein britischer Kollege Ernest Bevin in Washington ein Abkommen über die Zusammenlegung ihrer Zonen zu einem „Vereinigten Wirtschaftsgebiet" („Bizone") unterzeichnet. Es trat zum 1. Januar 1947 in Kraft. Ziel: Bis 1949 sollte die wirtschaftliche Selbständigkeit des Gebietes – zum dem später die französische Besatzungszone hinzukam („Trizone") – gewährleistet werden.

Für Berlin ergab sich aus dieser Entwicklung ein Problem wegen seiner Insellage. Der im Oktober 1946 frei gewählte Senat (mit einem SED-Bürgermeister und zwei SED-Stadträten) tendierte zwar eindeutig zum Westen, wollte aber auch die Tür zum Osten nicht zuschlagen. Im August 1947 werden deshalb im Büro der amtierenden Oberbürgermeisterin Louise Schroeder (1898–1957) Überlegungen angestellt, wie man die Beziehungen Berlins zur bizonalen Wirtschaftsorganisation vertiefen, gleichzeitig aber auch die Mitwirkung in der DWK bewerkstelligen könne.

ZWIESELER STRASSE 4/ECKE RHEINSTEINSTRASSE: Auf Anordnung der SAMD wird am 17. Juli 1947 mit dem Bau eines Flughafens bei **Schönefeld** begonnen. Der bisherige Flughafen **Johannisthal** war der Roten Armee zu klein geworden.

FRIEDENAU: Die US-Militärpolizei besetzt die Askania-Werke in Friedenau und **Mariendorf.** Die Besatzungsmacht stuft die hier hergestellten optischen Geräte als kriegswichtig ein, deshalb dürfen sie nicht mehr hergestellt werden.

KAISERSWERTHER STRASSE 16–18: Am 30. August 1947 ordnet die Alliierte Kommandantur an, dass ab 1. November nur noch von ihr bestätigte, unpolitische Organisationen tätig sein dürfen.
Am 8. Oktober untersagt die amerikanische Militärregierung dem „Kulturbund zur demokratischen Erneuerung Deutschlands" jegliche Aktivität in ihrem Sektor, weil ihn die SED als Propagandainstrument nutzt.
Doch neben solchen Auseinandersetzungen geht es auch immer noch um dringliche Bedürfnisse der Berliner. Am 11. Dezember 1947 wird angeordnet, dass die Haushalte zwischen fünf und zwölf Zentnern Kohle, je nach Personenzahl, erhalten sollen.

ZWIESELER STRASSE 4/ECKE RHEINSTEINSTRASSE: Die SMAD versagt am 20. Dezember 1947 den CDU-Vorsitzenden in Berlin und der SBZ, Jakob Kaiser (1888–1961) und Ernst Lemmer (1898–1970) die weitere Anerkennung. Die CDU und andere Parteien protestieren. Beide Funktionäre gehen in den Westen und machen in der Partei Karriere.

Die amerikanische Militärregierung lässt am 11. März 1948 in **Tempelhof** und **Neukölln** Kreisbüros der SED durchsuchen.

TRABENER STRASSE: Am 21. Januar 1948 trifft im Büro von SPD-Chef Kurt Schumacher (1895–1951) in Hannover eine „Politische Information" aus Berlin ein. Darin steht, dass Berlin „für die Sowjetunion ein strategisches Problem von gleicher Rangordnung wie Moskau und Stalingrad während des Krieges" sei. **(9)**

Absender ist ein Mann in der Uniform eines Majors der Norwegischen Militärmission in Berlin. Er heißt eigentlich Herbert Ernst Karl Fram, nennt sich aber inzwischen Willy Brandt (1913–1992). Ab 25. Januar 1948 ist er offiziell der „Beauftragte des Parteivorstands in Berlin". Aus seiner Wohnung in der Trabener Straße am **Halensee** beobachtet Willy Brandt, damals 32, wie langsam die Schatten des Kalten Krieges über Berlin aufziehen.

Bis zur Auflösung des Berliner SPD-Büros schickt er darüber insgesamt 372 Berichte nach Hannover, meist zwei bis drei Seiten lang.

FLUGHAFEN TEMPELHOF: Ab 2. März 1948 dürfen Bürger der Westsektoren zivile Flugmöglichkeiten für innerdeutsche Flüge nutzen.

AM KLEISTPARK: Aus Protest gegen die Versuche zur Schaffung der politischen Einheit der Westzonen verlässt Marschall Wassili D. Sokolowski am 20. März 1948 den Alliierten Kontrollrat. Er kehrt nie mehr dorthin zurück.

Die Sowjets haben längst eigene Pläne: Am 17. März hat der von der SED initiierte 2. Deutsche Volkskongress im Admiralspalast einen 400köpfigen „Deutschen Volksrat" gewählt, der einmal zu einer gesamtdeutschen Regierung werden soll.

FLUGPLATZ GATOW: Ein britisches Zivilflugzeug wird am 5. April 1948 kurz vor der Landung von einem sowjetischen Kampfflugzeug beschossen. Die Maschinen kollidieren, Sowjets und Briten kommen ums Leben.

Der britische Militär-Gouverneur, General Sir Brian Robertson, kündigt an, künftig britische Flugzeuge so lange von Jägern begleiten zu lassen, bis die Sowjets ungehinderte Flüge garantieren.

KAISERSWERTHER STRASSE 16–18: Ab 19. Mai 1948 wird in der Alliierten Kommandantur nur noch gestritten. Es geht um den Status von Berlin, denn im Westen zeichnet sich die Bildung eines Separatstaates ab.

Die Sowjets machen Druck, lehnen am 8. Juni die Rückgabe des Funkhauses Masurenallee ab und unterbrechen am 11. Juni den gesamten Eisenbahnverkehr zwischen Berlin und Westdeutschland.

Nach neuerlichen scharfen Auseinandersetzungen stellen sie am 16. Juni 1948 ihre Mitarbeit in der Alliierten Kommandantur ein. Dies wird mit einer Verlautbarung vom 1. Juli bestätigt.

Die Westmächte sind froh, so die Verantwortung für das Auseinanderbrechen der gemeinsamen Verwaltungsorgane los zu sein. Sie führen die Alliierte Kommandantur ab 21. Dezember 1948 als gemeinsames Organ der drei Westmächte weiter und betonen mehrfach, die Sowjets könnten ja jederzeit zurückkommen. Das tun sie nicht.

ZWIESELER STRASSE 4 / ECKE RHEINSTEINSTRASSE: Am 24. Juni 1948 sperrt die SMAD sämtliche Land- und Wasserwege zwischen Berlin und Westdeutschland. Angeblich „Wegen technischer Störungen".

Die Berliner Blockade beginnt.

Ihr Anlass ist die Währungsreform in den westlichen Besatzungszonen am 20. Juni 1948. Bereits am 19. Juni hatte die sowjetische Militärverwaltung den Verkehr zwischen den Westzonen und Berlin unterbrochen, weil die Gefahr bestand, dass die SBZ mit dem ungültig werdenden Geld überschwemmt würde.

In den Westsektoren Berlins tritt die Währungsreform erst am 24. Juni in Kraft. An diesem Tag wird die Deutsche Mark (DM) mit einem aufgedruckten „B" eingeführt.

So bleibt immerhin Zeit, für den gleichen Tag auch eine Währungsreform in der sowjetisch besetzten Zone und Ost-Berlin durchzuführen. Die Westalliierten verbieten deren Ausdehnung auf ihre Sektoren.

Auch im Osten heißt die Währung zunächst Deutsche Mark (DM). Später wird sie zeitweilig in „Mark der Deutschen Notenbank" (MDN) umbenannt.

Bis zum 20. März 1949 ist die DM (Ost) auch in West-Berlin als Zahlungsmittel zugelassen. Danach gibt es dort den „B"-Aufdruck nicht mehr und es gilt nur noch die D-Mark.

FLUGHAFEN TEMPELHOF: Berlin ist blockiert und als am 25. Juni 1948 die ersten Flugzeuge mit Versorgungsgütern eintreffen, erkennen die Verantwortlichen, dass riesige Probleme bevorstehen. Niemand weiß, wie lange die Blockade dauern wird und die Millionenstadt braucht Tag für Tag gewaltigen Mengen an Versorgungsgütern.

Nach einer „Schrecksekunde" von zwei Tagen beschließen die Amerikaner, die rund 2,2 Millionen Menschen in West-Berlin aus der Luft zu versorgen. Der amerikanische Militärgouverneur in Deutschland, General Lucius D. Clay, nimmt die Sache in die Hand. Ab 25. Juni 1948 brummen die „Rosinenbomber" über die Luftbrücke heran. Zwei Tage später machen auch die Briten mit.

In der Luft werden logistische Meisterleistungen vollbracht. Noch nie zuvor wurden derart viele Menschen nur durch Flugzeuge versorgt. Ob Kohle oder Mehl, Aggregate für das eilig aufzubauende Kraftwerk West (später Kraftwerk Reuter) oder Salz und Milchpulver – bald fliegen die Amerikaner und Briten im Drei-Minuten-Abstand ein.

Hektische Aktivitäten gibt es auch in Berlin. Bei laufendem Betrieb wird der **Flugplatz Gatow** ausgebaut, am 12. Juli geht die zweite Landebahn in Tempelhof in Betrieb und die Arbeiten an einer dritten beginnen und auch in **Tegel** entsteht in nur zwei Monaten eine 2 400 Meter lange Piste. Die Briten landen mit Wasserflugzeugen vor der Insel **Imchen** auf der Havel und Erfolgsmeldungen bleiben nicht aus: Am 18. September schaffen die Flieger erstmals 7 000 Tonnen pro Tag, am 15. April 1949 landen 1 398 Flugzeuge und schaffen 12 940 Tonnen Waren heran, am 18. Februar 1949 sind eine Million Tonnen eingeflogen worden, mehr als zwei Millionen werden es bis zum Ende der Blockade.

Dennoch geht es in West-Berlin ums nackte Überleben. Vor der Ruine des Reichstags macht Ernst Reuter (1889–1955) vor 300 000 Berlinern die Weltöffentlichkeit auf den zähen Kampf um Berlin aufmerksam: „Ihr Völker der Welt ... Schaut auf diese Stadt und erkennt, dass ihr diese Stadt nicht preisgeben dürft und nicht preisgeben könnt."

Die Luftbrücke ist stabil, auch die Sowjets stören sie nicht, denn das hätte jetzt Krieg bedeutet. Dennoch gibt es Unfälle. Am 25. Juli stürzt in der **Handjerystraße** in **Friedenau** eine mit Mehl beladene C 47 ab, eine Hastings gerät beim Start in Brand, am 15. August 1948 verunglücken zwei amerikanische Flugzeuge.

Doch West-Berlin überlebt. Am 12. Mai 1949 heben die Sowjets die Blockade wieder auf. Für viele Bürger im amerikanischen, britischen und französischen Sektor sind die Besatzer bis dahin zu Schutzmächten geworden.

WENDENSCHLOSS: Der sowjetische Stadtkommandant erklärt am 24. August 1948 alle von der sowjetischen Kommandantur nicht bestätigten Verfügungen und Verordnungen des Magistrats und der Stadtverordnetenversammlung für ungültig. Besonders hervorgehoben wird dabei die Einführung der DM (West). Am 31. August versuchen die vier Militärgouverneure im Kontrollratsgebäude die Währungsproblematik zu klären. Das Treffen bleibt ohne Ergebnis.

PAROCHIALSTRASSE 1–3: Nach der Währungsreform scheint nun auch die verwaltungstechnische Teilung der Stadt unausweichlich. Am 6. September

1948 gibt es derartige Tumulte, dass der Stadtverordnetenvorsteher Otto Suhr (1894–1957) die Stadtverordnetenversammlung in das Studentenhaus der TU in der Hardenbergstraße 35 im Britischen Sektor verlegt. Dort wird sie am Abend ohne die SED-Fraktion fortgesetzt.

Die Fraktionen von SPD, CDU und LDP beschließen als erstes die Durchführung von Neuwahlen.

Der Ältestenrat legt anderntags fest, in Ost-Berlin so lange keine Versammlungen mehr einzuberufen, wie das Neue Stadthaus von Polizei besetzt ist, die nicht dem Magistrat untersteht.

ZWIESELER STRASSE 4/ECKE RHEINSTEINSTRASSE: Am 2. Oktober 1948 erlässt die SMAD einen Geheimbefehl, nach dem SPD-Mitglieder zu überwachen sind.

FRIEDRICHSTRASSE 101/102: Im Admiralspalast erklärt der Rest der Stadtverordnetenversammlung am 30. November 1948 den bisherigen Magistrat für abgesetzt. Gleichzeitig wird ein „provisorischer demokratischer Magistrat" gebildet, den die sowjetische Kommandantur am 2. Dezember als „einzig rechtmäßiges Stadtverwaltungsorgan" anerkennt.

Am selben Tag hält der Magistrat des sowjetischen Sektors unter Leitung von SED-Oberbürgermeister Friedrich Ebert (1894–1979) seine erste Sitzung ab. Er verurteilt die in den Westsektoren geplante Neuwahl als „undemokratisch".

Am 5. Dezember 1948 finden die Neuwahlen in den Westsektoren statt. Die SPD gewinnt mit 64,5 Prozent der abgegebenen Stimmen die absolute Mehrheit.

Auf ihrer ersten Sitzung am 14. Januar 1949 bestätigt die Stadtverordnetenversammlung Ernst Reuter (1889–1955) als Oberbürgermeister.

Damit ist nun auch die Berliner Verwaltung gespalten.

Davon bleiben nicht einmal die Busse und Straßenbahnen verschont. Ab 24. März 1949 müssen auf zehn Tram- und zwei Buslinien an den Sektorengrenzen die Schaffner wechseln.

KAISERSWERTHER STRASSE 16–18: Die Alliierte Kommandantur – jetzt nur noch aus den drei westlichen Stadtkommandanten bestehend – genehmigt am 2. Mai 1949 für die Westsektoren die Erhöhung der monatlichen Kaffeezuteilung auf 150 Gramm.

Für Ost-Berlin gibt es stattdessen am 8. Mai 1949 die Einweihung des sowjetischen Ehrenmals im **Treptower Park**.

2. KAPITEL

BRAUNE SCHATTEN

Die starren Dogmen einer Ideologie setzen sich nicht über Nacht in den Köpfen und manchmal auch in den Herzen fest. Und wenn sie jahrelang mit Feuer und Schwert zum erbarmungslosen Scheidepunkt zwischen Tod und Leben gemacht worden sind, verschwinden sie auch nicht wieder per Befehl.

Selbst dann nicht, wenn inzwischen jeder weiß, dass sie verbrecherisch waren. Solches Erbe belastet Berlin in den Nachkriegsjahren, egal ob im östlichen oder westlichen Teil. Hier spüren Einheimische und Durchziehende hautnah die Folgen des Krieges, manchmal noch viele Jahre lang.

Hämische Knittelverse – „Müsst Ihr am Hydrant euch quälen, Denkt, das kommt vom Hitler wählen" – helfen kaum beim Wachsen neuer Gedanken. Die kommen ganz langsam. Und jedes Mal, wenn irgendwo wieder einmal der Eishauch der Vergangenheit zu spüren ist, werden sie ein klein wenig kräftiger.

WEIDENDAMMER BRÜCKE: Bis hierher schlagen sich am 2. Mai 1945 zwei Männer aus der zerschossenen Reichskanzlei durch. Dann begreifen sie, dass eine Flucht unmöglich ist und zerbeißen im Mund versteckte Blausäurekapseln. Es sind Martin Bormann und Ludwig Stumpfenegger, der letzte Leibarzt Adolf Hitlers.

Martin Bormann, am 17. Juni 1900 in Wegeleben bei Halberstadt geboren, ist inoffiziell der mächtigste Mann nach Hitler. Seit 1927 in der NSDAP, hatte ihn der Diktator 1941 zum Chef der Parteikanzlei mit den Befugnissen eines Reichsministers und am 12. April 1943 zum „Sekretär des Führers" gemacht.

Sein letzter Dienst für Adolf Hitler ist das Verbrennen von dessen Leichnam. Danach gilt Martin Bormann als spurlos verschwunden. Beim Nürnberger Kriegsverbrecherprozess wird er 1946 in Abwesenheit zum Tode verurteilt.

Dass er längst tot sein könnte, wollen manche nicht wahr haben. So behauptet Reinhard Gehlen (1902–1979), in Hitlers Generalstab für „Fremde Heere Ost" zuständig, danach im Dienst der Amerikaner und schließlich erster Chef des Bundesnachrichtendienstes noch zehn Jahre später über Bormann: „Als prominentester Informant und Berater der Sowjets arbeitete er für den Gegner schon zu Beginn des Russlandfeldzuges." **(1)**

Er ist sich ganz sicher, dass die Sowjets ihren Spion aus dem brennenden Berlin herausgeholt haben: „Zwei zuverlässige Informationen geben mir in den 50er Jahren die Gewissheit, dass Martin Bormann perfekt abgeschirmt in der Sowjetunion lebt. Der ehemalige Reichsleiter war bei der Besetzung Berlins durch die Rote Armee zu den Sowjets übergetreten und ist inzwischen in Russland gestorben." **(2)**

Das ist entweder eine bewusste Desinformation oder schlechte Geheimdienstarbeit.

Erst 1973 wird Bormanns Tod an der Weidendammer Brücke durch Untersuchungen offiziell bestätigt. 1998 räumt eine DNA-Analyse von sichergestellten Knochen die allerletzten Zweifel aus.

WILHELMSTRASSE / ECKE VOSSSTRASSE: Wo ist die Leiche ihres Todfeindes Adolf Hitler abgeblieben? Das interessiert die Sowjets nach ihrem Sieg am meisten.

Am 4. Mai 1945 finden Offiziere der 3. Stoßarmee in einem Bombertrichter an der zerstörten Reichskanzlei erst die Leiche eines Hitler-Doubles, dann die verkohlten Reste von Adolf Hitler und Eva Braun. An nächsten Tag übernehmen sie Mitarbeiter des Armee-Geheimdienstes „Smersch". Sie bringen die Kadaver ins Feldlazarett Nummer 496 nach **Berlin-Buch.**

Am 8. Mai obduziert ein Gerichtsmediziner die Reste. Geheimdienstchef Lawrentij Berija wird gemeldet: „Es gibt keinen Zweifel daran, dass der von uns angenommene Leichnam Hitlers echt ist. Das gelang festzustellen auf der Grundlage der Aussagen des Zahnarztes und der Krankenschwester, die Hitler behandelt haben."

Bei Buch werden die Leichen bestattet. Doch dann zieht die 3. Stoßarmee weiter. Sie nimmt die Toten als Trophäen mit. In der Nähe von Rathenow werden sie erneut beerdigt.

Doch Moskau will sich ganz sicher sein, dass Hitler tot ist. Deshalb wird am 13. Januar 1946 eine Untersuchungskommission gebildet. Sie soll den Fall noch einmal aufrollen. Das sabotiert die „Smersch". Bei Nacht und Nebel werden Hitlers Überreste erneut umgebettet, diesmal in die Westendstraße 36 nach Magdeburg.

Dort hat die „Smersch" ihr Quartier. Anfang der 70er Jahre wird die Garnison geräumt.

Deshalb schreibt Geheimdienstchef Juri Andropow am 13. März 1970 mit Brief 655A an Parteichef Leonid Breschnew: „Vor dem Hintergrund möglicher Bau- und anderer Erdarbeiten auf diesem Territorium, die zur Entdeckung der Gräber führen könnten, hielte ich es für zweckmäßig, die Überreste zu beschlagnahmen und sie auf dem Weg der Verbrennung zu vernichten."

Leonid Breschnew, Ministerpräsident Aleksej Kossygin und Staatsoberhaupt Nikolai Podgorny unterschreiben.

Unter strengster Geheimhaltung graben drei Geheimdienstler am Abend des 4. April 1970 Adolf Hitler und Eva Braun ein letztes Mal aus und schichten die Knochen in Kalschnikow-Kisten um. Dann verbrennen sie alles und streuen die Asche in die Ehle bei Biederitz. Letzter Akteneintrag: „Die Vernichtung der

Überreste wurde auf dem Weg des Verbrennens in einem Lagerfeuer auf unbebautem Terrain in der Gegend der Stadt Schönebeck, elf Kilometer von Magdeburg entfernt, durchgeführt." (3)

ANHALTER BAHNHOF: Auf einem Ponton unternimmt am 11. September 1945 eine Kommission der Reichsbahn eine Inspektionsfahrt in den Tunnel der Nord-Süd-Bahn. Dazu ist das Wasser vorher auf 1,90 Meter abgepumpt worden.
Die SS hatte den 5,6 Kilometer langen S-Bahn-Tunnel am 2. Mai 1945 gesprengt. Dadurch konnte das Wasser des **Landwehrkanals** eindringen. Über 100 Menschen ertranken.
Den Inspekteuren bietet sich ein grauenvolles Bild. Noch immer schwimmen Leichen im Wasser.

GLEIMSTRASSE 49: In der Aula einer Schule findet am 11. September 1945 der erste Mordprozess gegen einen Nazi in Berlin statt. Ein ehemaliger Amtswalter des NS-Regimes ist angeklagt, eine Frau wegen einer staatsfeindlichen Äußerung erschossen zu haben.

POTSDAMER STRASSE 188: Für die 1929 gegründete BVG ist es ein schwerer Schlag, als im Spätsommer 1945 einhundertzwanzig U-Bahnwagen als Reparationsleistung an die Moskauer Metro abgegeben werden müssen.
Aber die Besatzer haben das Sagen und so schickt die BVG notgedrungen die 18 Meter langen, zwischen 1926 und 1930 gebauten „C-Wagen" gen Osten.
Deren Einsatz in Moskau ist kein Problem: Die 1935 eröffnete Metro der Sowjet-Hauptstadt hat die Berliner U-Bahn zum Vorbild.
Die Züge rollen bis etwa 1966 unter Moskau.

BERKAER STRASSE 32: Um die geheimen Akten des Reichssicherheitshauptamtes vor fremdem Zugriff zu schützen, hat SS-Chef Heinrich Himmler (1900–1945) noch 1941 in **Schmargendorf** extra einen Bunker bauen lassen. Als sich die Sowjets in ihren Sektor Berlins zurückziehen, ist er leer.

KAISERSWERTHER STRASSE 16–18: Die Alliierte Kommandantur beschließt am 27. September 1945, dass „alle wirklichen Opfer der Nazi-Verfolgung" bei der Ausgabe der Lebensmittelkarten um eine Stufe höher eingestuft werden, als ihnen dies nach ihrer jeweiligen Tätigkeit zusteht.

KARLSHORST: Im Hauptquartier der Sowjets sorgt eine Sonderabteilung des Geheimdienstes NKWD für die Aburteilung ehemaliger Nazis und Kriegsverbrecher. Die praktische Arbeit dazu leisten eigens eingerichtete Sowjetische Militärtribunale (SMT). Bis Mitte der 50er Jahre gehen sie auch gegen die zur SED in Opposition stehenden Kräfte vor. Besonders viele Urteile fällen die Sowjets in diesem Zusammenhang gegen SPD-Mitglieder, die sich der Zwangsvereinigung mit der KPD (SIEHE KAP. 1, FRIEDRICHSTRASSE 101/102) widersetzen.

Die SMT bestehen jeweils aus einem Militärrichter und zwei Militärschöffen. Auf der Grundlage des sowjetischen Strafgesetzbuches werden ausgesprochen harte Urteile gefällt. Sie liegen im Regelfall zwischen zehn und 25 Jahren Arbeitslager.

Neben tatsächlich Schuldigen geraten durch Denunziationen oder manchmal auch nur dumme Zufälle viele Unschuldige in das SMT-Räderwerk.

Die Verhandlungen finden auf Russisch statt und dauern meist nicht länger als zehn Minuten. Es gibt keine Anklageschriften und die Angeklagten finden kein rechtliches Gehör. Übersetzungen unterbleiben oftmals oder sind unzureichend. Die Sowjetischen Militärtribunale verurteilen zwischen 40 000 und 50 000 Ost-Deutsche. Ihre Tätigkeit endet erst mit dem Vertrag über die Beziehungen zwischen der DDR und der UdSSR vom 20. September 1955. Das letzte SMT-Urteil wird am 16. September 1955 gesprochen.

Mit Befehl 201 der Sowjetischen Militäradministration in Deutschland (SMAD) vom 16. August 1947 wird ein Teil der Rechtssprechung in Sachen Kriegsverbrechen, Verbrechen gegen die Menschlichkeit und aktive Unterstützung des Nazi-Regimes an ostdeutsche Gerichte übertragen.

Neben den SMT-Verurteilungen werden etwa 40 000 Ost-Deutsche, auch darunter viele unschuldig, mit Fernurteilen aus Moskau belegt.

Nach dem Zusammenbruch der Sowjetunion werden die meisten der bis 1955 Verurteilten rehabilitiert.

FRIEDENAU: Die Berliner sehnen sich nach einer heilen Welt. Die gibt es aber nur noch in Kinos wie zum Beispiel dem „Cosima" in Friedenau. Im Juni 1945 sind in Berlin bereits 127 Kinos in Betrieb, tagtäglich werden die Vorstellungen von rund 100 000 Menschen besucht.

Der Eintritt kostet zwischen sechzig Pfennigen und einer Mark. Gezeigt werden meist noch von den Nazis produzierte Unterhaltungsfilme wie „Träumerei" oder „Große Freiheit Nr. 7" aber auch bereits in den 20er Jahren gezeigte Streifen wie Charlie Chaplins „Goldrausch". Im Herbst 1945 kommen auch Dokumentarfilme über Auschwitz und Stalingrad in die Kinos. **(4)**

KAISERSWERTHER STRASSE 16–18: Am 12. Oktober 1945 entlässt die Alliierte Kommandantur den Arzt Prof. Dr. Ferdinand Sauerbruch (1875–1951). Er war nach dem Krieg der erste Berliner Gesundheitssenator. Als Grund wird Sauerbruchs „politische Tätigkeit unter dem Naziregime" angegeben.

PAROCHIALSTRASSE 1–3: Der Magistrat teilt am 15. Oktober 1945 mit, dass Personen, die nicht in der NSDAP waren, auf Befehl der Alliierten Kommandantur ab sofort wieder Rente bekommen. Die Höchstsumme für Alleinstehende beträgt 50 Reichsmark.

SCHADOWSTRASSE: Im Oktober 1945 wird der ehemalige Abwehr-Major Hans Kemnitz (damals 57) aus sowjetischer Kriegsgefangenschaft entlassen. Dort hatte er sich bereit erklärt, für den Geheimdienst zu arbeiten. Im Auftrag der Sowjets eröffnet der in West-Berlin wohnende Anwalt deshalb seine Kanzlei in der Ost-Berliner Schadowstraße. Dorthin lädt er alte Kameraden ein. Weit mehr als ein Dutzend verschwinden danach spurlos in sowjetischen Gefängnissen.

KRONPRINZENALLEE: Per Befehl des Alliierten Kontrollrates vom 1. November 1945 wird die Beschäftigung von ehemaligen NSDAP-Mitgliedern als Lehrkräfte verboten.

ALBRECHTSTRASSE: Ob im Hochbunker an der Albrechtstraße, im Luftschutzbunker **Anhalter Bahnhof** oder in Fabrikgebäuden an der **Kruppstraße** – im Herbst 1945 platzen die 59 Berliner Flüchtlingslager aus allen Nähten. Allein im September 1945 müssen durchschnittlich 26 000 Menschen pro Tag beherbergt, ärztlich versorgt und verpflegt werden. Diese „Flüchtlingsmasse" ist ständig in Bewegung. Täglich treffen etwa 7 800 Neuankömmlinge ein, rund 7 500 werden weitergeleitet. Über 1 000 Menschen leben auf der Straße, andere auf den Bahnhöfen.

Zunächst bekommen die Flüchtlinge nur 100 Gramm Brot, einen dreiviertel Liter Suppe und ein warmes Getränk am Tag. Erst am 19. Oktober 1945 legt die Alliierte Kommandantur für sie Sätze nach der „Verpflegungsgruppe V – ohne Tee und Bohnenkaffee" fest. Sie umfassen pro Tag 7 Gramm Fett, 20 Gramm Fleisch, 400 Gramm Kartoffeln, 15 Gramm Zucker, 30 Gramm Nährmittel, 13 Gramm Salz, 4 Gramm Kaffeeersatz und 300 Gramm Brot. Oft reichen die zur Verfügung stehenden Lebensmittel nicht, um diese Rationen einzuhalten.

Eine Folge davon sind grassierende Krankheiten. So verzeichnen die Behörden für den September zum Beispiel 3 519 Neuerkrankungen und 377 Todesfälle bei Typhus, 1 425 Neuerkrankungen und 497 Todesfälle bei Ruhr, sowie 1 610 Neuerkrankungen und 114 Todesfälle bei Diphtherie, 1 090 Neuerkrankungen und 488 Todesfälle bei Tuberkulose und 446 Neuerkrankungen und 3 Todesfälle bei Scharlach. **(5)**

LEHRTER BAHNHOF: Beim Postamt NW 40 wird am 27. November 1945 eine Sammelstelle für unzustellbare Post von Kriegsgefangenen, die in Orte östlich der Oder und Neiße adressiert ist, eingerichtet. Von hier aus soll sie an inzwischen in Berlin angesiedelte Flüchtlinge aus diesen Gebieten weitergeleitet werden.

ZWIESELER STRASSE 4/ECKE RHEINSTEINSTRASSE: Nach einer vorläufigen Schätzung der Ingenieurverwaltung der Roten Armee vom Herbst 1945 werden zur Sprengung der unter- und überirdischen Militäranlagen des Nazi-Regimes mindestens 250 000 Tonnen Sprengstoff nötig sein. **(6)**

PAROCHIALSTRASSE 1–3: Berlin friert im Kältewinter 1946/47. Am 13. Februar 1947 bittet Oberbürgermeister Otto Ostrowski die Besatzungsmächte um Hilfe. Bis zum 5. Februar waren schon 134 Menschen erfroren, 500 lagen mit Erfrierungen im Krankenhaus. Täglich erkrankten mehr als 1 000 Menschen an Lungenentzündungen, die „normale Rate" lag bei 150 pro Tag.

EICHBORNDAMM 179: Am 15, Februar 1946 nimmt die „Dienststelle für die Benachrichtigung der nächsten Angehörigen von Gefallenen der ehemaligen Deutschen Wehrmacht" ihre Arbeit in **Reinickendorf** auf.

KAISERSWERTHER STRASSE 16–18: Die Alliierte Kommandantur erlässt am 26. Februar 1946 Richtlinien für die Entnazifizierung. Danach sind in allen Verwaltungsbezirken Entnazifizierungskommissionen zu bilden, die jeweils aus sieben aktiven Antifaschisten bestehen.

PANKOW: Als erstes deutsches Gericht fällt das Schöffengericht Pankow am 11. März 1946 mit Erlaubnis der sowjetischen Militäradministration Urteile gegen Kriegsverbrechen und Verbrechen gegen die Menschlichkeit. Sie basieren auf dem Gesetz Nr. 10 des Alliierten Kontrollrates.
Am 25. März findet der erste Prozess gegen Beteiligte an Massenmorden vor dem Schwurgericht des Landgerichts Berlin in der **Turmstraße 91** statt.

WENDENSCHLOSS: Auf Anordnung der sowjetischen Militärverwaltung wird am 1. September 1946 in Berlin ein, für die gesamte sowjetische Besatzungszone zuständiger, zentraler Suchdienst nach vermissten Deutschen eingesetzt.

KAISERSWERTHER STRASSE 16–18: Die Alliierte Kommandantur beschließt am 15. Oktober 1946, die in Nürnberg zu Haftstrafen verurteilten Kriegsverbrecher im Spandauer Gefängnis an der **Wilhelmstraße, Ecke Gatower Straße** zu inhaftieren. Am 18. Juli 1947 gibt sie bekannt, dass die vom Internationalen Militärtribunal zu Gefängnisstrafen verurteilten Kriegsverbrecher im Gefängnis in Spandau aufgenommen werden.
Schon am 3. Oktober hatten Zehntausende Berliner gegen in Nürnberg verkündete Freisprüche und milde Haftstrafen protestiert. Von 14 bis 14.10 Uhr ruhte deshalb der Verkehr.

TURMSTRASSE 91: Am 14. November 1946 verurteilt das Schwurgericht die ehemalige Luftwaffenhelferin Helene Schwärzel zu 15 Jahren Zuchthaus, zehn Jahren Ehrverlust und Beschlagnahme ihres gesamten Vermögens. Sie hatte nach dem Putsch gegen Hitler am 20. Juli 1944 Carl Friedrich Goerdeler (1884–1945) denunziert, der daraufhin von den Nazis hingerichtet wurde.

SIEMENSSTADT: Am 14. Dezember 1946 beschließen die Betriebsräte der Siemens AG, einen Untersuchungsausschuss zu bilden, der eventuelle Kriegsverbrechen von Siemens aufdecken soll.
Am 24. Januar 1947 werden von der Britischen Militärregierung drei Siemens-Direktoren entlassen.

PAROCHIALSTRASSE 1–3: Die Stadtverordnetenversammlung verabschiedet am 20. Februar 1947 einstimmig das „Gesetz zur politischen Entlastung der Jugend". Danach entfallen die Entnazifizierungsverfahren für all jene, die nach dem 31. Dezember 1916 geboren wurden.

ZWIESELER STRASSE 4/ECKE RHEINSTEINSTRASSE: Die SMAD ordnet am 1. April 1947 die Gründung einer Deutschen Treuhandstelle zur Verwaltung des beschlagnahmten Vermögens an.
Am 5. April 1948 berichtet der Chef dieser Stelle, Willi Rumpf (1903–1982), dass die Einrichtung 300 Betriebe mit einem Gesamtkapital von 250 Millionen Reichsmark verwaltet.

KAISERSWERTHER STRASSE 16–18: Am 22. April 1947 lehnt die Alliierte Kommandantur die Bitte des Magistrats ab, die Zerstörung der Luftschutzbunker auszusetzen und diese als Unterkünfte für Obdachlose und Krankenhäuser zu nutzen.

CHARLOTTENSTRASSE/ECKE BEHRENSSTRASSE: Während der Abrissarbeiten an einem Haus in der fast völlig zerstörten Straße geschieht am 7. Juni 1947 ein schwerer Unfall. Dabei verlieren acht Menschen ihr Leben.

PAROCHIALSTRASSE 1–3: Am 10 Juni 1947 beschließt der Magistrat eine umfassende Soforthilfe für anerkannte Opfer des Faschismus und Juden im Sinne der Nürnberger Gesetze der Nazis. Eine Verordnung über die Anerkennung als Opfer des Faschismus ergeht am 14. Juli.
Am 21. August 1947 kehren mehrere hundert jüdische Bürger nach Berlin zurück, die in der Emigration in China waren.

TIERGARTEN: Britische Pioniere sprengen am 28. Juni 1947 den ehemaligen Befehlsbunker der Luftwaffe.

SCHÖNHAUSER ALLEE 22: Am 23. Juli 1947 explodiert im Gebäude des Schutzpolizeikommandos unsachgemäß gelagerte Munition aus dem Krieg. Acht Personen sterben.

PAROCHIALSTRASSE 1–3: Die Stadtverordnetenversammlung beschließt am 31. Juli 1947 die Änderung aller Straßennamen, die an die Nazi-Zeit erinnern.

LICHTENBERG: Auf Befehl des sowjetischen Stadtkommandanten Alexander Kotikow geht das Industriewerk Knorr-Bremse am 19. August 1947 als Reparationsleistung an die sowjetische Aktiengesellschaft für Transportmaschinen.

VELTEN: Am 23. August 1947 kommen bei einer Explosion im Vorortzug von Velten nach Kremmen 30 Berliner zu Tode. Sie waren auf „Hamsterfahrt" ins Brandenburgische. Dabei zogen in überfüllten Zügen Tausende von Menschen in der Hoffnung aufs Land, dort etwas Eßbares eintauschen zu können. Beliebt war auch das „Stoppeln": Bereits abgeerntete Felder wurden noch einmal nach Getreideähren oder Kartoffeln abgesucht.

ZOO: Rund 20 000 Kilogramm hochexplosiven Sprengstoffs reichen britischen Pionieren nicht, um am 30. August 1947 den Flak- und Luftschutzbunker am Zoo zu sprengen.
Auch der Hochbunker am **Humboldthain** fällt erst beim zweiten Versuch am 13. März 1948.

PANKOW: Am 23. Oktober 1947 eröffnet ein sowjetisches Kriegsgericht einen Prozess gegen ehemalige Wächter im KZ Sachsenhausen. Alle 14 Angeklagten werden zu lebenslangem Zuchthaus verurteilt.

KRONPRINZENALLEE / OLYMPIASTADION: Auf Pressekonferenzen geben die Militärverwaltungen der USA und Großbritanniens am 16. Oktober 1947 bekannt, welche Betriebe in ihren Besatzungszonen und Sektoren in Berlin zur Demontage vorgesehen sind.

GRUNEWALD: Das Polizeipräsidium gibt am 9. März 1948 die Sperrung der **Havel** vor dem Kaiser-Wilhelm-Turm (heute Grunewald-Turm) bekannt, weil dort in den letzten Kriegstagen größere Mengen Munition versenkt wurden.

WILHELMSTRASSE / ECKE VOSSSTRASSE: Die Sowjets erteilen am 13. Oktober 1948 den Befehl, alle Gebäude und Ruinen der ehemaligen Reichskanzlei abzureißen.
Die Zeit drängt: Ruineneinstürze am 8. April 1949 nach einem Frühjahrssturm fordern sechs Menschenleben.

HARDENBERGSTRASSE: Die am 5. Dezember 1948 in den Westsektoren gewählte Stadtverordnetenversammlung streicht Adolf Hitler, Hermann Göring, Joseph Goebbels und Wilhelm Frick aus der Liste der Ehrenbürger. Auch Wilhelm Pieck wird gestrichen.

KAISERSWERTHER STRASSE 16–18: Auf Befehl der Alliierten Kommandantur übernimmt der Magistrat am 26. Juli 1949 die volle Verantwortung für die Entnazifizierung der Stadt. Nach der Teilung der Stadtverwaltung gilt dies praktisch nur noch für die Westsektoren
Bereits am 6. April 1949 hatten die drei westlichen Kommandanten eine „Entnazifizierungs-Amnestie" verkündet. Sie galt für alle nach dem 1. Januar 1919 geborenen Personen, ausgenommen, aktive Nazis.

U-BAHNHOF MOHRENSTRASSE: Marmor gehörte niemals zu den Baustoffen auf Berliner U-Bahnhöfen. Dennoch gibt es mit dem Bahnhof Mohrenstraße (früher Kaiserplatz) eine Station, die mit dem edlen Material verkleidet ist.
Der Marmor stammt aus den Trümmern der nahe gelegenen einstigen Reichskanzlei Adolf Hitlers.
Nach dem Krieg wollten die Russen Moskauer Glanz in die Berliner U-Bahn bringen und ließen die fast völlig zerstörte Station wieder aufbauen Am 18. August 1950 ging sie als **„Thälmannplatz"** in Betrieb.

KARLSHORST: Durch die Verluste von rollendem Material ist die Deutsche Reichsbahn nach dem Krieg nicht in der Lage, die nötigen Güter zu transportieren. Die Sowjetische Militäradministration in Deutschland (SMAD) bietet ihr deshalb an, Beute- und Reparationsfahrzeuge zurückzukaufen. Darüber werden zwischen Juni 1950 und März 1952 vier Abkommen geschlossen. Danach bekommt die Reichsbahn 693 Dampflokomotiven (davon 168 beschädigt), 186 E-Loks, 894 Personenwagen und 50 918 Güterwagen. Der Preis dafür beträgt rund 254 Millionen Mark.
Für die Berliner S-Bahn werden 152 Trieb-, Steuer- und Beiwagen für 3,364 Millionen Mark zurückgekauft. **(7)**

LEISTIKOWSTRASSE 2: Die aus dem früher beim Generalstab der Wehrmacht angesiedelten Nachrichtendienst „Fremde Heere Ost" hervorgegangene „Organisation Gehlen" arbeitet jetzt trotz ihrer braunen Vergangenheit für die Amerikaner. Ab 1948 errichten sie auch in West-Berlin Stützpunkte. Sie sind als Firmen getarnt – wie zum Beispiel der „Zeitungsausschnittdienst" in der Leistikowstraße. Von hier aus wird ein Agentennetz in der „Zone" geführt, dass besonders die Sowjets und die Remilitarisierung Ostdeutschlands im Auge hat. Durch Überläufer und infiltrierte Stasi-Agenten kann es Anfang der 50er Jahre nahezu vollständig zerschlagen werden.

FLUGHAFEN TEMPELHOF: Seit 1950 erfassen Horch-Experten der „Organisation Gehlen" vom Flughafen Tempelhof aus funkelektronische Daten aus dem Osten.

Drei Jahre später ziehen sie in den französischen Sektor um und lauschen nun aus dem **„Quartier Napoleon".**

WASSERKÄFERSTEIG: In einer ehemaligen unterirdischen Abhörzentrale der Nazis bunkern die Amerikaner sämtliche beschlagnahmte Dokumente aus der NS-Zeit.

Um sie beim Nürnberger Kriegsverbrecherprozess und der Entnazifizierung nutzen zu können, entsteht das „Berlin Document Center" (BDC).

Entsprechend der damaligen Art und Weise der Geschichtsaufarbeitung werden in den 50er Jahren zahlreiche Dokumente aus dem Zusammenhang ihrer Entstehung herausgerissen und in andere Akten einsortiert. Ab Ende der 50er Jahre werden die meisten nicht-biographischen Unterlagen an das Bundesarchiv in Koblenz abgegeben.

Als wichtigste Bestände verbleiben im „Berlin Document Center":
- Die Zentrale Mitgliederkartei der NSDAP mit zirka 11 Millionen Karteikarten;
- Die Parteikorrespondenz der NSDAP mit etwa 1,3 Millionen Archiveinträgen;
- Personenakten des Rasse- und Siedlungshauptamtes der SS mit insgesamt 240 000 Archiveinträgen;
- Etwa 350 000 Personalunterlagen von SS-Angehörigen;
- Rund 550 000 Personalunterlagen von SA-Angehörigen
- Personalunterlagen von Umsiedlern aus der „Einwanderzentralstelle Litzmannstadt";
- Personalunterlagen der Reichskulturkammer und der NS-Frauenschaft.

Bis 1994 untersteht das BDC dem Innenministerium der USA. Es veranlasst die Mikroverfilmung sämtlicher Unterlagen, die Filme werden im US-Nationalarchiv deponiert.

Nach dem Ende der Besatzungszeit gehen die BDC-Dokumente an das 1996 geschaffene Bundesarchiv Berlin. Sie werden mit den Beständen „Deutsches Reich" zusammen geführt und befinden sich heute in der **Finckensteinallee 63** in **Lichterfelde.**

PLATZ DER REPUBLIK: Am 27. März 1951 wird die Ruine der Kroll-Oper gesprengt. Während der Nazi-Zeit war sie vorübergehend Sitz des Reichstags.

MARIENFELDER ALLEE 66–80: Für einige wenige der Hunderttausende von Ost-Flüchtlingen, die im Notaufnahmelager **Marienfelde** ankommen, ist wegen ihrer braunen Vergangenheit offenbar weder im Osten, noch im Westen Platz.

Solch ein Fall ist Dr. Paul Reckzeh. Der 1913 geborene Arzt tritt bereits 1933 in die NSDAP ein. Als Gestapo-Spitzel denunziert er bürgerliche Nazi-Gegner, die im Kreis um Hanna Solf aktiv sind. Einige von ihnen werden hingerichtet. Dafür verurteilt ihn die DDR in den sogenannten „Waldheimer Prozessen" zu 15 Jahren Zuchthaus. Am 6. Oktober 1950 wird Paul Reckzeh begnadigt. Er geht nach West-Berlin und hofft im Notaufnahmelager Marienfelde auf die Anerkennung als politischer Flüchtling, weil in den „Waldheimer Prozessen" auch viele unschuldige Menschen verurteilt wurden. Deshalb hatte das Berliner Kammergericht in einer Grundsatzentscheidung am 15. März 1954 bereits dort gesprochene Urteile für „absolut und unheilbar nichtig" erklärt, weil „deren Bestand für die Rechtsgemeinschaft unerträglich" sei.

Im Fall von Paul Reckzeh steht dem jedoch dessen nachweisbare Schuld am Tod von Menschen entgegen. Sie ist so groß, dass im Westen ein Verfahren, nun auf rechtsstaatlicher Grundlage, fällig wäre.

Dem entzieht sich Paul Reckzeh durch Flucht in die DDR. Da es kein Rechtshilfeabkommen mit dem Westen gibt, hat er keine Auslieferung zu befürchten.

Paul Reckzeh arbeitet bis zu seiner Pensionierung als Arzt in der Betriebspoliklinik des VEB Schwermaschinenbau Wildau. (8)

Der DDR bringen solche Fälle immer wieder den Vorwurf ein, Nazis gedeckt zuhaben. Dennoch fühlt sie sich dabei im Recht, denn aus ihrer Sicht wurden die Betreffenden ja entsprechend bestraft.

BAHNHOF ZOO: Am 8. Oktober 1953 trifft der erste Transport von 116 direkt nach West-Berlin entlassenen Kriegsgefangenen aus der Sowjetunion ein.

In Ost-Berlin kamen die ersten Kriegsgefangenen aus der Sowjetunion bereits am 23. Dezember 1945 an.

KANTSTRASSE: Rund 150 Studenten protestieren am 9. Februar 1954 in den „Kant-Lichtspielen" gegen den Film „Stern über Colombo" von Nazi-Regisseur Veit Harlan. Sie setzen 250 weiße Mäuse aus, streuen Niespulver und zünden Stinkbomben.

SÜDSTERN: An der Stadtmissionskirche am Südstern in Kreuzberg wird am 20. März 1954 die erste Gedenktafel für deutsche Gefallene und Vermisste im Zweiten Weltkrieg enthüllt.

REINICKENDORF: Am 7. April 1954 nimmt die Polizei 40 Demonstranten fest, die eine FDP-Veranstaltung mit dem Bundestagsabgeordneten und früheren Kommandeur der Division „Großdeutschland", Hasso von Manteuffel, stören.

WILHELMSTRASSE/ECKE GATOWER STRASSE: Als erster Häftling des Spandauer Kriegsverbrechergefängnisses wird am 16. September 1954 der ehemalige Reichswirtschaftsführer Walther Funk wegen eines Prostataleidens in ein britisches Militärkrankenhaus außerhalb der Strafanstalt überführt.

PLATZ DER REPUBLIK: Die im Krieg zerstörte Kuppel des Reichstagsgebäudes droht einzustürzen. Am 15. Oktober 1954 soll sie gesprengt werden. Das geht schief, weil das Dynamit feucht ist. Am 22. November schaffen es dann 20 Sprengladungen doch noch, die 350 Tonnen schwere Kuppel einstürzen zu lassen.

WILHELMSTRASSE / ECKE GATOWER STRASSE: Am 6. November 1954 wird Constantin Freiherr von Neurath aus dem Kriegsverbrechergefängnis entlassen. Er war in der Nazi-Zeit Reichsaußenminister und Reichsprotektor von Böhmen und Mähren und beim Hauptkriegsverbrecherprozess in Nürnberg zu einer Freiheitsstrafe von 15 Jahren verurteilt worden.

REINICKENDORF: Demonstranten verhindern am 12. Dezember 1955 ein geplantes Treffen des militaristischen Verbundes „Stahlhelm".

PRINZ-ALBRECHT-STRASSE 8: Am 15. Juni 1956 wird die ehemalige Gestapo-Zentrale gesprengt. Die Trümmer werden bis auf die Grundmauern beseitigt.

FRIEDRICHSFELDE: Im Tierpark wird am 5. Juli 1957 ein großes Eisbären-Freigehege eröffnet. Für die künstlichen Felsen wurden u. a. Trümmer des ehemaligen Reichsbankgebäudes verarbeitet.

HANSA-VIERTEL: Aus Anlass des 100. Geburtstages von Kaiser Wilhelm II. treffen sich die Mitglieder der Familien Hohenzollern und Hohenzollern-Sigmaringen am 27. Januar 1959 in der Kaiser-Friedrich-Gedächtniskirche zu einem Gedenkgottesdienst.

LÜTZOWPLATZ: Am 8. Juli 1959 eröffnet im Haus am Lützowplatz eine Ausstellung des von den Nazis verfemten und von der SED ausgegrenzten Malers Horst Strempel (1904–1975). Es werden Landschaften, Porträts und Tuschzeichnungen aus den Jahren 1926 bis 1929 gezeigt.

RATHAUS SCHÖNEBERG: Der Berliner Senat beschließt am 12. Januar 1960, den „Bund Nationaler Studenten" (BNS) und die „National-Jugend Deutschlands" für verfassungswidrig zu erklären.
Die Rechtsextremen hatten die Öffentlichkeit aufhorchen lassen, als sieben Berliner Mitglieder im Juni 1959 am **Wannseeufer** die Sonnenwende feierten. Allerdings: Sechs von ihnen waren gleichzeitig V-Leute der verschiedensten Geheimdienste. Der einzige echte Nazi blieb unbestraft.

SCHLOSSSTRASSE: Zum ersten Mal seit 1931 steht Weltstar Marlene Dietrich (1901–1992) am 3. Mai 1960 wieder auf einer Berliner Bühne. Sie tritt im „Titania-Palast" auf. Die Zuschauer strömen aus West und Ost. Die West-Berliner Presse sieht in dem Auftritt einen Beleg für die erfolgreiche Überwindung der braunen Vergangenheit.

S-BAHNHOF UNTER DEN LINDEN: Die seltsam verschnörkelte Fraktur des Bahnhofsnamens findet sich auf keiner Berliner S-Bahnstation, außer „Unter den Linden" (SIEHE KAP. 10, UNTER DEN LINDEN).
Die Schrift heißt „Tannenberg" und soll an den deutschen Sieg über die russischen Truppen in der Schlacht bei Tannenberg erinnern. Adolf Hitler wollte damit Feldmarschall Paul von Hindenburg (1847–1934) ehren, der ihn 1933 zum Reichskanzler ernannt hatte.
Diese Nazi-Erbschaft ist in der DDR niemandem aufgefallen. Heute steht die historische Schrift im Bahnhof Unter den Linden unter Denkmalschutz **(9)**

POTSDAMER PLATZ: Die Umgestaltung des einstigen Berliner Zentrums zur Wüste ist fast vollendet. Am 20. Mai 1963 werden die Reste des „Hauses des Fremdenverkehrs" gesprengt. Adolf Hitler hatte dafür 1938 den Grundstein gelegt, bis 1941 war es im Rohbau fertig.

LITTENSTRASSE 12–17: Vor dem Obersten Gericht der DDR endet im Juni 1963 ein Prozess, in dem vor der internationalen Presse das Zusammenwirken ehemaliger Nazis mit dem Bundesnachrichtendienst (BND) nachgewiesen werden soll.
Angeklagt ist der damals 52-jährige „Reichsbahn"-Ingenieur Herbert Richter. Er wurde 1948 von einem ehemaligen Kriegskameraden in West-Berlin als Spion angeworben. Das Gericht erläutert ausführlich, dass die gemeinsame faschistische Vergangenheit – beide waren Offiziere bei der Wehrmacht – die Basis für die späteren Aktivitäten gegen die DDR bildete.
Herbert Richter machte bei der Reichsbahn Karriere und berichtete nebenbei regelmäßig in den Westen. Dabei wird er unvorsichtig, so dass bei seiner Verhaftung eindeutige Beweise für seine Spionage, die er dann auch gesteht, gefunden werden können. **(10)**
In der SED wird der Fall als Beispiel für den „faschistischen Charakter" der Bundesrepublik ausgewertet.

KOCHSTRASSE 50: Am 2. November 1964 erscheint in der „BZ" eine Meldung mit Foto unter der Überschrift: „Skandal um Ulbrichts Leibwächter: Gold – erst braun, dann rot".
Es handelt sich dabei um Franz Gold (1913–1977), der inzwischen Generalleutnant der Stasi und Leiter des Personenschutzes ist. Über ihn kursiert seit

langem das Gerücht, er sei am 1. November 1938 in die NSDAP eingetreten. Neben anderen, teilweise inzwischen hochrangigen, DDR-Funktionären (im Stasi-Apparat z. B. Generaloberst Bruno Beater (1914–1982) und Generalmajor Manfred Hummitzsch) gilt Gold im Westen als Beispiel dafür, dass auch in der DDR viele alte Nazis wieder in Amt und Würden sind.

Einer gründlichen Überprüfung halten solche Angaben meist nicht stand. Im Fall Gold handelt es sich um eine Verwechslung des Geburtsdatums. **(11)**

Dennoch gibt es auch Beispiele dafür, dass ehemalige hohe Nazis in der DDR Karriere gemacht haben. So diente Vincenz Müller (1894–1961) 1943 als Generalleutnant und Kommandierender General eines Armeekorps der Wehrmacht und später als Chef des Hauptstabes der Kasernierten Volkspolizei und der NVA.

ADLERSHOF: Zwischen 1965 und 1980 werden im Wachregiment „Feliks Dzierzynski", zwischen **Rudower Chaussee** und **Segelfliegerdamm** stationiert, zehn rechtsextremistische Vorfälle festgestellt. Einer davon betraf die Bildung eines „Hitler-Fanclubs" in der Pionierkompanie des Wachregimentes, durch vier Stabsgefreite und einen Gefreiten. Sie verliehen sich gegenseitig Dienstgradbezeichnungen der SS und malten Hakenkreuze an die Wände. Nach einigen Monaten wurden sie entdeckt, zu Soldaten degradiert und aus dem Wachregiment entlassen. Vier SED-Mitglieder aus dem „Hitler-Fanclub" erhielten überdies Parteistrafen. **(12)**

NORMANNENSTRASSE: Obwohl in der DDR jegliche Nazi-Spuren in der Personalakte eigentlich das sofortige Ende der Karriere oder sogar die Strafverfolgung bedeuten, gibt es auch Fälle, in denen das Ministerium für Staatssicherheit kriminelle Aktivitäten während der NS-Herrschaft vertuscht.

Das passiert zum Beispiel mit einem „operativen Vorgang", den die Stasi am 20. Mai 1966 einstellt. In der Stellungnahme der MfS-Hauptverwaltung XX/2 vom 17. Dezember 1965 heißt es dazu: „Die Aufdeckung der vermutlichen Euthanasie-Verbrechen in Stadtroda bedeutet, dass die … national anerkannte und international bekannte Dr. Albrecht in das Untersuchungsverfahren einbezogen werden muss." Und weiter: „Da … Beschuldigte aus der DDR in höheren Positionen des Gesundheitswesens (Frau Dr. Albrecht, Dekan der medizinischen Fakultät der Universität Jena) Dr. Schenk, stellvertretender Direktor des Stadtkrankenhauses Stadtroda, stehen, könnte bei einer Auswertung ein unseren gesellschaftlichen Verhältnissen widersprechendes Ergebnis erreicht werden. Aus diesem Grund wird vorgeschlagen, die Bearbeitung des Vorgangs mit einer Sperrablage im Archiv des MfS abzuschließen." **(13)**

FASANENSTRASSE: Neonazis verüben am 9. Juli 1966 einen Brandanschlag auf das West-Berliner Büro der Jüdischen Gemeinde. Der Sachschaden bleibt gering, der politische Schaden ist immens.

POTSDAMER STRASSE 10: Das „Vox-Haus" gilt als Wiege des deutschen Rundfunks. Am 22. März 1971 wird es gesprengt.

BAHNHOF GRUNEWALD: Am Signalhaus an der Verladerampe des Güterbahnhofs Grunewald wird am 4. Februar 1973 eine von der Familie Braun gestiftete Tafel angebracht. Sie soll an die Deportation von jüdischen Mitbürgern erinnern, die von hier aus erfolgte. Die Gedenktafel wird 1986 gestohlen.

KURFÜRSTENDAMM 140: In der Nacht vom 18. auf den 19. Mai 1968 überfällt ein Trupp rechtsradikaler NPD-Anhänger die Zentrale des „Sozialistischen Deutschen Studentenbundes" (SDS). Sie schlagen zwei SDS-Funktionäre nieder, versprühen Tränengas und verwüsten die Einrichtung.
Den Zorn der Neo-Nazis erregte vor allem der Student Reinhard Strecker. Er hatte ein großes Archiv über ehemalige Nazis zusammengetragen, die inzwischen wieder in der Bundesrepublik oder in West-Berlin in Amt und Würden waren. Mit diesem Material startete Strecker immer wieder Aktionen gegen Alt-Nazis im öffentlichen Leben. **(14)**

UNTER DEN LINDEN 6: 1972 promoviert ein Dozent an der Sektion Kriminalistik der Berliner Humboldt Universität über die Kontinuität der Politik des deutschen Imperialismus. Später wird er dort Kriminalistik-Professor.
Es ist Heinz Felfe, damals 54, und seit 1949 im Westen als Agent für das KGB aktiv. Am 14. Februar 1969 wurde er gegen 21 Häftlinge aus ostdeutschen Gefängnissen freigelassen.
Heinz Felfe arbeitete 1943/44 als Chef des Referats Schweiz/Liechtenstein im Reichssicherheitshauptamt. Der SS-Obersturmführer gerät nach dem Krieg in britische Kriegsgefangenschaft. Ab 1951 arbeitet Felfe in der „Organisation Gehlen" und dem daraus 1956 hervorgegangenen Bundesnachrichtendienst (BND). Dort ist die „Gegenspionage Sowjetunion" sein Arbeitsgebiet.
Seine Kollegen im BND beeindruckt Heinz Felfe (BND-Spitzname „Fiffi") mit einem exakten Plan des sowjetischen Sperrgebietes in **Karlshorst** (SIEHE KAP. 4, KARLSHORST). Sogar, welche Toilette der eine oder andere Offizier benutzt, weiß er, und auf Reisen zu Partnerdiensten nimmt er sein Prunkstück gerne mit. Als der KGB-Maulwurf am 6. November 1961 verhaftet wird, wissen auch die Kollegen, woher die beeindruckenden Detailkenntnisse stammten.

RUSCHESTRASSE: Im Oktober 1972 erschüttert eine Sensation die westdeutsche Verlagslandschaft: Der Journalist und Buchautor Erwin Fischer hat aus der

DDR 6 000 Blatt Fotokopien maschinenschriftlicher Tagebücher von Joseph Goebbels (1897–1945) beschafft. Wenig später kommen noch einmal 37 Mikrofilme und Mikrofiches mit handschriftlichen Eintragungen aus den Jahren 1924 bis 1945 in die Bundesrepublik

Niemand ahnt, dass die Hauptverwaltung Aufklärung (HVA) des MfS in der Ruschestraße in **Lichtenberg** hinter dieser Aktion steckt.

Anfang 1970 bekam dort Oberst Hans Knaust, stellvertretender Chef der für die Desinformation zuständigen HVA-Abteilung X den Befehl, umgehend nach Moskau zu fliegen, Oberstleutnant Rolf Rabe begleitete ihn. Im dortigen KGB-Archiv zeigten ihm die Genossen die zum größten Teil auf Glasplatten archivierten Goebbels-Tagebücher. Offiziell galten 80 Prozent davon als verschollen oder vernichtet.

Die Ausnahmen: Im November 1945 fand der amerikanische Offizier W. Montenegro zwei Heftchen in der Nähe der Reichskanzlei. Dem Altpapier-Händler Robert Breyer waren durch Zufall rund 7 000 Blatt in die Hände geraten und der CIC-Agent Eric C. Mohr konnte ein Fragment von 591 Blatt sicherstellen. All diese Dokumente landeten bei den Amerikanern. Ein weiteres Teilstück wurde nach 1972 im Washingtoner Nationalarchiv entdeckt.

Den Löwenanteil hatten jedoch die Sowjets 1945 als Kriegsbeute abtransportiert. Knaust und Rabe sollen nun eine Strategie für den Umgang mit den Dokumenten entwickeln.

Sie entscheiden sich dafür, sie über einen Mittelmann – Erwin Fischer – im Westen zu lancieren. So konnte einerseits der schlechte Eindruck, die DDR wolle mit dem Nazi-Erbe Geld machen, vermieden, und andererseits die Diskussion um die Nazi-Vergangenheit im Westen angeheizt werden.

Das alles soll jedoch streng geheim bleiben. Als 1987 die ersten Tagebuchbände im Westen erscheinen, gibt Ludwig Nestler von der Staatlichen Archivverwaltung der DDR an, die Dokumente seien 1969 bei Sucharbeiten auf dem Gelände der ehemaligen Reichskanzlei, in neun Alu-Kisten verpackt, gefunden worden. **(15)**

SCHARNHORSTSTRASSE: Keine Ruhe für den „Roten Baron". Jagdflieger Manfred von Richthofen wurde nach seinem Abschuss im Ersten Weltkrieg zunächst in der Nähe des Schlachtfeldes beigesetzt. Als seine Familie 1925 die sterblichen Überreste in das Familiengrab in Schlesien überführen will, äußert Reichswehrminister Otto Gessler (1875–1955) den Wunsch, ihn doch lieber auf dem Berliner Invalidenfriedhof (SIEHE KAP. 7, SCHARNHORSTSTRASSE) zu begraben.

Der Bau der Mauer führt zu umfangreichen Zerstörungen der traditionsreichen Gedenkstätte, weil sie im Grenzgebiet liegt.

Manfred von Richthofen wird 1976 auf den Heldenfriedhof von Wiesbaden umgebettet. Das dürfte die einzige derartige Aktion in der Nachkriegszeit gewesen sein.

NORMANNENSTRASSE: In den Jahren 1975 bis 1979 konstatiert die Militärabwehr des Ministeriums für Staatssicherheit eine Zunahme von rechtsextremistischen Äußerungen innerhalb der Nationalen Volksarmee. Inhaltlich dominiert mit 23 Prozent die Verherrlichung des Dritten Reiches, gefolgt vom Singen von Nazi- und Wehrmachtsliedern mit 22 Prozent. 18 Prozent der erfassten Delikte betreffen das Zeigen des Hitler-Grußes, 12 Prozent das Feiern der Person des „Führers" (einschließlich „Gedenkveranstaltungen") und zehn Prozent sind antisemitische Parolen. Am aktivsten sind dabei mittlere Dienstgrade, insbesondere Unteroffiziere auf Zeit. **(16)**

LITTENSTRASSE 12–17: Das Ost-Berliner Stadtgericht verurteilt am 7. Juni 1983 den ehemaligen SS-Obersturmbannführer Heinz Barth wegen Kriegsverbrechen und Verbrechen gegen die Menschlichkeit zu lebenslänglichem Freiheitsentzug.

BUCKOW: Die Detonation einer 250-Kilogramm-Bombe aus dem Zweiten Weltkrieg reißt am 16.Juli 1983 einen Krater von 4 Metern Tiefe und 8 Metern Breite. Zahlreiche Häuser werden beschädigt, Menschen werden nicht verletzt.

WILHELMSTRASSE / ECKE GATOWER STRASSE: Am 17. August 1987 begeht „Führerstellvertreter" Rudolf Heß (1894–1987) als letzter Gefangener im Kriegsverbrechergefängnis Spandau Selbstmord.
Das bis dahin von allen vier Siegermächten des Zweiten Weltkrieges im Wechsel bewachte Gefängnis wird danach nicht mehr gebraucht und abgerissen. Damit soll auch verhindert werden, dass es zu einer Wallfahrtsstätte für Neo-Nazis verkommt.

ZIONSKIRCHPLATZ: Nach einem Rock-Konzert dringen am 17. Oktober 1987 West- und Ost-Berliner Neo-Nazis in die Zionskirche ein. Die rund 30 „Skinheads" haben zuvor in der Gaststätte „Sputnik" reichlich gezecht und misshandeln nun die Besucher der Kirche.
Am 3. Dezember verurteilt das Stadtbezirksgericht **Mitte** vier Randalierer zu Haftstrafen zwischen einem und drei Jahren.

STRAUSBERG: Im August 1989 verabschiedet das Verteidigungsministerium der DDR (wegen des Vier-Mächte-Status von Berlin in Strausberg stationiert) Generalmajor Reinhard Brühl, gerade 65 Jahre alt, in den Ruhestand. Er ist der letzte ehemalige Wehrmachtsoffizier, der beim Militär der DDR Karriere machte. Unter Hitler brachte er bis zum Leutnant.
Brühl war ab 1970 Professor für Militärgeschichte an der Militärakademie „Friedrich Engels" in Dresden.

AM MARX-ENGELS-PLATZ: Am 17. Oktober 1989 findet im Haus des Zentral-komitees die letzte Sitzung des SED-Politbüros statt. Die Genossen wollen Erich Honecker (1912–1994) überzeugen, „aus gesundheitlichen Gründen" zurück-zutreten. Der zögert.

Da murmelt Stasi-Minister Erich Mielke (1907–2000): „Erich, wenn du nicht gehst, dann packe ich aus und dann werden sich manche noch wundern …"

Die geheimnisvolle Drohung könnte sich auf einen roten Plastik-Koffer bezo-gen haben, den Erich Mielke im Panzerschrank seines Büros im Haus 1 in der Stasi-Zentrale **Normannenstraße 22** (SIEHE KAP. 4, NORMANNENSTRASSE 22) verwahrt.

Anfang 1990 beschlagnahmt der Generalstaatsanwalt der DDR den Koffer; Erich Mielke sitzt inzwischen im Gefängnis.

Im Koffer befinden sich Akten über Erich Honecker. Darunter sind die Prozess-unterlagen des NS-Volksgerichtshofes aus den 30er Jahren, vor dem der spä-tere DDR-Staatschef gemeinsam mit einigen anderen wegen Vorbereitung zum Hochverrat angeklagt und zu zehn Jahren Zuchthaus verurteilt worden war.

Sie belegen, dass Erich Honecker bei seinen Aussagen vor der Gestapo ande-re belastet hat. Eine strafrechtliche Relevanz ergab sich daraus nicht. Die ein-zige noch lebende betroffene Person meldete sich aus Israel und erklärte ihre Loyalität zu Honecker. Trotzdem korrigieren die Akten aus dem roten Koffer das bis 1989 in der DDR verbreitete Bild von Erich Honeckers heldenhaftem Wider-stand gegen die Nazis.

Der Koffer befindet sich heute in der Behörde der Bundesbeauftragten für die Unterlagen des ehemaligen Staatssicherheitsdienstes der DDR.

FREIENWALDER STRASSE 17: Erst mit dem Ende der DDR wird bekannt, dass neben dem „Berlin Document Center" auch das Ministerium für Staatssicher-heit der DDR über umfangreiche Aktenbestände aus der Nazi-Zeit verfügte, die in der 1911 gebauten „Heike-Villa" in der Freienwalder Straße lagerten.

Das so genannte Nazi-Archiv wird von der Hauptabteilung IX/11 verwaltet und umfasst Unterlagen aus den faschistischen Repressionsapparaten, dem Reichskirchenministerium, zu Zwangs- und Fremdarbeitern, aber auch Proto-kolle der Entnazifizierungskommissionen und von der Stasi selbst angelegte Akten, die auf ewig sicher verschlossen bleiben sollten.

Von der Existenz des Archivs war immer dann zu ahnen, wenn die DDR ihre Propagandafeldzüge gegen westliche Politiker mit brauner Vergangenheit star-tete (SIEHE KAP. 6, LITTENSTRASSE 12–17) und dazu Kopien alter Akten vorlegte.

Dass sie nicht immer echt sein müssen, zeigt sich in den sechziger Jahren bei einer Kampagne gegen den damaligen Bundespräsidenten Heinrich Lübke (1894–1972). Am 11.Januar 1965 übermittelt der SED-Propagandachef Albert Norden (1904–1982) Walter Ulbricht (1893–1973) einen Vorschlag: „Über die Tätigkeit Lübkes während der Nazizeit liegen nunmehr zwei neue Aktenbände vor. Sie ergeben weit über das hinaus, was wir bisher wussten und bekanntgaben, wirklich sensationell neu, den Bundespräsidenten schwer belastende Tatsachen. Sie müssen so enthüllt werden, dass es wirklich Weltaufmerksamkeit erregt." **(17)**

Dabei „hilft" die Stasi. Heinrich Lübke arbeitete während des Krieges im „Baustab Schlempp" und war als Bauingenieur u. a. mit der Projektierung von Baracken beschäftigt. Auf von ihm abgezeichneten Bauplänen fälschten die Desinformations-Spezialisten der Hauptverwaltung Aufklärung den Zweck der Bauten und schon wurde Heinrich Lübke zum „KZ-Baumeister".

Diese Geschichte beschäftigt bis heute hin und wieder die Gerichte.

NIEDERKIRCHNERSTRASSE/WILHELMSTRASSE: Statt einer angemessenen Gedenkstätte für die Opfer der Nazis gibt es mitten in Berlin bis heute nur eine Bauwüste.

Auf dem ehemaligen „Prinz-Albrecht-Gelände" befanden sich zwischen 1933 und 1945 die zentralen Einrichtungen des NS-Unterdrückungsapparates: Gestapo, SS und Reichssicherheitshauptamt.

Nach dem Abriss (bis auf die Folterzellen in den Kellern) wucherte dort nur noch Unkraut. In den 80er Jahren kurvten Fahrschüler auf einem „Autodrom" auf dem Gelände herum.

Mitte der 90er Jahre war endlich klar, dass diese Stelle dem Andenken gewidmet sein sollte. Am 8. Mai 1995 vollzog das Berliner Abgeordnetenhaus mit einem Festakt den offiziellen Baubeginn. Bund und Länder wollten 36 Millionen Mark für die „Topographie des Terrors" zahlen.

Der Schweizer Architekt Peter Zumthor gewinnt den Wettbewerb der Entwürfe und beginnt, ein Dokumentations- und Besucherzentrum zu bauen. Im Mai 2004 entbindet ihn das Abgeordnetenhaus von dieser Aufgabe, denn die Kosten sind inzwischen explodiert. Die Planungen veranschlagen jetzt 76 Millionen Euro, würde das Projekt beendet.

Bund und Länder einigen sich darauf, neu zu beginnen. Dafür stehen 38,8 Millionen Euro zur Verfügung. Allerdings: Rund 15 Millionen Euro kostet allein der Abriss der bereits errichteten Bauten.

3. KAPITEL

ALLIIERTE AFFÄREN
UND DEUTSCH-DEUTSCHE QUERELEN

Irgendwie hatten zuletzt doch noch alle den Krieg gewonnen. Jedenfalls schien es manchmal so, hörte man in Ost und West die Sonntagsreden der Politiker.

Die Besatzer galten längst als Freunde. Jede Seite hatte die ihrigen und schimpfte entsprechend auf die der anderen. Alles hatte sich so richtig schön eingelaufen.

An Frost und Eiszeit hatte man sich nach den zaghaften Versuchen des gemeinsamen Neubeginns gewöhnt. Es taute selten einmal und die jeweils routinemäßig anstehenden Proteste lagen auf beiden Seiten in den Schubladen. Drum geschert hat sich kaum jemand.

Berlin war über vierzig Jahre lang im Kalten Krieg der Puls und das Fieberthermometer der deutschen Teilung.

AM KLEISTPARK: Am 14. Mai 1949 verkünden die drei westlichen Stadtkommandanten das „Kleinen Besatzungsstatut". Damit erhält die Verwaltung des Westteils Berlins die „volle gesetzgeberische, vollziehende und gerichtliche Gewalt". Allerdings gelten einige alliierte Vorbehalte weiter.

Mit dem Inkrafttreten der „Pariser Verträge" am 5. Mai 1955, die der Bundesrepublik ihrer Souveränität weitestgehend zurückgeben, wird das Statut wieder aufgehoben.

HARDENBERGSTRASSE: Die Stadtverordnetenversammlung der drei Westsektoren nimmt am 19. Mai 1949 in ihrem Ausweichquartier im Studentenhaus der TU das Grundgesetz für die Bundesrepublik Deutschland an. Obwohl West-Berlin wegen des Vier-Mächte-Status nicht durch den Bund regiert werden darf, hat es auch dort Gültigkeit.

Am 1. Juni 1949 richtet der West-Berliner Magistrat in Frankfurt am Main eine Vertretung bei der Bundesrepublik Deutschland ein.

Am 15. Juni 1949 legt das Wahlgesetz zum ersten Bundestag fest: „Groß-Berlin hat das Recht, bis zum Eintritt des Landes Berlin in die Bundesrepublik Deutschland, acht Abgeordnete mit beratender Funktion in den Bundestag zu entsenden."

Die ersten acht, nicht stimmberechtigten Abgeordneten werden am 14. August 1949 gewählt.

(handschriftliche Notiz am Rand: Marshall-plan in B)

RATHAUS SCHÖNEBERG: Die USA-Regierung teilt am 13. August 1949 mit, dass West-Berlin in die Marshallplanhilfe einbezogen, und etwa zehn Prozent der für Deutschland vorgesehenen Mittel erhalten wird.

KAISERSWERTHER STRASSE 16–18: Die Alliierte Kommandantur ermächtigt am 25. August 1949 den West-Berliner Magistrat zur Wiederaufnahme des Postscheck- und Überweisungsdienstes zwischen den Westsektoren und den westlichen Besatzungszonen.
Am 12. September 1949 beschließen die vier Stadtkommandanten die gegenseitige Anerkennung der Postwertzeichen ihres jeweiligen Besatzungsgebietes.

(handschriftliche Notiz am Rand: Militär-züge)

BAHNHOF LICHTENRADE: Vom 8. Dezember 1945 bis zum 23. Mai 1990 verkehren täglich amerikanischen Militärzüge von Berlin nach Frankfurt am Main. Zusätzliche Züge fahren nach Bedarf nach Bremerhaven, dem Versorgungsstützpunkt der US-Truppen in Deutschland.
Die Züge dienen nicht nur dem Personen- und Gütertransport, sondern auch der permanenten Kontrolle der Freiheit auf den Zufahrtswegen. Sie werden gegen entsprechende Bezahlung zwar von Loks der Deutschen Reichsbahn gezogen, dürfen aber von den DDR-Behörden nicht kontrolliert werden.
Seit 1957 unterliegen alle Passagiere dem System der "Flag Orders". Die Reisenden, ganz gleich ob Soldaten, Offiziere oder nur Angehörige, erhalten danach einen Gestellungsbefehl von oder nach Berlin. Durch dieses Verfahren darf auch die sowjetische Militärpolizei die Züge nicht mehr betreten, sondern nur noch die Passagierlisten mit den entsprechenden Militärunterlagen vergleichen.
Ein britischer Militärzug ("The Berliner") verkehrt täglich zwischen **Berlin-Charlottenburg** und wechselnden Endstationen in der Bundesrepublik, zuletzt nach Braunschweig.
Die Franzosen setzen bis September 1994 dreimal wöchentlich einen Zug von Straßburg nach **Berlin-Tegel** ein. **(1)**
Ein täglicher Zug der sowjetischen Truppen in der DDR verbindet Moskau und Wünsdorf.

LEIPZIGER STRASSE 5-7: Am 7. Oktober 1949 wird im späteren „Haus der Ministerien" die DDR gegründet. Laut Verfassung ist Berlin ihre Hauptstadt.
Am 10. Oktober nimmt in **Karlshorst** die „Sowjetische Kontrollkommission" ihre Tätigkeit auf. Sie ersetzt die „Sowjetische Militäradministration in Deutschland" (SMAD). Armeegeneral Wassili I. Tschuikow übergibt der Provisorischen DDR-Regierung in Karlshorst die Verwaltungsfunktionen der ehemaligen SMAD.
Am 12. November 1949 überträgt der sowjetischen Stadtkommandant Generalmajor Alexander Gorbatow dem Ost-Berliner Magistrat die Verwaltung des

östlichen Teils der Stadt. Bei beiden Gelegenheiten weisen die Sowjets auf das Fortbestehen des Viermächte-Status Gesamt-Berlins hin.

KAISERALLEE: Bundeskanzler Konrad Adenauer eröffnet am 17. April 1950 in **Wilmersdorf** das **„Bundeshaus Berlin"**, das bis 1990 Sitz des Bevollmächtigten der Bundesregierung in Berlin sein wird und Vertretungen der Bundesministerien beherbergt.
Am 18. Juli 1950 wird die Kaiserallee in **Bundesallee** umbenannt.

KAISERSWERTHER STRASSE 16−18: Die Alliierte Kommandantur genehmigt am 21. Juli 1950, dass die West-Berliner Förster wieder Waffen tragen dürfen.

LUISENSTRASSE: Das von der DDR-Volkskammer am 9. August 1950 beschlossene Gesetz über die Wahlen zur Volkskammer bestimmt, dass die „Hauptstadt Berlin" daran nicht teilnimmt, sondern nur 66 Abgeordnete mit beratender Stimme in das Parlament entsendet.

RATHAUS SCHÖNEBERG: Am 1. Oktober 1950 tritt die ursprünglich für ganz Berlin konzipierte Verfassung nur in den Westsektoren in Kraft. Das Stadtoberhaupt heißt fortan „Regierender Bürgermeister", die Regierung der Stadt „Senat von Berlin" und die Stadtverordnetenversammlung „Abgeordnetenhaus". In Ost-Berlin bleibt die Bezeichnung „Magistrat von Groß-Berlin" weiterhin gültig.
Die Alliierte Kommandantur hatte die Verfassung am 29. August 1950 gebilligt. Sie war am 22. April 1948 von der Stadtverordnetenversammlung als Verfassung für Groß-Berlin gegen die Stimmen der SED verabschiedet worden.
Da der Alliierte Kontrollrat wegen des Auszugs der sowjetischen Vertreter (SIEHE KAP. 1, AM KLEISTPARK) nicht arbeitsfähig war, blieb sie über zwei Jahre in der Schublade liegen.

WEST-STAAKEN: Aufgrund eines zwischen den Briten und Sowjets vereinbarten Gebietsaustausches wird am 1. Februar 1951 das bisher zu **Spandau** gehörende West-Staaken in die Verwaltung Ost-Berlins übernommen (SIEHE KAP. 10, HEERSTRASSE).

POTSDAMER PLATZ: Am 28. März 1951 schießen Volkspolizisten auf einen amerikanischen Touristenbus. Es gab keine Verletzten.

KAISERSWERTHER STRASSE 16−18: Die Alliierte Kommandantur gibt am 8. Oktober 1951 bekannt, dass das West-Berliner Abgeordnetenhaus unter bestimmten Voraussetzungen Bundesgesetze als „Mantelgesetze" übernehmen und entsprechende Durchführungsbestimmungen erlassen darf.

STEINSTÜCKEN: Am 18. Oktober 1951 zieht die Kasernierte Volkspolizei der DDR gegen die Vereinigten Staaten von Amerika in den Krieg. Sie besetzt im Handstreich Steinstücken. Das 12 Hektar große Stückchen Land im Süden Berlins ist eine Exklave und ringsum vom Potsdamer Stadtteil **Babelsberg** umgeben.

Die USA protestiert sofort bei den Sowjets gegen die widerrechtliche Besetzung eines Teils ihres Sektors in Berlin.

Stalin pfeift seine ostdeutschen Statthalter zurück. Die VP räumt die Exklave.

Die Wurzel des Streits um das Örtchen, das zu guten Zeiten rund 170 Einwohner zählt, liegen 164 Jahre zurück.

Im Jahr 1787 erwarb das Dorf **Stolpe** das Land, auf dem sich 1817 die Kolonie „Steinstücken" ansiedelt. 1898 übernimmt die Gemeinde **Wannsee** Stolpe und damit auch Steinstücken. Mit der Bildung vom Groß-Berlin wird es 1920 Teil von **Zehlendorf** und gehört so nach 1945 zum amerikanischen Sektor.

Den wollen sich die Amerikaner nicht beschneiden lassen. Deshalb stationieren sie im Sommer 1952 drei Soldaten der US-Army in Steinstücken. Sie werden per Hubschrauber eingeflogen und schieben jeweils eine Woche Dienst.

Jeder erneute Übergriff der Volkspolizei würde nun als direkter Angriff gegen die USA gewertet, wird dem sowjetischen Oberkommando mitgeteilt.

Die Sowjets garantieren den freien Zugang nach Steinstücken für die einstigen Verbündeten im Zweiten Weltkrieg.

Gleiches gilt auch für andere bewohnte Gebiete Berlins, wie **Fichtenwiese, Erlengrund** und **Finkenkrug** (alle Bezirk **Spandau**), die durch die Teilung nun mitten in der DDR liegen. Darüber hinaus gibt es einige unbewohnte Exklaven, die keine großen Probleme bereiten.

Ab 27. Mai 1952 beginnt die DDR mit sowjetischer Erlaubnis mit dem Bau von Sperranlagen an der Grenze zur Bundesrepublik und an den Außengrenzen der drei West-Sektoren Berlins.

Politisch werden die Maßnahmen als Protest gegen die geplante Wiederaufrüstung des Westens im Rahmen der „Europäischen Verteidigungsgemeinschaft" (EVG) deklariert. Auch Steinstücken wird mit einem Kontroll- und Schutzstreifen umgeben.

Die 1,2 Kilometer lange Straße nach **Kohlhasenbrück,** dem nächstgelegenen Teil West-Berlins, kontrolliert nun die VP.

Die drei westlichen Hochkommissare erheben gegen die von der Sowjetunion gedeckten DDR-Maßnahmen Protest. Eine Zuspitzung der Situation wollen aber auch sie nicht. Steinstücken bekommt sein Wasser und auch den Strom aus der DDR und die Einwohner dort könnten schnell zu Geiseln im Kalten Krieg werden.

Um das zu verhindern, demonstrieren die Amerikaner nach dem Bau der Mauer immer wieder deutlich ihre Präsenz in Steinstücken. So fliegt z. B. am 21. Sep-

Exklaven, die zum Stadtgebiet von West-Berlin gehörten:		
Falkenhagener Wiese	Bezirk Spandau	45,44 ha
Wüste Mark	Bezirk Zehlendorf	21,83 ha
Laszins-Wiesen	Bezirk Spandau	13,49 ha
Steinstücken	Bezirk Zehlendorf	12,67 ha
Große Kuhlake	Bezirk Spandau	8,03 ha
Nuthewiesen	Bezirk Zehlendorf	3,64 ha
Fichtenwiesen	Bezirk Spandau	3,51 ha
Finkenkrug	Bezirk Spandau	3,45 ha
Erlengrund	Bezirk Spandau	0,51 ha
Böttcherberg	Bezirk Zehlendorf	0,30 ha

QUELLE: WALTER KRUMHOLZ: BERLIN-ABC. BERLIN 1968. S. 217

tember 1961 US-General Lucius D. Clay ein, Besuche von West-Berliner Politikern ergänzen solche Aktivitäten.

Eine Entspannung der Lage tritt erst nach Inkrafttreten des Vierseitigen Abkommens über West-Berlin am 3. Juni 1972 ein. In seiner Anlage III/3 legt das Abkommen fest: „Die Probleme der kleinen Enklave (aus östlicher Sicht sind die West-Berliner Exklave Enklaven – Anm. d. Autors) können durch Gebietsaustausch gelöst werden." **(2)**

Am 20. Dezember 1971 schließt die DDR mit dem Berliner Senat eine Vereinbarung über einen Gebietsaustausch" ab. Das Protokoll über die Durchführung dieser Vereinbarung wird am 3. Juni 1972 gegen 3 Uhr nachts im DDR-Außenministerium unterzeichnet.

Dabei bekommt die DDR eine Fläche von 15,6 Hektar und West-Berlin ein Areal von 17,1 Hektar. Für die Differenz erhält die östliche Seite einen Wertausgleich von vier Millionen DM.

Für die Verbindungsstraße von Steinstücken nach Kohlhasenbrück werden 2,3 Hektar in Anschlag gebracht. Der Korridor wird an beiden Seiten eingemauert, so dass sich die scharf bewachte Grenze der DDR zu West-Berlin um 2,5 Kilometer verlängert. Die Buslinie 118 bindet nun Steinstücken an das Stadtgebiet an, auch Wasser und Strom kommen jetzt aus dem Westteil Berlins.

Für Bundesbürger und West-Berliner ist damit ein unkontrollierter Zugang nach Steinstücken möglich. **(3)**

ELSSHOLZSTRASSE/AM KLEISTPARK: 1951 zieht das „Allied Travel Office" (ATO) von der **Clayallee** in das Gebäude des Alliierten Kontrollrates.

Wenn Ost-Berliner oder DDR-Bürger in den Westen reisen wollen, müssen sie sich von der gemeinsamen Einrichtung der drei West-Alliierten die Genehmigung holen, denn DDR-Papiere werden international nicht anerkannt. Reisen sind deshalb nur mit den vom ATO ausgestellten „Temporary Travel Documents" (TTD) möglich.

Die Erlaubnis ist mit dem Verbot verbunden, bei Reisen in den Westen politische Propaganda für den Osten zu betreiben. Diese Auflage billigt der NATO-Rat, so dass sie bis zur internationalen Anerkennung der DDR in die 70er Jahren gilt.

Das ATO ist die Nachfolgeorganisation der bis 1947 arbeitenden "Entry and Exits Branch" der drei westlichen Besatzungsmächte. Sie fassen 1947 ihre Ein- und Ausreise-Ämter zum „Combined Travel Board" zusammen. Dieses wurde 1949 bis auf eine Abteilung aufgelöst, die in West-Berlin arbeitete.

RATHAUS SCHÖNEBERG: Am 4. Februar 1952 wird das Bundesgesetz über die Notaufnahme politischer Flüchtlinge verkündet. Nach dem Dritten Überleitungsgesetz gilt es auch in West-Berlin.

Am 6. Mai 1952 beschließt der Senat, in **Marienfelde** (SIEHE KAP. 4, MARIENFELDER ALLEE 66–80) ein Notaufnahmelager zu errichten, das am 14. April 1953 von Bundespräsident Theodor Heuss (1884–1963) eingeweiht wird.

Von Januar bis August 1953 waren bereits etwa 250 000 DDR-Bürger und Ost-Berliner nach West-Berlin geflüchtet.

FLUGHAFEN TEMPELHOF: Eine von 89 Einschüssen getroffene DC 4 der Air France landet am 29. April 1952 in Tempelhof. Zwei MiG 15 vom 73. Jagdfliegerregiment Köthen hatten über Sachsen auf die Maschine gefeuert. Angeblich flog sie außerhalb des Luftkorridors. Nach französischen Angaben wurden vier der elf Passagiere verletzt.

KAISERSWERTHER STRASSE 16–18: Die Alliierte Kommandantur übermittelt am 21. Mai 1952 dem Senat eine von der Hohen Kommission genehmigte Erklärung, nach der Berlin in internationale Verträge und Verpflichtungen der Bundesrepublik Deutschland einbezogen werden darf.

LEIPZIGER STRASSE 5–7: Als Reaktion auf den Deutschlandvertrag, mit dem die Bundesrepublik Deutschland weitgehende Souveränität erhält, kündigt der Ministerrat der DDR am 26. Mai 1952 die Sperrung der meisten Straßenverbindungen zwischen West-Berlin und dem Umland an.

Am gleichen Tag wird die **Glienicker Brücke** für den allgemeinen Fahrzeugverkehr gesperrt.

Ab 1. Juni 1952 verlangen die DDR-Behörden von West-Berlinern, die in die DDR reisen wollen, Genehmigungen. Sie sind in Ost-Berlin zu beantragen.

PFAUENINSEL: Ohne vorherige Benachrichtigung schaltet die DDR am 31. Januar 1953 auf der Insel sowie in **Nikolskoe** und **Moorlake** den Strom ab.

FLUGHAFEN TEMPELHOF: Die Besatzung eines britischen Verkehrsfliegers meldet am 12. März 1953, dass sie von Sowjets über der DDR beschossen wurde. Die behaupten, die Maschine habe den südlichen Luftkorridor verlassen. Deshalb mussten Warnschüsse abgefeuert werden.

PAROCHIALSTRASSE 1–3: Am 30. Oktober 1953 erlässt der Magistrat die „Verordnung über die Ausgabe von Personalausweisen der Deutschen Demokratischen Republik in Groß-Berlin". Ab dem 14. Lebensjahr muss jeder den Ausweis bei sich tragen.
Am 13. November wird die Einführung des Autokennzeichens „I" (statt bisher „GB") in Verbindung mit den Buchstaben A bis H verkündet. Damit wird indirekt an das Berliner Vorkriegskennzeichen „IA" (damals „Eins-A" gesprochen) angeknüpft.

DREILINDEN: Aus ungeklärten Gründen beschießen sowjetische Posten am 26. Dezember 1953 einen Bus zwischen **Babelsberg** und Dreilinden. Der 16-jährige Joachim Wozniak kommt ums Leben, seine Mutter wird schwer verletzt.

AM KLEISTPARK: US-Außenminister John Foster Dulles eröffnet am 25. Januar 1954 die Außenminister-Konferenz der vier Großmächte zur deutschen Frage. Sie geht am 18. Februar ohne Ergebnis zu Ende.

RATHAUS SCHÖNEBERG: Die Bundesregierung erlässt am 6. Februar 1954 Vorschriften zur Ausdehnung von Bundesrecht auf West-Berlin („Berlin-klausel")

CHARLOTTENBURG: Am 17. Juli 1954 tagt die Bundesversammlung erstmals in der Ostpreußenhalle am Funkturm in Berlin. Sie wählt Theodor Heuss (1884–1963) für weitere fünf Jahre zum Bundespräsidenten.
Sowjets und DDR protestieren erfolglos gegen die Veranstaltung.

RATHAUS SCHÖNEBERG: Am 3. Oktober 1954 verpflichten sich die drei Westmächte in ihrem „Londoner Kommuniqué", die Sicherheit von West-Berlin zu garantieren. Noch im Oktober schließt sich die NATO dieser Garantie-Erklärung an. Sie wird ab jetzt jährlich wiederholt.

BAHNHOF GESUNDBRUNNEN: Das gesamte Berliner Reichsbahn-Gelände gehört nach dem Krieg zum Hoheitsgebiet der Sowjets. Deshalb wird es bis zur Einheit Deutschlands am 3. Oktober 1990 von der DDR verwaltet.

Immer wieder versucht sie, sich dort hoheitlich zu präsentieren – so auch durch das Bemalen eines Wasserturms mit den Lettern „DDR" auf dem Reichsbahn-Gelände am Bahnhof Gesundbrunnen. Bis zum Mauerbau stört das niemanden. Doch dann wollen die Franzosen ihren Machtanspruch in der geteilten Stadt unterstreichen und verlangen die Entfernung der Inschrift.

Das will die DDR nicht, doch schließlich muss sie nachgeben, denn immerhin steht ja das ganze Berlin unter der Verwaltung der Vier Mächte.

So wird aus „DDR" letztendlich ein „DR". Das bedeutet nur noch „Deutsche Reichsbahn" und ist unstrittig.

MOHRENSTRASSE: Das SED-Zentralorgan „Neues Deutschland verlautet am 30. März 1955, dass die Straßenbenutzungsgebühren zwischen West-Berlin und dem Bundesgebiet auf 30 Mark je Pkw und 100 bis 550 Mark pro Lkw erhöht werden.

Am 30. Juni wird diese drastische Erhöhung teilweise zurückgenommen.

ROTES RATHAUS: Der Magistrat erlässt am 19. März 1957 eine Verordnung, nach der Rückkehrer aus dem Westen in Ost-Berlin und der DDR einen zinslosen Kredit von 3 000 Mark erhalten können.

KEIBELSTRASSE: Aus der Führungsstelle im Polizeipräsidium wird im Frühjahr 1957 eine große Übung der „Kampfgruppen" im gesamten Stadtgebiet von Ost-Berlin geleitet. Sie findet gleichzeitig auch in anderen DDR-Städten statt und dient der Überprüfung der Alarmbereitschaft.

RATHAUS SCHÖNEBERG: Am 24. Juli 1957 unterzeichnen Bundesaußenminister Heinrich von Brentano (1904–1964) und die Botschafter der USA, Großbritanniens und Frankreichs eine gemeinsame Deklaration zur Wiedervereinigung Deutschlands.

FLUGHAFEN TEMPELHOF: Zum ersten Mal seit der Blockade legt eine DC 4 der Air France am 2. Dezember 1957 eine Bruchlandung hin. Das Fahrgestell knickt ein und sie rutscht 100 Meter auf dem Rumpf über die Rollbahn. Personen kommen nicht zu Schaden.

KARLSHORST: Der Regierende Bürgermeister Willy Brandt stattet am 10. Januar 1958 erstmals dem sowjetischen Stadtkommandanten Generalmajor Andrej S. Tschamow einen Besuch ab.

RATHAUS SCHÖNEBERG: Im November 1958 herrscht Alarmstimmung: Sowjet-Parteichef Nikita Chruschtschow (1894–1971) verkündet am 27. des Monats, das „leidige Berlin-Problem" nun ein für allemal regeln zu wollen. Er weiß auch schon wie. Als „natürlichste Lösung" bezeichnet er „die Wiederver-einigung des westlichen Teils Berlins ... mit dem östlichen Teil, wodurch Berlin zu einer vereinigten Stadt im Bestande des Staates würde, auf dessen Gebiet sie sich befindet." (4)

In gleich lautenden Noten an die drei Westmächte kündigt Moskau am 27. November 1958 den Vier-Mächte-Status Berlins und fordert die dessen Umwandlung in eine entmilitarisierte, „freie Stadt". Am 22. Dezember droht Außenminister Andrej Gromyko (1909–1989) sogar mit Krieg: Berlin könne „ein zweites Sarajewo" werden.

Chruschtschow gibt den Amerikanern, Briten und Franzosen sechs Monate Zeit, um sich zurückzuziehen.

Den Charakter eines Ultimatums gewinnt das Ansinnen durch seine Ankündi-gung, im Falle der Ablehnung der DDR binnen Jahresfrist durch den Abschluss eines separaten Friedensvertrages „in vollem Umfang ... ihre Souveränität zu Lande, zu Wasser und in der Luft" zu gewähren. (5) Das hieße, die DDR hätte freie Hand, um auf West-Berlin zuzugreifen.

Die Westmächte weisen in ihren Antwort-Noten am 31. Dezember 1958 den sowjetischen Vorstoß zurück.

Der 27. Mai 1959 – der Tag des Auslaufens des Berlin-Ultimatums – vergeht ohne Zwischenfälle. Seit 11. Mai verhandeln die Großmächte in Genf über die Wiedervereinigung Deutschlands und die Berlin-Frage. Nach einer zweiten Runde vom 13. Juli bis 5. August 1959 geht das Treffen ohne Ergebnis zu Ende.

PLATZ DER REPUBLIK: Bundestagspräsident Eugen Gerstenmaier (1906–1986) weist am 7. Oktober 1959 das Hissen der schwarzrotgoldenen Fahne auf dem Reichstag an. Das ist eine Reaktion auf die Einführung der neuen DDR-Staatsflagge mit Hammer, Sichel und Ährenkranz.

West-Berliner Polizei hatte die „Spalterflagge" bereits am 6. Oktober auf Bahnhöfen in den West-Sektoren gewaltsam entfernt. Dabei kam es zu hand-greiflichen Auseinandersetzungen.

RATHAUS SCHÖNEBERG: Am 4. September 1959 beschließt das Berliner Abgeordnetenhaus das „Erste Gesetz zur Aufhebung des Besatzungsrechts". Nach einer entsprechenden Genehmigung der Alliierten Kommandantur wer-den damit 179 Anordnungen aus den Jahren 1945 bis 1950 aufgehoben.

KUFSTEINER STRASSE 69: Der RIAS (SIEHE KAP. 1, WINTERFELDTSTRASSE) berich-tet am 24. März 1960 von einer Dokumentation des State Department, mit der bewiesen werde, dass Berlin kein Teil der sowjetischen Besatzungszone ist.

Dem war eine Forderung des sowjetischen Staats- und Parteichefs Nikita Chruschtschows nach „Beseitigung des Besatzungsregimes in West-Berlin" bei dessen Staatsbesuch in Indonesien am 29. Februar 1960 vorausgegangen.

FLUGHAFEN TEMPELHOF: Die amerikanische Flughafenleitung stellt der Öffentlichkeit am 17. Oktober 1960 das neu eingerichtete "Air Route Traffic-Control Center" vor. Damit kann künftig der gesamte Flugverkehr über Berlin und in den Luftkorridoren (SIEHE KAP. 1, AM KLEISTPARK) per Radar und Sprechfunk überwacht werden.

EISKELLER: Das fast vollständig von DDR-Gebiet umschlossene Stückchen Land am westlichen Stadtrand ist nur durch eine Stichstraße mit **Spandau** verbunden. Sie wird von der DDR kontrolliert.

Als der in Eiskeller wohnende Erwins Schabe kurz nach dem Mauerbau 1961 eines Tages nicht in seiner West-Berliner Schule erscheint, begründet er das kurzerhand damit, dass ihn die „Vopos" nicht durchgelassen hätten.

Die für diesen Teil Berlins zuständige britische Besatzungsmacht reagiert sofort. Über mehrere Tage eskortiert nun ein Schützenpanzer den 12-jährigen auf dem Weg zur Schule.

Erst 1994 gibt Erwin Schabe zu, dass er die bösen Ost-Polizisten damals frei erfunden hatte. Er wollte einfach nur einen Tag Schulschwänzen verheimlichen. **(6)**

CLAYALLEE: Die USA verstärken am 18. August 1961 ihre in Berlin stationierte Garnison um 1 500 Mann.

Triumphierend schreibt Walter Ulbricht an Nikita Chruschtschow nach Moskau: „Die Entsendung von 1 500 Mann amerikanischer Banditen wird die Westberliner mehr stören als uns." **(7)**

AM KLEISTPARK: Am 25. August 1961 verbietet die Alliierte Kommandantur alle hoheitlichen Aktivitäten von DDR-Behörden auf dem Gebiet West-Berlins. Die Passierscheinstellen auf den Bahnhöfen **Zoo** und **Charlottenburg** müssen deshalb geschlossen werden.

UNTER DEN LINDEN: Alarm bei den Sowjets, als am 14. September 1961 um 15.19 Uhr zwei F-84 der Bundesluftwaffe in 12 000 m Höhe bei Elend im Harz in die DDR einfliegen und Kurs auf Berlin nehmen.

Die „Thunderstreak" benutzen den alliierten Luftkorridor (SIEHE KAP. 1, AM KLEISTPARK). Sie werden von den Piloten Hans Eberle und Peter Pfefferkorn geflogen und landen unbeschadet auf dem **Flughafen Tegel**. Dort erhalten die Maschinen amerikanische Hoheitszeichen und US-Piloten bringen sie zurück nach Westdeutschland.

Die Sowjetunion protestiert bei allen drei Westmächten. Bei Wiederholungen wird der sofortige Abschuss angedroht. **(8)**

FLUGHAFEN TEMPELHOF: Der durch die Luftbrücke berühmt gewordene General Lucius D. Clay trifft am 19.September 1961 als Sonderbotschafter der USA in Berlin ein.

FRIEDRICHSTRASSE: Am 22. Oktober 1961 versuchen DDR-Grenzer, Edwin Allan Lightner, Vize-Chef der US-Mission in Berlin, am **Checkpoint Charlie** zu kontrollieren. Die Amerikaner sehen ihr freies Zugangsrecht in ganz Berlin bedroht und lassen die Muskeln spielen.

Deshalb fahren am 25. Oktober gegen 8.30 Uhr einige M-48 Panzer in der westlichen Friedrichstraße auf. Am Abend kehren sie zu ihren Stützpunkt auf dem **Flughafen Tempelhof** zurück.

Am darauf folgenden Tag erscheinen nun zehn sowjetische T-54 Panzer auf der Ostseite der Friedrichstraße. 23 weitere Kampfwagen werden herangeführt, so dass schließlich 33 Panzer bereitstehen – genau so viele, wie die Amerikaner auch in West-Berlin stationiert haben.

Zum ersten Mal seit Beginn des Kalten Krieges stehen sich nun mit scharfen Granaten aufmunitionierte amerikanische und sowjetische Panzer direkt gegenüber. Auf beiden Seiten liegen die Nerven blank, hinter den Kulissen laufen hektische diplomatische Aktivitäten.

Am morgen des 28. Oktober ziehen sich erst die Sowjets, dann die Amis zurück. Einen Krieg um Berlin will keine der beiden Weltmächte führen.

CHECKPOINT CHARLIE: Die US-Behörden untersagen am 30. Dezember 1961 dem sowjetischen Stadtkommandanten Oberst A. Solowjew das Betreten ihres Sektors. Grund: Kurz zuvor hatten DDR-Grenzposten versucht, zivile Begleiter General Watsons zu kontrollieren. Auf den darauf folgenden Protest der Amerikaner war bislang jede Reaktion der Sowjets ausgeblieben.

STRAUSBERG BEI BERLIN: Die ehemaligen Reichshauptstadt steht unter Viermächteverwaltung, deshalb dürfen dort keine deutschen Truppen stationiert und Wehrpflichtige eingezogen werden.

Aus diesem Grund befindet sich auch das **Verteidigungsministerium der DDR** bis zu seiner Auflösung am 3. Oktober 1990, 0 Uhr, in Strausberg.

Ungeachtet dieser Rechtslage veröffentlicht das Ministerium am 7. Februar 1962 eine Bekanntmachung, nach der nun auch für männliche Bürger Ost-Berlins die „Erfassung für den aktiven Wehrdienst" verfügt wird.

Sie beginnt ab 12. Februar in den ebenfalls illegal eingerichteten Ost-Berliner Wehrkreiskommandos für die Geburtsjahrgänge 1940 bis 1943.

AM KLEISTPARK: Die Luftüberwachung der Alliierten stellt am 14. Februar 1962 fest, dass sowjetische MiG's in den Luftkorridoren westliche Militärtransporter attackieren. In einer Maschine befindet sich auch der nach Berlin fliegende britische Botschafter Sir Christopher Steel.

Am 9. März werfen sowjetische Militärflugzeuge in den Luftkorridoren von und nach West-Berlin Staniolstreifen ab, um so den Funk- und Radarverkehr zu stören.

BERLIN-KARLSHORST: Das Verteidigungsministerium der Sowjetunion gibt am 22. August 1962 die Auflösung der sowjetischen Kommandantur in Ost-Berlin bekannt. Sechs Tage später wird auch die sowjetische Garnison aufgelöst.

Die DDR ernennt NVA-Generalmajor Helmut Poppe zum Stadtkommandanten von Ost-Berlin. Ihm unterstehen die Grenztruppen und andere Einheiten.

Da diese Maßnahme gegen den entmilitarisierten Viermächte-Status Berlins verstößt, protestieren die USA, Großbritannien und Frankreich.

Am 13. September schließt die Bundesregierung in Bonn eine Beteiligung der Bundeswehr an einer eventuellen Verteidigung der Stadt ausdrücklich aus. Gleichzeitig lehnt sie es ab, West-Berlin als 11. Bundesland in die Bundesrepublik einzubeziehen.

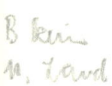

GRENZÜBERGANGSSTELLE DREWITZ / DREILINDEN: Am 10. und 11. Oktober 1963 lassen die Sowjets die Muskeln spielen. Zeitgleich werden zwei US-Militärkonvois am "Checkpoint Alpha" (Helmstedt / Marienborn) und am "Checkpoint Bravo" (Drewitz / Dreilinden) festgehalten. Grund: Sie lehnen die üblichen Kontrollen durch den einstigen Verbündeten im Zweiten Weltkrieg ab. Erst nach 30 Stunden dürfen die Amis die Grenze zur DDR schließlich passieren. Bereits im September und Dezember 1962 hatten die Sowjets einen amerikanischen Militärkonvoi auf dem Weg nach West-Berlin zeitweilig gestoppt. **(9)**

KAISERSWERTHER STRASSE 16–18: Die Alliierte Kommandantur genehmigt dem Senat am 30. Juli 1963 die Ausgabe von neuen Personalausweisen. Sie haben das gleiche Format und auch die gleiche Seitenanzahl wie die in der Bundesrepublik ausgegebenen neuen Ausweise.

Ohne die Alliierten zu fragen, werden ab 2. Januar 1964 auch in Ost-Berlin – wie in der DDR – neue Personalausweise ausgegeben. Als Nationalität vermerken sie zwar noch „deutsch", als Staatsbürgerschaft jedoch „DDR".

STRASSE DES 17. JUNI: Mit 5 000 Soldaten feiern Amerikaner, Engländer und Franzosen am 25. April 1964 den „Tag der Alliierten Streitkräfte". Es ist die erste gemeinsame Militärparade nach dem Krieg.

MARX-ENGELS-PLATZ: Am 12. Juni 1964 schließen die DDR und die Sowjetunion einen Freundschafts- und Beistandsvertrag. In dessen Artikel 6 wird West-

Berlin als „selbständige politische Einheit" bezeichnet. Dagegen protestieren die West-Mächte in einer „Deutschlanderklärung".

FLUGHAFEN TEGEL: Der Lotse auf dem Tower des internationalen Airports im französischen Sektor Berlins meint, Gespenster zu sehen, als plötzlich ein Düsenjäger mit dem roten Sowjetstern am Leitwerk einschwebt.
Es ist der 5. April 1965. Unangemeldet und ohne jeden Funkkontakt kommt die MiG 21 U herunter. Der Diensthabende will die Landebahn mit Tanklastern blockieren lassen. Doch der sowjetische Pilot bemerkt offenbar seinen fatalen Fehler und startet durch.
Eigentlich sollte er das Kampfflugzeug nach Drewitz bei Cottbus überführen. Der in der DDR stationierte Offizier hatte die Landebahn in Tegel für sein Ziel gehalten.

SCHLIEFFENUFER / JOHN-FORSTER-DULLES-ALLEE: Rund um die Kongresshalle scheint am 7. April 1965 gegen 15 Uhr der Krieg ausgebrochen zu sein. Mit Schallgeschwindigkeit donnern fünf MiG 21 über dem Reichstag heran und stoßen im Sturzflug auf die „Schwangere Auster" hinunter.
Dort findet gerade eine Sitzung des Deutschen Bundestages statt. Das ist nach Meinung der Sowjetunion und der DDR unrechtmäßig. Deshalb soll den Abgeordneten ein kräftiger Schrecken eingejagt werden.
Der Überschallknall der Düsenjäger lässt die Mauern beben. An der Kongresshalle zeigen sich Risse, Scheiben klirren und Panik bricht aus.
Gleichzeitig werden Scheinangriffe auf den Tiergarten und die Flugplätze der Alliierten geflogen. **(10)**

CLAYALLEE: Am 3. Mai 1965 entstehen die ersten streng geheimen Satellitenfotos von Berlin. Die damalige Technik erlaubt darauf die Identifizierung von Objekten ab etwa 12 Meter Länge. Wenig später können dann schon sogar Pkw auf den Fotos erkannt werden.
Auch wenn für den Laien auf den Bilder kaum etwas zu sehen ist, können Experten mit dreidimensionalen Mikroskopen den engen Ring von DDR- und Sowjet-Militär rings um Berlin identifizieren. **(11)**

NEUFAHRLAND BEI POTSDAM: Mit stillschweigender Duldung der Sowjets protestieren handverlesene ostdeutsche Demonstranten vor dem Sitz der amerikanischen Militärverbindungsmission (SIEHE KAP. 4, CLAYALLEE) immer einmal wieder gegen die „aggressive US-Politik". Am 1. Juni 1965 hat sich Missionschef Colonel Paul Skowronek etwas besonderes als Antwort auf die Provokationen im Feindesland ausgedacht. Um 1.20 Uhr ertönt plötzlich die amerikanische Nationalhymne. Die Musik ist so laut, dass die in der nahen Kaserne stationierten Soldaten der 34. Sowjetischen Artillerie-Division fast aus den Betten fallen. Dann steigt das Sternenbanner am Mast empor. Die vier anwesenden Missionsmitglieder salutieren. Es ist der wohl ungewöhnlichste Appell in der Geschichte der amerikanischen Streitkräfte.

KAISERSWERTHER STRASSE 16–18: Die Alliierte Kommandantur verbietet am 21. Februar 1966 den für 25. bis 27. Februar geplanten Parteitag der West-Berliner SED.

HEERSTRASSE / HAVELCHAUSSEE: Am 6. April 1966 hat eine sowjetische Militärmaschine JAK 28 bei einem Routineflug über West-Berlin eine Triebwerkshavarie. Gegen 15.30 Uhr droht sie, über einem Wohngebiet abzustürzen. Die Piloten, Hauptmann Kapustin und Oberleutnant Janow, halten das Flugzeug so lange in der Luft, bis es auf dem **Stößensee** aufschlägt und zerschellt. Beide Offiziere sterben. Was sich in den letzten Sekunden im Cockpit abspielte, wird bis heute geheim gehalten. Die West-Berliner Feuerwehr weiß, dass der vorn sitzende Pilot eine Kugel im Kopf hatte. Die Schleudersitze waren nicht geladen und konnte deshalb auch nicht ausgelöst werden.
Die Absturzstelle gehört zum britischen Sektor von Berlin. Da die sowjetische Maschine technisch in der Lage gewesen wäre, taktische Atombomben zu tragen, untersuchen Briten und Amerikaner gemeinsam die Wrackteile. Der Zugang der Sowjets zum Unglücksort wird verzögert. **(12)**

LUISENSTRASSE: Entgegen der fortexistierenden Vier-Mächte-Verantwortung für ganz Berlin, beschließt die DDR-Volkskammer am 20. Februar 1967 ein neues Gesetz über die Staatsbürgerschaft der DDR, das auch Ost-Berlin einbezieht.

CHARLOTTENBURG: Am 5. Mai 1969 will die Bundesversammlung in der Ostpreußenhalle am Funkturm erneut den neuen Bundespräsidenten wählen, diesmal Gustav Heinemann (1899–1976).
Das verstößt nach Auffassung der Sowjetunion gegen den Vier-Mächte-Status der Stadt. Sie protestiert gegen die Versammlung.
Auch die DDR reiht sich in die Proteste ein. Sie nimmt es zwar selbst mit der Alliierten Verwaltung Berlins nicht so genau, und versucht immer wieder Fakten zu schaffen, die belegen sollen, dass diese nur noch für die drei West-Sektoren gelte, schreibt aber bereits am 7. Februar 1969 einen Protestbrief an den Regierenden Bürgermeister Klaus Schütz.
Die Bundesversammlung findet trotzdem planmäßig statt. Der DDR bleibt nur, die üblichen Schikanen bei Reisen zwischen West-Berlin und der Bundesrepublik für ein paar Tage besonders umfangreich zu praktizieren.

FLUGHAFEN TEGEL: Wer im Westen nicht in die Bundeswehr will, oder dort vom Dienen die Nase voll hat, zieht einfach nach West-Berlin. Wegen des entmilitarisierten Status der Stadt dürfen von dort keine Deutschen als Soldaten eingezogen werden.

Diese eingeschränkte Souveränität ist der Bundesregierung in Bonn ein Dorn im Auge. Mit Einwilligung der Alliierten werden deshalb am 27. Juli 1969 elf Bundeswehr-Deserteure mit einer Chartermaschine in die Bundesrepublik ausgeflogen.

Die DDR zieht derweil längst Ost-Berliner Jugendliche zur Nationalen Volksarmee ein – ohne sich um den auch für Ost-Berlin geltenden entmilitarisierten Status Berlins zu scheren. Gipfel der Unverfrorenheit: Am 22. August 1969 protestiert die DDR-Regierung in Noten an die drei Westmächte gegen den Abtransport der Bundeswehr-Deserteure.

UNTER DEN LINDEN / AM KLEISTPARK: Am 20. März 1970 stimmt die Sowjetunion der Aufnahme von Viermächte-Gesprächen über Berlin zu. Sie beginnen am 26. März im Gebäude des ehemaligen Kontrollrates (SIEHE KAP. 4, AM KLEISTPARK).

AM KLEISTPARK: „Ende gutt, alles gutt" verkündet Sowjet-Botschafter Pjotr Abrassimow am 3. September 1971 vor dem Gebäude des Alliierten Kontrollrates. Er hat gerade mit seinen Botschafter-Kollegen Kenneth Rush aus den US, Roger William Jackling aus Großbritannien und Jean Sauvagnargues aus Frankreich das „Vierseitige Abkommen" unterzeichnet.

Das Abkommen tritt am 3. Juni 1972 in Kraft.

Nach über zwanzig Jahren DDR-Willkür regelt es endlich in verbindlicher Form den freien Zugang vom Bundesgebiet nach West-Berlin.

Für die DDR ist das Abkommen der Einstieg in das Vertragswerk zwischen den beiden deutschen Staaten. Dieses beginnt mit dem Transitabkommen und führt schließlich zur Unterzeichnung des „Vertrages über die Grundlagen der Beziehungen zwischen der Deutschen Demokratischen Republik und der Bundesrepublik Deutschland" am 21. Dezember 1972 im Festsaal des Hauses des Ministerrates der DDR in der **Klosterstraße**. Damit ist der Weg beider Staaten in die UNO und zur internationalen Anerkennung der DDR frei.

BERLIN-SCHÖNEFELD: Kurz nach dem Start stürzt am 14. August 1972 eine IL 62 der „Interflug" bei Königs Wusterhausen ab. Alle 148 Passagiere und die acht Besatzungsmitglieder kommen ums Leben.

Hinter verschlossenen Türen interessieren sich auch die Alliierten für das Unglück, denn der Luftraum über Berlin untersteht immer noch ihrer gemeinsamen Kontrolle (SIEHE KAP. 1, AM KLEISTPARK).

UNTER DEN LINDEN: Die drei westlichen Stadtkommandanten übergeben am 7. Februar 1973 in der sowjetischen Botschaft einen schriftlichen Protest gegen den Schusswaffengebrauch an der Mauer.

FLUGHAFEN TEMPELHOF: Am 28. August 1973 beschlagnahmen amerikanische Militärpolizisten die Waffen einer australischen Mannschaft, die an der Junioren-Weltmeisterschaft im Modernen Fünfkampf teilnehmen will. Die Sportler hatten es versäumt, eine Einfuhrgenehmigung zu beantragen.

Offiziell ist illegaler Waffenbesitz nach alliiertem Recht in West-Berlin bis zur Einheit Deutschlands mit der Todesstrafe bedroht. Angewendet wird sie allerdings nicht.

AM KLEISTPARK: Die drei Westmächte verbieten am 19. Januar 1977 der DDR-Fluggesellschaft Interflug die Eröffnung eines Büros in West-Berlin. Sie fürchten, die DDR werde mit Dumpingpreisen Fluggäste der Pan Am, British Airways und Air France abwerben, die als einzige Gesellschaften West-Berlin anfliegen dürfen.

MARX-ENGELS-PLATZ: Die DDR-Volkskammer im **Palast der Republik** meint, sich nicht mehr um den Vier-Mächte-Status in Ost-Berlin scheren zu müssen. Am 28. Juni 1979 beschließt sie eine Neufassung des Wahlgesetzes. Danach werden nun auch die Ost-Berliner Abgeordneten direkt gewählt.

Dies geschieht erstmals am 14. Juni 1981. Die Westmächte und West-Berlins Regierender Bürgermeister Richard von Weizsäcker protestieren gegen die Direktwahl der 40 Abgeordneten.

SCHULENBURGRING 2: Pjotr Abrassimow, sowjetischer Botschafter in der DDR und als Moskaus Mann in Berlin auch für West-Berlin zuständig, besucht am 2. Mai 1982 in **Tempelhof** das Haus am Schulenburgring. Dort hatte am 2. Mai 1945 der Berliner Stadtkommandant, General Helmuth Weidling, vor Generaloberst Wassili Tschuikow die Kapitulationsurkunde für Berlin unterzeichnet.

MARX-ENGELS-PLATZ: Die DDR-Volkskammer unterzeichnet am 2. Mai 1982 ein neues Wassergesetz. Im Paragraph 6 legt es fest, dass das Ministerium für Verkehrswesen der DDR künftig für alle Fragen zuständig sein soll, die Wasserstraßen in West-Berlin betreffen.

Am 30. August legen die drei West-Mächte bei der sowjetischen Botschaft **Unter den Linden** dagegen Protest ein.

Dennoch kommt es nach rund zweijährigen Gesprächen von Vertretern des DDR-Ministeriums für Umweltschutz und Wasserwirtschaft mit der Senatsverwaltung für Stadtentwicklung und Umweltschutz am 28. September 1982 zu einer Absprache über den Schutz der Berliner Gewässer.

WILMERSDORF: Zwei Angehörige von Greenpeace starten am 28. August 1983 mit einem Heißluftballon, um über Berlin gegen Kernwaffentests zu protestieren. Sie wissen, dass dies der einzige Ort auf der Welt ist, wo Amerikaner, Briten, Franzosen und Sowjets – die Haupt-Atommächte der Welt – gemeinsam für den Luftraum zuständig sind.

STRASSE DES 17. JUNI: Zum „Tag der Alliierten Streitkräfte" paradieren am 16. Juni 1984 rund 3 500 Soldaten der West-Mächte mit 70 Panzern, 86 Kampfwagen und 167 weiteren Fahrzeugen. Trotz strömendem Regen säumen etwa 70 000 West-Berliner die Paradestrecke.

GLIENICKER BRÜCKE: Die „Brücke der Einheit" wird am 15. November 1984 von den DDR-Behörden gesperrt, weil sie reparaturbedürftig ist. Das lassen sich die Amerikaner nicht bieten, denn über die Brücke verläuft der kürzeste Weg zu ihrer, und den Militärmissionen der Franzosen und Briten in **Potsdam** (SIEHE KAP. 4, CLAYALLEE). Sie protestieren bei den Sowjets.
Am 20. Dezember 1984 erzielt die DDR eine Übereinkunft mit dem Senat, nach der West-Berlin auch die Kosten für die Instandsetzung der DDR-Hälfte der Brücke in Höhe von zwei Millionen Mark übernimmt.

GLIENICKER BRÜCKE: 25. März 1985, gegen 17 Uhr. Der Sowjet-Posten auf der Ost-Seite der Brücke blickt versteinert geradeaus, als sich ein schwarzer Mercedes und ein Krankenwagen dem nur für Alliierte und Diplomaten zugelassenen Grenzübergang nähern. Dann stoppt der kleine Konvoi ein paar Zentimeter hinter der Grenzlinie. Ein amerikanischer Offizier steigt in das Fahrzeug und breitet ein Sternenbanner über den darin befindlichen Zinksarg. Major Arthur D. Nicholson ist vom Einsatz hinter den feindlichen Linien zurück. Er hat ihn nicht überlebt.
Am 24. März 1985 ist der 37jährige Offizier der amerikanischen Militärmission (SIEHE KAP. 4, CLAYALLEE) bei einer Erkundungsfahrt in Techentin bei Ludwigslust von einem russischen Posten erschossen worden.
Die Amerikaner hatten Wind davon bekommen, dass die 2. Sowjetische Gardearmee neue Panzer erwartete. Um solche Ereignisse zu kontrollieren, unterhalten sie ihre Militärmission in Potsdam. Die darf überall hin, nur nicht in ausgewiesene militärische Sperrgebiete.
Natürlich wird immer wieder versucht, genau diese Regelung zu umgehen. Das war Arthur Nicholson in der Sylvesternacht 1984/85 in Techentin bereits einmal gelungen. Er kroch durch eine Zaunlücke unbemerkt in die sowjetische

Panzer-Kaserne und fotografierte mit einer Infrarot-Kamera den streng geheimen Panzer von außen und innen.

Damals blieb die Sache unbemerkt, doch diesmal ist alles ganz anders. Der Posten schießt sofort auf den uniformierten Amerikaner. Dessen Fahrer, Sergeant Jessie Schatz, darf nicht zur Hilfe kommen. Arthur Nicholson verblutet.

Dann wird kräftig gestritten, wer die Schuld an dem tödlichen Zwischenfall trägt. Die Sowjets beharren auf der Sperrgebietsverletzung, die Amerikaner auf ihrem Kontrollrecht. Beide Seiten fühlen sich im Recht.

Trotzdem bemühen sich die Diplomaten beider Seiten um eine Lösung. Doch die hohe Zeit des Kalten Krieges ist inzwischen vorbei. Niemand will wegen solch eines Zwischenfalls die bilateralen Beziehungen dauerhaft verschlechtern. In Moskau hat gerade Michail Gorbatschow die Macht übernommen. Damit zeichnen sich neue Perspektiven ab.

Am 6. April 1985 wird der gefallene Major auf dem Heldenfriedhof Arlington bei Washington D. C. mit militärischen Ehren beigesetzt. Posthum wurde er zum Oberstleutnant befördert.

Zwei Jahre später sind Glasnost und Perestroika so weit, dass sich die Sowjetunion schließlich doch noch für die Todesschüsse entschuldigt.

POTSDAMER PLATZ: Ganz in der Nähe des **Checkpoint Charlie** herrscht im Sommer 1986 wilde Ödnis – bis eines Tages auf der Westseite der Mauer der Kanadier John Runnings mit einer selbst gebauten Leiter erscheint. Er steigt auf die Mauer, setzt sich rittlings auf deren Krone und schlägt mit einem großen Hammer auf das Betonrohr. Zahlreiche Zuschauer applaudieren.

DDR-Grenzposten ziehen den „Mauerläufer" herunter und schieben ihn nach West-Berlin ab. Am nächsten Tag setzt John Runnings seine Attacken gegen die Mauer fort. Er landet im DDR-Knast und wird erst freigelassen, als die Amerikaner zusagen, ihn mit einem Flugzeug Richtung Amerika auszufliegen.

Postwendend reist John Runnings zurück und klettert erneut auf die Mauer. Nach zwei Monaten Knast wird er diesmal von den Ost-Behörden in eine „Aeroflot"-Maschine nach New York gesetzt.

Wieder kehrt er zurück. Nun baut er eine massive Holzramme, doch bevor das Gerät zum Einsatz kommt, wird es von US-Soldaten beschlagnahmt. Aus Protest verbrennt der Kanadier seinen Pass am **Checkpoint Charlie**.

Am 25. April 2004 stirbt John Runnings im Alter von 86 Jahren auf Vancouver Island. **(13)**

FLUGHAFEN SCHÖNEFELD: Beim Anflug stürzt am 12. Dezember 1986 eine aus Minsk kommende TU 134 der Aeroflot etwa drei Kilometer vor der Landebahn in ein Waldstück bei **Bohnsdorf.** Es gibt 72 Tote.

Die für die „Luftkontrollzone Berlin" verantwortlichen Alliierten (SIEHE KAP. 1, AM KLEISTPARK) konstatieren „menschliches Versagen" als Unglücksursache.

FLUGPLATZ GATOW: In der Einflugschneise des britischen Flugplatzes beginnt am 14. Januar 1987 die umstrittene Rodung von 7 800 Bäumen. Die angekündigte Protestdemo der Umweltschützer fällt allerdings aus – es sind minus 20 Grad in Berlin.

AM KLEISTPARK: Zum ersten Mal nach dem Inkrafttreten des Vier-Mächte-Abkommens über Berlin vor 18 Jahren treffen sich am 11. Dezember 1989 wieder der amerikanische, britische, französische und sowjetische Botschafter.

KURFÜRSTENDAMM: Ein paar Jahre früher hätte es böse ausgehen können: Am 19. November 1990 rasselt ein 13 Tonnen schwerer sowjetischer Schützenpanzer um 5.07 Uhr über die Avus und biegt in **Halensee** auf den Ku'damm ein. Er donnert über rote Ampeln, rammt in der **Bülowstraße** einen VW-Bus der Polizei.

Drinnen sitzt der 19-jährige Wladimir Gregorenko. Der Soldat ist in Elsholz stationiert und hat von seiner Braut gerade den Laufpass bekommen. Deshalb ist er durchgedreht und donnert nun mit 60 Sachen durch Berlin.

Über die **Gneisenaustraße,** den **Hermannplatz** und die **Karl-Marx-Straße** verlässt er um 5.37 Uhr an der **Walthersdorfer Chaussee** die Stadt und fährt nun wieder Richtung Potsdam. In Saarmund geling es Unteroffizier Maxim Woronow, den Sehschlitz des Schützenpanzers mit seiner Jacke zu verstopfen. Die Amokfahrt ist zu Ende, Wladimir wandert in den Knast.

PARISER PLATZ: Am 8. September 1994, Punkt 22.07 Uhr, beginnt der erste Große Zapfenstreich der Bundeswehr in Berlin. Vor 20 000 Zuschauern (und einigen Protestierern) verabschiedet das Wachbataillon die Truppen der Amerikaner, Briten und Franzosen.

Volksfeste und Paraden waren dem offiziellen Akt vorausgegangen, Berlin fiel der Abschied von den einstigen Besatzern und späteren Schutzmächten schwer. Als letzte Amtshandlung hatte US-Kommandeur Walter Yates zuvor am Hauptquartier in der **Clayallee** die „Stars and Stripes" eingeholt. Die Siegesflagge der USA wehte am 17. September 1941, dem Tag der amerikanischen Kriegserklärung gegen Japan, vor dem Pentagon. In Berlin wurde sie erstmals am 3. Oktober 1990 als Zeichen der endgültigen Beendigung der Nachkriegszeit gehisst.

Die Abmeldung der russischen Truppen aus Deutschland nahmen Bundeskanzler Helmut Kohl und Präsident Boris Jelzin bereits am 1. September 1994 vom Oberkommandierenden, Marschall Matwej P. Burlakow, auf dem **Gendarmenmarkt** entgegen. Die letzten russischen Truppen waren am Tag zuvor noch einmal vor ihrem Siegesdenkmal im **Treptower Park** aufmarschiert.

Eine gemeinsame Parade der ehemaligen Verbündeten im Zweiten Weltkrieg und einstigen Gegnern im Kalten Krieg gab es nicht.

4. KAPITEL

ABGESCHIRMTE HAUPTQUARTIERE, GEHEIME BÜROS UND BEWACHTE OBJEKTE

Wien, Schanghai, Genf – wenn es um die „Hauptstadt der Spione" geht, ist Berlin ganz vorn mit dabei. Die Zahl der in der geteilten Stadt im Laufe der Jahre tätigen Geheimdienstler dürfte locker über der Einwohnerzahl einer Großstadt liegen. Sie alle hatten ihre geheimen Kommandostellen, trafen sich in getarnten Büros und wohnten mitten unter den Berlinern. Die rabiaten Methoden beider Seite ließen viele von ihnen die Freiheit, manche sogar das Leben verlieren. Deshalb scheint es unsinnig, heute die einstigen Frontsoldaten im Kalten Krieg in gute und böse einteilen zu wollen. Geheimdienstarbeit ist immer eine aggressive Form der Politik. Jede Seite nimmt gern für sich in Anspruch, im Recht zu sein. Die ehemaligen Stützpunkte geben darüber keine Auskunft. Sie zeigen aber, wie dicht das Netz über Berlin 40 Jahre lang war.

KAISERSWERTHER STRASSE 16–18: Ab 25. Juli 1945 residierte hier die Alliierte Kommandantur der vier Siegermächte des Zweiten Weltkrieges. Am 13. August 1948 zogen die Sowjets aus und kehrten trotz Aufforderung ihrer ehemaligen Verbündeten nie wieder in das gemeinsame Gremium zurück.
Das Gebäude war 1926/27 für den Verbund öffentlicher Feuerversicherungen erbaut worden. Nach dem Auszug der Alliierten Kommandantur wurde es Sitz des Präsidenten der Freien Universität, des Präsidialamtes und der Zentralen Universitätsverwaltung.

AM KLEISTPARK: Obwohl die Postanschrift eigentlich **Elßholzstraße 32** lautet oder auch die **Potsdamer Straße 186** möglich wäre, hat sich der Sitz des Alliierten Kontrollrates im ehemalige Preußische Kammergericht als Haus „Am Kleistpark" eingeprägt.
Das Gebäude mit seinen über 500 Räumen wurde als Nachfolger des „Collegienhauses" in der **Lindenstraße 14** von 1909 bis 1913 auf dem Gelände des Botanischen Gartens, der 1908 nach **Dahlem** verlegt wurde, gebaut. 1944 tagte hier der berüchtigte „Volksgerichtshof" der Nazis.
Seit der Einheit beherbergt es das Berliner Kammergericht.

ZWIESELER STRASSE 4 / ECKE RHEINSTEINSTRASSE: Schon wenige Tage nach Kriegsende sammeln die Sowjets in Berlin Beute ein, ohne dass eine Hand weiß, was die andere tut. So ordnet der Befehlshaber der Ersten Belorussischen Front, Marschall Georgi Schukow, am 12. Mai 1945 mit Befehl 64 u. a. die Wiederinbetriebnahme der BEWAG-Kraftwerke an. Ein sowjetisches Sonderkomitee hat aber eben diese Kraftwerke zur Demontage vorgesehen. In den zwei Monaten ihrer Besetzung West Berlins demontieren die Sowjets dort 428 900 Tonnen Anlagen und Ausrüstungen. Das sind mehr als acht Prozent der insgesamt 5 114 000 Tonnen aus Deutschland abtransportierten Maschinen, Werkzeuge und Materialien. Aus Ost-Berlin stammen davon nur 216 500 Tonnen. Von 1 301 in Berlin im Laufe des Jahres 1945 abgebauten Objekten lagen 605 in West-Berlin. **(1)**

FLUGHAFEN TEMPELHOF: Die ersten amerikanischen Geheimdienstoffiziere, die im Juli 1945 in Berlin eintreffen (SIEHE KAP. 1, FLUGHAFEN TEMPELHOF), kommen vom Office of Strategic Services (OSS). Nach dessen Auflösung am 1. Oktober 1945 wechseln sie zur neu errichteten Strategic Services Unit (SSU), die ab 1946 in der Central Intelligence Group (CIG) aufgeht. Diese wird dann durch die 1947 gebildete Central Intelligence Agency (CIA) ersetzt. Für die Beschaffung geheimer Informationen ist in der Frühzeit der CIA das Office of Special Operations (OSO) zuständig. Verdeckte Operationen werden vom Office of Policy Coordination (OPC) geleitet.

Die Berlin Operations Base der CIA (BOB) ist vom Beginn des Kalten Krieges an eine ihrer erfolgreichsten Außenstellen. Wer hier dient, wie z. B. Allen W. Dulles und Richard Helms (beide nachmalige CIA-Direktoren), kann sich seiner späteren Karriere gewiss sein. Die BOB arbeitet mit den Zweigen SI, Nachrichtenbeschaffung, und X-2, Spionageabwehr. **(2)**

KÖPENICKER ALLEE 39 – 57: Mit den letzten Kämpfen um Berlin ziehen auch die sowjetischen Geheimdienste in Deutschland ein. Zuerst kommen die Abwehreinheiten der „Smersch" („Tod den Spionen") der Ersten und Zweiten Belorussischen Front. Eine ihrer ersten Maßnahmen ist die Einrichtung von sowjetischen Internierungslagern in ehemaligen deutschen KZ's, wie Sachsenhausen und Buchenwald (SIEHE KAP. 2, KARLSHORST). Gleichzeitig werden Geheimdienststrukturen bis in die unteren Einheiten der Verwaltung der SBZ geschaffen („Opersektoren").

Mit zuerst rund 1 500, später dann 1 000 Mitabeitern wird die KGB-Zentrale im früheren **St. Antonius-Krankenhaus** (nach dessen zeitweiliger Nutzung als Militärlazarett und DDR-Landwirtschaftsministerium) innerhalb des Sperrgebietes Karlshorst zur weltweit größten Geheimdienstaußenstelle Moskaus. Dort arbeitet außerdem eine Gruppe des Nachrichtendienstes des Generalstabes (GRU). Die GRU hat ihren Standort im sowjetischen Hauptquartier in Wünsdorf und verfügt zunächst über etwa 800, in den 80er Jahren dann noch über rund 300 Mitarbeiter u. a. auch in Potsdam, Magdeburg und Schwerin.

Mit einem Stadtplan von 1943, ergänzenden Luftaufnahmen, angeworbenen deutschen Zivilangestellten (SIEHE KAP. 12, KARLSHORST) und sogar einer Wanze im Kronleuchter des KGB-Chefs, versuchen die westlichen Dienste, die Geheimnisse des KGB-Hauptquartiers zu ergründen. Ohne große Erfolge.

Nur einer scheint sich dort auszukennen: Der BND-Mitarbeiter Heinz Felfe. Mit seinem ständig ergänzten Plan beeindruckt er die Kollegen und Partnerdienste – bis er 1961 als KGB-Maulwurf enttarnt wird! (SIEHE KAP. 2, UNTER DEN LINDEN 6).

AM KLEISTPARK: Im Abkommen über den Kotrollmechanismus in Deutschland vom 14. November 1944 haben die Alliierten festgelegt, dass interessierte Staaten nach dem Krieg in Berlin Militärmissionen errichten dürfen, um ihre Ansprüche gegenüber Deutschland geltend machen zu können. Da es dann keine deutsche Regierung mehr geben würde, ist ihre Akkreditierung beim Alliierten Kontrollrat vorgesehen. *Militärmission*

Im Januar 1948 gibt es deshalb im britischen Sektor solche Militärmissionen von Australien, Kanada, Griechenland, Italien, den Niederlanden, Polen, Südafrika, Jugoslawien und Norwegen, im amerikanischen Sektor von Brasilien, China, der Tschechoslowakei und Dänemark und im französischen Sektor von Belgien und Luxemburg.

1972 bestanden noch neun Missionen. Die meisten waren in Generalkonsulate umgewandelt worden, die den Bonner Botschaften unterstanden. Ausnahme: Polen, die Tschechoslowakei und Jugoslawien. Ihre Vertretungen hatten weiter den Status von Militärmissionen und wurden von Gesandten geleitet. Das sowjetische Generalkonsulat in West-Berlin unterstand weder der Ost-Berliner, noch der Bonner Botschaft, sondern direkt dem Moskauer Außenministerium.

CLAYALLEE: Einen völlig anderen Charakter tragen die im Westen MILMIS und im Osten MVM genannten Militärverbindungsmissionen der Alliierten. Auch sie basieren auf dem Abkommen von 1944, dienen aber der Aufrechterhaltung der militärischen Verbindungen der Verbündeten im Zweiten Weltkrieg.

Mit dem Kalten Krieg entwickeln sie sich zu legalisierten Spionagezentren, die ihren jeweiligen Hauptquartieren zuarbeiten. Die Amerikaner übernehmen dabei für die Westmächte die Koordination bei der Einsatzplanung und Festlegung der Aufklärungsschwerpunkte. Deshalb ist das US-Hauptquartier in der Clayallee nach Einsätzen hinter dem Eisernen Vorhang stets die erste Anlaufadresse. Die offiziellen Standorte der drei Westlichen Militärmissionen liegen in Potsdam.

Die Sowjets haben ihre Militärmissionen in Frankfurt am Main (amerikanische Zone), Bünde (britische Zone) und Baden-Baden (französische Zone).

LANGOBARDENALLEE 14: Als Reaktion auf die Zwangsvereinigung der SPD mit der KPD in Ost-Berlin (SIEHE KAP. 1, FRIEDRICHSTRASSE 101/102) entsteht 1946 in **Charlottenburg** das Ostbüro der SPD.

Die SPD will damit den Aufbau und die Unterstützung illegaler Parteistrukturen in der SBZ unterstützen, um so im Osten präsent zu bleiben. Als sich dies als nicht durchführbar erweist, unterstützt das Ostbüro inhaftierte SPD-Genossen und sammelt Informationen zu deren Schicksalen. Dazu wird eine Anlaufstelle für geflohene SPD-Mitglieder im Notaufnahmelager **Marienfelde** (und ebenso in Uelzen und Gießen) eingerichtet.

Die SED sieht im SPD-Ostbüro, das mit konspirativen Methoden arbeitet und Verbindungen zu westlichen Geheimdiensten unterhält, von Anfang an eine Agenten- und Spionage-Organisation, die mit aller Gewalt bekämpft wird.

Bis 1950 werden vom sowjetischen Geheimdienst und von der Volkspolizei (Dezernat K 5) rund 1 000 Ostbüro-Vertrauensleute und Kuriere verhaftet. Sowjetische Militärtribunale (SIEHE KAP. 2, KARLSHORST) verurteilen viele von ihnen zu hohen Haftstrafen. Dadurch verliert die illegale Ost-SPD rund 70 Prozent ihrer Mitglieder. Nach der Verhaftung von weiteren Hunderten von Sozialdemokraten infolge der Entführung des Ostbüro-Mitarbeiters Heinz Kühne am 8. Februar 1949 ist die Partei faktisch zerschlagen.

Neben der Flüchtlingsbetreuung betreibt das Ostbüro die Verteilung von Propagandamaterial, vor allem durch Ballonaktionen. Es wird von der Stasi beobachtet und verliert in der Öffentlichkeit und – seit Anfang der 60er Jahre – auch im SPD-Parteivorstand zunehmend an Akzeptanz. Dazu trägt unter anderem der Vorwurf bei, das Ostbüro betreibe Sabotage in der DDR, um die Lebensverhältnisse dort zu verschlechtern..

Mit den Plänen Herbert Wehners (1906–1990) und Willy Brandts (1913–1992) zu einer neuen Ostpolitik endet 1967 die Arbeit des Ostbüros. **(3)**

SCHLOSSSTRASSE SCHÖNWALDE: Im Schloss Dammsmühle betreibt eine kleine Gruppe sowjetischer Geheimdienstler nach dem Krieg eine „Pawlowski-Falle". Fluchtwillige Offiziere der Roten Armee werden über einen Mittelsmann dorthin gebracht und von Offizieren in US-Uniformen verhört, die sich dann plötzlich als Mitarbeiter der Abwehr outen. Von Dammsmühle geht es für die Opfer direkt vor die Erschießungskommandos oder in den GULAG.

Später hat Erich Mielke dort einen Urlaubssitz, danach wird das Schloss, Hotel, Unterkunft für psychisch Kranke und Bildungsakademie.

CITÉ FOCH: Mit den französischen Truppen ziehen auch ihre Geheimdienstler in Berlin ein. Zunächst läuft das noch über das Militär, das während des Krieges aus dem Zweiten Büro des Generalstabes (Deuxième Bureau) den „Service de renseignements/Section de centralisation de renseignements" (S.R./S.C.R.) für die Militäraufklärung gebildet hatte. Neben der Nachrichtenbeschaffung in der Nachkriegszeit gehen große Teile des S. R. in dem 1946 gegründeten und der direkten Kontrolle des Ministerpräsidenten unterstellten „Service de documentation et de contre-espionage" (S.D.E.C.E.) auf. Dieser in die klassischen Felder Nachrichtenbeschaffung und Abwehr unterteilte Nachrichtendienst sammelt Informationen über die politische und militärische Entwicklung in Deutschland. Entsprechend dem Status Frankreichs als Besatzungsmacht, ist auch die „Direction de Surveillance du Territoire" (D. S. T.) mit der Hauptaufgabe der Spionageabwehr in Berlin tätig. Schwerpunkt für die französischen Dienste ist die Überwachung der Entwicklung im Osten.

RATHAUS SCHÖNEBERG: Auf Initiative von Oberbürgermeister Rudolph Wilde entstand von 1911 bis 1913 für sechs Millionen Goldmark das Rathaus der damals unabhängigen Stadt Schöneberg (ab 1920 zu Groß-Berlin).
Nach starken Kriegszerstörungen wurde das Gebäude grundlegend umgestaltet und mit einem 70 Meter hohen Turm versehen. Er beherbergt die Freiheitsglocke (SIEHE KAP. 6, RATHAUS SCHÖNEBERG). Am 14. Januar 1949 fand die erste Stadtverordnetenversammlung der Westsektoren im Rathaus Schöneberg statt. Später wurde es Sitz des Regierenden Bürgermeisters, des Senats und des Abgeordnetenhauses.
In Krisenzeiten versammelten sich oft Hunderttausende von Menschen vor dem Rathaus Schöneberg auf dem **Rudolph-Wilde-Platz** (heute: **John-F.-Kennedy-Platz**), um für die Freiheit West-Berlins zu demonstrieren (SIEHE KAP. 6, RATHAUS SCHÖNEBERG).

BERLINER ALLEE 252: Die „Verwaltung der sowjetischen Aktiengesellschaften in Deutschland" (USIG) nimmt 1946 ihren Sitz im „Askaniahaus" in Weißensee.
Neben der Demontage und der Entnahme aus der laufenden Produktion wandeln die Sowjets, ihrem Befehl 167 vom 5. Juni 1946 entsprechend, deutsche Betriebe in sowjetische Aktiengesellschaften (SAG) um. So entstehen, nach Branchen geordnet, insgesamt 33 SAG-Holdings aus über 200 Einzelbetrieben. 1947 arbeiten dort fast 30 000 Deutsche. Sie erbringen fast 20 Prozent der industriellen Bruttoproduktion der SBZ. Sämtliche wichtige Betriebe, wie die Eisenhüttenwerke Thale, das Walzwerk Hettstedt, die Leuna-Werke, die Chemischen Werke Buna, die Stickstoffwerke Piesteritz oder der Schwermaschinenbau Magdeburg, sind nun SAG unter Leitung sowjetischer Generaldirektoren. Ihre Verwaltung untersteht direkt der „Hauptverwaltung für sowjetisches Eigentum im Ausland" beim Ministerrat der UdSSR.
Ab 1947 werden die SAG-Betriebe in mehreren Etappen der deutschen Verwaltung übergeben oder verkauft (dabei u. a. auch auf Kredite, die später erlassen werden). **(4)**

FÖHRENWEG 19–21: Mit George Belic beginnt 1947 der erste amerikanische Geheimdienstoffizier bei der Berlin Operations Base (BOB) der CIA seinen Job, der fließend Russisch spricht.

BOB hat derweil seine Diensträume im ehemaligen Hauptquartier von Feldmarschall Wilhelm Keitel (1882–1946) bezogen, später kommen Büros in der Clayallee hinzu.

LIMASTRASSE 29: Der „Untersuchungsausschuss freiheitlicher Juristen" (UfJ) entsteht zunächst aus einer losen Zusammenarbeit oppositioneller ostdeutscher Juristen. Sie haben das Ziel, Menschenrechtsverletzungen zu erfassen und öffentlich zu machen.

Im Oktober 1949 erhält er mit der „Rechtsauskunftsstelle" in der **Troppauer Straße 4** in **Lichterfelde West** eine erste Struktur. In der Troppauer Straße wohnt ab Januar 1950 der aus Belzig geflohene Anwalt Horst Erdmann. In der von ihm geleiteten „Rechtsauskunftsstelle" entsteht schnell eine Gruppe hauptamtlicher Mitarbeiter, die bald etwa 50 Leute umfasst und den „Untersuchungsausschuss freiheitlicher Juristen" bildet. Er ist Teil der „Vereinigung Freiheitlicher Juristen e. V.". Der UfJ erteilt Rechtsauskunft, betreibt über Rundfunk und Flugblätter Rechtspropaganda, registriert Rechtsbrüche und klärt über Unrecht im Osten auf. Faktisch wird er damit zu einem „Schattenjustizministerium" der SBZ/DDR, dessen Wirkung bis zur richterlichen Zurückhaltung bei politischen Urteilen im Osten reicht.

Die Wirksamkeit des UfJ basiert auf der Sammlung von Informationen, die aus Sicherheitsgründen mit konspirativen Methoden erfolgt. Seine Mitarbeiter sind unter Decknamen (Horst Erdmann alias „Dr. Theo Friedenau") tätig. Die Finanzierung erfolgt durch den US-Geheimdienst und Projektförderung des Bundes, ab 1958 dann vollständig durch den Bund. Er nutzt den UfJ auch für die Erstellung von Gutachten zu den Verhältnissen in der DDR und für Beratungsleistungen. Es finden bis zu 150 Gespräche mit Ost-Bürgern pro Tag statt. Die Erkenntnisse daraus schlagen sich u. a. in mehreren Dokumentenbänden („Unrecht als System", „Dokumente des Unrechts") nieder. Seit 1957 gibt der UfJ die Zeitschrift „Recht in Ost und West" heraus.

Für die Stasi ist der Untersuchungsausschuß eine der gefährlichsten Feindzentralen. Führende Mitarbeiter werden entführt (SIEHE KAP. 5, GERICHTSSTRASSE UND WANNSEE), inoffizielle Mitarbeiter eingeschleust (SIEHE KAP. 12, OTTO-GROTEWOHL-STRASSE 19D).

Im Zuge der Reorganisation der gesamtdeutschen Arbeit gehen der UfJ und seine Mitarbeiter 1969 in der Berliner Abteilung des neu gegründeten Gesamtdeutschen Institutes, Bundesanstalt für gesamtdeutsche Fragen, auf. **(5)**

ERNST-RING-STRASSE 2–4: Bereits Ende 1948 richtet der spätere Gründer des Hauses am Checkpoint Charlie, Rainer Hildebrandt (1914–2004), in seiner

Wohnung in der **Höhmannstraße 4** in **Grunewald** einen Suchdienst für verschollene und verstorbene politische Häftlinge im Osten ein. Daraus entsteht wenig später die „Kampfgruppe gegen Unmenschlichkeit" (KgU). Sie wird vom amerikanischen Geheimdienst finanziert und konzentriert sich zunächst auf die Erfassung von Unrecht im Osten und die Unterstützung politischer Häftlinge. Dazu legt die KgU eine umfangreiche Zentralkartei an.

Mit der Bildung einer „Widerstandsabteilung" und die Übernahme der Leitung durch Ernst Tillich, damals 40, ab 22. März 1950 ändern sich die Schwerpunkte. Nun werden nicht mehr nur mit geheimdienstlichen Methode Informationen im Osten gesammelt, sondern auch Sabotageakte (Brandstiftungen, Zerstörung von Maschinen durch Säure, Fälschung von Lebensmittelkarten und Briefmarken, Störungen des Außenhandels durch gefälschte Dokumente usw.) organisiert.

Die DDR reagiert mit der Verhängung von Todesurteilen und hohen Haftstrafen gegen „KgU-Agenten", die in aller Regel in Schauprozessen vorgeführt werden (SIEHE KAP. 6, LOTHRINGERSTRASSE 1). Darüber hinaus versucht die Stasi erfolgreich, die KgU zu infiltrieren. Sie führt Anschläge und Entführungen durch und es gelingt, die öffentliche Meinung im Westen gegen die KgU zu beeinflussen. Im Zuge der westlichen Appeasement-Politik, die u. a. auf eine Beruhigung der Lage um West-Berlin gerichtet ist, wird die KgU im März 1959 aufgelöst. **(6)**

SCHLÜTERSTRASSE: Nach der Amtsenthebung Jakob Kaisers und Ernst Lemmers am 19. Dezember 1947 als Berliner CDU-Vorsitzende durch Marschall Sokolowski (SIEHE KAP. 1, ZWIESELER STRASSE 4/ECKE RHEINSTEINSTRASSE) entsteht zunächst das „Büro Kaiser" und später dann das Ostbüro der CDU in der **Manfred-von-Richthofen-Straße 2**. Es fungiert als Verbindungsbüro zwischen dem geflüchteten CDU-Hauptvorstand (von 34 Unterzeichnern des Gründungsaufrufes der CDU fliehen 33, von 14 Vorstandsmitgliedern zehn) und den CDU-Mitgliedern in der SBZ/DDR. Später kommt die Überprüfung der in den Westen kommenden Christdemokraten hinzu, um die Partei vor Spitzeln und Unterwanderung zu schützen. Nach dem Vorbild der SPD soll auch illegale Parteiarbeit gegen die offizielle, gleichgeschaltete Ost-CDU geleistet werden, die jedoch nur in den seltensten Fällen in offenen Widerstand mündet.

Das Ostbüro der CDU sammelt Informationen aus der DDR, die in der Zeitung „Der Tag" veröffentlicht werden. Außerdem organisiert es die Verteilung von Propaganda-Material (u. a. „Das Deutsche Monatsblatt", „Sachsenbrief") und Flugblättern, die per Ballon gen Osten fliegen.

Für die DDR zählt das Büro ebenfalls zu den wichtigen Agenten- und Feindzentralen. Bis Mitte der 50er Jahre werden unter dem Vorwurf der Verbindungsaufnahme zum Ostbüro der CDU etwa 70 Menschen verhaftet und oftmals in Schauprozessen abgeurteilt. Prominetester Fall ist der des DDR-Außenministers Georg Dertinger (SIEHE KAP. 6, MAJAKOWSKI-RING).

Trotz Ankauf eines Büros in der Richthofen-Straße, etlicher Versuche, die Mitarbeiterin Hanna Hermann und den Bürochef Werner Jöhren zu entführen und der Planung von Einbrüchen durch die „geheimen Mitarbeiter" (GM) „Teddy" und „Bimbo", ist die Stasi gegen das CDU-Ostbüro wenig erfolgreich. Das ändert sich erst, als sie am 20. Juli 1955 durch die Verhaftung von Johannes Fasel Informationen erhält. Dennoch löst sich das Problem der „Feindzentrale" fast von selbst, weil das Ostbüro der CDU im Februar 1959 formell aufgelöst und in eine gesamtdeutsche Dienststelle umgewandelt wird. (7)

CLAYALLEE: In der US-Mission in Zehlendorf nehmen insgesamt zwölf amerikanische Geheimdienste Quartier. Darunter sind nicht nur die verschiedenen Dienste der Landstreitkräfte (Eingang **Saargemünder Straße**, Gebäude 6 A), sondern auch die „Air Force Intelligence", das „Office of Special Investigations", das „Electronic Security Command" und die „Foreign Technology Division".

Nebenbei: Obwohl Berlin nicht gerade am Meer liegt, hat auch die „Naval Security Group" der Marine ihren Geheimdienst „Naval Intelligence Command" (NIC) hier stationiert – immerhin gehören auch sie zu den Kriegssiegern.

KUFSTEINER STRASSE 69: Auch nach Gründung der Bundesrepublik am 23. Mai 1949 und Übergabe der Rundfunkanstalten in deutsche Verwaltung bleibt der RIAS ein amerikanischer Sender (SIEHE KAP. 1, WINTERFELDTSTRASSE). Er ist eine Unterabteilung der United States Information Agency (USIA), wird aber ab Ende der 60er Jahre zu rund 90 Prozent vom Bund finanziert.
Der RIAS sendet auf UKW, Mittelwelle und Kurzwelle (nur RIAS 1) aus Britz und Hof und ist damit, ab 1. November 1953 mit zwei Programmen, in der gesamten DDR zu hören. Seine Sendungen sind speziell auf Hörerinnen und Hörer in Ost-Berlin und der DDR abgestimmt. Damit wird der RIAS zur wichtigsten Informationsquelle außerhalb der SED-Propaganda im Osten (SIEHE KAP. 6, STALINALLEE). In speziellen Beiträgen (z. B. Verlesung von Namen inoffizieller Stasi-Mitarbeiter) wird auf die politischen, wirtschaftlichen und kulturellen Probleme Ostdeutschlands eingegangen.
Mit dem Mauerfall hat der RIAS seine Aufgabe erfüllt. Die „Deutsche Welle" übernimmt RIAS-TV. RIAS 2 wird am 1. Juni 1992 privatisiert und RIAS 1 bildet ab 1. Januar 1994 gemeinsam mit dem ehemaligen Deutschlandsender und dem Deutschlandfunk das neu geschaffene DeutschlandRadio.

LINIENSTRASSE 83–85: Da das alte Berliner Polizeipräsidium im Krieg völlig zerstört wurde, zieht die am 17. Mai 1946 neu gegründete Polizei zunächst in die Linienstraße. Dann wird das 1930/31 gebaute, Karstadt-Bürogebäude am Alex, **Keibelstraße 29–36, Hans-Beimler-Straße 27** (heute Otto-Braun-Straße) und **Wadzeckstraße 7–10** das neue Polizeipräsidium. Nach der Spaltung der Berliner Polizei 1948 dient es als Zentrale der Ost-Berliner Volkspolizei. Der nun in den Westsektoren tätige Polizeipräsident Johannes Stumm (1897–1978) verlegt seine Behörde in die **Friesenstraße** nach **Kreuzberg**. Heute beherbergt das Haus am Alex verschiedene Polizeidienststellen, wie LKA, Lagedienst und das Landespolizeiverwaltungsamt.

KAISERDAMM: Im Gegensatz zu den Ostbüros von SPD und CDU ist das FDP-Ostbüro eine Gründung des LV Berlin der Liberal Demokratischen Partei Deutschlands (LDPD). Er hat sich von der Mutterpartei abgespalten und nennt sich ab 12. Januar 1949 „FDP-Landesverband Berlin". Praktisch beginnt die Ostarbeit der FDP am 1. September 1949 mit dem Anlegen einer Kartei über alle geflüchteten LDPD-Mitglieder. Das hat seinen Hintergrund.

Nach dem Tod des LDPD-Vorsitzenden Wilhelm Külz (1875–1948) praktiziert die Partei offene Opposition zur SED. Das führt zu einer Verhaftungs- und Fluchtwelle liberaler Politiker, darunter befinden sich z. B. Sachsens Landwirtschaftsminister Reinhard Uhle (1890–1973), Thüringens Finanzminister Leonhard Moog (1882–1962) und der LDPD-Generalsekretär Günter Stempel (1908–1981). Der stellvertretende Ministerpräsident der DDR Hermann Kastner (1886–1957) wird 1950 aus der LDPD ausgeschlossen, 1951 jedoch rehabilitiert. Er arbeitet für Gehlen und den BND und flieht 1956 in den Westen.

In diesem Kontext entsteht das Ostbüro der FDP als „Hilfsdienst Ost" (HDO). Er soll geflüchtete LDPD-Mitglieder versorgen und den Kontakt zu den im Osten verbliebenen Parteifreunden halten. Auf freiwilliger Basis werden von den Flüchtlingen gegebene Information erfasst. Ab Mai 1950 hat der HDO seinen Hauptsitz in Bonn. Er unterhält Büros in Berlin, Uelzen, Gießen, Eschwege und Hamburg.

Nach Gründung der DDR beginnt das Ostbüro überdies, verfassungsfeindliche kommunistische Bestrebungen im Westen zu beobachten, die als aus der DDR gesteuert angesehen werden. Außerdem werden Flugblattverteilungen (z. B. 1953 der Abschuss von 30 000 Flugblättern während der Leipziger Herbstmesse mit Flugblattraketen) und Ballonaktionen durchgeführt.

Die Stasi geht massiv gegen den „Hilfsdienst Ost" vor und gründet dazu am 26. September 1952 extra ein Sachgebiet. Am 9. Oktober 1953 wird der HDO-Sachbearbeiter Hans Füldner entführt und wenig später zu zehn Jahren Zuchthaus verurteilt (Aktion „Schlag"). Es gelingt dem MfS, drei Agenten im HDO zu platzieren und bei einem Einbruch in der Nacht vom 12. zum 13. Februar 1955 wichtige Dokumente zu erbeuten. Im Ergebnis dieser und anderer Maßnahmen werden bis 1958 mindestens 68 V-Leute der FDP festgenommen.

Durch den politischen Kurs des FDP-Chefs Thomas Dehler (1897–1967) gegen die Deutschlandpolitik Adenauers wird der HDO für die Partei obsolet. Auf

Beschluss des Vorstandes wird er am 1. November 1956 in „Referat Wiedervereinigung" umbenannt und mit neuen Aufgaben betraut. **(8)**

AUF DEM GRAT 2: Die West-Berliner Verfassungsschützer – in Spitzenzeiten des Kalten Krieges rund 500 Mann – müssen nach der Pfeife der Alliierten tanze. Deshalb befindet sich ihre Zentrale für Verschlusssachen auch gleich neben der US-Mission. Büros gibt es u. a. am **Fehrbelliner Platz.**

POTSDAMER CHAUSSEE 65: Bis in die Mitte der 60er Jahre lassen die Ostbüros der Parteien, die „Kampfgruppe gegen Unmenschlichkeit" (KgU) und der „Untersuchungsausschuss freiheitlicher Juristen" (UfJ) mit Wetterballons Flugblätter in den Osten fliegen. Einer ihrer Abschussbasen ist in **Zehlendorf.**
Durch das Variieren der Länge der Zündschnüre kann abgeschätzt werden, wie weit die Ballons fliegen, bevor sie explodieren und die Flugblätter herabregnen lassen. Die KgU transportiert so jährlich zwischen zehn und 100 Millionen Flugblätter. Beim UfJ sind es allein 1954 rund 2,4 Millionen.
Ab 22. Februar 1952 hält die „VP Luft" der DDR laut Befehl 15/56 auf den Flugplätzen Cottbus, Drewitz und Bautzen je eine Jak-11 bereit, um die Ballons abzuschießen.

MARIENFELDER ALLEE 66–80: Ab 4. Februar 1952 gilt das Bundesnotaufnahmegesetz auch in Berlin. Folge: Zehntausende Ost-Flüchtlinge strömen in die Westsektoren. Im zweiten Halbjahr 1952 leben dort bereits neben den 2,2 Millionen West-Berlinern 190 000 Flüchtlinge und 115 000 Vertriebene in völlig überfüllten Lagern. Um die Lage zu entspannen, wird in Marienfelde ein zentrales Lager errichtet, das Bundespräsident Theodor Heuss (1884–1963) am 14. April 1953 einweiht.
Wer in den Westen will, muss bereits am Ankunftstag die im Lager befindlichen „Sichtungsstellen" der Amerikaner, Briten und Franzosen durchlaufen. Im Rahmen ihrer Verantwortung für die Sicherheit Berlins prüfen dort geschulte Geheimdienstler, ob eine mögliche „Staatsgefährlichkeit" besteht. Darüber hinaus sind in der „Vorprüfung B" (Station 7) Befragungen durch Organisationen wie die Ostbüros der Parteien, den „Untersuchungsausschuss freiheitlicher Juristen", der VoPo-Beratungsstelle, der „Kampfgruppe gegen Unmenschlichkeit", die Beratungsstelle für Lehrer, den Bauernverband u. a. zu absolvieren. Dort sitzen Ost-Insider, die Informationen sammeln und das Einsickern von Spitzeln im Westen verhindern sollen. **(9)**

UNTER DEN LINDEN 55–65: Seit 1831 residiert ein russischer Botschafter in Berlin. 1837 kauft Russland das Palais **Unter den Linden 7,** das dem Zweiten Weltkrieg zum Opfer fällt. Mit dem Neubau (1949–1951) der sowjetischen

Botschaft im Stil Stalin'scher Prunkbauten mit Turm, Ehrenhof und üppigen Ballsälen wollen sich die Sieger in Berlin ein Denkmal setzen.

Von hier aus wird direkt in die Geschicke der DDR eingegriffen. Der langjährige Botschafter Pjotr Abrassimow trägt nicht ohne Grund den heimlichen Spitznamen „Regierender Botschafter". Er ist auch für West-Berlin und den Erhalt des Vier-Mächte-Status der Stadt zuständig.

Unter dem Deckmantel der Diplomaten arbeiten die unterschiedlichsten Geheimdienstler in der Botschaft. So untersteht z. B. Ende der 80er Jahre Oberst Butkow offiziell dem Militärattaché, sein Büro hat er jedoch in der **Oberspreestraße 61–63** beim Nachrichtendienst der NVA.

ORANIENSTRASSE 91: Reisepässe, Personalausweise, Führerscheine – Die Bundesdruckerei besorgt die Herstellung sicherer Dokumente. Das macht sie zum Zielobjekt der Stasi, denn die braucht für ihre Agenten im Westen möglichst echte Papiere. Unter dem Decknamen „Objekt X" gelingt es dem Osten, in den 80er Jahren die Technologie des angeblich fälschungssicheren Personalausweises auszuspionieren und sie selbst herzustellen.

ZWIESELER STRASSE 4/ECKE RHEINSTEINSTRASSE: Am 28. Mai 1953 löst Moskau die Sowjetische Kontrollkommission auf, an deren Stelle nun ein „Hoher Kommissar" tritt.

Am Tag zuvor hatte die Sowjetunion Wladimir S. Semjonow (1911-1992), seit 1945 Berater der sowjetischen Militärbehörde in Karlshorst, in dieses Amt berufen.

CHARLOTTENBURG: Der britische Hohe Kommissar, Sir Ivone Kirkpatrick, eröffnet am 8. Juni 1953 im ehemaligen „Haus des Deutschen Sport" am **Olympiastadion** das neue britische Hauptquartier in Berlin.

Hier haben auch insgesamt vier britische Geheimdienste ihren Sitz, darunter die Abwehr MI5 und der Auslandsnachrichtendienst MI6.

NEUE SCHÖNHOLZER STRASSE 16: Noch vor Gründung der NVA 1956 bezieht hier die Militäraufklärung der DDR ihr erstes Hauptquartier. Am 1 April 1953 wird in die **Behrensstraße** umgezogen. Dieses Gebäude liegt jedoch zu dicht an der offenen Sektorengrenze, so dass weitere Standortwechsel folgen. Da wegen des entmilitarisierten Status' Berlins keine deutschen Soldaten in der Stadt stationiert sein dürfen, werden alle Spuren gründlich verwischt. Akten belegen aber, dass zumindest einzelne Abteilungen des Mil-ND Ende der 50er Jahre in **Grünheide, Walter-Rathenau-Straße 21** und im „Objekt Wendenschloss" in der **Buchhornstraße 42** arbeiteten. Eine weitere Zwischenstation befand sich in der **Schnellerstraße 139**, bevor das bis 1972 betriebene Hauptquartier in der **Regattastraße 12–28** bezogen wurde.

MAUERSTRASSE 29: Die „Hauptabteilung Kampfgruppen" im Innenministerium der DDR verwaltet eine Streitmacht, die es so in keinem anderen Ostblock-Land gibt. Die nach dem Volksaufstand 1953 gebildeten „Kampfgruppen der Arbeiterklasse" stehen unter Führung der SED. Sie haben ihre Stützpunkte in Betrieben und Institutionen (SIEHE KAP. 10, MARX-ENGELS-PLATZ 2). Die „Genossen Kämpfer" absolvieren in ihrer Freizeit eine 132-stündige militärische Grundausbildung und müssen regelmäßige Übungen ableisten.

Am Ende der DDR stehen etwa 187 000 Mann unter Waffen. Sie sind in 39 motorisierte Bataillone, 428 motorisierte Hundertschaften und 2 164 nichtmotorisierte Züge organisiert. Ihre Standard-Ausrüstung ist die MPi „Kalaschnikow". Außerdem gibt es Schützenpanzerwagen vom Typ 152, Granatwerfer und Panzer- und Luftabwehrmittel.

Bei Ost-West-Vereinbarungen über die Stärke regulärer Streitkräfte werden die „Kampfgruppen" nicht berücksichtigt.

Nebenbei: Als die Kampfgruppen 1961 zur Abriegelung der Grenze mobilisiert wurden, brachte es viele Einheiten nur auf 40 bis 70 Prozent ihrer Mannschaftsstärke. Auch 1989 verweigerten die Kampfgruppen in Leipzig einen möglichen Einsatz gegen die Bevölkerung.

ROTES RATHAUS: Nach dem Vorbild italienischer Paläste baute Hermann Friedrich Waesemann 1861 bis 1869 das vierflüglige, viergeschossige „Rote Rathaus" mit seinem 97 Meter hohen Turm.

Nach Zerstörungen im Zweiten Weltkrieg wird es ab 1953 in seinen äußeren Formen in der Rathausstraße 15 wieder originalgetreu aufgebaut.

Am 2. Dezember 1955 ziehen der Ost-Berliner Magistrat und die Stadtverordneten aus der **Parochialstraße** dorthin um.

Seit 1991 ist das Rote Rathaus Sitz des Regierenden Bürgermeisters von Berlin.

MAUERSTRASSE 29: Von 1950 bis 1962 unterhält die zum militärisch organisierten Innenministerium der DDR gehörende Hauptverwaltung der Deutschen Volkspolizei (HVDVP) eine Hauptabteilung „Grenze". Sie verfügt über eine gesonderte Abteilung „Ring um Berlin".

NORMANNENSTRASSE 22: Ein ganzes Viertel zwischen **Frankfurter Allee,** **Rusche-, Normannen-** und **Magdalenenstraße** in **Lichtenberg** nimmt das Hauptquartier der Stasi ein. Der verwinkelte Komplex mit elf Höfen, Durchfahrten und von 1 bis 26 nummerierten Gebäuden umfasst neben den Büros auch eine Poliklinik, Läden, Waffenkammern und eine Kantine mit abgetrenntem Generals-Restaurant („Feldherrenhügel"). An der **Gotlindestraße** befindet sich ein zweiter Gebäudekomplex. Mit einer eigenen Notstromversorgung ist die Stasi-Zentrale vom öffentlichen Netz unabhängig.

Das Ministerium für Staatssicherheit beherbergt den Sitz des Ministers (Haus 1) und die Dienststellen verschiedener Hauptabteilungen (z. B. HA II, Spionageabwehr, in Haus 2). Außerdem sind hier die „Diensteinheiten mit zentralen Aufgaben" (Speicher, Archiv) stationiert. Die Abteilung „Kader und Schulung" und die Abteilung Nachrichten sind in den Gebäuden an der **Gotlindestraße** untergebracht. Die Spionagezentrale, Hauptverwaltung A (HVA), residiert in einem Gebäude an der **Ruschestraße**.

Am 15. Januar 1990 wurde die Stasi-Zentrale von Demonstranten besetzt. Nach dem Ende der DDR dient sie als Sitz verschiedener Verwaltungen (Arbeitsamt, Finanzamt) und beherbergt eine Gedenkstätte und das Stasi-Archiv.

Nebenbei: Im Volksmund steht „Normannenstraße" als Synonym für den gesamten Stasi-Apparat. In den 50er und 60er Jahren hatte sich zunächst der Begriff „Magdalenenstraße" eingebürgert. Deshalb hat der Schriftsteller Jürgen Fuchs (1950–1999), selbst Opfer des Staatssicherheitsdienstes (SIEHE KAP. 12, TEMPELHOFER DAMM 54) 1998 seine Abrechnung mit dem Geheimdienst „Magdalena" genannt.

MAUERSTRASSE 29: Im Mai 1955 bildet das DDR-Innenministerium eine „Operativ-Abteilung", die 1964 als „Arbeitsgebiet I" (KI) der Kriminalpolizei zugeordnet wird. Sie arbeitet mit geheimdienstlichen Methoden (Abhören, Einsatz geheimer Mitarbeiter, verdeckte Observationen) und beschäftigt sich zunächst mit der Aufklärung von Schwerkriminalität. Mit dem Ausbau der flächendeckenden Überwachung der DDR-Bürger ab Anfang der 70er Jahre gewinnt die KI als politische Polizei bei der Bekämpfung von „Verbrechen gegen die DDR" an Bedeutung. Nun in sechs Arbeitsgebiete – Kirche und Vereinigungen, Staatsgrenze, Jugend, Ausländer, organisierte Wirtschaftskriminalität und Straftaten gegen Leben und Gesundheit – untergliedert, sind in der KI vorwiegend Stasi-Vertrauensleute oder Stasi-„Offiziere im besonderen Einsatz" (OibE) tätig.

SAARGEMÜNDER STRASSE 6A: Wie die Sowjets in Ost-Berlin, sind auch die amerikanischen Geheimdienstler über ein internes Militär-Telefonnetz miteinander verbunden. Die letzte gültige interne Nummer des CIA-Chefs in West-Berlin lautet 332-6990, die des diensthabenden Offiziers 332-6980.

Über das abgeschirmte sowjetische WTsch-(russ. Hochfrequenz)-Netz mit Sprachzerhacker in Ost-Berlin sind auch sämtliche Spitzenfunktionäre der DDR, die „sozialistischen Bruderländer" und die DDR-Vertretungen im Ausland zu erreichen. Für die Nutzung des Netzes gibt es strenge Dienstvorschriften. Über die Zentrale in Moskau kann es jederzeit von den Sowjets kontrolliert werden.

FREIENWALDER STRASSE 12: Taschen mit Geheimfächern, unsichtbare Tinte, tödliche Gifte oder Fotoapparate im Manschettenknopf – der „Operativ-Technische Sektor" der Stasi (OTS) sorgt für alles, was der Spion so braucht. Die Diensteinheit mit 1 131 Mitarbeitern (1989) mit ihren Chefs in der **Genslerstraße** 13 und Produktionsgebäuden u. a. in der **Werneuchener Straße** 19a ist auch für „spezielle Sammlungen", von Fingerabdrücken bis zu Geruchsproben, zuständig.

STRESEMANNSTRASSE 90–94/ANHALTER STRASSE 20: Das 1926 bis 1931 gebaute Geschäftshaus am Askanischen Platz steht über Jahre im Visier der Stasi. Sie interessiert sich für das hier befindliche „Haus der Ostdeutschen Heimat", den Sitz der „Stiftung Deutschlandhaus" und des Berliner Landesverbandes der Vertriebenen, sowie für die „Forschungsstelle für gesamtdeutsche wirtschaftliche und soziale Fragen" und den „Gesamtverband der Sowjetzonenflüchtlinge".

OBERSPREESTRASSE 61–63: Nach mehreren Umzügen findet das Hauptquartier des militärischen Nachrichtendienstes der NVA (Mil-ND) auf einem 10-Hektar-Gelände zwischen der **Köllnischen Heide** und der S-Bahntrasse nach **Spindlersfeld** in **Treptow** ab November 1972 seinen endgültigen Standort. Es ist als „Mathematisch-Physikalisches Institut der NVA" getarnt.
Ein Metall- und Elektrozaun schirmt das Gelände ab. Im Haupthaus, einem Bürohaus aus Fertigteilplatten vom Typ „Berlin", befindet sich ein Bunker der Schutzklasse C (Tarnname: „Zentrallabor"). Die den Betonklotz mit seinen 45 Zentimeter dicken Mauern umgebenden Büros sind gleichzeitig seine „Knautschzone". Nach oben ist er von einer extra aufgesetzten fünften Etage abgedeckt. Dort gibt es eine Sporthalle mit Zuschauerrängen.
Auf dem Gelände stehen weitere Dienstgebäude, ein Heizhaus, Garagen, eine Tankstelle, Wirtschafts- und Sozialgebäude und Empfangsantennen.
Bis zum Ende der DDR arbeiten hier rund 1 200 Menschen. Ihr kommandierender General sitzt in 4. Etage des Hauptgebäudes. Gleich nebenan hat auch der sowjetische Verbindungsoffizier zur „Glavnoye Razvedovatel'noye Upravlenie", der sowjetischen Militäraufklärung GRU, sein Büro.
Ganz geheim wird es in den oberen Stockwerken. Die Männer, die hier ein- und ausgehen, tragen in der Regel Zivil. Ein Teil von ihnen gehört zur Stasi-Spionageabwehr, ein anderer führt die Mil-ND-Agenten im Westen.
Seit 1990 betreibt die Bundeswehr in der Oberspreestraße 61–63 ein Kreiswehrersatzamt. Der in der DDR nicht mehr vollendete Bunkerbau wurde 1991 abgeschlossen.
Nebenbei: Natürlich ist der Bau des „Objektes 123" streng geheim. Doch wie überall in der DDR hakt es auch hier und so ist Anfang 1971 in der Betriebszeitung des Baukombinates, „Der Rüttler", zu lesen: „Auch auf seiner jetzigen Baustelle, dem Objekt 123 in der Oberspreestraße, gab es Probleme, die die Planerfüllung des Kombinates beeinträchtigt hätten – wenn sie nicht von Rudi

Schmolt beseitigt worden wären." Beim BND hatte wohl niemand den „Rüttler" gelesen, denn 1989 war man von der Existenz des Hauptquartiers der NVA-Aufklärung einigermaßen überrascht. **(10)**

WALLSTRASSE 17–22: Der Sonderbereich „Kommerzielle Koordinierung" (KoKo) unter Leitung von Staatsekretär und Stasi-Oberst Alexander Schalck-Golodkowski (SIEHE KAP. 11, WALLSTRASSE 17–22) hat seine mit westlichem Komfort und westlicher Technik ausgestattete Zentrale in **Berlin-Mitte.**
Das aus Tarnungsgründen verschachtelte Firmengeflecht ist nicht nur von inoffiziellen Mitarbeitern der Stasi durchsetzt, sondern steht überdies unter der Aufsicht der „Arbeitsgruppe Bereich Kommerzielle Koordinierung" (AG BKK) des MfS. Die Truppe von 120 Offizieren unter Leitung von Oberst Wolfram Meinel (bis 1989) mit Sitz in der **Normannenstraße** hat den ungewöhnlich hohen Anteil von 26 „Offizieren im besonderen Einsatz" (OibE). So sind die wichtigsten KoKo-Chefs gleichzeitig Stasi-Mitarbeiter, aber auch Schalcks Sekretärin und sein Fahrer tragen heimlich einen Offiziersrang.
Nebenbei: Nach Alexander Schalck-Golodkowskis Flucht in den Westen am 3. Dezember 1989 finden sich im Keller in der Wallstraße völlig überraschend 19,970 Tonnen Gold. Die Barren im Wert von fast 450 Millionen DM wurden 1988 als „eiserne Reserve" der DDR eingekauft.

GABRIELENSTRASSE 51: Im „Stern" von 19. Januar 1978 ist zu lesen, dass der BND in Tegel eine geheime Außenstelle unterhält.

LIEBERMANSTRASSE: Für den Schutz der „führenden Repräsentanten" der DDR ist die in **Weißensee** stationierte „Hauptabteilung Personenschutz" verantwortlich. Sie schirmt auch das Funktionärsghetto **Wandlitz** ab und besorgt die Betreuung der dort wohnenden SED-Spitze. Wichtigste „Schutzperson" ist Erich Honecker (SIEHE KAP. 5, GREIFSWALDER STRASSE / KLEMENT-GOTTWALD-ALLEE).
Der „PS" verfügt 1989 über 3 762 Mitarbeiter.

BUNDESALLEE 216: Aus dem Zusammenschluss bislang eigenständig arbeitender Stellen wie „Untersuchungsausschuss freiheitlicher Juristen" (UfJ), „Zentralstelle für gesamtdeutsche Hochschulfragen" und „SBZ-Archiv" entsteht 1969 das Gesamtdeutsche Institut – Bundesanstalt für gesamtdeutsche Aufgaben (BfgA). Sie ist die einzige nachgeordnete Behörde des Bundesministeriums für innerdeutsche Beziehungen und hat etwa 260 hauptamtliche Mitarbeiter. Ihre Abteilung IV, mit den Arbeitsbereichen Archiv-, Hilfs- und Betreuungsmaßnahmen. Begegnungen und Informationsreisen, sitzt in Berlin.
Für die DDR ist das BfgA eine „Spionage- und Diversionszentrale" („Neues Deutschland", 28. 2. 1969), weil einerseits bereits als „Agentenzentralen" bearbeitete Dienststellen wie der UfJ in der Bundesanstalt aufgegangen sind

und andererseits über die Beratungsstelle für DDR-Bürger („Besucherdienst")
in der **Fehrbelliner Straße 3** Informationen gesammelt werden.

In Wahrheit arbeitet das BfgA jedoch nicht mit geheimdienstlichen Methoden.
Es sieht vielmehr seine Aufgabe darin, durch die Auswertung aller verfügbaren
offenen Unterlagen ein realistisches Bild der Entwicklung im anderen Teil
Deutschlands zu schaffen und zu vermitteln.

Dennoch setzt die Stasi gezielt ihre Agenten auf das Bundesamt an, wobei
Götz Schlicht (IM „Dr. Lutter") die wichtigste Rolle gespielt haben dürfte (SIEHE
KAP. 12, OTTO-GROTEWOHL-STRASSE 19D). Über die Berliner Außenstelle des BfgA
berichten auch der Regierungsdirektor Knut Gröndahl (IM „Töpfer", „Han-
son") aus dem Bonner Bundesministerium für innerdeutsche Beziehungen und
viele Honorarkräfte des Amtes, wie z. B. Günter Schmidt (IM „Zady", SIEHE KAP.
12, RATHAUS SCHÖNEBERG). Insgesamt sind mehr als 20 inoffizielle Stasi-Mitarbeiter auf das BfgA angesetzt. **(11)**

MOLLSTRASSE 1: Der Kalte Krieg pflegt seine eigene Sprache: Da wird die
Mauer zum „antifaschistischen Schutzwall", der Einmarsch in der CSSR zur
„brüderlichen Hilfe" und die Gründung freier Gewerkschaften in Polen zur
„Zusammenrottung konterrevolutionärer Kräfte". Solches als „Sprachregelung"
zu verkünden, ist Sache des „Allgemeinen Deutschen Nachrichtendienstes"
(ADN), der seit 11. Juni 1971 seinen Sitz in der Mollstraße hat.

Der ADN entsteht am 10. Oktober 1946 mit Genehmigung der SMAD (SIEHE KAP.
1, ZWIESELER STARSSE 4 / ECKE RHEINSTEINTRASSE) als GmbH. Ab 1. Mai 1953 wird er
zu einer staatlichen Einrichtung, die dem Weisungsrecht der Regierungskanzlei,
später dann dem Presseamt beim Vorsitzenden des Ministerrates, untersteht.
Ab 1956 ist ihm die Fotoagentur „ADN-Zentralbild" angeschlossen. Damit hat
der Allgemeine Deutsche Nachrichtendienst das Monopol auf sämtliche Nachrichten und Pressefotos der DDR.

1990 bis Mai 1992 baut die Treuhandanstalt den Personalbestand des ADN von
1 400 auf 254 Angestellte ab. Dann verkauft sie die Agentur an den „Deutschen Depeschen Dienst" (ddp). „ADN-Zentralbild" geht an den Bund über, die
rund sieben Millionen Fotos sind heute Teil des Bundesarchivs.

SCHNELLERSTRASSE: Für die Überwachung der NVA einschließlich ihres
Geheimdienstes sorgt die Hauptabteilung I der Stasi mit 2 319 Mitarbeitern
unter Leitung von Generalmajor Manfred Dietel. Sie hat ihren Dienstsitz in
Treptow. Für die Führung von „inoffiziellen Mitarbeitern" (IM) gibt es 1 025
Planstellen. Innerhalb der NVA tritt die HA I als „Verwaltung 2000" auf.

WILMERSDORFER STRASSE 165: Die „Sozialistische Einheitspartei West-
berlin" (SED-W) entsteht im April 1946 durch die Zwangsvereinigung von KPD
und SPD im sowjetische besetzten Sektor Berlins und der Sowjetischen Besat-

zungszone. Mit Genehmigung der Alliierten existiert sie ab Mai 1946 in den Westsektoren Berlins neben der SPD. Nach dem Mauerbau löst sich die SED-W aus der SED-Bezirksleitung Berlin. Am 24. November 1962 beschließt sie erstmals ein eigenes Statut. Danach ist die SED-W eine unabhängige, nicht an SED-Weisungen gebundene Partei. 1969 wird sie in „Sozialistische Partei Westberlins" (SEW) umbenannt. Trotz dieser organisatorischen Trennung bleibt die SEW ein Anhängsel der SED. Über konspirative Kanäle stimmt die Parteiführung ihre gesamte Tätigkeit mit der SED ab. Alle wichtigen Akten der SEW lagern in Ost-Berlin. Von dort aus wird auch die „Kaderpolitik" betrieben. Den wesentlichen Anteil an der Finanzierung bestreitet ebenfalls die SED mit jährlichen Geldzuweisungen von etwa 12 bis 15 Millionen DM.

Für die Führung der SEW ist die Westabteilung des ZK der SED („Abteilung 70", ab 1984 Abteilung Internationale Politik und Wirtschaft) zuständig. Technisch-organisatorische Fragen regelt die ZK-Abteilung „Verkehr".

Die Mitgliederstärke der SED-W / SEW liegt 1961 bei etwa 8 000 Personen und sinkt bis April 1990 auf rund 1 600 Personen ab. Mit dem Untergang der SED verschwindet schließlich auch die SEW, die sich im April 1990 noch in „Sozialistische Initiative" umbenennt und Ende Juni 1991 selbst auflöst.

Von 1955 bis 1989 gibt die SED-W/SEW die Zeitung „Die Wahrheit" heraus. Sie wird aus Ost-Berlin finanziert. Mit einer Auflage zwischen 8 500 in en 60er und 4 500 in den 80er Jahren liegt ihr Marktanteil in West-Berlin bei etwa 1,5 Prozent. **(12)**

VOSSSTRASSE 33: Obwohl die DDR-Fluggesellschaft „Interflug" seit dem 1. Januar 1961 von der „Hauptverwaltung der zivilen Luftfahrt" im Verkehrsministerium der DDR geleitet wird, bleibt sie in die militärische Befehlskette eingebunden. Der Generaldirektor der „Interflug", von 1978 bis 1990 Klaus Henkes, trägt den Rang eines Generalleutnants.

SCHWEDTER STRASSE 225: An dem heruntergekommenen, vom Schwamm zerfressenen Haus verkündet in den 60er Jahren ein Schild, dass sich dort die „Außenstelle der Zeitzer Lederfabriken" befinde. Das ist jedoch nur Tarnung. Die Räumlichkeiten sind ein Stützpunkt der HVA. Ihre Eleven erhalten hier die erste Geheimdienstausbildung. Schwerpunkt: Ausschau nach weiteren Personen halten, die als Tipper, Kuriere oder Verbindungsleute im „Operationsgebiet" Bundesrepublik nützlich sein könnten.

NORMANNENSTRASSE 22: Wenn es um solch eine wichtige Sache wie den Doktortitel für Stasi-Oberst Alexander Schalck-Golodkowski geht, findet das direkt im Büro von Erich Mielke im Haus 1, zweite Etage statt. Dass der Minister über keinerlei wissenschaftliche Qualifikation verfügt und so auch nach

DDR-Recht den Titel gar nicht verleihen dürfte, ficht niemanden an. Gerade einmal 15 Minuten dauert es Ende Mai 1970, bis sich der allmächtige Devisen-Beschaffer „Doktor" nennen darf. Seine, mit dem Stasi-Oberst Heinz Volpert gemeinsam verfasste Arbeit – Titel: „Zur Vermeidung ökonomischer Verluste und zur Erwirtschaftung zusätzlicher Devisen im Bereich Kommerzielle Koordinierung des Ministeriums für Außenwirtschaft der Deutschen Demokratischen Republik" – verschwindet als „Geheime Verschlusssache" unter der Nummer GVS 210-354/70 in einem Stasi-Panzerschrank.

STRAUSBERG, PRÖTZELER CHAUSSEE: Auf den ersten Blick sieht die Anlage im DDR-Verteidigungsministerium wie eine gigantische Modellbahn aus. Doch es ist eine riesige, begehbare Reliefkarte Deutschlands. Begrenzt von Rhein und Oder, Alpen und Skandinavien simulieren hier die Feldherren alle nur möglichen Kriegshandlungen. Auf einer fahrbaren Arbeitsbühne kann der gesamte Generalstab über die Karte gleiten. Die Besatzung von 17 Mann und zwei Obristen halten sie stets auf dem aktuellen Stand. Fast 40 Millionen Mark hat sich die DDR die Technik aus dem Westen kosten lassen. Sie ist 140 Tage im Jahr in Betrieb. Für Berlin gibt es noch extra ein detailgenaues Modell von ein paar Dutzend Quadratmetern Größe. Hier wird die Besetzung der Westsektoren geplant.

FERDINAND-SCHULZE-STRASSE: Die mit 878 Mitarbeitern für die Terrorabwehr zuständige Stasi-Hauptabteilung XXII hat ihren Standort in **Hohenschönhausen.** Sie ist nicht nur für die Verhinderung von Gewaltakten in der DDR zuständig, sondern bearbeitet auch gewaltorientierte Personen und Gruppen im Westen und beobachtet die internationale Terrorszene. Da deren Aktivitäten oftmals ganz gut in den „Klassenkampf" passen, lässt die Stasi den Transport von Sprengstoff und Waffen über den **Flughafen Schönefeld** nach West-Berlin zu. (SIEHE KAP. 5, HAUPTSTRASSE 77–78).
Ausbildungs- und Unterkunftsobjekte der Terrorabwehr befinden sich in **Hoppegarten, Groß Glienicke, Ahrensfelde, Schönefeld** und **Scheibendorf.**

KARLSHORST: Trotz des alliierten Stationierungsverbotes deutscher Soldaten in Berlin hat das Grenzkommando Mitte (GKM) seinen Standort in Karlshorst. Es ist für die „Sicherung" der 156,4 Kilometer Berliner Mauer zuständig. Dafür stehen Generalmajor Erich Wöllner u. a. rund 11 500 Soldaten in Grenz- und Grenzausbildungsregimentern, 579 Schützenpanzerwagen und rund 1 000 Hunde zur Verfügung. Das GKM untersteht dem Kommando der Grenztruppen in Pätz bei Potsdam.

NORMANNENSTRASSE 22: Die 2. Etage im Haus 1 des Stasi-Hauptquartiers wird ehrfürchtig „Ministeretage" genannt. Im Raum 7, einer umfänglichen

Suite mit Küche, Bad und privatem Ruheraum, residiert seit 1961 Erich Mielke (1907–2000). Wichtigstes Utensil ist seine kommoden-große Telefonanlage mit Direktleitungen zu Erich Honecker (1912–1994) und anderen Politbüro-Genossen, sowie zu seinen Untergebenen. Ruft der Generalsekretär an, steht Mielke am Schreibtisch auf und nimmt stramme Haltung an.

In seinem Büro finden auch die Sitzungen des „Kollegiums", des Leitungsgremiums des MfS, statt. Einziger Schmuck auf Erich Mielkes Schreibtisch ist eine weiße Totenmaske Lenins.

Täglich wiederkehrendes Ritual ist das Servieren des Frühstücks durch Genossin Major Drastow, die Chef-Sekretärin. Dabei hat sie sich genau an eine mit der Hand gezeichnete „Dienstanweisung" ihres Chefs zu halten.

ORLOPPSTRASSE: Die Papiermühle ist Endstation für viele Stasi-Akten. Trotz moderner Technik gibt es in der Stasi-Zentrale nur Mini-Reißwölfe für den persönlichen Papierkorb, denn mit eine umfängliche Vernichtungsaktion der Tonnen von Papier, die im Laufe der Jahrzehnte angesammelt wurden, hat niemand gerechnet. Deshalb wird vieles nur zerrissen und in der Papiermühle mit viel Wasser zu einem Brei verrührt („verkollert"). Trotzdem kommen letztlich all die hektischen Aktivitäten zu spät: Rund 180 Kilometer Aktenbände können die Stasi-Auflöser für die historische Aufarbeitung der DDR-Diktatur und die Bestrafung der Täter sichern.

FÖHRENWEG 19–21: Die letzte Schlacht des Kalten Krieges wird ab 1991 geschlagen. Dazu zieht ein BND-Kommando von rund 30 Leuten bei den Kollegen vom amerikanischen Militärgeheimdienst Defense Intelligence Agency (DIA) – BND-Tarnname „Hortensie II" – in **Dahlem** ein. Ihre gemeinsame Operationszentrale heißt offiziell „Außenstelle des Bundesamtes für Wehrtechnik und Beschaffung". Intern wird sie als Dienststelle 12 YA geführt. Aufgabe: Beschaffung von Mustern geheimer Militärtechnik von den Sowjets. Sie müssen bis zum 31. August 1994 Deutschland verlassen und viele Offiziere sehen einer ungewissen Zukunft entgehen. „Hortensie II" führt unter dem Decknamen „Giraffe" Aktion.

Nebenbei: Ganz problemlos geht sie jedoch nicht ab. So tragen zum Beispiel alle vom BND in Berlin eingesetzten Dienstwagen ein Hannoveraner Kennzeichen. Das bleibt der sowjetischen Abwehr nicht verborgen und bald werden in den Wachstuben warnende Plakate ausgehängt: „Bei Fahrzeugen mit Kennzeichen H müssen Sie davon ausgehen, dass es sich um BND-Mitarbeiter handelt. In solchen Fällen ist der KGB sofort zu alarmieren." **(13)**

5. KAPITEL

ENTFÜHRUNGEN, ATTENTATE UND AUSTAUSCHAKTIONEN

Krieg ist Gewalt. Das war auch im Kalten Krieg so. Entführungen, Attentate, Mordanschläge, bis zum Bau der Mauer gehörten solche Übergriffe zum Alltag. Dann geht es nicht etwa friedlicher, sondern nur subtiler zu. Was bislang gewaltsam erledigt wurde, heißt bei der Stasi nun „zersetzen". Doch auch andere Geheimdienste sind nicht zimperlich, wenn es um ihre Interessen geht. Dennoch bieten die Drahtzieher in Ost und West ihren eigenen Leuten auch eine gewisse Sicherheit: Wer hinter der Front, im Feindesland des Kalten Krieges, in Gefangenschaft gerät, kann auf Austausch hoffen.

Und: Die Atmosphäre diesseits und jenseits der Mauer in Berlin ist so aufgeheizt, dass manche Zwischenfälle eigentlich ganz anders verliefen, als sie die jeweilige „Feind-Propaganda" darstellt. Man glaubt einfach an die Gewalt. Auf beiden Seiten.

GUT KAROLINENHÖHE: Im Januar 1888 kaufte der Magistrat von **Charlottenburg** das in der Gemeinde **Seeburg** im Südwesten Berlins liegende Gut Karolinenhöhe. Er lässt dort Rieselfelder anlegen.

Nach der Teilung der Stadt beauftragt der West-Berliner Magistrat Inspektor Ekkehard Miersch, Vieh und Maschinen aus dem Gut räumen zu lassen. Damit wollen die Abgeordneten verhindern, dass sich die DDR den städtischen Besitz unter den Nagel reißt.

Die sieht darin jedoch einen Anschlag des Klassenfeindes auf die Bodenreform. Am 9. August 1950 stürmt ein Trupp Polizisten über die Grenze und entführt Gutsinspektor Miersch in den Osten. Monatelang sitzt er im Gefängnis, bis es seiner Frau Else, damals 23, gelingt, ihn zu befreien.

GERICHTSSTRASSE: Als Walter Linse am 8. Juli 1952 wie immer um 7.30 Uhr seine Wohnung in der Gerichtsstraße (heute **Walter-Linse-Straße**) verlässt, wird er von einem Fremden angesprochen und dann in einen Opel-Kapitän gestoßen, der Richtung Ostsektor rast. Ein Entführer schießt auf die noch aus dem Wagen hängenden Beine Linses. Ein Zeuge, der die Verfolgung aufnimmt, wird mit Schüssen und Reifentötern gestoppt.

Walter Linse, Jahrgang 1903, war Rechtsanwalt in Chemnitz. 1949 flieht er nach West-Berlin und wird bald Referatsleiterleiter für Wirtschaftsrecht im

„Untersuchungsausschuss freiheitlicher Juristen" (SIEHE KAP. 4, LIMASTRASSE 29). Sein Bereich sammelt Wirtschaftsnachrichten aus der DDR und Informationen über Demontagen, Enteignungen und die Zwangskollektivierung im Osten. So gelingt es dem UfJ z. B., mehr als 400 illegale Transaktionen zwischen der DDR und westdeutschen Firmen aufzudecken. Dadurch werden rund 800 Personen verhaftet, der wirtschaftliche Schaden beträgt etwa 800 Millionen Mark. Das macht ihn für die DDR zu einem gewichtigen Feind.

Nach mehreren gescheiterten Entführungsversuchen setzt die Stasi die aus vier Berufsverbrechern bestehende „Gruppe Weinmeister" ein, die Walter Linse für eine Prämie von 1 000 DM pro Kopf schließlich kidnappt.

Walter Linse wird zunächst von der Stasi, dann vom sowjetischen KGB in **Karlshorst** gefangen gehalten und verhört. Am 6. Oktober 1953 transportieren ihn die Sowjets nach Moskau, wo er in einem Geheimprozess zum Tode verurteilt und am 15. Dezember 1953 in der „Butirka" erschossen wird.

Am 8. Mai 1996 rehabilitiert die Generalstaatsanwaltschaft der Russischen Föderation Walter Linse. **(1)**

LÖCKNITZSTRASSE 5: Anfang 1952 meldet sich die 21-jährige Ruth Penser beim „Untersuchungsausschuss freiheitlicher Juristen" (SIEHE KAP. 4, LIMASTRASSE 29). Sie berichtet, dass sie seit zwei Jahren als Agentin der Staatssicherheit gemeinsam mit ihrem Geliebten Johannes Hederich (43) Entführungen von West-Berlinern in den Ostsektor organisiert und durchgeführt hat. Ruth Penser wird verhaftet und macht umfangreiche Aussagen.

Danach arbeitete die Agentengruppe Hederich von ihrem Hauptquartier in der Löcknitzstraße in **Friedrichshagen** aus zunächst direkt im Auftrag des sowjetischen Geheimdienstes, später dann unter der Ägide der DDR-Staatssicherheit. Sie plante u. a. zweimal die Entführung des ehemaligen Chefs der „Kampfgruppe gegen Unmenschlichkeit", Rainer Hildebrandt (SIEHE KAP. 4, ERNST-RING-STRASSE 2–4) und des Journalisten Karl-Heinz Hagen vom Springer-Verlag. Am 27. Juli 1951 scheiterte in der Landhausstraße in Wilmersdorf der Versuch des Menschenraubes an dem ehemaligen LDP-Chef Sachsens, Rudolf Jakobi. **(2)**

BEHM-BRÜCKE: An der Sektorengrenze zwischen **Prenzlauer Berg** und **Wedding** wird am 30. Dezember 1952 der 19-jährige VP-Unterwachtmeister Helmut Just aus dem Hinterhalt erschossen.

HEIDEKAMPGRABEN: Um mit Schiffchen am Wasser zu spielen, ist es im November eigentlich viel zu kalt. Trotzdem taucht am Abend des 13. November 1953 gegen 21 Uhr ein Mann auf der Westseite des Heidekampgrabens nahe **Baumschulenweg** auf und lässt eine kleinen, ferngesteuerten Dampfer zu Wasser.

Es ist Major a. D. Werner Haase, inzwischen Chef und Verbindungsführer der „Filiale 120" der „Organisation Gehlen" in West-Berlin. Weil die Kurierwege in den Osten gefährlicher geworden sind, will er eine „Drahtschleuse" dorthin legen. Dazu soll der Dampfer ein Telefonkabel übers Wasser transportieren, das dann versenkt wird.

Die Stasi hat von der Aktion Wind bekommen und einen Greiftrupp auf der West-Berliner Seite stationiert. Mit Gewalt bringen sie Werner Haase über die Sektorengrenze in den sowjetischen Sektor.

Der Major a. D. wird am 21. Dezember 1953 in einem Schauprozess zu lebenslänglichem Zuchthaus verurteilt. Anfang 1957 tauscht ihn der Westen frei.

HEILBRONNER STRASSE 11: Mitte April 1954 bekommt die Stasi vom KGB den Auftrag, den Exilrussen Alexander Truschnowitsch zu entführen. Am 13. April gegen 21.30 Uhr vergewissert sich das KGB anhand einer von der Stasi abgelieferten Leiche, dass der Auftrag erfüllt wurde. Sie wird drei Tage später in einem Wald bei Bad Freienwalde verscharrt.

Truschnowitsch war der Berliner Vorsitzende der „Nationalno Trudowoi Sojus" („Nationale Arbeitsunion" – NTS), die dort äußerst aktiv arbeitet und immer wieder wichtige Kontakte zu Sowjet-Offizieren und -Funktionären im Ostteil der Stadt knüpfen kann.

Die 1930 von einer Gruppe liberaler russischer Emigranten in Belgrad gegründete Organisation ist dem KGB ein Dorn im Auge. Sie will nicht nur das Sowjetregime stürzen, sondern ist auch in der Spionage engagiert. So besorgt die NTS-Fliliale z. B. für die „Berlin Operations Base" (BOB) der CIA ein komplettes Telefonverzeichnis der „Verwaltung der sowjetischen Aktiengesellschaften in Deutschland" (SIEHE KAP. 4, BERLINER ALLEE 252).

Mit allen Mitteln versuchen die Moskauer Geheimdienstler, der NTS-Leute habhaft zu werden. Sie fliegen sogar deren Verwandte aus der Sowjetunion ein und organisieren mit ihnen Sichtkontakte über die Sektorengrenze. BOB bemüht sich, bei solchen Gelegenheiten die Flucht der „Köder" zu ermöglichen – das klappt jedoch in keinem einzigen Fall.

Das KGB plant auch, den Berliner Operationschef der „Nationalen Arbeitsunion", Georgi Okolowitsch, zu ermorden. Nikolai Chochlow, der Chef des Killerkommandos warnt jedoch den Exilrussen und läuft selbst in den Westen über.

UHLANDSTRASSE 175: Am Nachmittag des 20. Juli 1954 trifft sich der Präsident des Bundesamtes für Verfassungsschutz, Otto John, damals 35 und einer der wenigen aktiven Antifaschisten in einem hohen Amt der Bundesrepublik, mit seinem Freund Wolfgang Wohlgemuth („WoWo"), einem Berliner Arzt. Mit ihm passiert er am Abend die Sektorengrenze Richtung Osten.

Otto John behauptet später, dies sei gegen seinen Willen geschehen: „Ich lag narkotisiert in tiefem Schlaf in einem Haus des sowjetischen Geheimdienstes in **Berlin-Karlshorst.**" (3)

Seine Version einer Entführung gerät ins Wanken, als er am 11. August 1954 vor dem ostdeutschen „Ausschuss für Deutsche Einheit" auftritt und die westdeutsche Politik als Restauration der braunen Vergangenheit anprangert. Anschließend beantwortet er Fragen westlicher Journalisten.

Über ein Jahr lang kann sich Otto John überwacht, aber frei in der DDR bewegen. Er wohnt in einem Haus am **Zeuthener See.**

Mit Hilfe des dänischen Journalisten Henrik Bond-Henriksen kehrt er am 12. Dezember 1955 in den Westen zurück. Er wird verhaftet, niemand glaubt ihm die Geschichte der Entführung. Aber es weiß auch niemand genau, was Otto John, den die Sowjets von August bis Dezember 1954 in Moskau verhört hatten, denn nun wirklich verriet. Deshalb stützt sich die Anklage auf die Analyse der über die DDR-Propaganda transportierten (angeblichen) Aussagen Johns.

Wegen Staatsgefährdung durch Preisgabe „erfundener Staatsgeheimnisse" verurteilt der Bundesgerichtshof Otto John am 22. Dezember 1956 zu vier Jahren Zuchthaus. Ende Juli 1958 wird er vorzeitig entlassen. Wolfgang Wohlgemuth bekommt im Dezember 1958 in einem Verfahren wegen Menschenraubes einen Freispruch.

Bis zu seinem Tod am 26. März 1997 in Innsbruck kämpft Otto John erfolglos um seine Rehabilitierung. Seine Pension war ihm aberkannt worden, erst 1886 bekommt er auf dem Gnadenweg eine Unterhaltsunterstützung.

Was damals wirklich geschah, ist heute nicht mehr mit letzter Gewissheit aufzuklären. Inzwischen zugängliche Akten belegen aber, dass Otto John, der stets das Gegenteil behauptete, den Sowjets Staatsgeheimnisse und Amtinterna verraten hat. Unklar bleibt sein Motiv. Es könnte in dem naiven Bestreben gelegen haben, persönlich etwas zur Einheit Deutschlands beitragen zu wollen. Dabei ist Otto John ins Räderwerk der Geheimdienste geraten.

GELFERTSTRASSE: Unter dem Decknamen „Blitz" plant die Stasi Ende der 50er Jahre in großem Stil Entführungen aus West-Berlin, um die dort ansässigen „Feindorganisationen" zu „liquidieren". Schilder auf West-Berliner S-Bahnhöfen warnen ausdrücklich vor der Weiterfahrt in den Osten. Trotzdem verschwinden immer wieder Menschen, ohne Spuren zu hinterlassen.

Auf der Liste der geplanten Entführungsopfer steht auch die 1951 Hals über Kopf aus der SED-Hochschule Kleinmachnow geflohene Dozentin Erika Assmus, die inzwischen Carola Stern heißt (SIEHE KAP. 8, AM HOCHWALD, KLEINMACHNOW). Die Stasi vermutet, dass sie für die „SED-Abteilung" beim amerikanischen Hochkommissar arbeitet. Das stimmt zwar nicht, dennoch wird ein Spitzel vor ihrer Wohnung in der Gelfertstraße stationiert und eine Entführung geplant.

Sie klappt nicht, weil sich die gedungenen krimineller Helfer als unzuverlässig erweisen.

Ein zweiter Versuch startet 1958. Die Stasi hat einen alten Freund Carola Sterns im Gefängnis zum Spitzel gepresst und als „Flüchtling" nach West-Berlin geschickt. Er soll die Frau zu einer Transitfahrt durch die DDR überreden. Als 1958 Siegfried Dombrowski, Vize-Chef des NVA-Geheimdienstes (SIEHE KAP. 4, OBERSPREESTRASSE 61–63) in den Westen flieht, gerät der Stasi-Gewährsmann ins Visier der Polizei. Er verschwindet über die offene Grenze in den Osten.

Andere haben nicht soviel Glück. Experten schätzen, dass Stasi und KGB bis 1961 die Entführung von etwa siebenhundert Menschen planten. Mindestens ein Drittel davon wurde auch realisiert. (4)

STRALAUER ALLEE: Am 17. Juni 1953 biegt der Wagen des ostdeutschen CDU-Chefs und stellvertretenden Ministerpräsidenten Otto Nuschke (1883–1957) gerade nahe der **Oberbaumbrücke** in die Stralauer Allee ein, als eine Gruppe von etwa 100 Demonstranten auf dem Rückweg nach West-Berlin ist.

Sie stoppen das Auto und schieben es auf West Berliner Gebiet. Polizisten (in der Ost-Propaganda wegen des damaligen Polizei-Präsidenten Dr. Johannes Stumm, „Stummpolizei" genannt) bringen Nuschke ins Revier 109. Dort kommt es zu einem Gespräch mit Vertretern der amerikanischen Besatzungsmacht.

Als Otto Nuschke gegen seine „Entführung" protestiert, wird er u. a. durch die Vermittlung von René B, den er 1951 beim Kirchentag kennen gelernt hatte (SIEHE KAP. 12, OTTO-NUSCHKE-STRASSE 59/60), ohne weiteres wieder in den Ostteil der Stadt gelassen.

In den Wirren des 17. Juni werden von aufgebrachten Demonstranten aber auch immer wieder Leute nach West-Berlin gebracht, von denen sie glauben, sie seien Stasi-Spitzel. Oft muss die West-Berliner Polizei die Männer vor dem Volkszorn schützen.

SIEMENSSTADT: Im Büro des West-Berliner FDP-Vorsitzenden Carl-Hubert Schwennicke (1906–1992) explodiert am 17. März 1955 um 14.05 Uhr eine Briefbombe. Seine Sekretärin und ein weiterer FDP-Mitarbeiter werden verletzt.

GEISBERGSTRASSE: Am 1. April 1955 trifft sich der Journalist Karl-Wilhelm Fricke, damals 26, am Postamt W 30 in **Schöneberg** mit einem Informanten. Er folgt ihm in dessen nahe gelegene (angebliche) Wohnung, weil er ihm dort ein Buch über die „Politische Ökonomie" in der DDR übergeben will. Wenig später erwacht Karl-Wilhelm Fricke auf einem Stuhl im Stasi-Gefängnis **Gensler Straße 66** in Ost-Berlin.

Fricke war durch seine kritische Berichterstattung über das Unrechtsregime in der DDR und die Erarbeitung von Dokumentationen für das Ministerium für gesamtdeutsche Fragen (ab 1969 „innerdeutsche Beziehungen") und den „Untersuchungsausschuss freiheitlicher Juristen (SIEHE KAP. 4, LIMASTRASSE 29) ins Visier geraten.

Nach 467 Tagen U-Haft wird er im Juli 1956 wegen angeblicher Spionage zu vier Jahren Zuchthaus verurteilt. Bis zum 31. März 1959 sitzt Karl-Wilhelm Fricke in Haft. Die Stasi bespitzelt ihn darüber hinaus bis 1989. Zwei Jahre später wird er vollständig rehabilitiert.

FÖHRENWEG 19–21: Bei der „Berlin Operations Base" (BOB) der CIA herrscht Anfang 1956 helle Aufregung. Über die britische Militärverbindungsmission in Potsdam (SIEHE KAP. 4, CLAYALLEE) geht ein Brief von einem längst verloren geglaubten Spion ein. Es ist Oberstleutnant Pjotr S. Popow.

Er hatte bereits 1953 in Wien den Amerikanern seine Dienste angeboten und für sie spioniert. Dann wurde er versetzt, bis er 1955 als GRU-Offizier in Schwerin wieder auftaucht. Als die britische Militärverbindungsmission den Stralsunder Hafen inspiziert, steckt er einem Offizier den Brief an die CIA zu.

Der Brite verabredet sich für den 24. Januar 1956 erneut mit Popow in Stralsund. Die Amerikaner bitten, den Chef der US-Mission in Potsdam, Oberst Al Bellonby, mitzunehmen. So gerät Popow wieder an die CIA. Sie lässt sofort seinen früheren Führungsoffizier, George Kisevalter, Deckname „Grossmann", einfliegen.

Nun sprudelt die Quelle Popow wieder. Sie gewinnt an Bedeutung, als der Russe im April 1957 in die Operativ-Gruppe der GRU in **Karlshorst** (SIEHE KAP. 4, KARLSHORST) versetzt wird. Ab Ende Juni 1957 versieht er seinen Dienst in dem Referat, das die GRU-Spione im Westen führt.

Über Pjotr S. Popow gelangen unter anderem solche Spitzeninformationen wie die Geheimrede Nikita Chruschtschows auf dem XX. Parteitag der KPdSU über die Verbrechen Stalins in den Westen.

Dann entdeckt die Abwehr den Verräter. Im Juni 1960 wird er in Moskau erschossen.

PODBIELSKIALLEE: Nach ihrer Flucht im Juni 1957 kommt die CIA-Agentin Anna Kubiak (SIEHE KAP. 12, KARLSHORST) in einem „sicheren Haus" der Amerikaner unter. Das rettet sie vor einer geplanten Entführung, denn die Stasi kann nicht an sie heran und legt den Vorgang erst einmal auf Eis.

Erst fünfzehn Jahre später, 1972, kommen ihr die Ost-Berliner Geheimdienstler wieder auf die Spur. Durch einen Zufall wird ihre Wohnung am **Leonberger Ring** in **Neukölln** entdeckt. Seit 1961 lebt sie dort mit ihrem Mann, hatte aber nach der Flucht alle Kontakte in die DDR abgebrochen. Mehrere West-Berliner Stasi-IM klären umfangreich die Lebensumstände des Paares auf.

In der Ost-Berliner **Normannenstraße 22** sind sich Mielkes Männer uneins, was nun geschehen soll. Ohne dass die Kubiak's etwas von der Stasi-Spitzelei ahnen, ziehen die beiden Ende 1974 ins ostwestfälische Beverungen um. Die Stasi braucht noch zwei Jahre, bis sie wegen „mangelnder Bearbeitungsmöglichkeiten", des fortgeschrittenen Alters Anna Kubiaks und der veränderten politischen Lage den Vorgang schließlich einstellt.

WANNSEE: Bei einem Ausflug mit seinem Segelboot auf dem Wannsee verschwindet am 20. August 1958 Erwin Neumann („Fischer"). Er ist der Chef des Referats Wirtschaftsrecht im „Untersuchungsausschuss freiheitlicher Juristen" und Nachfolger des bereits 1954 verschleppten Walter Linse.

Neumann war mit zwei vermeintlich guten Freunden unterwegs, beide arbeiteten als Agenten des MfS. Sie verabreichten ihm Gift, das ihn handlungsunfähig machte. Dann ging der Kurs von der **Pfaueninsel** Richtung **Potsdam**.

In einem Geheimprozess wird Erwin Neumann zu lebenslangem Zuchthaus verurteilt. Er stirbt am 3. Juli 1967 als anonymer Nummernhäftling in einem Haftkrankenhaus an Herzversagen. **(5)**

GLIENICKER BRÜCKE: Am 10. Februar 1962 liefert Rechtsanwalt Wolfgang Vogel (SIEHE KAP. 10, REILERSTRASSE 4) sein erstes Meisterstück ab.

Um 8.44 Uhr überquert der amerikanische Pilot Francis Gary Powers den weißen Strich auf der Glienicker Brücke von Ost nach West. Der damals 31-jährige Hauptmann war am 1. Mai 1960 mit seinem U 2-Spionageflugzeug über der Sowjetunion abgeschossen und wenig später zu zehn Jahren Haft verurteilt worden. Er sitzt im Gefängnis Wladimir, 150 Kilometer von Moskau entfernt.

Nach langen und zähen Verhandlungen konnte Rechtsanwalt Vogel seinen Austausch gegen den KGB-Spion mit dem Alias-Namen Rudolf Iwanowitsch Abel vereinbaren. „Abel", mit richtigem Namen William G. Fischer, war 1948 als 45-jähriger illegal aus Kanada in die USA eingewandert. In der Fulton Street in Brooklyn (New York) betrieb er ein Kunstmaler-Atelier und tarnte so seinen Agentenring. Als 1957 sein Gehilfe Reino Haihanen überläuft, enttarnt ihn das FBI. „Abel" wird zu 30 Jahren Gefängnis verurteilt und wandert ins Zuchthaus Atlanta (Georgia).

Nach der Rückkehr in die Heimat muss Powers seinen Abschied bei der Air Force nehmen. Man verzeiht ihm nicht, dass er die mitgeführte Giftnadel beim Abschuss unbenutzt ließ und sich, statt Selbstmord zu begehen, in sowjetische Gefangenschaft begab. Er wird Hubschrauberpilot bei einer Privatfirma und verunglückt am 1. August 1977 tödlich.

Mit ordensbehängter Brust macht „Rudolf Iwanowitsch Abel" 1970 noch einmal einen Erinnerungsbesuch an der Glienicker Brücke. Das KGB rechnet ihm seine „Standhaftigkeit" hoch an; „Abel" hatte auch vor Gericht in den USA seinen wahren Namen verschwiegen. Er stirbt am 15. November 1971 in der Sowjetunion.

GLEIMTUNNEL: In den ersten Jahren nach dem Mauerbau sind Sprengstoffanschläge gegen die DDR-Grenzanlagen und markante Orte in Ost und West keine Seltenheit. Am 26. Mai 1962 explodiert ein von West-Berlin aus gezündeter Sprengsatz am Gleimtunnel (SIEHE KAP. 14, GLEIMTUNNEL). Er reißt größere Brocken aus der Mauer.

Ein gutes halbes Jahr später, am 2. Dezember 1962 detoniert gegen 2.30 Uhr eine Ladung am **Lohmühlenplatz** am **Kiehlufer** in **Neukölln.** Sie bricht ein etwa ein Quadratmeter großes Loch aus dem Beton. Die Detonationswelle zerstört einen Pkw und etwa 140 Fensterscheiben in der Umgebung.

Am „Zentralen Haus der Deutsch-Sowjetischen Freundschaft" **Am Festungsgraben 2** in Ost-Berlin kracht es am 30. Dezember 1962. Gleichzeitig wird ein Sprengstoffanschlag auf den Parkplatz des VP-Präsidiums an der **Wadzeckstraße 7–10** in Berlin Mitte verübt. Es entsteht Sachschaden.

In der Nähe des S-Bahnhofs **Wollankstraße** reißt eine Sprengladung am 10. Januar 1963 gegen 22 Uhr ein Stück aus der Mauer.

Das sowjetische Reisebüro „Intourist" am **Olivaer Platz** in **Wilmersdorf** verbucht am 5. März 1963 gegen 23 Uhr rund 50 000 Mark Sachschaden durch ein Sprengstoffattentat.

Der 22-jährige Student Hans-Jürgen Bischoff kommt am 10. März 1963 ums Leben, als er im Keller seines Wohnhauses **Hohenzollerndamm 15** gerade einen Zünder in ein Sprengstoffpaket einbauen will. Die Polizei findet in seiner Wohnung etwa sechs Kilogramm Sprengstoff.

OBERSPREESTRASSE 61–63: Major Helmut Scheithauer ist Führungsoffizier beim Mil-ND (SIEHE KAP. 4, OBERSPREESTRASSE 61–63). Anfang der 60er Jahre bestellt er José Kautz-Coronel und Julio Torrentes-Avellan zu einem Treffen nach Ost-Berlin. Die beiden Nikaraguaner spionieren für ihn rund um München die Amerikaner aus.

Scheithauer fährt mit den Studenten an die Autobahn bei Cottbus und erschießt sie. Der Major will sich den Agentenlohn in harter D-Mark aus der Kriegskasse der Nationalen Volksarmee künftig selbst in die Tasche stecken.

Das klappt etwa ein Jahr lang, denn er rechnet die angeblichen Treffs mit seinen Spionen wie gewohnt ab. Dann fragen die einflussreichen Verwandten aus Nikaragua über ihre Beziehungen zur KPdSU und zur SED nach dem Verbleib von José und Julio, denn sie haben ewig nichts von ihnen gehört.

Konspirativ überprüft die Stasi den Vorgang, in den Akten sind José Kautz-Coronel und Julio Torrentes-Avellan als aktive Agenten verzeichnet. Quittungen belegen, dass sich Major Scheithauer angeblich regelmäßig mit ihnen trifft – aber es gibt keine Einreisevermerke.

Helmut Scheithauer wird verhaftet. Nach langen Verhören gibt er endlich das grausige Geschehen an der Autobahn zu. In einem Geheimprozess vor dem

Obersten Militärgericht der DDR wird er drei Jahre nach dem Doppelmord zum Tode verurteilt und wenig später hingerichtet.

LITTENSTRASSE 12–17: 1963 klagt das Oberste Gericht Herbert Kühn an. Er soll am 15. und 16. Juni des Jahres fünf Kilogramm Sprengstoff, sieben Glühzünder und fünf Sprengkapseln nach Ost-Berlin geschmuggelt haben.
In der Wohnung seines Onkels wurden daraus Sprengsätze hergestellt, die am 17. Juni 1963 im Roten Rathaus, dem Ministerium für Außenhandel (MAH) und im Gebäude des Obersten Gerichtes detonieren sollen.
Zwei Ladungen werden rechtzeitig entdeckt, die dritte richtet im MAH, **Unter den Linden 44–60,** Sachschäden an. **(6)**

FLUGHAFEN TEMPELHOF: Am 10. Juli 1963 landet ein polnischer Major der Luftwaffe mit einem „TS-8"-Übungsflugzeug in West-Berlin. Er bittet für sich, seine Frau und seine zwei Kinder um Asyl. Um der Radarüberwachung zu entgehen, war er in nur 50 Metern Höhe geflogen.
Solcherart Aktionen sind besonders deshalb gefährlich, weil sie neben der Gefährdung des Luftverkehrs auch die alliierten Rechte im Luftraum über Berlin berühren (SIEHE KAP. 2, AM KLEISTPARK).

NORMANNENSTRASSE 22: Am 25. November 1963 schmiedet die Militärabwehr der Stasi einen „Plan der operativen Maßnahmen zur Liquidierung des Thurow, Rudi". Der Grenzer war im Februar 1962 bewaffnet bei **Steinstücken** (SIEHE KAP. 3 UND KAP. 8, STEINSTÜCKEN) in den Westen geflohen.
Jetzt soll ihn eine Gruppe von „Geheimen Mitarbeitern" (GM), in der ein Mann mit dem Decknamen „Kurt Luft" die wichtigste Rolle spielt, liquidieren. Der Stasi-Plan gibt dazu genaue Anweisungen: „In dem Augenblick, wo Th. die angeführten Parkanlagen in Höhe des sich dort befindlichen GM passiert, wird dieser ihn von hinten lautlos überwältigen und liquidieren. Hierbei wird von GM ‚Kurt Luft' ein 1000-Gramm-Hammer benutzt." **(7)** Dann erfolgt mit Hilfe eines Stasi-Komplizen das Verwischen der Spuren: „Beide IM transportieren den liquidierten Th. ins Gebüsch und nehmen dort an Th. solche Handlungen wahr, die anschließend auf einen Raubmord schließen lassen." **(8)** Der Mordplan gelangt nicht zur Ausführung.

AM MARX-ENGELS-PLATZ: Mit persönlicher Zustimmung von SED-Chef Walter Ulbricht (1893–1973) wird im Januar 1964 unter strengster Geheimhaltung auch innerhalb des Ministeriums für Staatssicherheit die „Arbeitsgruppe des Ministers/Sonderfragen" (AGM/S) gebildet. Sie ist für Mord, Terror und Sabotage im „Operationsgebiet" (Geheimdienstjargon: „Nasse Sachen") zuständig. Über 2700 Seiten inzwischen aufgefundene Akten belegen, dass die Offiziere der AGM/S und von ihnen ausgebildete „Einsatzkader" das Sprengen

von Talsperren und Kernkraftwerken, die Ermordung von Führungskräften und das Vergiften von Trinkwasser übten.
Die Arbeitsgruppe führt auch die Ausbildung von Geheimdienstlern aus Angola, Namibia, Südafrika, Nikaragua, Kolumbien, Zimbabwe und dem Libanon durch.

OBERBAUMBRÜCKE: Am 4. Juli 1964 wird der politische Häftling Wolfgang Kockrow von der VP an den Grenzübergang nach **Kreuzberg** gebracht und abgeschoben. Fünf Jahre zuvor war er in Ost-Berlin auf offener Straße von der Stasi entführt worden.
Der West-Berliner Wolfgang Kockrow ist seit 1946 bei den „Falken" aktiv. Er verhandelt mit der FDJ, organisiert Jugendtreffen. Dann bemerkt er, dass sich die angeblichen FDJ-Vertreter in West-Berlin immer öfter wie Geheimdienstler verhalten. Diesen Verdacht äußert er auch öffentlich. Das macht Krockow für die Stasi gefährlich. Am 2. Januar 1959 wird er zu einem Treffen mit FDJ-Funktionären nach Ost-Berlin eingeladen und so in die Falle gelockt.
Es folgt ein Geheimprozess mit Verurteilung zu dreieinhalb Jahren Haft. Als er sie verbüßt hat, gibt es eine nächste Verurteilung „wegen Hetze". Danach wird Wolfgang Krockow abgeschoben. Der 31-jährige ist krank, wiegt nur noch 48 Kilo. Noch auf der Oberbaumbrücke schwört er dem SED-Regime Rache (SIEHE KAP. 8, BERNAUER STRASSE 97). **(9)**

HARDENBERGSTRASSE 35: Im Studentenhaus der TU diskutieren revolutionär gebärdende Studenten am 29. Januar 1966 über die amerikanischen Aggressoren in Vietnam. Plötzlich explodiert eine Bombe. Glücklicherweise geht nur die Garderobe zu Bruch und einige Glasscheiben splittern.
Wer hinter dem offensichtlich gegen die Studenten gerichteten Attentat steckt, wird nie geklärt. **(10)**

FRIEDENAU: Ein Tipp von einem Spitzel lässt die Polizei am 5. April 1967 die Berliner Wohnung des Schriftstellers Uwe Johnson (1934–1984, „Jahrestage") stürmen. Der arbeitet in New York und hat der „Kommune 1" um Rainer Langhans sein Domizil überlassen.
Angeblich planen die Bürgerschreck-Studenten ein Attentat auf den amerikanischen Vizepräsidenten Hubert H. Humphrey, der am 6. April in Berlin erwartet wird.
Elf Personen werden verhaftet. Erst nach Tagen geben sie zu, dass sie tatsächlich einen Anschlag geplant hatten – allerdings nur mit Puddingpulver, Mehl und Joghurt. Für sie ist Humphrey der „Vize-Killer" in Vietnam. Aus Protest wollen ihn die gegen den Vietnam-Krieg protestierenden Studenten nur lächerlich machen. Für das geplante „Puddingattentat" gibt es keine Strafe.
Nebenbei: Uwe Johnson hört in Amerika von dem angeblichen Attentat. Er bittet seinen Berliner Freund Günter Grass („Die Blechtrommel"), die Kommunar-

den aus seiner Wohnung zu werfen, notfalls mit Hilfe der Polizei. So geschieht es und die „Kommune 1" zieht nach noch einigen Umwegen später in die **Kaiser-Friedrich-Straße 54a**. (SIEHE KAP. 13, KAISER-FRIEDRICH-STRASSE 54A). **(11)**

KURFÜRSTENDAMM 140: Am 11. April 1968 um 16.35 Uhr schießt der Anstreicher Josef Bachmann auf Rudi Dutschke. Dafür war er am Morgen des gleichen Tages extra aus München angereist. Angeblich hatte die DDR-Polizei auf der Transitstrecke nicht bemerkt, dass Bachmann eine Pistole im Halfter und 100 Schuss scharfe Munition bei sich trug.
Der Studentenführer, 1940 in **Luckenwalde** (Brandenburg) geboren und seit 1960 Student in West-Berlin, wird durch drei Schüsse schwer verletzt. Nur eine mehrstündige Not-OP kann vorerst sein Leben retten.
Der Attentäter Josef Bachmann flieht nach den Schüssen auf ein Baugrundstück in der **Nestorstraße 54**. Dort verschanzt er sich im Keller eines Rohbaus. Gegen 17.30 Uhr stellt ihn die Polizei nach einem heftigen Schusswechsel. Bachmann wird an Arm und Brust verletzt und versucht, sich mit zwanzig Schlaftabletten das Leben zu nehmen. Das misslingt.
Am 14. März 1960 verurteilt das West-Berliner Schwurgericht Josef Bachmann zu sieben Jahren Zuchthaus. Im Februar 1970 nimmt er sich das Leben.
Der Studentenführer will nach dem Attentat nicht mehr in Deutschland leben. Nach einer Odyssee über Italien, die Schweiz, Großbritannien, Irland, Norwegen, die Niederlande und Österreich findet er in Dänemark eine neue Heimat. Er wird Dozent an der Universität von **Aarhus**.
Rudi Dutschke wird seit dem Attentat nie wieder richtig gesund. Er leidet unter epileptischen Anfällen. Am 24. Dezember 1979 überrascht ihn solch ein Anfall in der Badewanne. Rudi Dutschke ertrinkt.
Sein Leichnam wird auf dem **St. Annen-Friedhof** in **Dahlem** beigesetzt. Trotz heftiger Proteste wurde seine letzte Ruhestätte 1999 zum Ehrengrab der Stadt erklärt. **(12)**

FLUGHAFEN TEGEL: Am 19. Oktober 1968 zwingen die Ost-Berliner Peter Klemt (24) und Ulrich von Hof (19) eine Passagiermaschine der polnischen Fluggesellschaft LOT zur Landung in Tegel.
Ein französisches Gericht verurteilt die Luftpiraten in West-Berlin wegen Gefährdung des Luftverkehrs und Nötigung zu zwei Jahren Haft. Anfang 1970 werden sie entlassen.
Eine während eines Fluges von Barth nach Schönefeld erfolgte Entführung durch zwei DDR-Bürger geht ein Jahr später schief. Die Piloten können die beiden Entführer täuschen und gehen auf dem Sonderflugplatz der DDR-Regierung in Marxwalde (heute Neuhardenberg) nieder.

NORMANNENSTRASSE 22: Zum XX. Geburtstag der DDR haben sich die Sprengstoffexperten der Stasi für ihren Minister Erich Mielke etwas ganz besonderes ausgedacht und extra für ihn einen „Wartburg" präpariert. Damit geht es auf den Nahkampf-Übungsplatz Lehnin.

Ein Teilnehmer erinnert sich: „Am Tag der Vorführung konnten wir eine gewisse Nervosität nicht abstreifen. Alle beteiligten Genossen stellten sich die Frage: ‚Wird's klappen?' Aber als der Genosse Minister startete, der Wartburg sich in Bewegung setzte und nach Sekunden in Flammen aufging, hatten wir Freudentränen in den Augen, weil sich die Mühe gelohnt hatte." **(13)**

Natürlich hatten die glücklich weinenden Genossen kein Attentat auf den Minister verübt und ihn ausgerechnet zum Republik-Geburtstag in die Luft gesprengt. Sie freuten sich stattdessen über die erfolgreiche Ausführung seines Befehls 107/64 vom 21. Januar 1964. Danach sollten unter strengster Geheimhaltung Einzelkämpfer ausgebildet werden, um „unter allen Bedingungen der Lage bereit zu sein …, aktive Maßnahmen gegen den Feind und sein Hinterland erfolgreich durchführen zu können." **(14)** Dazu gehörte auch das Sprengen von fahrenden Autos und deshalb war ein „Wartburg" mit Napalm präpariert und einer, von Erich Melke persönlich zu bedienenden, Fernsteuerung versehen worden.

STRASSE DES 17. JUNI: Der 21-jährige West-Berliner Krankenpfleger Ekkehard Weil schießt am 7. November 1970 auf einen sowjetischen Wachsoldaten am sowjetischen Ehrenmal für die im Kampf um Berlin gefallenen Soldaten. Es ist der Jahrestag der russischen Oktoberrevolution. Der Soldat wird verletzt.

Ein britisches Militärgericht verurteilt Weil zu einer Haftstrafe von sechs Jahren.

NORMANNENSTRASSE 22: Am 9. Januar 1974 unterschreibt Stasi-Minister Erich Mielke die „Einsatz- und Kampfgrundsätze tschekistischer Einsatzkader bei der Durchführung offensiver tschekistischer Kampfmaßnahmen im Operationsgebiet". Sie lassen an Deutlichkeit nichts zu wünschen übrig. Beispiel: Punkt 5, Unterpunkt „Das Liquidieren": „Das Liquidieren beinhaltet die physische Vernichtung von Einzelpersonen und Personengruppen. Erreichbar durch: das Erschießen, Erstechen, Verbrennen, Zersprengen, Strangulieren, Erschlagen, Vergiften, Ersticken".

GRUNEWALD, JAGEN 144: Am 4. Juni 1974 finden zwei amerikanische Soldaten nach einer Übung gegen 0.20 Uhr in der Nähe des Ufers der **Krummen Lanke** einen röchelnden Mann mit einem Kopfschuss.

Als der Funkwagen „Ida 46" eintrifft, ist er tot. Es ist Ulrich Schmücker, 22, Mitglied der Anarchistentruppe „Bewegung 2. Juni" und V-Mann des Verfassungsschutzes.

V-Mann-Führer Michael Grünhagen hatte den Ethnologie-Studenten zwei Jahre zuvor in der Haft angeworben. Dafür musste Schmücker seine zweieinhalb jährige Haftstrafe nicht antreten und kam im Februar 1973 auf freien Fuß.

In der Anarcho-Szene schlägt ihm Misstrauen entgegen. Im April 1974 trifft sich die Wolfsburger Gruppe von Ilse Jandt („Rote Ilse") mit Ulrich Schmücker in Berlin. Er wird stundenlang verhört und muss ein Geständnis unterschreiben. Das ist sein Todesurteil.

Obwohl der Verfassungsschutz von seinem V-Mann Volker von Weingraben, Deckname „Wein" und als Kellner im Szenelokal „Tarantel" tätig, erfährt, dass ein Fememord an Ulrich Schmücker möglich sei, lassen ihn die Geheimdienstler als Lockvogel zu dem Treffen im **Grunewald** gehen. Die Verfassungsschützer hoffen, so auf die Spur von Inge Viett (die später in der DDR sicheren Unterschlupf findet) und anderer Terroristen zu kommen.

Nach dem Mord an Ulrich Schmücker gelangt die Tatwaffe über „Wein" an V-Mann-Führer Michael Grünhagen. Für mehr als zehn Jahre verschwindet sie in einem Tresor des Geheimdienstes.

Ein Kommando „Schwarzer Juni" übernimmt öffentliche die Verantwortung für die „Hinrichtung" Schmückers. Vier Monate nach der Tat werden sechs Verdächtige aus der Gruppe um die „Rote Ilse" angeklagt. In vier Strafverfahren über 15 Jahre versucht die Justiz aufzuklären, was damals im Grunewald geschah. Vergeblich, denn der Verfassungsschutz hält seine Informationen und Beweise zurück.

Nach 591 Verhandlungstagen und drei aufgehobenen Urteilen stellt das Berliner Landgericht am 28. Januar 1991 das Verfahren ein. Der Mord an Ulrich Schmücker bleibt ungesühnt. **(16)**

FLUGHAFEN TEMPELHOF: Eigentlich soll die polnische LOT-Maschine aus Danzig am 30. April 1978 in Schönefeld landen. Das verhindert Hans-Detlev Tiede gemeinsam mit seiner Bekannten Ingrid Ruske. Sie zwingen die Piloten, mit ihrer TU 134 Tempelhof anzufliegen.

Von den 63 Passagieren bleiben spontan weitere sechs DDR-Bürger im Westen. In Ost-Berlin spottet der Volksmund über die Abkürzung der polnischen Fluglinie LOT – „Landet och Tempelhof". **(17)**

Die Amerikaner verhaften den Flugzeugentführer und fliegen ein US-Gericht zu seiner Aburteilung ein. Es ist in den Jahren des Kalten Krieges das einzige Mal, dass die Besatzungsmacht eine derartige Amtshandlung in und für Berlin vornimmt.

Für Hans-Detlev Tiede geht die Sache mit einer Bewährungsstrafe ab.

FRIEDRICHSTRASSE/ECKE UNTER DEN LINDEN: Dutzende von Passanten drücken sich erschreckt an die Hauswände, als am 16. Juni 1978 plötzlich Schüsse peitschen. Der schwer bewaffnete sowjetische Deserteur Abubakirow will sich zur nahen Grenze durchschlagen. Er hatte im Kreis Gransee bereits einen Waldarbeiter überfallen und dessen „Barkas" als Fluchtfahrzeug gekapert. Als ihn seine Verfolger in Berlin stellen, versucht er, sich mit seiner MPi zu erschießen. Das misslingt allerdings. Abubakirow wird später in der Sowjetunion zu zehn Jahren Freiheitsentzug verurteilt. Andere Sowjet-Deserteure bekommen sogar die Todesstrafe.

Nebenbei: Zufällig war auch ein Auto der Ständigen Vertretung der Bundesrepublik bei der DDR (SIEHE KAP. 7, HANNOVERSCHE STRASSE 50) in das Feuergefecht geraten. Dadurch wurde der Vorfall überhaupt erst bekannt.

NORMANNENSTRASSE 22: Am 10. März 1978 diktiert Stasi-Oberst Dr. Pyka eine „Information zum Ergebnis der gerichtlichen Obduktion der am 7. 3. 1978 von Tripolis (Libyen) in die DDR überführten Leichen".

Sie ist „streng geheim" und wird nur in zwei Exemplaren ausgefertigt. Die Obduktion hatte in der Nacht vom 7. zum 8. März im Institut für Gerichtliche Medizin der Humboldt-Universität stattgefunden.

Untersucht wurden die Überreste von SED-Politbüro-Mitglied Werner Lamberz und drei seiner Begleiter. Sie waren am 6. März bei einem Hubschrauberabsturz in Nord-Afrika ums Leben gekommen.

Oberst Pyka meldet Stasi-Minister Erich Mielke: „Die röntgenologischen und selektiven Befundserhebungen ergeben keine Anhalte für irgendwelche Einsprengungen von Fremdkörpern, insbesondere auch keinerlei metallische Rückstände, was eine gewaltsame Todesart in Form von Sprengkörpern, Geschossen und ähnlichen explosiv wirkenden Substanzen auf die Körper ausschließt … In Wertung der dargelegten Obduktionsbefunde, insbesondere der bei allen vier Leichen festgestellten ausgedehnten gleichen Brandzerstörungen, ergibt sich als Unfallursache die Wahrscheinlichkeit eines plötzlichen harten Aufsetzens des Hubschraubers oder eines Absturzes aus geringer Höhe mit nachfolgend ausgedehnter Brandfolge." **(18)**

Werner Lamberz, damals 49, galt bis dahin in der DDR als Hoffnungsträger für eine liberalere politische Entwicklung. Seine Urne wurde am 9. März in der „Gedenkstätte der Sozialisten" in **Friedrichsfelde** beigesetzt.

Oberst Pyka lässt seinen Vermerk in einem Hefter mit der lapidaren Aufschrift „Leichensache L." ablegen.

TURMSTRASSE 91: Eine Jugendstrafkammer des Berliner Landgerichtes verurteilt am 5. Februar 1982 zwölf Polen wegen einer am 18. September 1981 erfolgten Entführung einer Passagiermaschine AN 24 der LOT. Sie erhalten Freiheits- und Jugendstrafen zwischen einem und vier Jahren.

Vor der Landung in **Tegel** versuchten sowjetischen Mi-8-Militärhubschrauber vom 239. Hubschrauberregiment, das Flugzeug in Richtung Osten abzudrängen.

Die Abschreckung scheint trotz allem gering: Am 12. Juni 1982 landen kurz nach 6 Uhr zwei Polen mit einer in Breslau gekaperten, einmotorigen Maschine auf dem Flughafen **Tempelhof** und bitten um politisches Asyl.
Die nächste Maschine – wieder mit zwei Personen besetzt – trifft am 26. Januar 1983 in **Tempelhof** ein. Es ist bereits die zwölfte Flucht, die mit einem polnischen Flugzeug nach West-Berlin unternommen wurde.

GREIFSWALDER STRASSE / KLEMENT-GOTTWALD-ALLEE: Auf der „Protokollstrecke springen die Ampeln wie von Geisterhand auf „Grün", wenn sich Erich Honecker (1912–1994) oder ein anderer Spitzenfunktionär in Begleitung seines „Personenschutzes" (SIEHE KAP. 4, LIEBERMANNSTRASSE) auf dem Weg von **Wandlitz** ins ZK-Büro nähert. Ab Anfang 1983 reichen die drei „Vorauswagen" und die ein oder zwei „Sicherungswagen" hinter dem „Hauptwagen" nicht mehr, wenn die „Nummer Eins" unterwegs ist. Um mögliche Attentäter in die Irre zu führen, werden auch noch „Scheinfahrzeuge" eingesetzt.
Anlass dafür ist ein Zwischenfall am Sylvestertag 1982. Erich Honecker will jagen, er wird allein an diesem Tag noch neun kapitale Hirsche schießen. Gegen Mittag lässt sich der SED-Chef in die **Schorfheide** fahren. Kurz hinter Klosterfelde schert ein dunkelgrüner Lada, aus **Stolzenhagen** kommend, vor dem „Hauptwagen" auf die F 109 ein. Der „Citroen" kann ihn problemlos überholen. Honecker ist in Sicherheit. Die beiden Stasi-Offiziere in VP-Uniform im „Begleitwagen", einem Volvo 164 SE, bekommen per Funk den Befehl, den „Verkehrsrowdy" zu stoppen. Das gelingt, doch plötzlich zieht der Lada-Fahrer eine Pistole und schießt. Ein Offizier bricht mit einem Lungendurchschuss zusammen. Der andere schießt zurück. Die Scheibe des Lada splittert, der Mann am Auto hält sich seine Pistole an die Schläfe und ist sofort tot.
Es ist der Ofensetzer Paul Eßling aus **Klosterfelde**. Noch am Abend beginnen die Stasi-Verhöre im Ort. Sie ziehen sich über Wochen hin, rund 1 000 Seiten Akten entstehen. Dann steht fest, dass es sich um kein Attentat, sondern die Tat eines betrunkenen Einzelgängers gehandelt hatte und Paul Eßling von eigener Hand starb. Dieses Ergebnis bestätigen auch unabhängige Untersuchungen elf Jahre später.
Am 13. Januar 1983 berichtet der Hamburger „Stern" exklusiv über das angebliche Attentat auf Erich Honecker. Das bringt dem DDR-Korrespondenten des Blattes, Dieter Bub, die Ausweisung ein.

KURFÜRSTENDAMM 211: Am 25. August 1983 detoniert eine Bombe im «Maison de France». Es gibt einen Toten und 23 Verletzte, einige von ihnen schwer. Die Polizei stellt fest, dass Top-Terrorist „Carlos" (Illich Ramirez Sanchez, inzwischen in Frankreich zu lebenslanger Haft verurteilt) und sein deutscher Gefolgsmann Johannes Weinrich („Steve") in das Attentat verwickelt sind. Sie wollen damit ihre Mit-Terroristin und gemeinsame Geliebte Magdalena Koop ("Lilly") freipressen. Johannes Weinreich erhält dafür später in Berlin eine lebenslange Haftstrafe wegen Mordes.

Einen indirekten Zusammenhang gibt es zur Stasi. Sie beobachtet die international gesuchten Terroristen beim Transit in Ost-Berlin, registriert, wo sie in der DDR absteigen und schätzt ein: "Das sind Psychopathen, die man unbedingt loswerden muss." Sollen sie doch beim "Klassenfeind" ihr Unwesen treiben.

KLOSTERSTRASSE: Im U-Bahn-Verbindungstunnel zwischen **Klosterstraße** und **Alex** (SIEHE KAP. 14, KLOSTERSTRASSE) bricht am 7. Mai 1985 um 11.45 Uhr ein Brand aus. Personen kommen nicht zu Schaden, angeblich war es ein Leerzug. Um 14.40 Uhr ist alles gelöscht, ab 20.30 Uhr fahren die U-Bahnen wieder. Doch niemand weiß Genaues. Dann fällt irgendjemandem ein, dass der Tunnel eine Verbindung zwischen U-Bahn Ost und U-Bahn West ist.

Nun blühen die Gerüchte: "Massen-Flucht unter dem Alex – sechs Menschen erschossen?" titelt die "BZ" mit Fragezeichen am 1. Juli, "Scheiterte in Berliner U-Bahn-Schacht eine Massenflucht in den Westen?", fragt "Die Welt" am gleichen Tag.

Informationen sind rar. Eine ungenannte "Ostblock-Botschaft" wird zitiert, die angeblich von einer verratenen Flucht weiß. "Ost-Berliner" hätten Schüsse gehört. Der SPD-Abgeordnete Erich Pätzoldt fragt im Abgeordnetenhaus nach. Auch dort weiß man nichts.

Dennoch berichten BILD und andere am 1. Juli: "Ost-Berlin: U-Bahn-Zug ausgebrannt, Überlebende hingerichtet".

Nun geistern "12 Flüchtlinge – alle Reservisten, darunter sechs Fallschirmjäger und zwei Söhne hoher Stasi-Offiziere" durch die Presse. Sie wollten eine "blockierte Weiche freilegen, eine 24 cm Sperrmauer zwischen den Gleisen aufsprengen und mit ihrem Zug den rund 800 Meter entfernten West-Berliner U-Bahnhof **Moritzplatz** erreichen".

Die offizielle DDR-Nachrichtenagentur ADN (SIEHE KAP. 4, MOLLSTRASSE 1) beeilt sich am 2. Juli, die ganze Geschichte als "erstunken und erlogen" zu dementieren. Keiner glaubt ihr.

Am 6. Juli 1986 enthüllt "Bild am Sonntag" exklusiv "Die Wahrheit über die U-Bahn-Flucht". Immerhin: "Eine Krankenschwester erzählt einem West-Verwandten: ,Es ist etwas Schreckliches geschehen, wir dürfen aber nichts sagen'."

Das darf aber der französische AFP-Korrespondent.

Verkehrs-Kombinatsdirektor Diethelm Graetsch und Feuerwehr-Chef Oberst Horst Meier führen ihn in den Tunnel. Er findet kein einziges Einschussloch. Der Brand war tatsächlich durch Kurzschluss entstanden.

"Der Spiegel" resümiert in seinem Heft 28/86: "Normalerweise fragen Journalisten erst und schreiben dann". Im Kalten Krieg ist das manchmal auch umgekehrt. In Ost und West.

GLIENICKER BRÜCKE: 25 in der DDR einsitzende CIA-Agenten gegen vier Ost-Spione heißt der Deal am 11. Juni 1985 auf der Glienicker Brücke.

Hintergrund: Rechtsanwalt Wolfgang Vogel hatte über den aus der DDR ausgewiesenen ZDF-Korrespondenten Lothar Löwe den zuständigen Behörden in den USA eine Liste mit verhafteten CIA-Mitarbeitern zugespielt und die Aktion mit der Bitte verbunden, man möge sich doch endlich einmal um die Leute kümmern. Das wollten die Amerikaner gern tun, doch sie hatten kein geeignetes Äquivalent zu bieten. Erst als der Dresdener Physikprofessor Alfred Zehe 1983 bei einer USA-Reise als DDR-Spion verhaftet wird, ändert sich die Lage. Er und drei weitere Ost-Agenten genügen der DDR, um im Tausch die 25 CIA-Agenten anzubieten. Viele von ihnen haben schon mehrere Jahre gesessen.

Die Befreiung kommt überraschend. Noch im Bus auf dem Weg zur Brücke entscheidet sich Renate Jonsek, in der DDR zu bleiben. Sie ist seit kurzem von ihrem Mann Werner, ebenfalls als CIA-Spion zu 15 Jahren Haft verurteilt, geschieden. Trotz dieser Querelen klappt der Handel, in letzter Sekunde.

Nebenbei: Als die CIA die von Wolfgang Vogel übermittelte Agenten-Liste überprüft, stellt sie fest, dass einer ihrer Agentenführer das Auffliegen seiner DDR-Leute verheimlicht und deren Sold monatelang in die eigene Tasche gesteckt hatte. **(19)**

NORMANNENSTRASSE 22: Die ganze Sache ist streng geheim und außer Stasi-Minister Erich Mielke wissen nur ein paar ausgewählte Genossen davon: In einem abgeschirmten Camp am brandenburgischen **Springsee** werden Mitte der 80er Jahre ausgesuchte Mitglieder der „Deutschen Kommunistischen Partei" (DKP) als Partisanen ausgebildet. Im Kriegsfall sollen sie hinter den feindlichen Linien im Westen Telegrafenmasten sprengen und Wasserbrunnen verseuchen. Beim Schleusen der Kämpfer hilft im Westen der ehemalige Chef der DKP-Jugendorganisation, Willi Hermann, Deckname „Lothar Oertel", doch so richtig ernst nehmen die West-Genossen das Sabotagetraining wohl nicht. Immer wieder klagen die Ausbilder, dass der „militärische Wert" der Truppe gering sei.

Das meinen auch die Richter in Frankfurt am Main, die 1995 einen Prozess gegen 14 ehemalige DKP-Kämpfer führen. Obwohl ihnen wegen „Agententätigkeit zu Sabotagezwecken" bis zu fünf Jahren Haft droht, werden sie frei gesprochen. Vier der Feierabend-Partisanen bekommen Geldstrafen von bis zu 2 500 Euro.

GLIENICKER BRÜCKE: Beim dritten großen Agentenaustausch auf der inzwischen legendären Brücke, am 11. Februar 1986, steht der sowjetische Bürgerrechtler Anatolij Schtscharanski im Mittelpunkt. Die Amerikaner wollen den im Gulag sitzenden Bürgerrechtler befreien, die Sowjets ihn aber höchstens so wie andere Spione auch abschieben. Die diplomatische Zwickmühle wird gelöst, indem Rechtsanwalt Wolfgang Vogel den Bürgerrechtler vor allen anderen mit seinem goldfarbenen Mercedes an den weißen Strich fährt, wo ihn US-Botschafter Richard Burt in Empfang nimmt. Erst dann folgen der DDR-Bürger Wolf-Georg Frohn, der Tscheche Jaroslav Javorsky und der Bundesbürger Dietrich Niestroj von Ost nach West. Den Weg von West nach Ost treten fünf ertappte Spione an: Hanna und Karl Köcher, Detlef Scharfenorth, der sowjetischen Computer-Spezialist Jewgenij Semljakow und der Pole Jerzy Kaczmarek. Nebenbei: Schtscharanski wird 1999 Innenminister und 2001 Vize-Premier und Minister für Wohnungsbau und Infrastruktur Israels. Dort trägt er nun den Namen Nathan Schtscharanski. **(20)**

HAUPTSTRASSE 77–78: Am 5. April 1986 um 1.40 Uhr explodieren drei Kilogramm mit Eisen gespickter Plastiksprengstoff in der Diskothek «La Belle» in **Friedenau.** Die amerikanischen GI's Kenneth Ford und James E. Coin und die Türkin Nermin Haney sterben. Es gibt mehr als 200 Verletzte.

Für die USA ist das ein Akt von Staatsterrorismus, den Libyen zu verantworten hat. Ronald Reagan (1911–2004) lässt zehn Tage später Tripolis und Bengasi bombardieren. Wieder sterben unschuldige Menschen.

Die Hintergründe der Aufklärung des Attentats dauern 15 Jahre. 91 Aktenbände füllen sich und nach 273 Tagen Beweisaufnahme stellt Oberstaatsanwalt Detlev Mehlis in Berlin fest: „Hier haben libysche Behörden in Berlin durch Dritte und eigene Diplomaten gebombt." **(21)**

Zu diesen „Dritten" gehört auch diesmal die Stasi. Sie hatte den Sprengstoff bereits beschlagnahmt, aber wieder an den in Ost-Berlin tätigen libyschen Geheimdienstler Yasser Chraidi ausgehändigt. Ihr IM „Alba", der Palästinenser Ali Chanaa, baute den Zünder in die Bombe. Dessen Ost-Berliner Frau Verena, geborene Hempel, brachte die Ladung ins „La Belle". Die Bedienungsanleitung stammt von dem Libyer Musbah Eter, Mitarbeiter der Botschaft Bonn und Ost-Berlin. Die vier Attentäter erhalten Haftstrafen zwischen 12 und 14 Jahren. Im Juni 2004 bestätigt der Bundesgerichtshof die Urteile.

Im September des gleichen Jahres verpflichtet sich Libyen, an 168 Opfer des Anschlags insgesamt 35 Millionen Dollar Entschädigung zu zahlen.

UNTER DEN LINDEN 6: Unter dem Titel „TOXDAT" übergibt im September 1988 ein als wissenschaftlicher Mitarbeiter getarnter „Offizier im besonderen Einsatz" (OibE) der für Gewalttaten zuständigen „Arbeitsgruppe des Minister" die „Untersuchungen zu chemischen Substanzen mit besonderer kriminalistischer Relevanz". Auf 911 Seiten werden dort alle nur denkbaren Möglichkeiten aufgelistet, um Menschen mit Gift zu Tode zu bringen.

PINTSCHSTRASSE 12: Die letzte Entführung des Kalten Krieges findet am 21. April 1991 mitten in **Friedrichshain** statt. Ein Greifkommando des Geheimdienstes der US Air Force überwältigt den U-Bahnfahrer Jens Karney, bringt ihn in einem Transporter zum Flughafen **Tempelhof** und fliegt ihn in die USA aus.

Das hat seine Vorgeschichte: Ende April 1983 meldet sich US-Sergeant Jeffrey M. Carney an der DDR-Grenze. Aus persönlichen Gründen möchte er überlaufen: „Schon als Junge fühlte ich, dass ich anders bin. Erst in Berlin wurde mir klar: Ich konnte nur Männer lieben … Bei der Armee wurden Homo-Verdächtige bespitzelt, denunziert, gefeuert … Warum sollte ich Amerikas berühmte Verfassung verteidigen. Für mich gilt sie ja doch nicht."

In der DDR hofft er auf ein ruhiges Leben. Die will ihn jedoch erst aufnehmen, wenn er sich das verdient hat. So wird Jeffrey M. Carney zum Stasi-Spion „Kid". Er dient als Lauschposten bei der „6912th Electronic Security Group" in Berlin (SIEHE KAP. 12, MARIENFELDE). Von dort berichtet er nun regelmäßig und besorgt wichtige geheime Dokumente zur elektronischen Kriegsführung (SIEHE KAP. 7, EISKELLER).

Im April 1984 versetzt die Army den Sergeanten in die Staaten. Major Rolf Lehmann bleibt „Kids" Führungsoffizier und der fotografiert auch auf der Goodfellow Airbase in Texas weiter für die Stasi.

Doch dann bekommt er es mit der Angst und flüchtet sich in die DDR-Botschaft in Mexiko. Von dort schleust ihn die Stasi nach Berlin. Aus Jeffrey M. Carney wird der DDR-Bürger Jens Karney.

In der „Operation Luft" belauscht „Kid" nun im Objekt „Brücke", einer konspirativen Wohnung in der **Köpenicker Straße 114** in Ost-Berlin, seine frühere Truppe. Später wechselt er ins Objekt „Humboldt" in der **Friedrichstraße.** Von dort wird unter anderem die US- Botschaft abgehört.

Endlich darf er nun auch mit seinem Freund Wolfgang in die Pintschstraße 12 in Friedrichshain ziehen.

Dann kommt das Ende der DDR und Jens Karney wird im Januar 1990 U-Bahn-Fahrer – bis ihn im April 1991 die Amerikaner entführen.

Jeffrey M. Carney wird wegen Spionage zu 38 Jahren Haft verurteilt. Fast zwölf davon muss er bis zu seiner Begnadigung als Nummer 75617 im Militärgefängnis Fort Leavenworth verbüßen. **(22)**

6. KAPITEL

PROPAGANDASCHLACHTEN, SCHAUPROZESSE UND EIN AUFSTAND

Frontstadt, billigste Atombombe der Welt, Pfahl im Fleisch der DDR, Pulverfass, heißeste Nahtstelle im Kalten Krieg – ging es um Berlin, war die Propaganda der Siegermächte des Zweiten Weltkrieges und ihrer neuen Verbündeten in beiden Teilen Deutschlands stets erfinderisch.

Der Kalte Krieg funktionierte nur, weil es Gegner gab, die sich als Feinde fühlten. Das hat das Verhältnis der beiden deutschen Staaten zueinander bestimmt und in Berlin wurde es meist ausgetragen. Menschen sind dabei zu Schaden gekommen, Leben darüber hinweggegangen.

Was heute der Unterpunkt einer Fußnote der Geschichte ist, griff einstmals in Lebensläufe ein, bestimmte über Glück oder Unglück und veränderte das Denken der Menschen.

AM FESTUNGSGRABEN 1: Im ehemaligen preußischen Finanzministerium wird am 28. Februar 1947 das „Haus der Kultur der Sowjetunion" eröffnet.

NOLLENDORFPLATZ: Am 3. Juni 1949 zieht das „Amerika-Haus Berlin" aus der **Kleiststraße** in ein wieder aufgebautes Gebäude mit vielen Schaukästen am **Nollendorfplatz**.

Es war am 21. Mai 1947 in der ehemaligen Passstelle in der **Kleiststraße 10–12** als „U. S. Information Center" gegründet worden.

Am 3. Dezember 1952 schließen das US State Department und das Land Berlin einen Pachtvertrag über das Gelände **Hardenbergstraße 21–24**. Am 5. Juni 1957 wird dort nach einjähriger Bauzeit das für über eine Million Mark errichtete „Amerika-Haus Berlin" eröffnet.

Bereits am 26. Februar 1946 hatte die amerikanische Militärregierung in der **Kleiststraße** eine Bibliothek mit rund 900 Büchern von in der Nazi-Zeit verfemten Autoren eröffnet.

KRONPRINZENALLEE: Zu Ehren des Initiators der Luftbrücke, General Lucius D. Clay, wird die **Kronprinzenallee** in **Zehlendorf** am 16. Juni 1949 in **Clayallee** umbenannt. Am 25. Juni wird der Platz vor dem **Flughafen Tempelhof** zum „**Platz der Luftbrücke**". Die Einweihung des Berliner Teils des Luftbrückendenkmals findet am 10. Juli 1951 durch Ernst Reuter statt. 100 000

Berliner sind dabei. Der zweite „Brückepfeiler" steht am Rhein-Main-Flughafen in Frankfurt am Main.

KURFÜRSTENDAMM 211: Am 21. April 1950 wird das „Maison de France" eröffnet. Als „Centre Culturel Francais" hatte es die Französische Militärregierung bereits am 31. Oktober 1947 eingerichtet.
In **Lichtenberg** übergeben die Sowjets am 25. Mai das von ihnen gegründete „Haus des Kindes" an die FDJ, die es nun zum „Zentralhaus der Jungen Pioniere" macht.

POTSDAMER PLATZ: Eine Wander-Leuchtschriftanlage mit Nachrichten für Ost-Berlin geht am 10. Oktober 1950 in Betrieb.

RATHAUS SCHÖNEBERG: Seit dem 24. Oktober 1950 sind im Radio jeden Sonntag die Schläge der Freiheitsglocke zu hören. Um Punkt 11.58 Uhr wird dazu der Freiheitsschwur – „Ich glaube an die Unantastbarkeit und an die Würde jedes einzelnen Menschen ..." gesprochen.
Die Glocke, eine Nachbildung der „Liberty Bell" aus Philadelphia, ist ein Geschenk der USA. 1776 verkündete sie dort die amerikanische Unabhängigkeit. Nach Beendigung der Luftbrücke (24.6.1948–12.5.1949) spendeten 17 Millionen Amerikaner dafür Geld und unterzeichneten den Freiheitsschwur. Ihre Unterschriften werden im Turm des Rathauses aufbewahrt.

TEMPELHOF: Wegen des Hissens einer FDJ-Fahne auf dem Wasserturm des Reichsbahnausbesserungswerkes Tempelhof und des Verteilens von Flugblättern werden am 27. Juli 1951 von der West-Berliner Polizei 24 SED- und FDJ-Mitglieder verhaftet.

SCHLOSSPLATZ: Am 5. August 1951 beginnen die III. Weltfestspiele der Jugend und Studenten, die bis zum 19. August dauern.
Als rund 100 000 Jugendliche in einem Demonstrationszug über die offene Sektorengrenze nach West-Berlin marschieren, gibt es eine Prügelei mit der Polizei. Die DDR spricht danach von 976 Verletzten.

SCHÖNEBERG: Der zu einer Grünanlage gestaltete, 75 Meter hohe Trümmerberg wird am 11. August 1951 der Öffentlichkeit übergeben und – ganz im Sinne der herrschenden Frontstadt-Mentalität – auf den Namen **„Insulaner"** getauft.

PRENZLAUER BERG: In der „Werner-Seelenbinder-Halle" verkündet die 2. Parteikonferenz der SED am 9.–12. Juli 1952 den „planmäßigen Aufbau des Sozialismus in der DDR".

Das passt den Sowjets überhaupt nicht, denn sie überlegen damals noch, ob die DDR nicht als Faustpfand für ein neutrales Gesamtdeutschland nutzbar wäre.

Deshalb werden Walter Ulbricht (1893–1973) und Otto Grotewohl (1894–1964) 1953 nach Moskau bestellt, um ihre Politik zu erläutern. Noch während ihres Aufenthaltes dort, fliegt der Hohe Kommissar Wladimir S. Semjonow nach Berlin. Sofort nach seiner Ankunft erscheint er unter dem Decknamen „Orlow" in Generalsuniform bei ZK-Sekretär Hermann Axen (1916–1992) und verliest ihm ein Telegramm Ulbrichts: „Ab sofort im Ergebnis der hiesigen Aussprache und übereinstimmender Standpunkte keine weitere Propagierung der Beschlüsse der 2. Parteikonferenz über den Aufbau der Grundlagen des Sozialismus, keine weitere Propagierung der Broschüren mit entsprechendem Inhalt, Einziehung dieser Materialien, Orientierung auf Aufbau eines demokratischen Deutschlands und Friedenspolitik usw."

Ulbricht und Grotewohl hatten das Telegramm unter Zwang in Moskau unterschrieben. **(1)**

AM FUNKTURM: In den Messehallen eröffnet Ludwig Erhard (1897–1977) am 19. September 1952 die 3. Deutsche Industrieausstellung. Sie steht unter dem Motto: „Lebensstandard der freien Welt". Das interessiert mehr Leute, als die Sozialismus-Parolen aus dem Osten.

MAJAKOWSKI-RING: In der Nacht vom 14. zum 15. Januar 1953 verhaftet die Stasi den DDR-Außenminister Georg Dertinger in seiner Pankower Dienstvilla. Gleichzeitig werden seine Frau und Kinder in seinem Haus in **Kleinmachnow** abgeholt.

Der CDU-Politiker engagiert sich für die deutsche Einheit und steht damit der Politik Walter Ulbrichts im Wege. Das bringt ihm eine Anklage nach Artikel 6 der DDR-Verfassung ein. Dabei handelt es sich um einen Gummi-Paragraphen, der pauschal „Boykotthetze" als Verbrechen klassifiziert. Überdies beruft sich das Gericht auf die Kontrollratsdirektive 38. Sie erlaubt die „Verhaftung und Bestrafung ... von möglicherweise gefährlichen Deutschen".

Nach einer äußerst fragwürdigen Beweisführung wird Georg Dertinger zu 15 Jahren Zuchthaus verurteilt. Das SED-Zentralorgan „Neues Deutschland" meldet am 9. Juni 1954: „Das Oberste Gericht der Deutschen Demokratischen Republik hat eine Verschwörergruppe abgeurteilt, die unter der Leitung des Angeklagten Georg Dertinger stand. Diese Gruppe hatte sich zum Ziel gesetzt, die Deutsche Demokratische Republik und die Errungenschaften der Arbeiter- und Bauernmacht zu beseitigen und die Ausbeutungsverhältnisse der Monopolisten, Großgrundbesitzer und Faschisten wiederherzustellen."

In einem gesonderten Prozess wird Maria Dertinger am 28. Juli 1954 zu acht Jahren Zuchthaus verurteilt.

Durch einen Gnadenerlass kommt Georg Dertinger am 8. Juni 1964 frei. Er stirbt am 21. Januar 1968 als gebrochener Mann.

SCHÖNEBERG / TIERGARTEN / KREUZBERG / ZEHLENDORF: Am 6. März 1953 entfernt die Polizei in den West-Berliner SED-Büros rote Fahnen mit Trauerflor, die aus Anlass des Todes von Josef Wissarionowitsch Stalin dort angebracht waren.

AM TREPTOWER PARK: Am 7. März 1953 erscheint in der Ost-Berliner Gewerkschaftszeitung „Tribüne" das Kondolenztelegramm der SED zu Stalins Tod. Darin findet sich ein peinlicher Druckfehler: „Mit Josef Wissarionowitsch Stalin ist ... der überragende Kämpfer für die Erhaltung und Festigung des Krieges in der Welt dahingegangen ...".
Hugo Polkehn, Chef vom Dienst, und der Setzer Karl Richter werden verhaftet. Die Stasi prügelt aus Polkehn das „Geständnis" heraus, er habe den Fehler aus „Sozialdemokratismus" absichtlich verursacht.
Beide wandern für fünfeinhalb Jahre ins Zuchthaus. **(2)**

STALINALLEE: Nach Normerhöhungen und gleichzeitigen Preiserhöhungen für Lebensmitteln streiken am 16. Juni 1953 die Bauarbeiter in der Stalinallee und am Krankenhaus **Friedrichshain**. Ihr Marsch zum „Haus der Ministerien" in der **Leipziger Straße 5–7** ist die Initialzündung für den Volksaufstand vom 17. Juni.
Am Mittag des Tages wird über den Rundfunk und über Lautsprecher ab 13 Uhr der Ausnahmezustand verkündet. In Ost-Berlin hält er bis zum 11. Juli an.
Gleichzeitig berichtet der RIAS (SIEHE KAP. 4, KUFSTEINER STRASSE 69) von den Ereignissen und einem angeblich geplanten Generalstreik. Er fordert die Ostdeutschen ab 16. Juni immer wieder auf: „Macht Euch die Ungewissheit, die Unsicherheit der Funktionäre zunutze. Verlangt das Mögliche ..." **(3)** und trägt damit dazu bei, dass der Aufstand die ganze DDR erfasst. Schriftsteller Erich Loest erinnert sich: „Wenn der RIAS nicht vom Nachmittag des 16. Juni an stündlich von den Ereignissen in Ost-Berlin berichtet hätte ... wäre die Kunde nicht über die DDR hinausgeflogen. Ohne den RIAS ... wäre es in Magdeburg und Leipzig, Halle und Görlitz still geblieben." **(4)**
Die Lage eskaliert. Kraftfahrer Horst Ballentin holt die rote Fahne vom **Brandenburger Tor**, am **Potsdamer Platz** brennen Columbushaus und die Ruine des Café Vaterland.
In über 600 Ost-Berliner Betrieben wird gestreikt. Auf einer Kundgebung auf dem **Marx-Engels-Platz** fordern Demonstranten den Rücktritt der Regierung und freie Wahlen.

Die DDR-Regierung flüchte sich ins sowjetische Sperrgebiet nach **Karlshorst.** Ein Flugzeug für die Abreise nach Moskau steht bereit.

Doch dann lässt der sowjetische Stadtkommandant Pawel T. Dibrowa Panzer am **Brandenburger Tor, Potsdamer Platz** und in der **Leipziger Straße** auffahren. Demonstranten bewerfen sie mit Steinen, Menschen werden von den Ketten zermalmt, es wird geschossen.

Ab 18. Juni ist die Grenze zu West-Berlin nahezu hermetisch abgeriegelt. Erst am 9. Juli ist der freie Personenverkehr zwischen den Sektoren wieder möglich. Man will „faschistische Stoßtrüppler in Ringelsöckchen und Cowboyhemden" aussperren. Das meint damals der Schriftsteller Stefan Heym (1913–2001). Im Gegensatz zur SED-Führung sieht er die Gründe für den Aufstand später jedoch kritischer. Die offizielle DDR-Propaganda bleibt bis zum Schluss dabei, dass die missglückte Volkserhebung lediglich ein praktischer Versuch der westlichen „roll-back"-Politik gewesen sei.

Am 25. Juni ziehen sich die sowjetischen Truppen aus dem Stadtkern in die Außenbezirke zurück. Der Aufstand ist niedergeschlagen.

Über fünfzig Menschen wurden dabei getötet, mindestens zwanzig danach standrechtlich erschossen. Weit über tausend Telnehmer am „faschistischen Putschversuch" wandern in DDR-Zuchthäuser.

In West-Berlin wird am 22. Juni 1953 die **Charlottenburger Chaussee** in „**Straße des 17. Juni**" umbenannt. Einen Tag darauf nehmen 125 000 Berliner vor dem **Rathaus Schöneberg** an einer Trauerfeier für die Opfer des Aufstands teil.

LITTENSTRASSE 12–17: Das Oberste Gericht der DDR versucht immer wieder zu beweisen, dass der RIAS (SIEHE KAP. 4, KUFSTEINER STRASSE 69) als agentenführender Geheimdienst agiert.

Tatsächlich ist der Sender bei der Informationsbeschaffung aus dem Osten wegen der dort herrschenden, rigiden Überwachung der Bürger oftmals auf konspirative Methoden angewiesen.

In einer Verhandlung gegen fünf „RIAS-Agenten" am 24. Juni 1955 entdeckt das Oberste Gericht der DDR wohl aus diesem Grunde das vermeintliche „Zentrum der nachrichtendienstlichen Tätigkeit" beim RIAS in dessen Hauptabteilung Politik und dort wiederum in der untergeordneten Abteilung „Informationen aus der SBZ". Das Gericht bezeichnet den Chef und die Mitarbeiter dieses Bereiches namentlich als „Agenten". **(5)**

LOTHRINGERSTRASSE 1: Gegen „West-Agenten" legt SED-Chef Walter Ulbricht in seinem Büro im Zentralkomitees der SED (anfangs im ehemaligen jüdischen Kaufhaus Jonas, **Lothringer Straße,** dann in der **Wallstraße** 76-79) persönlich Strafen fest.

So zum Beispiel im Juni 1955. Vor Beginn eines Prozesse gegen fünf „Agenten des RIAS" wird Ulbricht vorgeschlagen: „Folgende Strafen sind beabsichtigt: Wiebach – lebenslängliches Zuchthaus, Krause – lebenslängliches Zuchthaus, Baier – 15 Jahre Zuchthaus, Gast 12 Jahre Zuchthaus, Vogt – 8 Jahre Zuchthaus." **(6)**

Auch in einem zweiten Prozess gegen fünf „Agenten der Kampfgruppe gegen Unmenschlichkeit" (siehe Kap.4, Ernst-Ring-Strasse 2–4) stehen die Strafen bereits vor Beweisaufnahme und Verhandlung fest: „Die Kommission schlägt folgende Strafen vor: Benkowitz Todesstrafe – Kogel, Schuster, Kammacher, Busch zwischen 15 und 10 Jahren." **(7)**

Ulbricht als Richter

All das reicht Ulbricht nicht aus. Bei dem Angeklagten Joachim Wiebach streicht er „lebenslänglich Zuchthaus" und schreibt „Vorschlag Todesstrafe" daneben. Für Hans-Dietrich Kogel wandelt Walter Ulbricht die vorgesehene Verurteilung von „15 bis 10 Jahren Zuchthaus" ebenfalls in die Todesstrafe um. Das Strafmaß für Willibald Schuster bestätigt er, vermerkt aber eine „15" am Rande des Briefes – Schuster soll die vollen fünfzehn Jahre absitzen!

Am 24. und 25. Juni 1955 verhängt das Oberste Gericht der DDR nach nur dreitägiger Verhandlungsdauer die von der SED-Führung vorab festgelegten Strafen. Wenig später werden sie vollstreckt. **(8)**

AM FUNKTURM: Bei der vom 24. September bis zum 6. Oktober 1955 stattfindenden „6. Industrieausstellung Berlin" bekommen Ost-Besucher vom Senat einen Verzehrgutschein im Wert von 1 DM.

MAUERSTRASSE 29: Einzigartig in der DDR-Pressegeschichte: Am 22. Oktober 1956 lässt das Innenministerium die „BZ am Abend" beschlagnahmen. Sie hatte Auszüge aus der Rede von Polens Parteichef Wladislaw Gomulka zu Stalins Terror in Ost-Europa gebracht.

SCHÖNEBERGER RATHAUS: Über 100 000 West-Berliner versammeln sich am 5. November 1956 zu einer Protestkundgebung. Sie verurteilen die Niederschlagung des Aufstandes in Ungarn durch sowjetische Panzer.

STALINALLEE: Das will Ost-Berlin nicht hinnehmen. Die SED organisiert einen Tag danach in der Sporthalle eine „Solidaritätskundgebung" für Ungarn und lässt den Sieg über den „konterrevolutionären Putsch" feiern.

KUFSTEINER STRASSE 69: Der RIAS berichtet von einem Beschluss des Bundestages vom 6. Februar 1957, nach dem Berlin die Hauptstadt Deutschlands ist. Dagegen gibt es vier Stimmen aus der CSU. Es soll mit dem Bau eines Parlamentes und Gebäuden für die künftigen Bundesbehörden begonnen werden.

Am 15. Oktober 1957 führt der 3. Deutsche Bundestag zwar seine konstituierende Sitzung in der Kongresshalle am **Tiergarten** durch, doch am 22. Oktober 1958 lehnt die Bundesregierung den SPD-Vorschlag, nach Berlin zu ziehen ab. Begründung: Die Insellage der Stadt und ihre Nähe zur DDR könnten die Regierungsgeschäfte negativ beeinflussen.

LIETZENBURGER STRASSE: Am 8. April 1957 bezieht das „British Centre" seine neuen Räume.

RATHAUS SCHÖNEBERG: Der Senat legt am 18. Juni 1957 fest, dass Ost-Berliner künftig Eintrittskarten zu Konzerten 1:1 gegen Ost-Mark kaufen können.

FRANZÖSISCHE STRASSE 32: Walter Janka (1914–1994), dem Chef des Ost-Berliner Aufbau Verlages, wird „Boykotthetze" und die Bildung einer staatsfeindlichen Gruppierung vorgeworfen. Am 26. Juli 1957 verurteilt ihn das Oberste Gericht der DDR zu fünf Jahren Zuchthaus. Gleichzeitig werden auch der Chefredakteur der Wochenzeitung „Sonntag", Heinz Zöger (1915–2000) und dessen Stellvertreter Gustav Just, damals 36, zu Zuchthausstrafen verurteilt.

WILMERSDORFER STRASSE 165: Die SED West-Berlins bildet am 26. April 1959 eine eigene Parteileitung. Sie wählt Gerhard Danelius (1913–1978) zum Sekretär. (SIEHE KAP.4, WILMERSDORFER STRASSE 165)

ADLERSHOF: Das „Sandmännchen" des Deutschen Fernsehfunks erscheint am 22. November 1959 zum ersten Mal auf den Bildschirmen. Heute ist es ein gesamtdeutscher Liebling.

STALINALLEE: Am 29. Juni 1958 feiert das SED-Zentralorgan „Neues Deutschland" sein erstes Pressefest in Ost-Berlin.

WERDERSCHER MARKT: Im Jahr 1958 zieht das Zentralkomitee der SED (SIEHE KAP. 10, AM MARX-ENGELS-PLATZ) in das Gebäude der ehemaligen Reichsbank am Werderschen Markt. Die Adresse scheint für die Machtzentrale der DDR nicht politisch genug. Deshalb wird sie in **„Am Marx-Engels-Platz"** geändert – eine Anschrift, die es gar nicht gibt, denn der heutige **Schlossplatz** liegt einige hundert Meter entfernt.

KOCHSTRASSE 50: Direkt an der Front des Kalten Krieges wird am 25. Mai 1959 der Grundstein für das Berliner Verlagsgebäude Axel Cäsar Springers gelegt.

In der im Boden versenkten Gründungsurkunde steht: „Dass wir heute diesen Stein unmittelbar am Rande der Sektorengrenze legen, ohne ängstlich auf das Ergebnis der weltpolitischen Verhandlungen zu warten, ist der Ausdruck unseres festen Glaubens an die geschichtliche Einheit dieser Stadt und an die geschichtliche Einheit Deutschlands." **(9)**

Der Senat hatte am 13. Dezember 1954 dem Verlag Axel Springer & Sohn die Lizenz für den Druck einer Berliner Teilauflage von „BILD" erteilt.

Am 6. Oktober 1966 wird das neue Gebäude eingeweiht. Bundespräsident Heinrich Lübke hält die Festansprache.

Vom Dach des Gebäudes strahlt nun eine laufende Leuchtschrift die neuesten Nachrichten gen Osten.

RATHAUS SCHÖNEBERG: Bürgermeister Franz Amrehn (1912–1981) berichtet dem Senat am 8. März 1960 über die Ergebnisse einer Senatskommission, die sich mit der korrekten Bezeichnung des Westteils der Halbstadt beschäftigt hat. Sie schlägt vor, „um der Klarheit willen" gegebenenfalls „West-Berlin" zu sagen.

LITTENSTRASSE 12–17: Im April 1960 wird der ehemalige Bundesvertriebenenminister, Theodor Oberländer (1905–1998), wegen Mordes, Anstiftung zum Mord und „Teilnahme an Verbindungen, die Verbrechen gegen das Leben bezwecken" **(10)** vom **Obersten Gericht der DDR** in Abwesenheit zu einer lebenslangen Zuchthausstrafe verurteilt.

1963 erhält der Chef des Bundeskanzleramtes, Staatssekretär Hans Globke (1898–1973), ebenfalls diese Strafe. Er hat maßgeblich an der Ausarbeitung und Kommentierung der so genannten Nürnberger Rassegesetze der Nazis mitgearbeitet.

Beide Prozesse sind reine Propaganda, denn die DDR hat keinerlei juristische Legitimation für die Verurteilung von Bundesbürgern.

HOHENSTAUFENPLATZ: Die Abteilung I der Berliner Polizei (Politische Polizei) verbietet am 11. April 1960 eine drei Tage später geplante SED-Kundgebung in **Kreuzberg**. Der stellvertretende DDR-Ministerpräsident Heinrich Rau (1899–1961) wollte „zu den Werktätigen" West-Berlins sprechen.

BADSTRASSE: Hier gibt es nicht nur die von den Ost-Berlinern schnoddrig „HO-Gesundbrunnen" genannten Läden für den Einkauf im Westen, sondern auch jede Menge „Grenzkinos".

Gegen Vorlage des Personalausweises können dort die 25 Pfennige Eintritt auch in Ost-Geld entrichtet werden.

RATHAUS SCHÖNEBERG: Am 17. Juni 1960, dem „Tag der Deutschen Einheit" sind öffentliche Tanzvergnügen und andere Veranstaltungen, die nicht dem ernsten Charakter des Tages entsprechen, verboten.

SCHLOSS NIEDERSCHÖNHAUSEN: DDR-Präsident Wilhelm Pieck (geboren 1876) stirbt am 7. September 1960 in seinem Amtssitz in Pankow.
Sein Büro in diesem Ost-Berliner Stadtteil hatte der DDR-Regierung in der westlichen Propaganda die Bezeichnung **„Pankower Regime"** eingebracht.
Die Urne Wilhelm Pieck wird in der „Gedenkstätte der Sozialisten" auf dem Zentralfriedhof **Friedrichsfelde** beigesetzt.

KOCHSTRASSE 50: Ab 24. Oktober 1960 kostet nach der „BZ" und der „Nachtdepesche" auch die BILD-Zeitung 15 Pfennige. Damit gibt es in West-Berlin keine Zeitung mehr für nur einen Groschen.

DAHLEM: Das „Ost-Europa-Institut" der Freien Universität bekommt am 30. November 1960 für die Jahre 1961 bis 1963 von der amerikanischen Rockefeller-Stiftung insgesamt 42 000 Dollar zugesprochen. Das Geld, damals im Gegenwert von 176 000 Mark, soll zur „Förderung von Arbeiten auf dem Gebiet des Marxismus-Leninismus" dienen.

ROTES RATHAUS: Die Stadtverordnetenversammlung Ost-Berlins beschließt am 20. April 1961 den „Aufbau des Zentrums der Hauptstadt der DDR".
In den Ost-Berliner Postämtern werden Briefe ab 31. Mai 1961 mit dem Aufdruck „Berlin, Hauptstadt der DDR" abgestempelt.

LEIPZIGER STRASSE 5–7: Am 15. Juni 1961 gibt DDR-Staatschef Walter Ulbricht im **„Haus der Ministerien"** eine Pressekonferenz.
Er fistelt seine üblichen Propagandasprüche, bis die Korrespondentin der „Frankfurter Rundschau" wissen will, ob denn bald „die Staatsgrenze am Brandenburger Tor errichtet" werde.
Walter Ulbricht amüsiert sich königlich und „präzisiert" im Oberlehrerton: „Ich verstehe Ihre Frage so, dass es in Westdeutschland Menschen gibt, die wünschen, dass wir die Bauarbeiter der Hauptstadt mobilisieren, um eine Mauer aufzurichten… Niemand hat die Absicht, eine Mauer zu errichten!"
Der bornierte kalte Krieger merkt nicht einmal, dass er sich gerade verplappert hat, denn nach einer eventuellen Mauer war er gar nicht gefragt worden. **(11)**

HÜTTENWEG: Am 29. Juli 1961 findet das erste Deutsch-Amerikanische Volksfest statt.

LUISENSTRASSE: In der DDR-Volkskammer fordert Ministerpräsident Otto Grotewohl (1894–1964) am 11. August 1961 „Schutzmaßnahmen" gegen „Menschenhändler, Abwerber und Saboteure".

BRANDENBURGER TOR/WILHELMSTRASSE: Zuletzt waren die kreischenden Rededuelle manchmal bis in 15 Kilometer Entfernung zu vernehmen. Am 19. August 1961 begannen sie. „Achtung, Achtung, hier spricht das Studio am Stacheldraht", hieß es an vielen Orten der innerstädtischen Grenze.
Mit leistungsstarken Lautsprechern schallen Appelle („Deutsche schießt nicht auf Deutsche!") und Nachrichten in den Osten. Später werden die auf VW-Busse montierten Lautsprecher-Batterien sogar noch durch Anlagen an Kranauslegern, „Giraffen" genannt, ergänzt. Der Senat finanziert die Aktion.
Der Osten bringt dagegen Lautsprecherwagen der NVA in Stellung. Sie senden Mitschnitte von Kundgebungen und viel laute Musik, um die „Feindpropaganda" zu übertönen.
Der nervtötende Lärm hält bis 1965 an, dann wird das „Studio am Stacheldraht" eingestellt. Inzwischen können sich die Leute im Osten über RIAS, SFB und Deutschlandfunk ausreichend informieren. **(12)**

HARDENBERGSTRASSE 22–24: Sonderbotschafter Lucius D. Clay eröffnet am 5. November 1961 im Amerika-Haus eine Ausstellung über die Berliner Mauer.

STALINALLEE: Am 13. November 1961 verschwindet in aller Stille in der Stalinallee das Denkmal des Sowjet-Diktators. Über Nacht heißt die „erste sozialistische Straße der DDR" nun **Karl-Marx-Allee** und in ihrer Verlängerung stadtauswärts **Frankfurter Allee.**

HARDENBERGSTRASSE 20: Der britische Stadtkommandant General Sir Rohan Delacombe eröffnet am 19. Januar 1962 das neue „British Centre".

S-BAHNHOF WOLLANKSTRASSE: DDR-Verkehrsminister Erwin Kramer (1902–1979) präsentiert der Presse am 1. Februar 1962 einen von der Westseite aus gegrabenen Fluchttunnel (SIEHE KAP. 10, S-BAHNHOF WOLLANKSTRASSE).
Nach Aussage des Ministers sollte er dem „Einschleusen von Agenten" nach Ost-Berlin dienen.

BERLIN-DAHLEM: Ab 1. August 1962 hat das Studentenwerk die Mensa der Freien Universität übernommen. Die Studenten zahlen für das Essen 1,10 Mark, 0,70 Pfennig steuert die öffentliche Hand bei – die eingemauerte Stadt soll für junge Leute attraktiv bleiben.

BÖTZOWSTRASSE 21: Ende der 60er Jahre haben sich viele Berliner auch in öffentlichen Räumen ihre Nischen in der geteilten Stadt geschaffen.
Beispiel: Der Montagabend im „Bötzow-Stüb'l". Raumfüllend laufen die „Schlager der Woche" vom RIAS im Radio. Als die „Lords" gerade ihr „Poor Boy" hämmern, beschwert sich ein Parteiabzeichenträger über das Abspielen des „Feindsenders".
Die Wirtin dreht kurz leise und fragt in den Raum: „Stört das hier jemanden?" Keine Antwort. Mit einem trockenen „na also" dreht sie wieder auf. Der Genosse verdrückt sich – "… live is very hard each day, yeah, yeah, yeah…"

DAHLEM: Weder im Meteorologischen Institut der Freien Universität, noch im Wetteramt Potsdam ahnt am 18. Dezember 1962 jemand, dass nun die kältesten Wochen im Kalten Krieg beginnen. An 80 Tagen hintereinander bleibt die Quecksilbersäule unter 0 Grad. Am 18. Januar 1963 wird mit minus 25 Grad Celsius der Kälterekord gemessen.

SCHOLZPLATZ: Der Sender Freies Berlin (SFB) nimmt am 15. Mai 1963 einen neuen Sendemast in Betrieb. Damit können mehr Ost-Zuschauer sein Fernsehprogramm empfangen.

FRIEDRICHSTRASSE: Der frühere Bundesminister für gesamtdeutsche Fragen, Ernst Lemmer (1898–1970) eröffnet am 14. Juni 1963 im einstige „Café Köln" am **Checkpoint Charlie** die Gedenkausstellung „Die Freiheit darf hier nicht enden".

RATHAUS SCHÖNEBERG: Unter dem Beifall Zehntausender spricht US-Präsident John F. Kennedy am 26. Juni 1963 sein weltberühmtes Bekenntnis: „Ich bin ein Berliner …" Damit ist eindrucksvoll klargestellt, dass die USA auch weiter für die Freiheit West-Berlins stehen. Viele Berliner, die von den Westmächten enttäuscht waren, weil sie sich nach dem Mauerbau politisch zurückhaltend verhielten, sind jetzt wieder versöhnt.

AM MARX-ENGELS-PLATZ: So strikt wie jegliche westliche Zeitungen für den gewöhnlichen DDR-Bürger tabu sind, so intensiv werden sie von den SED-Funktionären gelesen. Jeden Morgen holt ein Kurier mit einem „Barkas" die vorbereiteten Pakete extra in West-Berlin ab.
Manfred Uschner, persönlicher Mitarbeiter bei dem für Außenpolitik zuständigen Politbüro-Mitglied Hermann Axen, muss für seinen Chef regelmäßig 52 Zeitungen und Zeitschriften aus dem Westen auswerten und das Wichtigste anstreichen. Er erinnert sich: „Axen interessierte sich besonders für den „Tagesspiegel", die „Frankfurter Rundschau", „Morgenport", „Stern" und

„Spiegel" sowie „Financial Times", „Le Monde", „New York Herald Tribune" und „L'Humanité". Sowjetische Zeitungen interessierten wenig." **(13)**

FRIEDRICHSTRASSE / CHECKPOINT CHARLIE: Der frühere US-Vizepräsident (1953–1961) und spätere Präsident (1968–1974), Richard Nixon, besucht am 24. Juli 1963 mit Frau und zwei Töchtern privat Ost-Berlin. Er sieht sich rund drei Stunden lang um.

MASURENALLEE 8: Der SFB überträgt am 30. August 1963 das erste Rundfunkkonzert in Deutschland in Stereo.
Der DDR-Rundfunk sendet seine ersten Stereo-Versuchssendungen ab 15. September 1964 aus der **Nalepastraße.**
Der neue Musik- und Hörspielkomplex B war am 9. Februar 1956 eingeweiht worden, nachdem der gerade fertig gewordene Sendesaal am 16. Februar 1955 einem Großbrand zum Opfer gefallen war.

KOCHSTRASSE 22/23: Auf dem Dach des dortigen Verwaltungsgebäudes setzt Jugend-Senator Kurt Neubauer am 19. Oktober 1963 eine Leuchtschriftanlage in Betrieb. Sie strahlt Nachrichten nach Ost-Berlin aus.

ALEXANDERPLATZ: Am 16. Mai 1964 beginnt mit rund einer halben Million FDJ-lern das „Deutschlandtreffen". Den Gästen aus dem Westen soll das fröhliche Jugendleben in der DDR gezeigt werden. Ausgesuchte FDJ-Funktionäre üben vorher das Diskutieren mit dem Klassenfeind.
Die Mehrheit der Teilnehmer schert sich wenig um die politische Propaganda. Sie genießen die Sonnentage bei attraktiven Veranstaltungen und neun Monate später wird manch „Deutschlandtreffen-Baby" geboren.
Der DDR-Rundfunk startet den neuen Jugendsender „DT 64", der endlich auch mal ein paar westliche Hits im Programm hat.

THEODOR-HEUSS-PLATZ: Bundespräsident Heinrich Lübke (1894–1972) legt am 12. Juli 1965 den Grundstein für das neue Fernsehzentrum des SFB.
Am 19. März 1970 geht es offiziell in Betrieb.

KOCHSTRASSE 50: Vor dem Gebäude des Axel Springer Verlages protestieren am 6. April 1967 mehr als 2 000 Studenten gegen den Besuch des US-Vizepräsidenten Hubert Humphrey in West-Berlin.

BISMARCKSTRASSE: Noch viel heftiger geraten die Demonstrationen am 2. Juni 1967 gegen den Besuch des persischen Schahs Mohammed Reza Pahlevi.

An der **Deutschen Oper** wird dabei von Kriminalobermeister Karl-Heinz Kurras der 22-jährige Student Benno Ohnesorg erschossen. Kurras, 39, wird später freigesprochen.

Ein Auto-Corso von mehr als 100 Wagen begleitet den Leichnam Benno Ohnesorgs am 8. Juni 1967 zur Beisetzung nach Hannover. Die DDR-Behörden verzichten an der Grenzübergangsstelle **Drewitz/Dreilinden** auf jegliche Kontrolle.

Auf den Autobahnbrücken an der Transitstrecke werden FDJ'ler postiert, die der vorbeifahrenden Kolonne ihre Solidarität bekunden.

PANORAMASTRASSE/ALEXANDERPLATZ: Am 3. Oktober 1969 wird der Berliner Fernsehturm am **Alex** in Dienst gestellt, ab 7. Oktober dürfen ihn die Berliner besuchen. Gleichzeitig beginnen stundenweise Farb-Sendungen des 2. Programms. Damit soll das DDR-Fernsehen auch für die Zuschauer in West-Berlin attraktiver werden.

Vier Jahre wurde an dem (mit neuer Antenne heute) 368.03 Meter hohen Turm gebaut, der schnell zum neuen Wahrzeichen Berlins wird. Nun suchen die DDR-Funktionäre dafür einen „volkstümlichen" Namen. So wird mit „sozialistischem Humor" schließlich „Tele-Spargel" erfunden.

Der echte Volksmund nennt den Turm derweil „Sankt Walter" – weil bei Sonnenschein ein Kreuz auf der Alu-Haut der Kugel entsteht. Doch die Ost-Berliner wären wohl keine Berliner, würde nicht auch gespottet: „Was passiert, wenn der Fernsehturm umkippt?" „Dann können wir mit dem Fahrstuhl in den Westen fahren!"

GRENZÜBERGANGSSTELLE DREWITZ/DREILINDEN: Zum 20. DDR-Geburtstag am 7. Oktober 1969 wird dem Klassenfeind ein „Panzerehrenmal" vor die Nase gesetzt. Der T 34 auf einem Sockel reckt sein Rohr drohend gen Westen.

Nach dem Fall der Mauer ersetzen Kleinmachnower das Kriegsgerät durch eine rosarot bemalte Schneekehrmaschine – inzwischen ist alles hinter einer Lärmschutzwand verschwunden.

SPITTELMARKT/LEIPZIGER STRASSE: Zum Schluss wusste keiner mehr so genau, woher das Gerücht eigentlich kam, aber zum 20. Jahrestag der DDR am 7. Oktober 1969 bewegte es Tausende Ost-Berliner- und DDR-Jugendliche. Die „Rolling Stones" spielen auf dem Dach des Springer-Hauses in der **Kochstraße** in West-Berlin, hieß es.

Transportpolizei holte langhaarige Beat-Fans schon auf dem Weg nach Berlin aus den Zügen, „Zusammenrottungen" wurden aufgelöst.

Anderntags berichten die Zeitungen von den „fröhlichen Volksfesten zum Republikgeburtstag". Die Hunderte von Jugendlichen, die stundenlang mit

erhobenen Armen in den Fluren des VP-Präsidiums am **Alex** (SIEHE KAP. 4, LINI-
ENSTRASSE 83–85) stehen müssen, werden nicht erwähnt.

FLUGHAFEN TEMPELHOF: Die Luftbrücke von 1948/49 wird in Erinnerung
gehalten. Am 7. Mai 1971 landet ein „Skymaster"-Transporter der US Air Force
in Tempelhof. Viele West-Berliner bestaunen das nostalgische Flugzeug.

HEINRICH-HEINE-STRASSE: Ein dunkler Daimler mit dem Stander der Bundesrepublik Deutschland nähert sich am 27. November 1970 dem Grenzübergang. Der Pfeifenraucher im Fond präsentiert dem DDR-Grenzer seinen Berliner
Personalausweis. Er ist auf den Namen Egon Bahr ausgestellt.

Der Bonner Staatssekretär will zu DDR-Staatssekretär Michael Kohl (1929–
1981), um über deutsch-deutsches zu verhandeln.

Egon Bahr weiß, dass er an der Grenze provoziert. Der Übergang ist für die
Bürger des Westteils der geteilten Stadt nicht zugelassen.

Prompt verlangt der Grenzer einen Diplomatenpass. Den hat Egon Bahr aber
zu Hause gelassen. Mit Absicht, denn er will der DDR die Absurdität der Verhältnisse in und um Berlin unter die Nase reiben.

Der Unterhändler: „Ich riet ihm, Staatssekretär Kohl anzurufen und auszurich-
ten, ich würde nach Bonn zurückfahren, wenn ich hier nicht durchkäme, und
einen neuen Termin vereinbaren. Nach zehn Minuten kam er mit rotem Kopf
zurück: ‚Sie können passieren'." **(14)**

KLOSTERSTRASSE 47: Staatssekretär Michael Kohl ist wütend. Als Retour-
kutsche weist er an, Egon Bahr nicht vor dem Eingang des Ministerrates zu
empfangen, wie es eigentlich die diplomatische Höflichkeit geboten hätte. Karl
Seidel, im DDR-Außenministerium für die Beziehungen zur Bundesrepublik
zuständig, erinnert sich: „Das Portal sollte sich beim Nahen der bundesdeutschen Delegation wie von Zauberhand öffnen. So geschah es dann auch." **(15)**

UNTER DEN LINDEN: Zum zehnten Jahrestag des Mauerbaus am 13. August
1971 paradieren in Ost-Berlin die Kampfgruppen (SIEHE KAP. 4, MAUERSTRASSE
29). West-Berlin begeht den Tag mit Kranzniederlegungen und Gedenkstunden
für die Opfer der Mauer.

FLUGHAFEN TEMPELHOF: Erstmalig landet am 17. September 1971 der amerikanische Riesen-Transporter „Galaxy" mitten in der Stadt. Er ist die Attraktion beim „Tag der offenen Tür".

RATHAUS SCHÖNEBERG: Im Goldenen Saal paraphieren Beauftragte
des West-Berliner Senats und des DDR-Außenministeriums am 10. Dezember 1971 die innerdeutschen Vereinbarungen zur Ausfüllung des Viermächte-
Abkommens.

Gestritten wird dabei bis zuletzt, denn für die DDR handelt es sich um die Gestaltung der Beziehungen mit dem „Ausland", für West-Berlin um eine „innerstädtische Angelegenheit".

Deshalb sollen Worte wie „Grenze" „Grenzübergangsstelle", „Grenzverlauf" oder „Visum" und „Visa-Gebühren" aus West-Sicht möglichst vermieden werden.

Der Streit setzt sich fort, nachdem Senat und DDR-Regierung am 20. Dezember 1971 eine Vereinbarung über den Gebietsaustausch der in West-Berliner Besitz befindlichen **Nuthewiesen** gegen einen Zugang von **Kohlhasenbrück** zur Exklave **Steinstücken** (SIEHE KAP. 3, STEINSTÜCKEN) schließen.

Letztendlich setzt sich die DDR-Diktion durch, weil sich der Senat der Verbesserung der Lebensbedingungen der West-Berliner verpflichtet fühlt. **(16)**

ADLERSHOF: Am 26. August 1972 beginnt das 1. Programm des DDR-Fernsehens mit seinen Farbsendungen. Ab Januar 1973 gibt es sie regelmäßig.

Im Gegensatz zum Farbfernsehen nach dem PAL-System im Westen, setzt die DDR auf das französische SECAM-System.

Erst Mitte der 70er Jahre kommt mit dem „Chromat" ein Farb-TV-Gerät auf den DDR-Markt, das den Empfang beider Systeme ermöglicht. Es kostet rund 4 500 Mark. Später steigen die Preise für entsprechende Geräte bis auf 6 500 Mark.

KUFSTEINER STRASSE 69: Schriftsteller und Komponist Günter Neumann, mit der politisch-satirischen RIAS-Sendereihe „Günter Neumann und seine Insulaner" populär geworden, stirbt am 17. Oktober 1972 im Alter von 59 Jahren in München.

MARX-ENGELS-PLATZ: Am 20. Juni 1974 wird Günter Gaus (1929–2004) als erster Chef der Ständigen Vertretung der Bundesrepublik Deutschland bei der DDR (siehe Kap. 7, Hannoversche Straße 30) im Staatsratsgebäude akkreditiert.

Das diplomatische Protokoll verlangt dabei das Abspielen der Nationalhymne. Vielleicht deshalb erfolgte sein Empfang nicht vor, sondern im Hof des Staatsrates. Das Deutschlandlied, noch dazu von einer NVA-Militärkapelle intoniert, sollten die schaulustigen DDR-Passanten wohl nicht hören.

Offiziell gab es vor dem Gebäude zufälligerweise gerade Bauarbeiten. Günter Gaus: „Ich habe das die diplomatische Baugrube genannt. Sie ist, glaube ich, am nächsten Tag wieder zugeschüttet worden." **(17)**

CHAUSSEESTRASSE 131: Im September 1976 setzt sich Liedermacher Wolf Biermann, damals 35, über sein seit Jahren vor der SED verhängtes Auftrittsverbot hinweg und singt in der Prenzlauer Marienkirche. „Die Partei" sinnt auf

Rache. Scheinheilig lässt sie Biermann im November zu einem Konzert nach Köln reisen – und sperrt ihn dann aus der DDR aus.

In seine Wohnung in der Chausseestraße 131 – sie gab auch seiner ersten Platte den Namen – kann er nicht einmal wieder nach der Einheit einziehen. Ein PDS-Funktionär wohnt bereits darin.

Die Nacht-und-Nebel-Aktion ruft den Protest vieler DDR-Künstler hervor, manche von ihnen reisen in den folgenden Jahren deshalb in den Westen aus. Einer davon ist Manfred Krug (SIEHE KAP. 12, BORNHOLMER STRASSE).

STORKOWER STRASSE 165: Am 2. und 9. Januar 1978 veröffentlicht „Der Spiegel" ein „Manifest des Bundes Demokratischer Kommunisten Deutschlands". Darin äußert sich eine bislang unbekannte SED-Opposition kritisch zur DDR. Sie fordert umgehend einschneidende Reformen und die Abschaffung der Mauer.

Die DDR verfügt daraufhin die sofortige Schließung des „Spiegel"-Büros in der Storkower Straße. Korrespondent Ulrich Schwarz wird ausgewiesen.

Sowohl in der DDR, als auch im Westen diskutiert man heftig, ob das Manifest echt, oder eine Fälschung ist.

Das ist bis heute nicht ganz klar. Fest steht, dass es Ulrich Schwarz in dessen Ost-Berliner Büro von Hermann von Berg, damals 44, diktiert wurde. Von Berg war als geheimer Ost-West-Unterhändler aktiv, diente als Stasi-IM und geriet als SED-Dissident in politische Haft.

Experten vermuten, dass es sich bei dem „Manifest" weitestgehend um einen Alleingang Hermann von Bergs gehandelt habe. Unklar ist dabei, inwieweit die Stasi im Hintergrund daran mitwirkte. **(18)**

THEODOR-HEUSS-PLATZ: Am 12. September 1980 beginnt der britische Fernsehsender BFBS-TV im „Summit House" mit seinen Sendungen aus Berlin.

MASURENALLEE 8: Mitte der 80erJahre spielt die S-Bahn in West-Berlin keine große Rolle mehr. Dennoch schreibt Komponist und Texter Klaus Heilbronner seinen Song: „An eine Berlinerin" und besingt die S-Bahn in West und Ost.

Ein paar Wochen lang ist der Ohrwurm im SFB zu hören, dann gerät er in Vergessenheit. Dabei hätte es doch eine Hymne werden können. Kostprobe: „Sie ist rotblond und hat sanfte Kurven … ihr Charme elektrisiert mich und sie bringt mich leicht in Fahrt …". **(19)**

UNTER DEN LINDEN: Am 21. Januar 1984 nimmt das Kulturzentrum der Französischen Republik in Ost-Berlin seinen Betrieb auf.

Für die Stasi gilt es als „Zentrale feindlicher Propaganda". Deshalb stehen ostdeutsche Besucher von Anfang an unter Beobachtung.

MARX-ENGELS-PLATZ 1: Erich Honecker scheint hoffähig geworden zu sein. West-Besucher geben sich im DDR-Staatsrat die Klinke in die Hand. Am 18. September 1985 besucht SPD-Chef Willy Brandt Ost-Berlin. Er geht ins Museum für Deutsche Geschichte **Am Zeughaus,** legt in der Neuen Wache **Unter den Linden** einen Kranz nieder und besichtigt das Schauspielhaus am **Gendarmenmarkt.**
Dort findet sich am 14. November 1985 auch der saarländische Ministerpräsident Oskar Lafontaine ein. Dann besichtigt er den sozialistischen Aufbau an der **Leipziger Straße** und im Wohngebiet **Thälmannpark.**
Niedersachsens Vize-SPD-Chef Gerhard Schröder absolviert am 18. Dezember 1984 das ganze Programm bei einer Stadtrundfahrt.

AM LUSTGARTEN: Der stellvertretende Kulturminister der DDR, Dietmar Keller, eröffnet am 30. Oktober 1986 im Alten Museum die Gemäldeausstellung „Positionen – Malerei aus der Bundesrepublik Deutschland". 85 sorgsam ausgewählte Werke werden ausgestellt.

PAULSBORNER STRASSE: Am 10. April 1987 nimmt der private Radiosender „Hundert,6" seinen Sendebetrieb auf. Er wird von der „Schamoni Medien GmbH" betrieben.

PLATZ VOR DEM BRANDENBURGER TOR: US-Präsident Ronald Reagan fordert am 12. Juni 1987 vor dem Brandenburger Tor: „Mr. Gorbatschow, öffnen Sie dieses Tor, Mr. Gorbatschow, reißen Sie diese Mauer nieder ... "
Einen Monat später, im Juli 1987 wetteifern West- und Ost-Berlin um die eindrucksvollere Gestaltung der 750-Jahr-Feier Berlins.
Mit einem zehn Kilometer langen historischen Festumzug hat der Osten die Nase vorn. Am 30. August kontert der Westen mit einem „Japanischen Feuerwerk" auf dem **Flughafen Tempelhof,** das 1,2 Millionen Schaulustige bewundern.

KÖNIGSTRASSE: Als erstes privates Fernsehprogramm kann SAT 1 ab 26. August 1987 in Berlin über Antenne empfangen werden. Gesendet wird über den Turm **Schäferberg** an der Königsstraße in **Wannsee.**
Am 22. August 1988 nimmt RIAS-TV seinen Sendebetrieb auf.

RATHAUS NAUEN: Nauens Bürgermeister Alfred Kuhn und sein Kollege aus dem West-Berliner Bezirk **Spandau,** Werner Salomon, unterzeichnen am 22. September 1988 eine „Vereinbarung über kommunale Kontakte".
Die Hoffnung vieler Bürger, durch solche „Städtepartnerschaften" auch einmal an Reisen in den Westen zu kommen, erfüllt sich nicht. Die DDR meint, auf die-

ser Ebene ein neues Mittel gefunden zu haben, den „real existierenden Sozialismus" jenseits des Eisernen Vorhangs zu präsentieren.

Am 3. November 1988 wird ein entsprechender Vertrag zwischen **Berlin-Zehlendorf** und **Königs Wusterhausen** unterzeichnet.

AM MARSTALL/MARX-ENGELS-PLATZ/SCHÖNHAUSER ALLEE: Die DDR-Führung hat ihre Propaganda eingestellt und lässt jetzt stattdessen prügeln. Zwischen 6. und 8. Oktober 1989 kommt es immer wieder zu Gewaltorgien gegen Demonstranten. Das SED-Zentralorgan „Neues Deutschland" berichtet von den fröhlichen Volksfesten zum Republikgeburtstag die von „Rowdies und Randalierern" gestört wurden.

KOCHSTRASSE 50: Die exklusive BILD-Schlagzeile am 13. Oktober 1989 heißt: „Honecker: Mittwoch letzter Arbeitstag".

Das lesen auch die Genossen in Ost-Berlin. Am 18. Oktober erfahren sie, dass die Story stimmt. Erich Honecker tritt „aus gesundheitlichen Gründen" zurück. Nachfolger Egon Krenz übernimmt das Ruder als SED-Generalsekretär. Am 24. Oktober wird er auch noch Vorsitzender des Staatsrates und Chef des Nationalen Verteidigungsrates der DDR.

Aller drei Ämter kann er sich nur bis zum 6. Dezember 1989 erfreuen.

ADLERSHOF: Nach 1 519 Folgen wird am 30. Oktober 1989 die wohl perfideste Propagandasendung des Kalten Krieges, „Der Schwarze Kanal" von Karl-Eduard von Schnitzler (1918–2001), eingestellt. Die letzte Sendung dauert nur noch ein paar Minuten.

BORNHOLMER STRASSE: Oberstleutnant Harald Jäger ist am 9. November 1989 diensthabende Chef am Grenzübergang Bornholmer Straße. Seine Schicht beginnt so ruhig wie immer.

Doch dann stottert um 18.53 Uhr SED-Politbüromitglied Günter Schabowski im Ost-Berliner „Internationalen Pressezentrum" in der **Mohrenstraße 36–37** die Nachricht von der Öffnung der Mauer in die Mikrofone der Journalisten – „Wenn ich richtig informiert bin, nach meiner Kenntnis unverzüglich" **(20)**.

In der Bornholmer Straße, vor der heutigen **Bösebrücke,** tauchen wenig später die ersten Menschen auf. Sie drängen nach Westen.

Um 22.30 Uhr ruft Harald Jäger seinen Chef an: „Es ist nicht mehr zu halten. Wir müssen die Grenzübergangsstelle aufmachen. Ich stelle die Kontrollen ein und lasse die Leute raus." **(21)**

Wie ein Trichter saugt die Brücke die Ost-Berliner in den Westen.

Etwas abseits stehen zwei Männer und schauen sich den Trubel an. Es sind Generaloberst Karl-Heinz Wagner, Stabchef im DDR-Innenministerium und Stasi-Oberst Hans-Joachim Krüger.

„Karl-Heinz, das sieht schlimm aus", meint resignierend der Oberst. „Es sieht schlimm aus", bestätigt müde der General. Dann fasst sich Oberst Krüger ein Herz: „Soll ich dir mal was sagen?" „Na, sag's!" „Der Sozialismus hat verloren. Sieh in die Augen der Menschen. Wir haben kein Hinterland mehr." **(22)**

7. KAPITEL

GRENZE UND MAUER

Dass es zwischen Staaten Grenzen gibt, ist eigentlich eine ganz normale Angelegenheit. Bestehen sie jedoch aus Stacheldraht, Mauern und einem Todesstreifen, werden sie schnell zu Fronten.

So war es über vierzig Jahre lang zwischen den östlichen und westlichen Stadtbezirken von Berlin und zwischen den beiden Teilen Deutschlands. Auch wenn diese sich als Staaten fühlten, weitgehende Souveränität genossen, und über Jahrzehnte so agierten, als seien sie selbständig, blieben sie doch bis zum 2. Oktober 1990 besetztes Land.

Das hat das Klima an den Demarkationslinien bestimmt. In Berlin war es zudem der verlässlichste Seismograph des Kalten Krieges.

DREILINDEN: Der Obmann der zu Kleinmachnow im Landkreis **Teltow** gehörenden Siedlung bittet am 6. Juni 1945 den Magistrat darum, Dreilinden in den Verwaltungsbezirk **Zehlendorf** einzugliedern. Sein Wunsch bleibt unerfüllt.

SCHREINERSTRASSE 52: Nach einem einstündigen Feuergefecht wird am 3. Juni 1949 der 17-jährige Bandenchef und mehrfache Mörder Werner Gladow („Doktorchen") im **Friedrichshain** überwältigt. Die „Gladow-Bande" konnte bis dahin über die offenen Sektorengrenzen immer wieder der Polizei entkommen. So wurden sie zum Symbol für die nach dem Kriege grassierende Banden-Kriminalität. Werner Gladow wird später zum Tode verurteilt und hingerichtet.

Bereits am 21. Februar 1946 hatte der Polizeipräsident mitgeteilt, dass seit 1945 monatlich 12 000 bis 15 000 Kriminalfälle registriert werden. Die Polizei zerschlug 45 Banden mit zwei bis 27 Mitgliedern.

POTSDAM-BABELSBERG / DREILINDEN: Mit Befehl Nummer 73/49 des Präsidenten der Deutschen Verwaltung des Innern (DVdI) der Sowjetisch Besetzten Zone, Kurt Fischer (1900–1950), wird am 28. Juli 1949 im Süden Berlins der Kontrollpostenpunkt (KPP) **Nowawes** eröffnet. Am 23. 10. 1950 benennt ihn die DDR in „KPP Drewitz" mit Standort „hinter der Autobahnauffahrt Potsdam-Babelsberg in Richtung Berlin" um.

Seit 1. April 1948 gab es dort einen Verkehrskontrollpunkt, an dem die sowjetische Militärpolizei mit ostdeutschen Hilfskräften den Verkehr kontrollierte.

Die Amerikaner bezeichnen den Übergang als „Checkpoint Bravo". Ihr „Checkpoint Alpha" ist die Grenzkontrollstelle **Helmstedt / Marienborn**, der

„Checkpoint Charlie" die Passage zwischen West- und Ost-Berlin an der **Friedrichstraße.**

LEIPZIGER STRASSE 5–7: Die DDR-Regierung verbietet am 19. Juli 1951 für alle im Zuständigkeitsbereich des Ministeriums des Innern der DDR zugelassenen Kraftfahrzeuge die Durchfahrt durch West-Berlin.

DREILINDEN: Die 1945 von der Wehrmacht gesprengte Autobahnbrücke wurde von West-Berlin für 1,15 Millionen Mark wieder aufgebaut. Am 23. Oktober 1951 geht sie in Betrieb.

PAROCHIALSTRASSE 1–3: Der Magistrat erlässt am 24. Januar 1952 eine Meldeordnung. Danach müssen sich alle Personen, die sich länger als drei Tage in Ost-Berlin aufhalten, registrieren lassen.

LEIPZIGER STRASSE 5–7: Nach einer Verordnung des DDR-Ministerrates erhalten Personen, die in West-Berlin arbeiten, aber in Ost-Berlin leben („Grenzgänger") keine Lebensmittelkarten mehr.
Auch Betriebsbesitzer, Rechtsanwälte und Groß- und Einzelhändler werden vom Bezug der Lebensmittelkarten ausgeschlossen.

WILHELM-PIECK-STRASSE 142–146: Die Ost-Berliner Reichsbahndirektion setzt ab 17. Mai 1953 auf den S-Bahnstrecken von **Friedrichstraße** nach **Falkensee, Potsdam** und **Oranienburg** neben den regulären Zügen auch solche ein, die nicht in den West-Sektoren halten („Durchläufer").

HEERSTRASSE: Infolge des Aufstands vom 17. Juni (SIEHE KAP. 6, STALINALLEE) werden am 3. Juli 1953 die letzten noch für Passanten freien Grenzübergänge aus der DDR an der Heerstraße und auf der **Glienicker Brücke** gesperrt.

STAHNSDORF: Die BVG West richtet am 18. November 1953 eine Sonderbuslinie zum **Waldfriedhof Stahnsdorf** ein. Die evangelische Kirche hatte mit der DDR für den Buß- und Bettag und den Totensonntag ein Passierscheinabkommen für West-Berliner beschlossen.
Noch existiert zwar die S-Bahnlinie von **Wannsee** über **Dreilinden** nach Stahnsdorf, aber weil die Grabstätten seit 1952 nur noch mit einer Sondergenehmigung besucht werden dürfen, führt die „Friedhofsbahn" schon seit langem ein Schattendasein. Nach dem Mauerbau wird sie abgerissen. Heute finden sich nur noch ein paar Gleisreste im Wald.
Ein Stückchen des Waldfriedhofs Stahnsdorf untersteht sogar der britischen Krone. Eine Tafel am Eingang des umzäunten, aber frei zugänglichen Teils informiert: „Hier ruhen Soldaten des Britischen Reiches, welche während des Welt-

krieges 1914–1918 in Deutschland starben. Die durch ihre Gräber geweihte Erde ist als ewiger Besitz durch Vertrag mit dem deutschen Volke und der Berliner Stadtsynode gesichert. Auf dass ihre Überreste für immer in Ehren gehalten werden."

Britische Friedhofsgärtner pflegten die Anlage. Im Oktober 2004 besuchte die Queen ihre toten Soldaten.

HOPPEGARTEN: Zum Besuch der Rennbahn ist es ab dem 22. August 1954 West-Berlinern gestattet, ohne Passierschein bis Hoppegarten zu fahren.

LEIPZIGER STRASSE 5–7: Zur Erleichterung des Personen- und Berufsverkehrs geben die DDR-Behörden am 9. September 1954 die Kontrollpunkte **Neu-Buch, Birkenstein, Glienicke/Nordbahn, Dreilinden, Teltor-Seehof** und **Düppel** für Fußgänger und Radfahrer frei.

KLOSTERSTRASSE 47: Am 8. September 1960 verkündet die DDR-Regierung, dass Bundesbürgern der Besuch Ost-Berlins nur noch nach Erteilung einer Genehmigung gestattet sei. Die offene Sektorengrenze macht das Ansinnen zur Makulatur.

SEKTORENGRENZE BERLIN MITTE: Am 13. August 1961 beginnen hier und überall in und um Berlin die „bewaffneten Kräfte" der DDR mit dem Abriegeln des Westteils der Stadt. Die Sowjets haben zugestimmt und halten sich in der zweiten Reihe für den „Ernstfall" bereit.

Straßenpflaster wird aufgerissen, Asphaltstücke und Pflastersteine werden zu Barrikaden geschichtet, Stacheldrahtverhaue und erste Barrieren entstehen.

Fassungslos stehen Ost-Berliner und DDR-Bürger auf der einen, West-Berliner auf der anderen Seite. Auf der Ostseite halten Kampfgruppen und Volkspolizisten die Menschen mit ihren Waffen in Schach. Auf der Westseite schirmt Polizei die Grenzanlagen vor den aufgeregten Bürgern ab.

Bis Sonntagnachmittag, 16 Uhr, melden sich noch rund 800 Flüchtlinge in West-Berlin (SIEHE KAP. 4, MARIENFELDER ALLEE 66–80).

Im **Schöneberger Rathaus** kommt der Senat zu einer Sondersitzung zusammen und stellt fest: „Die Abriegelung der Zone und des Sowjetsektors von West-Berlin bedeutet, dass mitten durch Berlin die Sperrwand eines Konzentrationslagers gezogen wird. Senat und Bevölkerung von Berlin erwarten, dass die Westmächte energische Schritte bei der sowjetischen Regierung unternehmen werden." **(1)**

Bundeskanzler Konrad Adenauer (1876–1967) mahnt zur Besonnenheit und vertraut auf die West-Mächte: „Im Verein mit unseren Alliierten werden die erforderlichen Gegenmaßnahmen getroffen … Es ist ein Gebot der Stunde, in Festigkeit, aber auch in Ruhe der Herausforderung des Ostens zu begegnen und nichts zu unternehmen, was die Lage nur erschweren, nicht aber verbessern kann." **(2)**

Am Abend gibt der amerikanische Außenminister Dean Rusk eine Erklärung ab: „Vorliegende Berichte deuten darauf hin, dass sich die bisher getroffenen Maßnahmen gegen die Bewohner Ost-Berlins und Ost-Deutschlands und nicht gegen die Position der Alliierten in West-Berlin oder den Zugang nach West-Berlin richten." **(3)** Damit ist klar, dass gar nichts passieren wird.

Am Abend des 13. August 1961 ist Berlin geteilt. Für 28 Jahre, zwei Monate und 27 Tage.

EBERTSTRASSE: Am 14. August 1961, kurz nach ein Uhr, schrillt bei RIAS-Reporter Erich Nieswandt, damals 30, das Telefon: „An der Grenze ist was los". Sofort saust der Mann mit seinem VW-Käfer zum **Brandenburger Tor.** An der Ebertstraße reißen Volkspolizisten Schneisen in den Straßenbelag. Erich Nieswandt: „Ich kurbelte am federwerkbetriebenen Spulentonband, hielt das Mikro Richtung Pressluftbohrer und sprach meinen Text. Ich wusste nicht, was da passierte, dachte nie im Leben an eine Mauer..."

So entstand die erste deutschsprachige Rundfunkreportage vom Mauerbau. Erich Nieswandt ist die nächsten 36 Stunden auf den Beinen und liefert weitere 40 Beträge beim RIAS ab. (SIEHE KAP. 1, KUFSTEINER STRASSE 69). **(4)**

SCHARNHORSTSTRASSE: Nach dem Mauerbau gerät der zwischen Scharnhorststraße und **Berlin-Spandauer-Schifffahrtskanal** liegende Invalidenfriedhof (SIEHE KAP. 2, SCHARNHORSTSTRASSE) ins Grenzgebiet. Seit dem 30. April 1951 ist er für Beisetzungen geschlossen. Um freies Schussfeld zu schaffen, wird der Friedhof nun weitgehend zerstört.

Eine Dokumentation der historischen Grabstätten unterbleibt. Zählte die preußische Heldengedenkstätte 1960 noch rund 3 000 Grabmäler, sind heute gerade noch 230 vorhanden. Wertvolle gusseiserne Denkmäler, wie das Gitter mit dem Familienwappen der Familie Schlieffen, wanderten in volkseigene Hochöfen.

1967 ist etwa ein Drittel des Friedhofes eingeebnet. Das nördliche Feld I mutiert zum Parkplatz, auf dem Feld A haben sich Grenzer aus Grabsteinen einen Unterstand für Schlechtwetter gebaut. Nur mit Passierschein erlauben sie ab 1965 zweimal pro Woche für jeweils zwei Stunden den Besuch des Friedhofs.

Die völlige Zerstörung blieb der Gedenkstätte wahrscheinlich nur erspart, weil dort auch die preußischen Militärreformer Scharnhorst und Boyen begraben sind. Die Nationale Volksarmee der DDR sieht sich in deren Tradition.

Seit der Einheit gibt es Bemühungen, den Friedhof zu rekonstruieren. **(5)**

ZIMMERSTRASSE / ECKE FRIEDRICHSTRASSE: Am Montag, den 14. August 1961, wird Lothar Wesner mit seiner Maurerbrigade vom VEB Hochbau Friedrichshain zur „Grenzsicherung" abkommandiert.

Er erinnert sich: „Einen Tag musste ich Großblocksteine, so genannte Ochsenköpfe, an der Ecke **Zimmer- / Friedrichstraße** aufeinander setzen, bewacht von bewaffneten Einheiten. Mir war schlecht, ich konnte den ganzen Tag nichts essen und wusste, ich mauere mich selber ein."
Drüben haben sich Schaulustige versammelt. „Schmeiß doch die Kelle weg und komm rüber", rufen sie.
Lothar Wesner will nicht: „Ich hatte doch Eltern und Verlobte hier." Im September heiratet er. Bis er in den Westteil der Stadt darf, muss er 28 Jahre warten. **(6)**

FRIEDRICHSTRASSE / CHECKPOINT CHARLIE: Am 15. August 1961 begleitet der Gefreite Hagen Koch den „Zentralen Einsatzstab" bei einer Besichtigung der Grenze. Im Stasi-Wachregiment „Feliks Dzierzynski" ist der junge Soldat für die Kartographie zuständig.
Plötzlich befiehlt ihm ein Offizier, vorm Café Adler einen dicken weißen Strich über die Straße zu malen. Hagen Koch: „Ein Bein im Westen, das andere im Osten, habe ich den Grenzstrich gemalt." **(7)**
Sein Vorgesetzter ist zufrieden und trompetet: „Wir müssen deutlich machen, wo deren Macht zu Ende ist." **(8)**

KLOSTERSTRASSE 47: Am 22. August 1961 legt die DDR-Regierung mit Wirkung von 23. August fest, dass West-Berliner für Besuche in Ost-Berlin Passierscheine benötigen und im Straßenverkehr nur die Übergänge **Chausseestraße, Invalidenstraße, Sonnenallee** und **Oberbaumbrücke** benutzen dürfen.
Da die Ausgabe der Passierscheine jedoch nicht geregelt ist und die DDR in West-Berlin keine hoheitlichen Akte vollziehen darf (SIEHE KAP. 3, AM KLEISTPARK), dürfen West-Berliner faktisch den Ostteil der Stadt nicht mehr betreten.
Gleichzeitig gibt das Innenministerium der DDR bekannt, dass Bundesbürgern im Straßenverkehr zwischen den beiden Teilen Berlins nur noch die Grenzübergänge **Bornholmer Straße** und **Heinrich-Heine-Straße** zur Verfügung stehen.

KOPENHAGENER STRASSE: Wie hier in der einstmals belebten Durchgangsstraße zwischen **Prenzlauer Berg** und **Wedding,** sind durch den Mauerbau über Nacht rund 120 000 Ost-Berliner in die Sackgasse geraten. Sie wohnen nun im „Grenzgebiet" und dürfen nur mit Passierschein in ihre vier Wände. Besuch muss sich wochenlang vorher bei der Polizei anmelden, Kontrollen im Flur und Keller sind an der Tagesordnung. Als „Trost" kassieren die Bewohner im Grenzsperrgebiet einen Lohnzuschlag von 15 Prozent. Dort befindliche Läden werden bevorzugt „versorgt".

REICHSTAGSUFER 17: Etwa 1962 baut die DDR auf dem grünen Dreieck zwischen **Bahnhof Friedrichstraße** und **Weidendammer Brücke** aus Stahl, Glas und Beton eine neue Abfertigungshalle für die „GÜST Friedrichstraße".

Im Volksmund wird sie bald „Tränenpalast" genannt, weil sich hier immer wieder herzzerreißende Abschiedsszenen abspielen.

In den 90er Jahren erhält das nun nicht mehr benötigte Gebäude auch offiziell den Namen „tRÄNENpALAST" und wird zum Veranstaltungsort für Konzerte und Kabarettaufführungen. Inzwischen wurde es verkauft. Pläne über das weitere Schicksal des Gebäudes stehen noch aus.

RATHAUS SCHÖNEBERG: Ab 13. September 1962 wird der Personenverkehr an den Kontrollpunkten von und nach Berlin von West-Berliner Behörden registriert. So will man sich einen Überblick über Festnahmen von Berlin-Reisenden im Transitverkehr verschaffen.

PARISER PLATZ: Im linken Torhaus des Brandenburger Tores entsteht 1962 ein „Informationszentrum der Nationalen Volksarmee". Dort werden offiziellen ausländischen Besuchern Ost-Berlins vor dem Blick über die Mauer die „Grenzsicherungsanlagen" erklärt. Eine Text- und Foto-Dokumentation erläutert die angeblich friedensstiftende Funktion der Grenze und eine Foto-Galerie der erschossenen Grenzsoldaten lädt zum Gedenken an die Opfer ein – allerdings nur die der östlichen Seite.

NORDBAHNHOF: Obwohl vom Nordbahnhof aus kein Reisender in den Westen fahren darf, sind dort bis 1984 DDR-Zöllner und Stasi-Passkontrolleure stationiert. Sie fertigen die bis zur Übernahme der S-Bahn durch die BVG West (SIEHE KAP. 9, POTSDAMER STRASSE 188) täglich verkehrenden Arbeitszüge der Deutschen Reichsbahn ab. Ob Schwellen oder Scheuerlappen, alles, was am Nordbahnhof zur Versorgung der S-Bahnhöfe in West-Berlin verladen wird, ist für die DDR „Export". **(9)**

RUDOWER CHAUSSEE: Mit der Aufnahme des Direktfluges von Schönefeld nach Wien eröffnet die DDR am 15. Juni 1963 den neuen Kontrollpunkt **Rudower Chaussee/Waltersdorfer Chaussee.** Damit sollen Flugreisende West gelockt werden, denn für DDR-Bürger gehört der Trip nach Wien zu den unerfüllbaren Träumen.

KLOSTERSTRASSE 47: Der DDR-Ministerrat erlässt am 21. Juni 1963 mit sofortiger Wirkung die „Verordnung zum Schutz der Staatsgrenze zwischen der DDR und West-Berlin". Sie beinhaltet die Einrichtung einer Sperrzone von 500 Metern Breite im Bezirk Potsdam und von 100 Metern Breite in Ost-Berlin.

CHECKPOINT CHARLIE: Am 13. August 1963 verhindert die West-Berliner Polizei eine Anti-Mauer-Demo von etwa 300 Jugendlichen. Es werden Schlagstöcke eingesetzt.

KLOSTERSTRASSE 47: Am 17. Dezember 1963 beschließen die Regierung der DDR und der Senat von Berlin die erste Passierscheinregelung. Danach dürfen vom 20. Dezember 1963 bis zum 5. Januar 1964 zum ersten Mal seit dem Mauerbau West-Berliner wieder ihre Verwandten im Osten besuchen. Während der 19 Tage nutzen 1,24 Millionen Menschen diese Möglichkeit. Für den Erhalt der Passierscheine stehen sie oft stundenlang in der Kälte an. Wer mehrmals kommen möchte, muss auch mehrfach Schlange stehen!

LAUENBURG/HORST: DDR-Grenzposten verweigern am 4. April 1965 dem Regierenden Bürgermeister, Willy Brandt, die Weiterfahrt nach Berlin. Er muss nach **Hamburg** zurückkehren und von dort aus fliegen.

RATHAUS SCHÖNEBERG: Über die Ostertage 1965 dürfen die West-Berliner auf Passierschein wieder mal nach Ost-Berlin. 500 000 Menschen nutzen die Gelegenheit.
Am 25. November 1965 unterzeichnen Senatsrat Horst Korber (1927–1981) und DDR-Staatssekretär Michael Kohl (1929–1981) ein bis zum 31. März 1966 geltendes Protokoll über die Ausgabe von Passierscheinen.
Ein weiteres Abkommen für Ostern und Pfingsten 1966 wird am 7. März abgeschlossen.
Die DDR betrachtet die Passierscheinabkommen als Entgegenkommen und versucht, sie in ihrer Propaganda zu nutzen.

KLOSTERSTRASSE 47: Das Amt für Wasserwirtschaft beim Ministerrat der DDR fordert mit einem Schreiben vom 2. Mai 1967 an den West-Berliner Bausenator die Zahlung von 62,7 Millionen Mark für die Übernahme von Abwässern aus West-Berlin, rückwirkend ab 1961.

BAHNHOF FRIEDRICHSTRASSE: Ganz geheim nutzt die Stasi das Gewimmel der Reisenden, um über den Bahnhof Friedrichstraße Spionagematerial von West nach Ost zu schleusen. Dazu deponiert es der mit der S-Bahn anreisende Agent einfach in einem Gepäckschließfach und steigt dann in die U-Bahn um. Ost-Berlin braucht er dabei nicht zu betreten. Wenig später erscheint ein MfS-Mitarbeiter, der mit einem Sonderausweis den „Westteil" betreten darf, und holt das Gepäckstück ab.
Einmal gelingt einem Stasi-Offizier auf diesem Wege sogar die Flucht (SIEHE KAP. 8, BAHNHOF FRIEDRICHSTRASSE).

MAUERSTRASSE 29: Das Innenministerium der DDR verfügt am 11. Juni 1968 die Einführung einer Pass- und Visumpflicht für alle Benutzer der Transitwege zwischen der Bundesrepublik und West-Berlin.

GRENZÜBERGANGSSTELLE DREWITZ/DREILINDEN: Auf Beschluss des Nationalen Verteidigungsrates der DDR beginnt 1968 der Neubau der Grenz-übergangsstelle (GÜST) **Drewitz-Autobahn.** Die Baukosten betragen rund 50 Millionen Mark. Der neue Standort ist jetzt der Westrand der Gemeinde **Klein-machnow.**

Der alte Grenzübergang **Dreilinden** wurde u. a. deshalb aufgegeben, weil dort „schlechte Möglichkeiten zur Beobachtung und Feuerführung" bestanden.

Am 15. Oktober 1969 wird der Neubau aus Anlass des 20. Jahrestages der DDR eröffnet. Der Name „GÜST Drewitz" bleibt trotz der Verlegung der Autobahn erhalten.

Der Grenzübergang wird in der Folgezeit jährlich von etwa 10 Millionen Perso-nen und 4,5 Millionen Kraftfahrzeugen passiert.

Im September 1987 sind auf der „GÜST Drewitz" 401 Mitarbeiter der Stasi-Hauptabteilung VI beschäftigt, darunter 14 Frauen.

Am 10. November 1989 um 0.28 Uhr löst das Grenzkommando Mitte in **Ber-lin-Karlshorst** für das Grenzregiment 44 „Erhöhte Gefechtsbereitschaft" aus. Tausende DDR-Autos stauen sich vor den Abfertigungsanlagen. Um 0.30 Uhr wird die GÜST nach einem telefonisch übermittelten Befehl an den Zugfüh-rer der diensthabenden Stasi-Passkontrolleinheit, Major Meike, für DDR-Bürger geöffnet.

Am 1. Juni 1990 erteilt der Chef der Grenztruppen der DDR, Generaloberst Klaus-Dieter Baumgarten, den Befehl zur Auflösung der GÜST.

Dreißig Tage später, am 30. Juni, Punkt 24 Uhr, werden mit Wirksamwerden der Wirtschafts-, Währungs- und Sozialunion ab 1. Juli 1990 sämtliche Kontrollen eingestellt.

Ab 1993 erfolgt der Abriss der ehemaligen Grenzübergangsstelle und der Auf-bau des Gewerbegebietes „EuroParc Dreilinden" **(10)**

JEBENSTRASSE 1/REFORMATIONSPLATZ 2/SCHLOSSSTRASSE 1/ WATER-LOO UFER 5/SCHULSTRASSE 118: Vertreter von Senat und DDR-Regierung einigen sich am 29. Februar 1972 darauf, für die Abwicklung des Besucherver-kehrs von West- nach Ost-Berlin zu Ostern und Pfingsten in West-Berlin fünf Besucherbüros einzurichten.

Im Westen ahnt niemand, dass das gesamte Personal der „Büros für Besuchs-und Reiseangelegenheiten" insgeheim von der Stasi kommt (SIEHE KAP. 12, JEBENSTRASSE 1, ...). Das Ministerium für Staatssicherheit (MfS) bildet dafür extra die Arbeitsgruppe XVII. Sie hat ihren Sitz in **Hohenschönhausen** und zählt im Jahr 1989 insgesamt 308 Mitarbeiter, darunter 38 „Offiziere im besonderen Einsatz" (OibE). In den West-Berliner Büros sind zu dieser Zeit 75 Mitarbeiter tätig.

GRUNEWALD: Bis zu zehn Mal pendelt Tag für Tag ein „Dienstzug" der Deutschen Reichsbahn – bestehend aus einem Wagen und der Lok – zwischen dem Bahnbetriebswerk Grunewald und dem **Bahnhof Friedrichstraße** hin und her. Er hält in **Zoologischer Garten** und **Charlottenburg** und transportiert die Reichsbahner, die in West-Berlin Dienst schieben. Um dort während der Schicht wenigstens einmal auf die Toilette gehen zu können, bekommen sie 10 DM im Monat zusätzlich.
Als die BVG-West 1984 den S-Bahn-Betrieb übernimmt, wird der Zug eingestellt.

POTSDAMER PLATZ: Für 31 Millionen Mark erwirbt der Senat am 21. Juli 1972 ein zu Ost-Berlin gehörendes Grundstück am Potsdamer Platz. Es ist geplant, dort eine **„Entlastungsstraße"** zur besseren Verbindung zwischen den nördlichen und südöstlichen Stadtbezirken West-Berlins zu bauen.
Im Übrigen ist man im Westen froh, dass in der Gegend endlich Ordnung einzieht. Im Schatten der Mauer hatte sich dort nämlich ein florierender Schwarzmarkt entwickelt, auf dem Hunderte von Türken, Griechen und Jugoslawen ohne jede Kontrollmöglichkeit ihre Waren feilboten. Viele davon kauften die Händler zuvor zum Umtauschkurs von 1:5 in den Ost-Berliner „Centrum"-Warenhäusern am **Alex** und am **Ost-Bahnhof. (11)**

BAHNHOF FRIEDRICHSTRASSE: Die billigsten Fahrscheine mit Gültigkeit in West-Berlin gibt es bis 1990 auf dem Bahnhof Friedrichstraße.
Die in DM-West zu zahlenden Tickets berechtigen zur einmaligen Fahrt im gesamten Bereich der U-Bahn unter West-Berlin, nicht aber zum Umsteigen auf oberirdische Verkehrsmittel.
Dieser „Friedrichstraßen-Tarif" lag stets erheblich unter den Fahrpreisen der BVG West und orientierte sich an den Reichsbahntarifen für die West-Berliner S-Bahn.
Die BVG-West durfte am Bahnhof Friedrichstraße keine Fahrscheine verkaufen. Nach langem Tauziehen gestattete die DDR erst in den 80er Jahren die Aufstellung eines westlichen Entwerters für das Knipsen von bereits erworbenen Fahrscheinen.

JEBENSTRASSE 1 / REFORMATIONSPLATZ 2 / SCHLOSSSTRASSE 1 / WATERLOO UFER 5 / SCHULSTRASSE 118: Die DDR beginnt am 3. Oktober 1972 mit der Ausgabe so genannter Mehrfachberechtigungsscheine für Tagesbesuche von West-Berlinern in Ost-Berlin. Sie gelten für drei Monate und ermöglichen maximal acht Besuche.

Zum ersten Mal seit 1965 können West-Berliner Weihnachten 1972 wieder bei ihren Verwandten in Ost-Berlin feiern.

HEINRICH-HEINE-STRASSE: Am frühen Morgen des 3. August 1973 torkelt ein betrunkener West-Berliner in die Grenzübergangsstelle. Nach zwei Stunden wird er wieder nach West-Berlin abgeschoben. Dort gibt er an, er wollte in Ost-Berlin um Asyl bitten.

FRIEDRICHSTRASSE 43–46: Die „Arbeitsgemeinschaft 13. August e. V" kündigt am 14. August 1973 an, ihr „Haus am Checkpoint Charlie" zum 31. Oktober zu schließen, falls das Ministerium für innerdeutsche Beziehungen den beantragten Zuschuss von 55 000 Mark nicht gewährt.

ALEXANDERPLATZ: Hilda Heinemann, die Frau des Bundespräsidenten Gustav Heinemann (1899–1976), unternimmt mit ihren beiden Enkeln am 2. September 1973 eine fünfstündige Stadtrundfahrt durch Ost-Berlin.
Sie erklärt den Kindern, dass Deutschland nicht an der Mauer endet.

WESTHAFEN: Am 3. September 1973 feiert der Hafen 50. Geburtstag. Der Regierende Bürgermeister Klaus Schütz, damals 46, fordert, bei diesem Anlass die Öffnung des **Teltowkanals** in seiner gesamten Länge und den Weiterbau der Elbe-Überführung des **Mittellandkanals** bei **Magdeburg**. Beides liegt im Zuständigkeitsbereich der DDR.

KLOSTERSTRASSE 47: Durch eine Verfügung der DDR-Regierung tritt am 15. November 1973 – pünktlich vor Beginn des Weihnachtsbesuchsverkehrs – eine Verdopplung des Mindestumtauschsatzes in Kraft. Besucher Ost-Berlins müssen jetzt zehn Mark „Eintritt" pro Tag zahlen, für Aufenthalte in der DDR kostet es sogar zwanzig Mark.
SPD-Sonderminister Egon Bahr, damals 51, kritisiert die Maßnahme vor dem Berliner Abgeordnetenhaus und betont, dass sie sowohl gegen den Geist, als auch gegen die Buchstaben des Berlin-Abkommens (SIEHE KAP. 3, AM KLEISTPARK) verstoße.

HANNOVERSCHE STRASSE 30: Am 2. Mai 1974 nimmt die „Ständige Vertretung der Bundesrepublik Deutschland bei der DDR" ihre Arbeit auf. In dem Gebäude befand sich vor Umbau und Renovierung die Bauakademie der DDR. Bonn zahlt für das Haus eine Monatsmiete von 55 289,40 Mark.
Trotzdem ist es wohl kein gutes Geschäft für die DDR, denn die Stasi überwacht fortan mit riesigem Aufwand lückenlos die Vertretung und ihr Umfeld.
Sie nennt es „Objekt 499" oder auch „Regime" und hat nicht nur auf den Eingangsbereich Kameras, darunter eine Infrarotkamera für Aufnahmen im

Dunkeln, gerichtet. Neun konspirative Stützpunkte in der Nachbarschaft – „Kristall", „Front", „Fenster", „Kabinett", „Studio", „Merkur", „Flügel", „Depot" und „Atelier" – umgeben die Vertretung. Wenig später wird der Fußweg so ausgebaut, dass Besucher besser fotografiert werden können. Ein extra installierter Lichtmast mit gelbem Licht leuchtet die Straße aus.

In der Vertretung gibt es nur einen abhörsicheren Raum, den die Mitarbeiter „die Laube" nennen. **(12)**

Am 20. Juni 1974 wird Günter Gaus als erster Vertreter der Bundesrepublik Deutschland „bei" der DDR akkreditiert (SIEHE KAP. 5, MARX-ENGELS-PLATZ). „Bei" der DDR heißt es, und darauf wird strikt geachtet, weil Ost-Berlin ja nicht zur DDR gehört und die Vertretung in der Hannoverschen Straße demzufolge auch nicht auf dem Territorium des Nachbarstaates liegt.

CHECKPOINT CHARLIE: Im Westen ist es in Mode gekommen, die Mauer mit Graffiti zu bemalen. Im Mai 1975 läuft dazu sogar die Aktion „Wir malen ein Loch in die Mauer".

DDR-Grenztruppen-Kommandeure protestieren hochoffiziell bei der West-Berliner Polizei gegen die „Beschädigung des sozialistischen Eigentums". Dabei wird streng darauf geachtet, den Grenzstrich keinesfalls zu übertreten.

Grenzer mit Farbeimern müssen die „feindwärtigen" Bemalungen beseitigen. Hin und wieder werden auch Mauersprayer wegen „Verletzung des Hoheitsgebietes der DDR" kurzzeitig verhaftet und dann nach West-Berlin abgeschoben. Später gibt Ost-Berlin den Kampf gegen die Graffiti auf. Als Rainer Hildebrandt (1914–2004), Chef des „Hauses am Checkpoint Charlie", 1984 einen Malwettbewerb ausschreibt, beteiligen sich daran sogar namhafte Künstler, wie Graffiti-Star Keith Haring. **(13)**

Was damals keiner ahnt: Die Bemalung macht die Mauerstücken richtig wertvoll. Als sie 1990 verkauft werden, klingelt es in der Kasse (SIEHE KAP 6, BUDA-PESTER STRASSE).

KARLSHORST: Die Chefs des Grenzkommandos Mitte (GKM) sind zufrieden: Die Erprobungen der „Grenzmauer 75" werden Mitte 1975 auf den Truppenübungsplätzen **Straganz** und **Neu-Zittau** erfolgreich abgeschlossen. Die neue Mauer soll nun aus 3,60 und 2,40 Meter hohen Betonsegmenten von 15 Zentimetern Dicke bestehen. Sie sind 1,20 Meter breit und verfügen über einen 2,10 Meter ausladenden Fuß, der in der Erde versenkt wird. Damit wirkt er als Widerlager und macht Durchbrüche ebenso wie das Untergraben nahezu unmöglich. Die Krönung der Mauer ist ein Asbestbetonrohr von 40 Zentimetern Durchmesser als zusätzliches Hindernis beim Versuch des Überkletterns. All das ist in hygienischem Weiß zu streichen. Im Westen wird das Bauwerk als „Mauer der 4. Generation" registriert.

RATHAUS SCHÖNEBERG: Der Senat und der Magistrat schließen am 29. Oktober 1975 ein Abkommen über Hilfeleistungen bei Unfällen in Grenzgewässern. Das ist eine Reaktion auf ein tragisches Unglück am 11. Mai 1975. An diesem Tag fiel in Kreuzberg der fünfjährige türkische Cetin beim Spielen am **Gröbenufer** in die Spree. Schnell waren West-Berliner Taucher zur Stelle. Sie durften jedoch nicht ins Wasser, weil der Fluss an dieser Stelle in seiner vollen Breite zu Ost-Berlin gehört.

Ein später eintreffendes DDR-Grenzboot konnte nur noch die Leiche Cetins bergen.

Das Unglück löste erhebliche Proteste der Bevölkerung auf West-Berliner Seite aus, die den „Kindermord" und die „Unmenschlichkeit des SED-Regimes" anprangerte. **(14)**

Das war der DDR-Führung höchst unangenehm, denn sie befand sich gerade in der Phase ihrer internationalen Anerkennung. Mit dem Abkommen sollte deshalb die Wiederholung solch peinlicher Zwischenfälle vermieden werden.

BAHNHOF FRIEDRICHSTRASSE: Am 15. Januar 1978 verweigern DDR-Grenzer dem Bundesvorsitzenden der CDU, Helmut Kohl, damals 47, seiner Frau Hannelore (1933–2001) und seinen Begleitern, darunter Philipp Jenninger, damals 45, die Einreise nach Ost-Berlin.

Am Abend zuvor hatte Helmut Kohl noch auf dem Presseball fröhlich getanzt, am nächsten Tag sollte es mit der S-Bahn zu einem privaten Trip in den Osten gehen. Der CDU-Politiker hatte bereits die Nummer 997 für die Abfertigung gezogen, doch er kam nicht dran. Dann erschien ein Offizier und teilte mit, ein „Herr Kohl" sei „in der Hauptstadt der DDR unerwünscht".

UNTER DEN LINDEN / STRASSE DES 17. JUNI: Die Mauer kann es nicht verhindern: Am 29. November 1979 wird in Ost und West auf einigen Autos brauner Staub bemerkt. Er stammt aus der Sahara und war mit einem nächtlichen Regen gefallen.

Gegen Smog scheint dagegen die Grenze zu wirken! Am 18. Januar 1980 wird in West-Berlin zum ersten Mal Smog-Alarm der Stufe 1 ausgelöst. Man hatte 26 Milligramm Kohlenmonoxid pro Kubikmeter Luft gemessen.

Im Osten wird so getan, als ob das ein paar Meter weiter keine Rolle spiele. Die Braunkohle-Heizungen blasen munter weiter ihren Dreck in die Luft und Trabis und Wartburgs tuckern unverdrossen. Die Ost-Berliner spotten: „Die Mauer ist dicht!"

KLOSTERSTRASSE 47: Die von der Regierung der DDR festgelegte Erhöhung des Zwangsumtausches auf 25 Mark pro Tag bei Einreisen nach Ost-Berlin tritt am 13. Oktober 1980 in Kraft.

KLEINMACHNOW/TELTOWKANAL: Am 20. November 1981 wird der Teltow-kanal für die zivile Binnenschifffahrt geöffnet. Es entsteht eine Grenzüber-gangsstelle für Schiffe.

Diese „GÜST Kleinmachnow" untersteht nicht der nahe gelegenen GÜST **Dre-witz,** sondern der GÜST **Nedlitz.** Ab Sommer 1982 nimmt die Schifffahrt auf dem Teltowkanal rapide zu.

Heute befindet sich auf dem Gebiet der ehemaligen Grenzübergangsstelle ein Campingplatz, der Kommandoturm beherbergt ein Café.

GRENZÜBERGANGSSTELLE DREWITZ: Am 10. April 1983 stirbt der Transit-reisende Rudolf Burkert (43) bei einer Vernehmung durch Mitarbeiter der Stasi an einem Herzinfarkt. Er fällt vom Stuhl und verletzt sich am Kopf.

Im Westen wird die Darstellung der Todesursache durch die DDR-Organe ange-zweifelt, obwohl auch ein hinzugezogener Hamburger Gerichtsmediziner kei-nerlei Fremdeinwirkung feststellen kann.

RATHAUS SCHÖNEBERG: Der Umweltsenator und Vertreter aller Fraktionen im Abgeordnetenhaus fordern am 3. Juni 1983 ernsthafte Schritte zur Rein-haltung der Berliner Luft. Sie meinen, darüber müsse dringend mit der DDR verhandelt werden, denn der Gesundheitszustand der Wälder in der Stadt ist bedroht.

Aus Protest gegen das Waldsterben werfen am 6. Dezember 1983 etwa 20 Mit-glieder der Umweltschutzorganisation „Robin Wood" von einem Lkw aus am **Potsdamer Platz** rund 50 abgestorbene Baumkronen über die Mauer.

BRANDENBURGER TOR: Am Wahrzeichen Berlins soll die Mauer besonders schön sein. Hierhin werden ausländische Gäste zum obligatorischen Blick auf den Klassenfeind geführt. Am 14. März 1984 lässt die SED dort deshalb eine gefällig geschwungene, breite „Schmuckmauer" errichten.

HEILIGENSEE: Am 20. November 1982 wird der Grenzübergang Heiligensee in Dienst gestellt. Vorerst dient er dem Transit von West-Berlin nach Skandinavien und dem Besucherverkehr von West-Berlinern in die DDR.

Gleichzeitig wird mit der Übergabe des letzten Teilstücks die durchgängige Autobahnfahrt von Berlin nach Hamburg möglich.

BERNAUER STRASSE: Trotz solcher Erleichterungen bleibt die Mauer mit-ten durch Berlin ein Monstrum. Am 2. Dezember 1982 besuchen Frankreichs Außenminister Claude Cheysson und Bundesaußenminister Hans-Dietrich Gen-scher eine Aussichtsplattform an der Bernauer Straße.

Ein Blick über die Mauer ist inzwischen auch für viele West-Berliner zur Gewohnheit geworden und für Besucher der Stadt ohnehin ein Muss. In allen

Stadtbezirken stehen Podeste, um hinter die Betonwand schauen zu können. Manchmal klappt es sogar, sich mit Freunden oder Verwandten auf ein kurzes Winken zu verabreden. Das versucht Ost-Berlin allerdings durch weiträumige Sperrungen im Mauervorfeld zu verhindern.

Wer aus West-Berlin Interesse für die Mauer zeigt, wird von DDR-Grenzern mit Teleobjektiven fotografiert.

TELTOWKANAL: Am 25. Januar 1983 wird ein ganz besonderer „unerlaubter Grenzübertritt" registriert. Eine Dreizehenmöwe lässt sich am Teltowkanal nieder. Die einzige deutsche Brutkolonie dieser Vögel befindet sich auf Helgoland.

MARX-ENGELS-PLATZ 2: Die Beauftragten vom DDR-Außenministerium und Berliner Senat, Müller und Kunze, diskutieren am 6. März 1984 die Möglichkeiten eines weiteren Gebietsaustausches. Im Gespräch sind das **„Lennédreieck"** am **Potsdamer Platz,** die **Lohmühlenbrücke** in **Neukölln** und das **Neukölln-Mittenwalder Eisenbahndreieck** bei **Buckow** und **Rudow.**

Besonders das Lennédreieck macht West-Berlin Sorgen. Es besteht aus einem etwa vier Hektar großen Stück zwischen der **Lenné-, Bellevue-** und **Ebertstraße,** das zwar zur DDR gehört, aber nicht eingemauert ist. Aus Protest gegen die Bebauungspläne des Senats errichten Kreuzberger Jugendliche aus der „autonomen Szene" dort ein Hüttendorf. Die DDR duldet das, denn jeder Ärger in West-Berlin ist ihr recht. Immer wieder kommt es zu Rangeleien mit der Polizei, doch wenn es haarig wird, flüchten die Krawallmacher auf ihr „exterritoriales Territorium". Dorthin darf sie die West-Berliner Polizei nicht verfolgen.

Das ändert sich, als am 1. Juli 1988 der Gebietsaustausch in Kraft tritt. Die DDR bekommt für das Lennédreieck ein Stückchen Land am **Nordgüterbahnhof** auf der Höhe der **Bernauer Straße.** Am **Potsdamer Platz** rücken nun rund 900 West-Polizisten an und räumen mit Tränengas und Schlagstöcken das Hüttendorf. Etwa 200 Bewohner retten sich mit einem Sprung über die Mauer vor der Straßenschlacht.

Für die DDR kommt der „Massen-Grenzdurchbruch" nicht überraschend. Die West-Berliner Punks bekommen in einer Kaserne ein Frühstück und werden dann über verschiedene Grenzübergänge wieder abgeschoben. **(15)**

KLOSTERSTRASSE 47: Die DDR-Regierung legt am 25. Juni 1984 fest, dass der Grenzkontrollpunkt **Staaken** noch bis zum 31. Dezember 1987 für den Transitverkehr offen bleibt.

Ursprünglich sollte er mit der Fertigstellung der Autobahn nach Hamburg, die die alte Transitstrecke über die F 5 (heute B 5) ersetzt, geschlossen werden.

EISKELLER: Wenn Stasi-Spion „Kid" Material in den Osten bringt, lassen seine Führungsoffiziere den Mauerabschnitt im einsamen **Eiskeller** bei **Spandau** von den regulären Grenztruppen räumen. Dann kann US-Sergeant Jeffrey M. Carney (SIEHE KAP. 5, PINTSCHSTRASSE 12) von West-Berlin aus in aller Ruhe mit einer Leiter über die Mauer klettern. Auf der Ostseite erwartet ihn bereits sein Stasi-Partner mit der Jacke eins NVA-Leutnants. So gelangt der Spion unauffällig ins Hinterland. Der Rückweg geht dann wieder über die Mauer.

BAHNHOF FRIEDRICHSTRASSE: Am 29. Juli 1984 verweigern DDR-Grenzposten den Bundestagsabgeordneten Petra Kelly (Grüne, 1947–1992) und Gerd Bastian (fraktionslos, 1923–1992) die Einreise zu einem privaten Besuch nach Ost-Berlin.

GERLINGER STRASSE: Eine 25 Meter breite Lücke in der Mauer gibt es am 22. Oktober 1984 in **Rudow.** Sie wird benötigt, um eine Pipeline für sowjetisches Erdgas nach West-Berlin zu verlegen.
Die Lieferungen werden am 1. Oktober 1985 aufgenommen.
Das Loch in der Mauer ist so umfänglich abgesichert, dass es zu keinem „Grenzzwischenfall" kommt.

WALTERSDORFER CHAUSSEE: Am 2. Januar 1985 können erstmals Transit-Busse mit West-Passagieren zum Flughafen **Schönefeld** die Grenze ohne Aufenthalt passieren. Die Passkontrolle erfolgt nun in der Transithalle des Flughafens.

MARIANNENSTRASSE / BETHANIENDAMM: 1986 zieht der Türke Osman Kalin auf die **Kreuzberger** Seite der Mauer. In der Nähe seiner Wohnung am **Lausitzer Platz** gibt es ein Stück Land, das zwar von Westen aus zugänglich ist, aber eigentlich zu Ost-Berlin gehört. Der 60-jährige legt sich dort einen Gemüsegarten an.
Zuerst versuchen die DDR-Grenzer, ihn zu vertreiben. Sie drohen sogar mit Schüssen, doch Osman Kalin lässt sich nicht beirren. Schließlich gewöhnen sich die Mauer-Wächter an ihren ungeliebten türkischen „Untermieter" und lassen ihn gewähren. **(16)**

NEUE GRÜNSTRASSE 19–22: Die Frühjahrssynode der Evangelischen Kirche von Berlin-Brandenburg fordert am 28. April 1987 von der DDR-Regierung eine Regelung für Reisen ins „nichtsozialistische Ausland".

UNTER DEN LINDEN / PLATZ DER REPUBLIK: Nach Konzerten der Pop-Stars David Bowie, Genesis und Eurythmics in West-Berlin eskalieren zwischen dem 6. und 8. Juni 1987 in Ost-Berlin Zusammenstöße zwischen der Polizei und

es ändert/
nicht daran

Jugendliche, die von der Ostseite aus die Musik hören wollten. In aller Öffentlichkeit werden Parolen wie „Die Mauer muss weg" skandiert.

FRANKFURTER ALLEE: Am Rande des alljährlichen Demonstrationszuges zur „Gedenkstätte der Sozialisten" entfalten am 14. Januar 1988 DDR-Oppositionelle ein Transparent mit den Worten von Rosa Luxemburg (1870–1919): „Freiheit ist stets auch die Freiheit der Andersdenkenden". Ihr Protest wird ebenso wie der anderer Gruppen während der Demonstration von der Stasi im Keime erstickt.

Freiheit +
Andersden-
kende

In den darauf folgenden Tagen kommt es zur Verhaftung von rund 120 Personen aus Friedens-, Umwelt- und Menschenrechtsgruppen. Dem DDR-Regime besonders gefährlich erscheinende Protestler werden in den Westen abgeschoben.

GLIENICKER BRÜCKE: Vom 9. bis 11. Juni 1988 findet in Potsdam die 7. Jahreskonferenz des New Yorker „Institutes für Ost-West-Studien" der Rockefeller-Stiftung statt. Bundesaußenminister Hans-Dietrich Genscher, damals 61, möchte gern über die legendäre „Agentenbrücke" in den Osten reisen und die DDR ist auch einverstanden. Aber es gibt ein Problem: Niemand weiß, wie groß Genschers Tross ist und die Grenzkontrolleure haben nur einen Abfertigungsschalter, weil die Brücke ansonsten lediglich von Diplomaten benutzt werden darf.

Der Minister wird also bevorzugt abgefertigt, doch danach geht alles seinen „sozialistischen Gang".

Gerüchte

Genscher lässt seinen Wagen auf die Begleiter warten. Am nächsten Tag ist das die Titelgeschichte in West-Berliner Zeitungen. Sie zitieren den Politiker „Ich kann mir nicht vorstellen, dass es 20 Minuten dauert, um festzustellen, ob ich Hans-Dietrich Genscher bin." **(17)**

ADAC
in Zone

ROSA-LUXEMBURG-STRASSE 2: Mitarbeiter des VEB Kombinat Berliner Verkehrsbetriebe und anderer Volkseigener Verkehrskombinate fahren ab 1. Oktober 1988 als „Gelbe Engel" des ADAC über die Transitstrecken in der DDR, um Bundesbürgern und West-Berlinern Pannenhilfe zu leisten. Die Westseite steuert dazu 15 komplett ausgestattete VW-Passat bei.

neue Technik
für 1990-2000
. . .

PÄTZ BEI POTSDAM: Der Ausbau der Mauer zur elektronischen High-Tech-Sperre war beschlossene Sache. In einem Konzept des Kommandos der Grenztruppen vom 6. Mai 1988 ist die „Entwicklung von Grenzsicherungstechnik für den Zeitraum 1990–2000" festgeschrieben. Die Grenzwächter orientierten sich auf die Elektronik und Sensortechnik. Sie sollten vor allem die international immer wieder peinlichen Schüsse überflüssig machen. Es wurde an „Ergänzungsgeräten" für die Signalzäune gearbeitet, damit die Zahl der Fehlalarme reduziert werden konnte. Gab es in den 70er Jahren im Durchschnitt jeden Monat fünf Mal blinden Alarm, war deren Zahl bereits zehn Jahre später bereits auf 0,85 pro Kilometer und Monat reduziert worden. Das „Kampfziel" lag bei 0,6. Um es zu erreichen, waren für die Patrouillen auch mobile Bewegungsmelder und Nachtsichtgeräte vorgesehen. **(18)**

BORNHOLMER STRASSE: „Ich will Raus ohne Flucht" steht auf dem Transparent eines Demonstranten auf der Ost-Berliner Seite der Grenzübergangsstelle am 7. Oktober 1988.
So wie er demonstrieren immer wieder Menschen in Ost und West an der Demarkationslinie für ihre, oder die Freiheit von Freunden und Verwandten. Die Stasi dokumentiert diese Verzweiflungstaten – ändern kann der mutige Protest kaum etwas. **(19)**

MARX-ENGELS-PLATZ 1: Bei der konstituierenden Sitzung des Komitees zur Feier des 500. Geburtstages von Bauernführer Thomas Müntzer erklärt Erich Honecker (1912–1994) am 19. Januar 1989 im Gebäude des Staatsrates der DDR, dass die Mauer noch fünfzig oder auch hundert Jahre stehen wird, wenn die „dazu vorhandenen Gründe" nicht beseitigt sind.

MARX-ENGELS-PLATZ: Am Rande der Feierlichkeiten zum 40. Jahrestag der DDR mahnt der sowjetischen Staats- und Parteichef Michail Gorbatschow am 6. Oktober 1989 Reformen in der DDR an: „Wer zu spät kommt, den bestraft das Leben …"

BAHNHOF FRIEDRICHSTRASSE: Auf dem S-Bahnsteig Richtung Westen herrscht normalerweise nach 22 Uhr Friedhofsruhe. Bevor die letzten Nachtschwärmer aus dem Ostteil der Stadt kommen, können sich die paar Reisenden ihre Plätze in den vier Wagen des von der BVG West betriebenen Halbzuges gemächlich aussuchen. Er pendelt alle 30 Minuten nach **Bellevue.**
Doch in dieser Nacht zwischen dem 9. und 10. November 1989 ist alles anders. Tausende Ost-Berliner wollen die neue Reisefreiheit ausprobieren. Die S-Bahn ist plötzlich so voll, dass nicht einmal mehr der Triebfahrzeugführer in den Wagen kommt. Mit Hilfe einer Leiter muss er von draußen durch das Führerstandsfenster kriechen.
In der BVG-Zentrale wird kurzerhand beschlossen, über den Betriebsschluss hinaus weiter zufahren. Um 2.48 Uhr hebt die BVG den Pendelverkehr auf und lässt nun einen Vollzug bis **Charlottenburg** fahren.

GLIENICKER BRÜCKE: Ein russischer Polkownik und eine amerikanischer Colonel stehen auf der Potsdamer Seite der **Glienicker Lake,** dort, wo die

Berliner Straße auf die Brücke mündet. Ungläubig staunend sehen die beiden, wie immer mehr Menschen herbei strömen.

Die Sowjets hatten am Abend des 9. Novembers einige Offiziere der amerikanischen Militärverbindungsmission mit Sitz in **Fahrland bei Potsdam** zu einer Dinnerparty eingeladen.

Colonel Richard Naab erinnert sich: „Die Sowjets bekamen pausenlos Anrufe. Irgendwann checkten wir auch, dass etwas Außergewöhnliches passiert sein musste." **(20)**

Als die ersten Potsdamer singend und tanzend mit Tränen in den Augen über die Brücke auf die **Königsstraße** im West-Berliner **Zehlendorf** ziehen, sagt der Russe leise: „Das war's. Jetzt ist endlich der verdammte Krieg vorbei."

ALT-FRIEDRICHSFELDE 83: Die einzige komplette Foto-Dokumentation der Berliner Mauer von der Ost-Seite aus befindet sich heute im privaten „Berliner Mauer-Archiv" des ehemaligen Stasi-Offiziers und späteren Kulturschutzbeauftragten des Institutes für Denkmalpflege der DDR, Hagen Koch.

Sie umfasst 1 084 Panorama-Fotos, die zwischen Herbst 1988 und Frühjahr 1989 aufgenommen wurden. Hagen Koch verfügt ebenfalls über die kompletten Kartensätze im Maßstab 1:10 000 und 1:5 000.

KLOSTERSTRASSE 47: Ab 24. Dezember 1989 fallen Zwangsumtausch und Visumpflicht für Besucher aus West-Berlin weg. Allein am Heiligen Abend passieren rund eine halbe Million Menschen die einstige Grenze, die die Stadt seit dem 13. August 1961 teilte.

BRANDENBURGER TOR: Nach 28-jähriger Schließung wird am 22. Dezember 1989 das Brandenburger Tor wieder für Fußgänger zwischen Ost und West geöffnet.

Am Sylvestertag 1989 feiern rund 500 000 Bürger aus beiden Teilen Berlins ein Freudenfest.

BUDAPESTER STRASSE: Im Hotel „Inter-Continental" ist am 28. April 1990 die erste Versteigerung von Mauer-Elementen angesetzt. Noch kann die extra zur Verwertung der Betonteile gegründete „BERLIN WALL GmbH" kein großes Geschäft verbuchen.

Das ändert sich, als am 22. Juni 1990 in Monte Carlo aus einer limitierten Auflage von 360 Mauer-Teilen 81 Stück versteigert werden. Nun liegt der Durchschnittserlös pro Element bei rund 20 000 DM. In der Herstellung hatte es einmal 359 Ost-Mark gekostet.

Pro Kilometer standen 834 solcher Teile, insgesamt waren es rund um Berlin etwa 45 000 Stück. **(21)**

TURMSTRASSE 91: Nach der Einheit führt die Staatsanwaltschaft wegen der Toten an der Mauer etwa 3 000 Ermittlungsverfahren gegen 450 Beschuldigte. Die Verantwortlichkeit aller mit dem Grenzregime befassten Befehlsebenen – vom Politbüromitglied über Generäle, Kommandeure, und Postenführer bis hin zu denen, die den Finger am Abzug krümmten – wurde untersucht. Für etwa ein Drittel der Beschuldigten folgte die Einstellung der Verfahren, über die Hälfte bekamen Bewährungsstrafen. Gegen besonders exponierte Verantwortliche wurden Haftstrafen ausgesprochen.

Der berühmteste Angeklagte vor dem Berliner Landgericht war der letzte Staats- und Parteichef der DDR, Egon Krenz. Am 25. August 1997 verurteilt die 27. Große Strafkammer den damals 60-jährigen wegen Totschlags in vier Fällen zu sechseinhalb Jahren Haft. Nach der Bestätigung des Urteils durch den Bundesgerichtshof am 8. November 1999 trat Egon Krenz am 13. Januar 2000 die Strafe an. Am 18. Dezember 2003 wird er aus der JVA **Plötzensee** entlassen. Seither lebt Egon Krenz als Rentner in Ribnitz-Damgarten und Dierhagen.

8. KAPITEL

ZU WASSER, ZU LANDE
UND IN DER LUFT

Freiheit ist ein Menschenrecht, das sich auf Dauer nicht unterdrücken lässt.
Der Alte Fritz drohte seinen Soldaten mit Spießrutenlauf, um Fluchten zu verhindern. Sie taten es trotzdem. In Amerika wurden die schwarzen Sklaven angekettet. Dennoch befreiten sie sich. Und wenn man der Sage glauben darf, opferte Dädalus sogar seinen Sohn Ikarus, um König Minos zu entkommen.
Wenn Menschen frei sein wollen, können Herrscher sie nicht halten.
In den Jahren des Kalten Krieges erfuhren das auch jene, die glaubten, ihr Volk hinter Mauern und Stacheldraht auf ewig einsperren zu können.
In Berlin entschied sich das Schicksal der DDR. In den ersten Jahren als Flucht in eine ungewisse Zukunft, dann mit Kreativität und Erfindungsgeist, manchmal auch mit Gewalt oder dem Mut der Verzweiflung haben hier viele Menschen ihre Heimat verlassen, um eine neue zu finden.

TAUBERTSTRASSE 4: Gerade einmal 28 Jahre alt, in der Sowjetunion ausgebildet und am 30. April 1945 mit der „Gruppe Ulbricht" nach Deutschland zurückgekehrt, steht Wolfgang Leonhard der Weg in die Chef-Etage der SED offen. Noch ist er Dozent an der Parteihochschule in Kleinmachnow, doch eine steile Karriere scheint vorgezeichnet – bis sich Stalin mit Jugoslawien überwirft.
Wolfgang Leonhard hält die Politik Jugoslawiens für richtig. Das bringt ihn in Konflikt mit der SED-Führung und in tödliche Gefahr. Er flieht aus Kleinmachnow nach West-Berlin. Eingeweihte Gewährsleute organisieren die Weiterreise über die grüne Grenze nach Prag. Am 25. März 1949 kommt er nach dreizehn Tagen Flucht schließlich in Belgrad an, wo ein Job als Redakteur bei „Radio Belgrad" auf ihn wartet.
Bei der heiklen Flucht hat sehr wahrscheinlich insgeheim die Militärmission Jugoslawiens (SIEHE KAP. 4, AM KLEISTPARK) in der West-Berliner **Taubertstraße** geholfen.
Wolfgang Leonhard geht 1950 in die Bundesrepublik. Im Laufe der Jahre wird er die wohl bedeutendste wissenschaftliche Autorität auf dem Gebiet der Analyse von Entwicklungen in der Sowjetunion und im Ostblock. **(1)**

MAHLOW: Der Berliner Vorort hat einen S-Bahn-Anschluss nach **Lichtenrade** im amerikanischen Sektor und wird von Leuten die in den Westen gehen wollen kaum genutzt. Hier wird kaum kontrolliert, doch nur wenige kennen die günstige Verbindung.

Das macht sich am 19. März 1950 der Dresdner Rechtsanwalt Günther Nollau (1911–1991) zunutze. In der Ostzone gilt er als politisch verdächtig. Als ihm völlig grundlos die Beteiligung an einem Mord vorgeworfen wird, klettert er am Blitzableiter aus seinem Büro, wo bereits ein Kripo-Beamter wartet.

Im Westen schafft es Günther Nollau, der zunächst im „Untersuchungsausschuß freiheitlicher Juristen" (SIEHE KAP. 4, LIMASTRASSE 29) tätig ist, am 1. September 1970 bis auf den Sessel des Präsidenten des Verfassungsschutzes.

Am 15. September 1975 tritt er zurück – dem Geheimdienstchef werden Versäumnisse im Zusammenhang mit der Spionageaffäre um Günter Guillaume vorgeworfen.

AM HOCHWALD, KLEINMACHNOW: Für Erika Assmus scheint die ganze Sache ziemlich einfach. Ihre Mutter ist todkrank und als ihr ein „Mr. Becker" in West-Berlin verspricht, für Medizin und Behandlung zu sorgen, will sich die frühere „Jungmädelführerin" den Amerikanern gegenüber dankbar erweisen. Sie tritt auf deren Wunsch in die SED ein, geht 1950 an die Parteihochschule in Kleinmachnow und berichtet aus der Kaderschmiede. Dann, am 25. Juni 1951, findet eine der üblichen Partei-Überprüfungen statt. Erika Assmus ist denunziert worden, die Kader-Kontrolleure wissen aber nichts Genaues. Trotzdem flieht die junge Frau über den Zaun und einen Feldweg unverzüglich nach **Zehlendorf.** Wenig später nimmt die noch nicht einmal Dreißigjährige dort das Pseudonym Carola Stern an. Durch ihre wissenschaftliche Arbeit wird sie eine geachtete DDR-Expertin und später eine bekannte Journalistin. **(2)**

RATHAUS SCHÖNEBERG: Der Senat teilt mit, dass sich allein am 24. Februar 1952 insgesamt 2 600 DDR-Flüchtlinge in West-Berlin gemeldet haben.

Der Regierende Bürgermeister Ernst Reuter (1889–1953) gibt am 6. März eine Regierungserklärung zur Lage der Flüchtlinge in Berlin ab. Er verkündet, dass alle 84 Lager der Stadt überfüllt sind und bittet die deutsche und internationale Öffentlichkeit um rasche Hilfe.

MARIENFELDER ALLEE 66–80: Am 22. Dezember 1955 wird im Notaufnahmelager (SIEHE KAP. 4, MARIENFELDER ALLEE 66–80) der 150 000. Ost-Flüchtling des Jahres aufgenommen. Bis Sylvester kommen noch 3 693 Menschen.

RATHAUS SCHÖNEBERG: Willy Brandt gibt als Präsident des Abgeordnetenhauses am 20. September 1956 bekannt, dass der 1 000 000. DDR-Flüchtling in West-Berlin um politisches Asyl gebeten hat.

REGATTASTRASSE 12–28: Am 6. August 1958 um 7.55 Uhr entdeckt Ober-leutnant Alice Budig, die Finanzchefin des Geheimdienstes der NVA (SIEHE KAP. 4, OBERSPREESTRASSE 61–63), dass die Siegel an ihrem Büro und am Panzer-schrank erbrochen sind. Erste Kontrollen ergeben: Oberstleutnant Siegfried Dombrowski und mehr als 50 000 West-Mark fehlen. Der stellvertretende Chef des Dienstes, verantwortlich für die gesamte Organisation ist fahnenflüchtig.

Der Offizier war bereits 1957 ins Visier der Stasi geraten, weil an seinem antifaschistischen Lebenslauf etwas nicht stimmte. Außerdem galt er als geschwätzig.

Dombrowski packt bei den Amerikanern aus. Der NVA-Geheimdienst ist dadurch über Jahre gelähmt. Die Stasi macht ihn ausfindig und plant eine Ent-führung, doch das klappt nicht, weil inzwischen die Mauer gebaut wird. Spitzel halten den fahnenflüchtigen Offizier so lange im Auge, bis die Stasi aus einem abgefangenen Brief erfährt, dass er am 20. Juni 1977 beim Reifenwechsel auf der Autobahn hinter Nürnberg durch Überanstrengung gestorben ist.

LÜBARS: Mitsamt seinen 500 Schafen flieht ein Bauer aus Blankenfelde am 23. April 1961 bei Lübars nach West-Berlin.

OSTSEESTRASSE 67: Im Sommer 1961 ist Rechtsanwalt Wolfgang Vogel gera-de einmal 36 Jahre alt. Der junge Mann ist für die DDR wichtig, denn er gehört zu den wenigen Ost-Juristen, die auch in West-Berlin zugelassen sind. Als er eines Tages in seiner Wohnung, damals noch in dem Mietshaus in der Ostsee-straße, Möbel rückt, meldet das ein inoffizieller Mitarbeiter sofort der Stasi. Er vermutet „Vorbereitung zur Republikflucht". Der Verdacht zerstreut sich jedoch und Wolfgang Vogel macht in der DDR Karriere (SIEHE KAP.10, REILERSTRASSE 4).

BERNAUER STRASSE/ECKE RUPPINER STRASSE: Am 15. August 1961 um 15.40 Uhr schiebt Conrad Schumann, Oberwachmeister der Bereitschaftspoli-zei, in der Bernauer Straße Wache. Plötzlich läuft er los, springt über den Sta-cheldraht und wirft noch in der Bewegung seine MPi von der Schulter.

Auf der anderen Seite stehen zwischen den West-Berlinern auch die Fotore-porter Klaus Lehnartz und Peter Leibing. Beide drücken auf den Auslöser. So entsteht das wohl bekannteste Fluchtfoto an der späteren Berliner Mauer. Es geht um die ganze Welt. Jahrzehntelang streiten die beiden Fotografen um die Urheberschaft an der berühmten Aufnahme.

Im Westen angekommen, bringt ein Kleinbus der Berliner Polizei Conrad Schu-mann sofort ins nächste Polizeirevier. „Ich wollte nicht in die Lage kommen, auf Menschen schießen zu müssen", nennt er dort als Fluchtmotiv.

Später siedelt sich Conrad Schumann in Bayern an. Der gelernte Schäfer findet einen Job bei Audi in Ingolstadt. Glücklich wird er nicht im Westen. Jahrzehntelang verfolgt ihn die Angst, doch noch Stasi-Agenten in die Hände zu fallen. Er leidet unter Depressionen.

Am 20. Juni 1998 erhängt sich Conrad Schumann im Alter von 56 Jahren in seinem Obstgarten.

Nebenbei: Mehr als 40 Jahren nach dem berühmten Sprung prägt die Staatliche Münzprägestätte Hamburg aus 925er Silber 25 000 Gedenkmedaillen zur Erinnerung an den Mauerbau. Sie zeigen hinter dem springenden Conrad Schumann das Brandenburger Tor aus östlicher Sicht. Und so springt auf dem Bild der Volkspolizist plötzlich von West nach Ost!

BERNAUER STRASSE: Beim Sprung aus einem Wohnhaus im **Prenzlauer Berg** in den **Wedding** kommt am 19. August 1961 ein Mann ums Leben.

Bis zum Abriss der direkt an der Sektorengrenze stehenden Häuser sterben drei weitere Flüchtlinge, die die auf West-Berliner Seite aufgespannten Sprungtücher verfehlen.

RANKESTRASSE: Der Schneider Günter Litfin arbeitet am **Ku'Damm,** aber er wohnt noch in Ost-Berlin. Doch er hat sich bereits eine kleine Wohnung in der Rankestraße besorgt und will umziehen. Das geht nach dem 13. August nicht mehr. Günter Litfin versucht es dennoch.

Am 24. August gegen 16.15 Uhr probiert er zunächst den Weg über den Bahndamm von **Friedrichstraße** Richtung **Lehrter Stadtbahnhof.** Ein Posten der Transportpolizei schießt Sperrfeuer. In Panik springt Litfin am **Humboldthafen** in die Spree. Nun peitschen gezielte Schüsse, er wird in Hals und Kopf getroffen und versinkt. Gegen 19.10 Uhr birgt die Feuerwehr Ost die Leiche und schafft sie ins VP-Krankenhaus.

Günter Litfin ist das erste Opfer der Mauerschützen. **(3)**

STÄDTISCHER FRIEDHOF PANKOW: Im September 1961 kursieren in Berlin-Pankow Spukgeschichten. Anwohner beobachten, wie sich vor einem bestimmten Grab immer wieder Trauergäste versammeln, die dann plötzlich verschwunden sind.

Was niemand ahnt: Durch das Grab gelangen sie in den Westen, insgesamt sind es 24 Personen.

West-Berliner Studenten haben das Schlupfloch gebaut, das unter einer Grabplatte im Osten seinen Eingang hat.

Es fliegt auf, als eine junge Frau auf eigene Faust flieht und ihren leeren Kinderwagen am offenen Grab zurücklässt. **(4)**

KÖLLNISCHE HEIDE: Über den Bahndamm, rund 60 Meter neben dem Stellwerk „Khd" versuchen am 12. Oktober 1961 zwei Männer, die Westseite zu erreichen. Gegen 4.30 Uhr entdeckt sie ein Posten der Transportpolizei. Er schießt erst in die Luft, dann gezielt. Ein Schuss verletzt den 20-jährigen Klaus-Peter Eich aus der **Bersarinstraße 49** so schwer an Lunge und Wirbelsäule, dass er noch am gleichen Abend stirbt. Mit einem Fährtenhund wird der zweite Mann bis zum Bahnhof **Plänterwald** verfolgt. Dort verliert sich seine Spur. **(5)**

ALBRECHTSHOF: Im 1. Dezember 1961 soll das Gleis zwischen **Nauen** und **Spandau** unterbrochen werden. Bis dahin ist es hinter dem Bahnhof Albrechtshof nur durch ein Eisentor mit Stacheldraht gesichert.
Diesen Weg will Lokführer Harry Deterling, damals 28, für die Flucht mit seiner Frau und den vier Kindern nutzen. Ein Durchbruch mit dem Zug scheint ihm eine sichere Methode, denn die 1140 PS starke Dampflok dürfte kaum zu stoppen sein und die Passagiere wären im Zug vor Schüssen geschützt. Sein Heizer, Hartmut Lichy (18), und einige Freunde und Bekannte sind eingeweiht.
Deterling übernimmt Sonderschichten und am 5. Dezember 1961 ist es endlich so weit: Er soll den Zug um 19.33 Uhr von **Oranienburg** nach **Albrechtshof** fahren.
Die „Fahrgäste" bekommen unauffällig Bescheid und steigen unterwegs zu. Der Lokführer setzt kurz vor Albrechtshof die Notbremse außer Betrieb, braust durch den Bahnhof und dann kracht auch schon das Grenztor beiseite. Sechs Männer, zehn Frauen und sieben Kinder haben ihre Endstation erreicht. Sieben andere Fahrgäste, darunter der Zugbegleiter, zwei NVA-Soldaten und ein Transportpolizist trotten auf dem Bahndamm zurück.
Schon am nächsten Morgen kappt die DDR die Gleise. Zwei Tage später, am 7. Dezember, startet die Stasi den ersten Versuch, den Lokführer in die DDR zurück zu holen. Die Amerikaner fliegen ihn aus.
Harry Deterling und Hartmut Lichy werden in Abwesenheit zu 13 bzw. sieben Jahren Zuchthaus verurteilt. Der Lokführer bekommt Morddrohungen, muss öfters umziehen und kann Post nur über Deckadressen empfangen. Dennoch findet die Stasi immer wieder seine Spur. Deshalb bewacht ihn bis 1989 die Polizei. Im Mai 1990, inzwischen seit gut einem Jahr in Pension, betritt er erstmals wieder DDR-Gebiet. **(6)**

ORANIENBURGER CHAUSSEE: 27 Meter lang, 60 Zentimeter breit und 110 Zentimeter hoch ist der Tunnel, den Kraftfahrer Erwin Becker mit seiner Frau zur Jahreswende 1961/62 von Ost nach West graben. In der Nacht zum 24. Januar 1962 fliehen die beiden und mit ihnen weitere 26 DDR-Bürger. Nur drei Stunden später wird der „Tunnel 28" (nach der Zahl der erfolgreichen Flüchtlinge so benannt) von Grenzwächtern entdeckt. **(7)**

STEINSTÜCKEN: Am 21. Februar 1962 schleicht sich der damals 24jährige Stabsgefreite der Grenztruppen, Rudi Thurow, über die Gleise nach Steinstücken (SIEHE KAP. 3, STEINSTÜCKEN). Gleichzeitig ermöglicht er drei Zivilisten die

Rache d. Stasi

Flucht, indem er die DDR-Verfolger unter Feuer nimmt. Das verzeiht ihm die Stasi nicht (SIEHE KAP. 5, NORMANNENSTRASSE 22). Sie schmiedet einen Plan, um ihn im Westen zu töten.

FRIEDRICHSTRASSE / CHECKPOINT CHARLIE: Im Frühjahr 1962 rauscht ein sowjetischer „Pobjeda" („Sieg") an die Grenze heran. Die DDR-Posten salutieren vor den drei darin sitzenden sowjetischen Offizieren und der Wagen überquert unkontrolliert die Demarkationslinie – genau so, wie es der Vier-Mächte-Status Berlins vorschreibt.

Tarnung als Russen

Drüben klettert eine junge Frau aus dem Kofferraum. Und auch ihre drei Begleiter sind nun plötzlich keine Russen mehr. Sie hatten sich selbst sowjetische Uniformen geschneidert und gelangten so unentdeckt nach West-Berlin.

HEINRICH-HEINE-STRASSE: Am 18. April 1962 donnert ein „S-4000" des VEB Baustofftransporte auf die Sektorengrenze zu.

Die Posten schießen gezielt auf die Fahrertür. Klaus Brüske wird getroffen. Sterbend klammert er sich ans Lenkrad und schafft es mit letzter Kraft, den Westteil Berlins zu erreichen. Seine beiden Mitflüchtlinge bleiben unverletzt.

Etwa zehn Durchbrüche mit schweren Fahrzeugen gibt es allein im ersten Jahr nach dem Mauerbau. Immer seltener gelingen sie.

So will der 19-jährige NVA-Unteroffizier Wolfgang Engels am 17. April 1963 in der **Elsenstraße** mit einem Schützenpanzer durchbrechen. Der Kampfwagen bleibt in der Mauer stecken. Engels versucht nun sein Glück zu Fuß. Ein Schuss trifft ihn in die Lunge. Schwer verletzt klettert er auf die Motorhaube des Schützenpanzers und rollt sich über die Mauer. Er überlebt.

Seine Mutter, damals bei der Stasi tätig, und sein Vater, Offizier im Innenministerium, sagen sich von ihm los. Bis heute gibt es keine Versöhnung.

Kein Glück haben auch 13 Ost-Berliner, die am 12. Mai 1963 mit einem Bus die Mauer durchbrechen wollen. Am Sektorenübergang **Sandkrugbrücke** verkeilt sich der Wagen in der Mauer. Schüsse peitschen von allen Seiten, vier Flüchtlinge werden schwer verletzt.

Den besonderen Eigenschaften einer Planierraupe verdanken dagegen im Sommer 1966 zwei Ost-Berliner ihren Fluchterfolg. Im Kugelhagel der Grenzer fährt die Raupe steil an der Mauer hoch und walzt sie nieder. Die beiden erleiden nur leichte Verletzungen. **(8)**

SANDKRUGBRÜCKE: Beim Fluchtversuch eines 15-jährigen am 23. Mai 1962 wird der DDR-Unteroffizier Peter Göring von der West-Berliner Seite aus erschossen. Polizisten hatten dem Jungen Feuerschutz gegeben, als er versuchte, die Spree zu durchschwimmen.

TREPTOWER PARK: Der 8. Juni 1962 verspricht, ein schöner Tag zu werden, als die „Friedrich Wolf" um 4.30 Uhr Richtung **Osthafen** ablegt. Das 60 Meter lange und 350 Tonnen schwere Ausflugsschiff soll dort neue Trafos bekommen. Bootsmann Peter Currle, sein Kollege Peter Warczewski und 12 weitere eingeweihte Bekannte wollen die Gelegenheit zur Flucht nutzen. Zu Ost-Berlin gehören nämlich nur das Hafenbecken und das Nordufer des Osthafens. Am Südufer beginnt West-Berlin.

Peter Currle steuert das Schiff, der Kapitän und sein 1. Maschinist wurden am Vorabend mit reichlich Alkohol außer Gefecht gesetzt. Kurz nach der Passage der **Stralauer Brücke** kommt ein Polizeiboot längsseits und kontrolliert die Sondergenehmigung. Dann legt es ab. Currle steuert das Schiff hart Backbord und gibt „volle Fahrt voraus". Er will so die Einfahrt in die **Oberschleuse** erreichen, die schon im Westen liegt.

Die Grenzwächter auf dem Boot schießen sofort. Ein MG bellt vom Dach der Osthafenhalle und von der **Oberbaumbrücke** voraus. 135 Schüsse treffen die „Friedrich Wolf", die der Bootsmann auf der rechten Uferböschung aufsetzt. Das Heck liegt genau auf der Grenzlinie. Das Wachboot kommt von achtern, die Grenzer wollen entern. Als von der Westseite Schüsse peitschen, dreht es ab. Um 5.15 Uhr klettern die 14 Flüchtlinge an Land. Der Kapitän und sein Maschinist bringen wenig später das Schiff zurück in den Osten.

Peter Currle fährt danach noch einige Jahre auf Binnenschiffen in West-Europa. Dann zieht er nach Frankreich, wo er noch heute lebt. **(9)**

TEPTOW: In der Kleingartenkolonie „Sorgenfrei" erschießt am 10. Juni 1962 ein DDR-Grenzer den 12-jährigen Schüler Wolfgang Glöde.

ZIMMERSTRASSE 56: 1962 ist die Mauer so gut wie unüberwindlich. Weil Rudolf Müller aus der **Nostizstraße 42** in **Kreuzberg** trotzdem seine Familie rüber holen will, gräbt er vom Grundstück des Springer Verlages in der **Kreuzberger Kochstraße** einen Tunnel. Am Fluchttag, dem 18. Juni 1962, wird Rudolf Müller vom DDR-Grenzer Reinhold Huhn gestellt. In Panik erschießt der Fluchthelfer den Soldaten. Er und seine Familie können fliehen.

Damals bleiben die genauen Tatumstände unklar. Im Westen wird Rudolf Müller als Held gefeiert, im Osten Reinhold Huhn. Der Zwischenfall wird zu einer der großen Propagandaschlachten des Kalten Krieges.

Im Juli 2000 befindet der 5. Strafsenat des Bundesgerichtshofes in Leipzig in einer Revisionsverhandlung Rudolf Müller des Mordes für schuldig. Er bestätigt die vom Berliner Landgericht 1999 ausgesprochene Strafe von einem Jahr Haft auf Bewährung.

Für Reinhold Huhn errichtet die DDR an der in „**Reinhold-Huhn-Straße**" umbenannten Schützenstraße ein Denkmal, an dem bis 1989 regelmäßig Ehrungen stattfinden. Anfang der 90er Jahre wird es abgerissen.

ZIMMERSTRASSE: Vor den Augen Dutzender Zeugen aus Ost und West verblutet der 18-jährige Bauarbeiter Peter Fechter im Grenzstreifen. DDR-Posten hatten ihn am 17. August 1962 angeschossen und einfach liegenlassen.

Von der West-Seite traut sich niemand, dem jungen Mann erste Hilfe zu leisten. Auch anwesende amerikanische Militärpolizisten greifen nicht ein. Nach den in dieser Zeit fast täglich vorkommenden Schießereien an der Grenze gelten die DDR-Posten als unberechenbar.

Das Foto des sterbenden Peter Fechter geht als Dokument über die Unmenschlichkeit von Mauer und Stacheldraht durch die Weltpresse.

CLAYALLEE: Das Headquarter der US-Army erfährt im Oktober 1962 von einem Fluchtversuch mit dem täglich verkehrenden amerikanischen Militärzug (SIEHE KAP.2, CLAYALLEE). Obwohl dessen Transitstrecken durch die DDR lückenlos überwacht werden, gelingt es einem Mann am 5. Oktober solch einen Zug zu entern. Er meldet sich beim Kommandanten und bittet um Fluchthilfe.

Das lehnt der US-Offizier ab, denn er hat strikte Order, auf dem sensiblen Zufahrtsweg nach Berlin jedwede Aktivitäten zu unterlassen, die die Sowjets provozieren könnten. Er bietet dem Flüchtling jedoch an, ihn unbemerkt wieder abzusetzen. Das geschieht zwanzig Minuten später.

GÜTERBAHNHOF GRUNEWALD: Bis hier hin, fast mitten in West-Berlin, haben es zwei DDR-Flüchtlinge am 20. November 1962, gut versteckt in einem Eisenbahnwagen, schon geschafft. Doch das Reichsbahn-Gelände wird von der DDR verwaltet und zwei Transport-Polizisten entdecken die beiden. Glücklicherweise kommt die West-Berliner Polizei dazu – die DDR-Posten „im Auslandseinsatz" müssen die Männer laufen lassen.

GRENZÜBERGANG DREILINDEN: Mit Vollgas rast am 25. Dezember 1962 ein alter VOMAG-Bus auf die Grenzschranke zu. Ein unter der Stoßstange angebrachter Schneepflug lässt sie splittern. Der Bus passiert mit heulender Sirene die Brücke über den **Teltowkanal,** ein zweiter Schlagbaum fliegt beiseite, Schüsse peitschen, doch der Wagen ist nicht zu stoppen.

Mit dem Bus sind der Fuhrunternehmer Hans Weidner aus Neugersdorf in der Oberlausitz und sein Fahrer Jürgen Wagner, beide mit ihren Familien, auf der Flucht.

Hans Weidner fuhr lange für den VEB Kraftverkehr Zittau. Dann wurde ihm der Kommissionsvertrag gekündigt. Nun sah der Kleinunternehmer im Osten keine Perspektive mehr. Er meldet seinen VOMAG-Bus ab. Dann bringen Hans Weidner und Jürgen Walter in wochenlanger Kleinarbeit selbst gebaute Panzerplatten im Wagen an. Sogar zum Schutz der Reifen werden Stahlscheiben gefertigt, eine Klappe mit Sehschlitz schützt den Fahrer.

Die Männer wissen, dass nach dem Grenzübergang Dreilinden noch einmal 1.8 Kilometer Ost-Gebiet auf der alten Avus zu passieren sind. Deshalb darf nichts schief gehen. Um den Bus schwerer zu machen werden extra 25 Zentner Kohlen eingeladen. Auch eine Menge Hausrat ist an Bord. Die Panzerung hält stand. Am 1. Weihnachtstag um 5.30 Uhr sind Hans Weidner und Jürgen Walter mit ihren Familien unverletzt in West-Berlin. **(10)**

OBERBAUMBRÜCKE: Von einem DDR-Patrouillenboot aus wird in der eisigen Spree am 1. Januar 1963 der 21-jährige Stralsunder Hans Räwel erschossen.

BERNAUER STRASSE: Auf einer Aussichtsplattform ist ein unauffälliger Zettel angeklebt: „Übersiedlung aus der DDR – unkonventionell, diskret und zuverlässig" Es folgt eine Telefonnummer.
Etwa ab 1963 blüht in West-Berlin die organisierte Fluchthilfe. In den Kleinanzeigen der Zeitungen wird „Hilfe bei familiären Schwierigkeiten" angeboten. Dafür sind anfangs etwa 2 000 Mark zu zahlen, Ende der 60er Jahre ist der Preis bis auf 15 000 bis 20 000 Mark pro Person geklettert.
Ein probates Mittel zur Fluchthilfe sind damals Pässe von eingeweihten Niederländern. DDR-Bürger reisen damit aus, erst dann werden die Dokumente in Ost-Berlin als „verloren" gemeldet.
Erfolgreich laufen auch Grenzpassagen in extra angelegten Verstecken in Fahrzeugen. So gelingt zum Beispiel bis 1964 nacheinander neun Personen die Flucht in einem „Isetta"-Kabinenroller, der so klein ist, dass ein zusätzliches Versteck kaum zu vermuten war. **(11)**
Die Stasi versteht es allerdings sehr schnell, die „Fluchthelferorganisationen" in West-Berlin mit Spitzeln zu durchsetzen. Wer erwischt wird, hat in Ost-Berlin mit langjährigen, oft lebenslangen, Haftstrafen zu rechnen.

HERMSDORF: Am 12. März 1963 entdecken DDR-Grenzposten einen 50 Meter langen Tunnel. Durch ihn waren zwei Tage zuvor 13 DDR-Bürger geflüchtet.

LEUSCHNERDAMM: Mit einem NVA-Lkw gelingt vier Ost-Berlinern im Alter von 19 bis 21 Jahren der Mauerdurchbruch nach **Kreuzberg**. Sie reißen am 29. April 1963 ein etwa vier Meter breites Loch in die Grenzbefestigungen und bleiben unverletzt.

REICHSBAHNGELÄNDE WEDDING: Bei Abrissarbeiten gelingt am 9. Juli 1963 einem 20-jährigen Bauarbeiter kurz nach 9 Uhr die Flucht in den Westen.

PLATZ DER REPUBLIK: Am 4. November gegen 4 Uhr morgens erschießen DDR-Grenzer einen Flüchtling, der in der Nähe des **Reichstags** durch die Spree schwimmen wollte. Ost-Berliner Taucher bergen die Leiche.

MARIANNENPLATZ: Am ersten Weihnachtsfeiertag 1963 gegen 16.30 Uhr schießen DDR-Posten auf zwei 18-jährige Neubrandenburger. Sie hatten versucht, nach **Kreuzberg** zu gelangen. Dabei wird Paul Schultz so schwer verletzt, dass er in West-Berlin, im Bethanien-Krankenhaus stirbt.

Über den Grenzübergang **Heinrich-Heine-Straße** kehrt sein Leichnam am 28. Dezember 1963 nach Ost-Berlin zurück. Sein Freund bleibt unverletzt.

SCHIFFBAUERDAMM: Jeden Tag um 20.53 Uhr rollt der Moskau-Paris-Express langsam aus dem **Bahnhof Friedrichstraße** Richtung Westen. Der Dampf der Lok macht die Bahntrasse für die Grenzwächter einen Moment unsichtbar. Wer in dem Zug sitzt, hat es geschafft.

Am 30. Januar 1964 kauern Karl-Heinz Richter und sein Freund Frank in einer Nische unter der Brücke. „Kalle" gehört zu einer Clique von zwölf Jungen, alle um die siebzehn. Sie wollen rüber, ins bunte West-Berlin, wo es Coca-Cola und flotte Musik gibt. Acht seiner Freunde haben es bereits geschafft, auf den Moskau-Paris-Express aufzuspringen. Nur „Kalle" hat Pech. Er rutscht ab, bricht sich beide Beine und den linken Arm. Während Frank zum **Bahnhof Zoo** rollt, schleppt sich Karl-Heinz Richter unter Schmerzen nach Hause.

Sechs Tage später holt ihn die Stasi. Unter ständiger Androhung von Gewalt sagt er schließlich aus, wo sich die genaue Fluchtstelle befindet. Nach sechs Monaten wird „Kalle" aus dem Knast entlassen.

Mit Frau, Tochter und vier Koffern siedelt er am 13. August 1975 nach West-Berlin um. Dort wird Karl-Heinz Richter Fernfahrer. Über die Transitstrecke schmuggelt er in seinem Lkw 18 DDR-Bürger in den Westen.

Heute lebt „Kalle" als Bau-Unternehmer im **Wedding.**

BERNAUER STRASSE 97: Seit April 1964 graben 34 West-Berliner Studenten an einem Tunnel in den Osten. Er geht erst 12 Meter in die Tiefe, dann 140 Meter bergauf bis in den Keller des Hauses **Strelitzer Straße 55.** Im Osten warten 127 Fluchtwillige auf die Fertigstellung des Tunnels. Der Physikstudent Reinhard („Reino") Furrer hat alles genau berechnet. Es ist ein technisch kompliziertes und teures Projekt. Die Tunnelgräber brauchen Hilfe.

Die besorgt Wolfgang Krockow (SIEHE KAP. 5, OBERBAUMBRÜCKE), der im Herbst 1964 zu der Gruppe kommt. Er spricht mit Vertriebenen-Minister Ernst Lemmer (1898–1970) und kann so diskret 35 000 Mark, Funkgeräte, Gasmasken und Blaulichter besorgen. Auf dem Schwarzmarkt beschaffen sich die Studenten eine Walther PPK und eine Mauser 6,35, falls sie beim Tunnelausstieg im Osten von Grenzern überrascht würden.

Am 2. Oktober 1964 öffnen sie den Tunnel im Osten. Zufälligerweise haben sie genau ein nur 23 Quadratmeter großes Toilettenhäuschen auf dem Hof der Strelitzer Straße 55 getroffen. Einen Tag später gelingt den ersten 28 Menschen die Flucht. Am 4. Oktober sollen weitere 29 Personen geholt werden. Unter ihnen ist ein Stasi-Spitzel. Er alarmiert sofort seinen Führungsoffizier. Stasi und Grenzer beginnen mit der Suche nach dem Tunnel.

Kurz nach Mitternacht treffen sie auch auf den Hof in der Strelitzer Straße. Die Flüchtlinge sind bereits durch und Reino Furrer vermutet, dass noch ein Nachzügler kommt. Dann bemerken er und sein Freund Christian Zobel die schwer bewaffneten Grenzer. Es kommt zu einem Schusswechsel. Die beiden West-Berliner Fluchthelfer können in letzter Sekunde durch den Tunnel fliehen. Am nächsten Tag stellt sich heraus, dass der Grenzer Egon Schulz getötet wurde. Furrer und Zobel stellen sich der West-Berliner Polizei. In Ost-Berlin bricht ein Propagandasturm um den angeblichen Mord an Egon Schulz los. Als Beweis gilt eine Kugel aus der Walther PPK in seinem Körper.

Christian Zobel ist verzweifelt. Er hat mit der Walther geschossen und glaubt nun, einen Menschen auf dem Gewissen zu haben.

Da die Ost-Berliner Behörden dem Westen keinerlei Unterlagen zur Verfügung stellen, wird das Ermittlungsverfahren gegen Furrer und Zobel eingestellt.

Egon Schulz bekommt in Ost-Berlin ein Staatsbegräbnis, Schulen und ein Hotel werden nach ihm benannt. Erst 1994 wird bekannt, dass nicht der Schuss Zobels auf den Grenzer die Todesursache war, sondern vier Schüsse einer MPi-Salve aus der Waffe seines Kameraden. Sechs Jahre später finden sich auch die angeblich verschollenen Obduktionsprotokolle, die den Sachverhalt bestätigen. Christian Zobel hat bis zu seinem Tod in den 80er Jahren als Arzt gearbeitet und in dem Glauben gelebt, er habe Egon Schulz erschossen. Reinhard Furrer wurde später Astronaut und flog 1985 mit der „Challenger" ins All. Er kommt bei einem Flugzeugabsturz am 9. September 1995 ums Leben. **(12)**

GRENZÜBERGANGSSTELLE DREWITZ: Der Morgen des 4. März 1965 ist feucht, neblig und kalt. Christian Buttkus (21) und seine Verlobte Ilse Panzer (23) ducken sich am Rande des Autobahnzubringers zur Grenze ins Gras.

Noch gibt es hier keine „moderne Grenze" und so hoffen sie, neben dem Übergang irgendwie auf die West-Berliner Seite zu gelangen.

Die beiden ahnen nicht, dass sie bereits Alarm ausgelöst haben. Die Grenzposten schießen in Richtung der „Durchbruchstelle". 199 Schüsse peitschen durch den trüben Morgen, einer trifft Christian Buttkus tödlich an der Wirbelsäule. Ein Streifschuss verletzt seine Verlobte am Bein. Die Stasi vermutet, dass das Feuergefecht und der Tod des Flüchtlings auf der West-Seite unbemerkt bleiben. Sie täuscht sich. Im „Verzeichnis der Todesfälle an der Demarkationslinie (innerdeutsche Grenze)" registriert die 1961 für die spätere Ahndung von SED-Unrecht geschaffene „Zentrale Erfassungsstelle der Landesjustizverwaltungen" in **Salzgitter** den Mord an Christian Buttkus unter der Nummer 55.

Der Mutter des Toten stellt die Stasi wenig später die Asche ihres Sohnes in einem Postpaket zu.

Ilse Panzer wird zu 20 Monaten Haft verurteilt. **(13)**

OBERBAUMBRÜCKE: Am 9. Juni 1965 durchschwimmt gegen ein Uhr nachts ein 22-jähriger Mann in der Nähe der Brücke die Spree und gelangt unverletzt in den Westen.

LEIPZIGER STRASSE 5–7: Am 28. Juli 1965 verstecken sich Heinz Holzapfel, dessen Frau Jutta und Sohn Günther aus **Leipzig** im „Haus der Ministerien". Der Ingenieur-Ökonom hat einen tollkühnen Plan: Er will mit einer selbst gebauten Seilbahn vom Dach des direkt an der Grenze gelegenen Hauses über die Mauer gleiten.

Helfer in West-Berlin haben ein Drahtseil beschafft. Mit einer Fangschnur holt es Heinz Holzapfel über die Mauer. Dann wird es drüben per Auto straff gezogen und die Familie rollt in Tragegurten nacheinander über den Todesstreifen. Erst um 4.04 Uhr am nächsten Morgen entdeckt eine Streife das Seil und die bei der Flucht verlorene Aktentasche mit allen Papieren.

Nebenbei: Auf dem Dach des „Hauses der Ministerien" unterhalten die Russen einen Luftbeobachtungsposten. Die Männer konnten die Flucht in allen Einzelheiten verfolgen, dachten aber, die Stasi würde auf besonders originelle Weise Agenten in den Westen schleusen. **(14)**

TELTOW: Jahrelang hat Dieter Hötger in seiner Zelle in Bautzen II nur einen Traum: Bei Teltow müsste es doch über die Mauer zu schaffen sein!

Am 5. Oktober 1962 war der damals 23-jährige West-Berliner zu neun Jahren Haft verurteilt worden – der Liebe wegen. Nach dem Mauerbau zog Dieter Hötger in den Osten zu seiner Freundin. Doch schon nach ein paar Wochen hält er es dort nicht mehr aus und flieht zurück in den Westen. Seine Freundin will Dieter Hötger durch einen Tunnel nachholen. Spitzel verraten den Plan. Schwer verletzt gerät er ins Gefängnis, sein Freund wird erschossen.

Nun denkt Dieter Hötker nur noch an Flucht. Mit einem Löffel kratzt er hinter einem Wandschrank seiner Zelle den Mörtel aus den Fugen. Am 27. November 1967 gelingt es ihm endlich, ein 40 mal 30 mal 65 Zentimeter große Loch zu öffnen. Am nächsten Morgen zwängt er sich in die Freiheit.

Hunger und Kälte machen dem geschwächten Mann zu schaffen. Er versteckt sich in einem stillgelegten Teil des VEB Schamottwerk Wetrow. Als er am 6. Dezember 1967 seinen Weg Richtung Berlin fortsetzt, fasst ihn eine VP-Streife.

Dieter Hötker bekommt weitere acht Jahre Zuchthaus. Begründung: „Die Gebäude der StVA sind sozialistisches Eigentum. Durch die Schaffung eines Loches in der Mauer beschädigte er das sozialistische Eigentum."

Er bleibt der einzige, dem jemals die Flucht aus Bautzen II gelang. Heute lebt Dieter Hötker als Rentner in Berlin. **(15)**

KÖPENICKER STRASSE 5: Gegen 17.30 Uhr ertrinkt ein Mann am 19. Januar 1965 beim Fluchtversuch in der Spree. Die „Erfassungsstelle Salzgitter" führt ihn bis heute als „unbekannt".

GRENZÜBERGANGSSTELLE DREWITZ/DREILINDEN: Am 7. Juli 1969 winken DDR-Grenzer einen „Hanomag"-Kleinlaster zur Kontrolle heraus. Von einem Spitzel haben sie einen Tipp auf eine besonders raffiniert geplante Flucht erhalten.
Auf dem Wagen befindet sich eine vernagelte Holzkiste, darinnen eine präparierte Kuh. Auf der Transitstrecke war eine Frau aus Karl-Marx-Stadt (heute Chemnitz) in ihren Bauch gestiegen.
Sie und die beiden Fluchthelfer werden verhaftet. Das Bezirksgericht Potsdam verurteilt die drei zu Haftstrafen zwischen 3 Jahren und 10 Monaten und 2 Jahren und 10 Monaten.
Noch am Tag der missglückten Flucht klingeln West-Berliner Polizisten an der Tür des ahnungslosen Tierpräparators Helmut Kriegerowski und warnen ihn vor der Benutzung der Transitwege durch die DDR. Bei ihm hatten die Fluchthelfer die „trojanische Kuh" als Partygag in Auftrag gegeben. Zweimal gelang bereits die Flucht im Bauch des Tieres, bevor sie schließlich verraten wurde. **(16)**

FLUGHAFEN SCHÖNEFELD: Am 10. März 1970 haben angeblich zwei DDR-Bürger versucht, eine Maschine in den Westen zu entführen und nach Misslingen Selbstmord begangen.

BLANKENFELDER CHAUSSEE 9: Zwischen 1953 und 1961 siedeln etwa 460 000 Menschen aus dem Westen in den Osten um. Nach dem Mauerbau bis zum Ende der DDR kommen noch einmal rund 50 000. Sie alle landen zunächst in einem der DDR-„Aufnahmeheime", von denen Anfang der 70er Jahre eines in **Pankow** liegt. Insgesamt gab es bis 1961 sechs solcher Heime, danach wurde sogar in jedem der 14 Bezirke eins eingerichtet. In den 80er Jahren werden sie wegen mangelnder Belegung aufgelöst, schließlich bleibt nur das zentrale Aufnahmeheim in **Röntgenthal** bei Berlin übrig.
Etwa zwei Drittel der Umsiedler sind ehemalige DDR-Bürger, die im Westen nicht klar kommen. Der Rest besteht sowohl aus Idealisten, die den Sozialismus in der DDR für die bessere Gesellschaft halten, als auch aus gescheiterten Existenzen bis hin zu Kriminellen, die ihrer Strafe entgehen wollen.
Die DDR betreibt in den Aufnahmeheimen eine strenge Selektion. In den 80er Jahren lehnt sie bis zu 70 Prozent der Einreisewilligen ab.

KLEIN-GLIENICKE: Am 9. August 1973 gelingt neun Personen von Klein-Glienicke bei Potsdam-Babelsberg durch einen Tunnel die Flucht nach **Zehlendorf**

ZIMMERSTRASSE / ECKE LINDENSTRASSE: Mit Schüssen vereiteln DDR-Grenzer am 17. September 1973 die Flucht von zwei Männern. West-Berliner Polizei beobachtet, wie sie festgenommen und abtransportiert werden.

Mehr Glück hat am 6. Oktober ein 34-jähriger. In einem Taucheranzug hat er sich von einem Lastkahn im Schlepptau nach West-Berlin ziehen lassen.

HANNOVERSCHE STRASSE 30: Stasi-Männer hindern am 11. Januar 1977 einige DDR-Bürger am Betreten der Ständigen Vertretung der Bundesrepublik Deutschland bei der DDR (SIEHE KAP.7, HANNOVERSCHE STRASSE 30).

FLUGPLATZ GATOW: Am 7. April 1978 landen zwei Brüder mit einem tschechischen Sportflugzeug „Zlin" der „Gesellschaft für Sport und Technik" (GST) auf dem britischen Militärflugplatz Gatow.

Natürlich möchte die DDR ihr Flugzeug zurück haben, doch wegen des Vier-Mächte-Status von Berlin ist dazu eine internationale Aktion nötig.

Oberstleutnant Hans-Dieter Behrendt hat die Befehlsgewalt auf der **Glienicker Brücke,** aber nicht das Sagen. Deshalb führen ein sowjetischer und ein britischer Major die Vorgespräche.

Am 11. April 1978 geht es dann los. Die DDR will versuchen, die Übergabe direkt zu bewerkstelligen, denn darin sieht sie eine Stärkung ihres internationalen Ansehens. Das klappt, weil der britische Transportchef, Colonel Rayson, die Sache unbürokratisch regeln will. Per Handschlag übergibt er die Maschine um 15.26 Uhr an den GST-Funktionär Bodo Krieger.

Beim nächsten Mal, am 28. Juni 1979, sind die Briten aufmerksamer. Diesmal geht es um ein Segelflugzeug. Die Übergabe wird direkt mit den Sowjets verhandelt, sechs sowjetische Soldaten schleppen den Flieger durch die Slalomsperren in den Osten. **(17)**

BAHNHOF FRIEDRICHSTRASSE: 18. Januar 1979 flieht Stasi-Oberleutnant Werner Stiller durch die Agentenschleuse im Bauch des Bahnhofs Friedrichstraße, bei der Stasi intern „Ho-Chi-Minh-Pfad" genannt, in den Westen (SIEHE KAP. 10, STERNDAMM 34). Im „Sektor Wissenschaft und Technik" (SWT) der Hauptverwaltung Aufklärung war der studierte Physiker bis dahin im Rahmen der Industriespionage für Atom-Technologie zuständig.

Als SED-Parteisekretär seiner Abteilung hatte er überdies in viele andere Vorgänge Einblick, zu denen er Unterlagen mit in den Westen nimmt. Etliche DDR-Spione werden verhaftet, mehr als ein Dutzend kann sich gerade noch rechtzeitig gen Osten absetzen (SIEHE KAP. 10, WOLLANKSTRASSE).

BND und CIA verschaffen Werner Stiller eine neue Identität. Als „Peter Fischer" macht er in den USA Karriere als Börsen-Broker und gelangt zu Wohlstand. Alle Versuche der Stasi, ihn in die DDR „zurückzuführen" bleiben ohne Erfolg. Heute lebt Werner Stiller als Geschäftsmann in Budapest.

GLIENICKER BRÜCKE: Irgendwann Ende der 70er Jahre ist ein britischer Soldat aus familiärem Kummer vom Westen über die Mauer in den Osten gestiegen. Die DDR will ihn nicht haben. Er wird über die Glienicker Brücke abgeschoben. Der bei der Aktion verantwortliche Kommandeur Hans-Dieter Behrendt: „Es war ein sehr kritischer Augenblick, konnte doch der Soldat jederzeit seine Bereitschaft zur Rückkehr in seine Einheit widerrufen und Richtung Potsdam ausbrechen." **(18)**

LITTENSTRASSE: Etwa 1980 gelingt einem Mitarbeiter der Ost-Berliner BVB mit Frau und Kind wohl als einzigem die Flucht durch den „Waisentunnel", der die Ost- und West-U-Bahn miteinander verbindet (SIEHE KAP. 14, KLOSTERSTRASSE). Dabei hilft ihm sein roter Ausweis als Streckenläufer. Damit gelangt die Familie über einen Einstieg an der Littenstraße an die Linie U 8, wo der Mann einen Zug stoppt und „per Anhalter" in den Westen fährt.

Die spektakuläre Flucht wird auf beiden Seiten streng geheim gehalten, damit niemand auf die Idee kommt, sie nachzuahmen. **(19)**

BAHNHOF FRIEDRICHSTRASSE: Mit einem Luftgewehr bewaffnet, versucht am 27. Mai 1983 Müllfahrer Wolfgang K. (24) um 18.24 die von **Mahlsdorf** kommende S-Bahn zu entführen. Er weiß nicht, dass bei Durchfahrt durch den Bahnhof automatisch eine Zwangsbremsung erfolgt und das Anschlussgleis Richtung Westen unterbrochen ist. Vier Spezialisten der Terrorabwehr überwältigen ihn nach einem Schusswechsel.

DREILINDEN: Am 23. Dezember 1983 durchschwimmen zwei DDR-Grenzer den Teltowkanal. Sie erreichen unbemerkt West-Berlin.

GRENZÜBERGANG INVALIDENSTRASSE: Zwei Tage lang hatten sechs DDR-Bürger in der USA-Botschaft in der Neustädtischen Kirchstraße ausgeharrt und um Asyl gebeten. Am 22. Januar 1984 werden sie nach West-Berlin abgeschoben.

HANNOVERSCHE STRASSE 30: Hans-Otto Bräutigam, der Chef der Ständigen Vertretung der Bundesrepublik Deutschland bei der DDR teilt am 27. Juni 1984 mit, dass die Vertretung vorläufig geschlossen wird. Grund: Immer mehr DDR-Bürger suchen in dem Haus Zuflucht, um so ihrer Ausreise zu erzwingen. Nach dem Bau eines separaten Eingangs wird die Vertretung am 31. Juli 1984 wieder für den Besucherverkehr geöffnet.

GRENZÜBERGANGSSTELLE DREWITZ/DREILINDEN: Am 3. Januar 1984 soll ein Beschäftigter des VEB Autobahndirektion Berlin einen Gully reinigen, der sich nur wenige Meter vor dem Grenzstrich zu West-Berlin befindet. Er wird von vier Grenzern mit der MPi im Anschlag bewacht. Trotzdem läuft der Mann plötzlich los und erreicht unverletzt West-Berliner Gebiet.

Mit unfreiwilligem Humor vermerkt die Stasi in ihrem Untersuchungsbericht: „Der Grenzdurchbruch erfolgte über die Ausreisespur ..." **(20)**

BERNAUER STRASSE: Am späten Abend des 24. Juli 1984 gelingt einem 23-jährigen Mann die Flucht in den Westen. Er wird von den Schüssen der Grenzposten nur leicht verletzt.

SONNENALLEE: Unmittelbar neben dem Sektorenübergang schafft es am 30. Oktober 1984 ein 17-jähriger Jugendlicher aus dem Bezirk **Potsdam**. Er klettert mit einer Leiter über die Mauer.

GROSS ZIETHEN: Schon ein Jahr lang baut ein junges Paar (31 und 29) in seiner Berliner Wohnung an einem Flugdrachen. Im Herbst 1986 soll er die beiden von Groß Ziethen nach West-Berlin tragen.
Doch die Stasi bekommt durch einen abgefangenen Brief in den Westen Wind von der Sache. Konspirativ wird die Wohnung durchsucht und dabei das Fluggerät entdeckt. Es ist gerade rohbaufertig. **(21)**

BERLIN-MITTE: In der Nacht vom 10. zum 11. November 1986 segeln zwei Fluggleiter vom Dach eines Hochhauses in Berlin Mitte Richtung Westen. Zwei Männer (27 und 30) haben sie aus Alu-Rohr und Segeltuch gebaut. Einen Bauplan gab es nicht, nur ein Foto in der Zeitschrift „Sputnik".
Trotzdem fliegen ihre Geräte, als sie sie heimlich bei **Bad Freienwalde** ausprobieren. Doch in der Novembernacht reicht der Wind nicht. Die Gleiter landen auf einem Schulhof kurz vor der Grenze.
Die beiden Männer lassen sie liegen und flüchten in die Tschechoslowakei. An der Grenze zur Bundesrepublik werden sie verhaftet. **(22)**

LÖWENBRUCHER WEG: Am Abend des 2. Dezember 1986 flieht ein 22-jähriger Mann in **Lichtenrade** nach West-Berlin. Er bleibt unverletzt.

FAHRLAND: Im Sommer 1986 testet ein Berliner in der Nähe von **Strausberg** einen selbstgebauten Motordrachen. Mit seinem Flieger aus Segeltuch und einem Trabi-Motor bleibt er zwar in der Deckung der Bäume, dennoch beobachtet jemand den Flug und informiert die Stasi.
Der Mann weiß davon nichts. Am 20. Dezember 1986 startet er von Fahrland bei **Potsdam** aus Richtung West-Berlin. Sein Motordrachen schafft 300 Meter Flughöhe, doch der Pilot verliert die Orientierung. Nach 30 Minuten Irrflug landet er wieder in der DDR und wird verhaftet. **(23)**

FLUGPLATZ GATOW: Thomas K. aus Magdeburg will eigentlich NVA-Offizier werden. Bei der „Gesellschaft für Sport und Technik" (GST) lernt er das Fliegen. Doch schon bei seinem zweiten Alleinflug mit dem tschechischen Trainingsflugzeug „Zlin 15" flieht er am 15. Juli 1987 aus **Beelitz** nach West-Berlin. Der 18-jährige fliegt dabei so tief, dass ihn weder das Radar im Osten, noch im Westen erfasst. **(24)**

Die Maschine wird von den Briten am 5. August 1987 über die **Glienicker Brücke** zurückgegeben. Per schwarzem englischem Humor gibt es dabei einen Seitenhieb auf die DDR: Mit einer 30 mal 30 Zentimeter großen Sperrholzplatte ist das Seitenleitwerk arretiert. Auf diese Platte hat jemand mit Kugelschreiber „Vor dem nächsten Fluchtversuch zu entfernen" geschrieben. **(25)**

GLIENICKER BRÜCKE: Es ist mitten in der Nacht, gerade 2 Uhr, als am 10. März 1988 drei junge Männer aus **Babelsberg** durch die **Berliner Straße** in **Potsdam** Richtung Brücke fahren. Sie haben einen mit 92 Gasflaschen beladenen Lkw gestohlen und geben kurz vor der ersten Schranke Vollgas. Der sowjetischen Posten ist so verdattert, dass kein Schuss fällt. Der schwere Wagen durchbricht sämtliche Schlagbäume und rutscht, inzwischen schrottreif, auf platten Reifen bis ans Sperrgitter in der Brückenmitte, das durch den Aufprall aufspringt. Die Männer erreichen unverletzt West-Berlin.

HANNOVERSCHE STRASSE 30: Tagelang schon harren etwa 20 ausreisewillige DDR-Bürger in der Ständigen Vertretung der Bundesrepublik aus. Am 11. Januar 1989 verlassen sie das exterritoriale Gebiet – mit der Zusage von Rechtsanwalt Wolfgang Vogel (SIEHE KAP. 10, REILERSTRASSE 4) die DDR bald unbehelligt verlassen zu dürfen.

Am 8. August 1989 wird die Vertretung wegen Überfüllung geschlossen. Jetzt versuchen von dort aus über 130 DDR-Bürger, ihre Ausreise zu erzwingen.

GRENZÜBERGANGSSTELLE DREWITZ/DREILINDEN: Wo eine blitzschnell über die Fahrbahn rollbare, einen Meter dicke Betonwand sogar Panzer stoppen kann, müssen Trabis kläglich scheitern.

Das erfährt am 12. Mai 1989 ein Ehepaar mit zwei Kindern und am 8. August 1989 ein Mann, die den Durchbruch mit dem DDR-Volkswagen versuchen. Auch der wesentlich robustere russische „Saporoshez", mit drei Männern besetzt, scheitert am 31. März 1989. **(26)**

NOBELSTRASSE: Am 5. Februar 1989 wird der 20-jährige Chris Gueffroy erschossen, als er versucht, zwischen **Treptow** und **Neukölln** über die Mauer zu klettern. Er ist das letzte Opfer an der Mauer, das durch gezielte Todesschüsse stirbt. Sein Freund Christian Gaudian schafft den Weg in den Westen.

Das Berliner Landgericht verurteilt am 20. Januar 1992 den Todesschützen Ingo H. wegen Totschlags zu dreieinhalb Jahren Haft ohne Bewährung. Seine Mitangeklagten erhalten eine Bewährungsstrafe von 18 Monaten.

In einem Revisionsprozess wird später auch das Urteil für Ingo H. in eine Bewährungsstrafe umgewandelt.

ZEHLENDORF: Mit einem selbstgebauten Ballon will Winfried Freudenberg aus **Lüttgenrode** bei **Halberstadt** am 8. März 1989 nach West-Berlin fliegen. Er befestigt Ballon und Brenner mit Nylonseilen an seiner Lederjacke. Der Start klappt und der 32-jährige schwebt über die Grenze. Dann reißt die Halterung. Winfried Freudenberg stürzt aus großer Höhe in einen Vorgarten bei Zehlendorf. Er ist sofort tot. Der Ballon verfängt sich in nahe gelegenen Baumkronen. Winfried Freudenberg ist das letzte Todesopfer an der Berliner Mauer. **(27)**

CHAUSSEESTRASSE: Mit Warnschüssen stoppen Grenzer am 8. April 1989 den Fluchtversuch zweier Jugendlicher. Es sind die letzten (bekannt gewordenen) Schüsse an der Mauer.

BRITZER MÜHLE: Am 26. Mai 1989 starten auf dem Sportplatz Britzer Mühle zwei Ultra-Leichtflugzeuge mit dem roten Sowjetstern auf den Tragflächen Richtung Osten. Die beiden Männer haben sowjetische Schulterklappen auf ihren Tarnjacken. Nach ein paar Minuten landet eine Maschine im Ost-Berliner **Treptower Park,** die andere kreist darüber. Ein dritter Mann steigt zu und das Flugzeug startet wieder. Vor dem **Reichstag** in West-Berlin gehen die beiden Flieger runter. Die Männer steigen aus und verschwinden.

Das ist die Geschichte der Gebrüder Bethge, die wie Pech und Schwefel zusammenhalten. Ingo flieht 1975 mit einer Luftmatratze über die Elbe. Acht Jahre später holt er seinen Bruder Holger nach. Diesmal wird mit einer Armbrust ein Seil über die Mauer von **Neukölln** nach **Treptow** geschossen. Per Seilbahn reist Holger aus der DDR aus. Nun fehlt nur noch Egbert.

Ingo und Holger kaufen sich für insgesamt 36 000 Mark zwei Ultraleichtflugzeuge „Ikarus VOX II" und lernen fliegen. Das geht nicht ohne Abstürze ab, doch nach und nach bekommen sie die Maschinen in den Griff. Dann wird ein Funkgerät nach Ost-Berlin geschmuggelt, um Egbert die Ankunft zu signalisieren.

Im Mai 1989 sind schließlich alle Vorbereitungen getroffen. Nun bleibt nur noch ein Problem: Sportflugzeuge sind in Berlin streng verboten, denn die Alliierten haben dort die Lufthoheit (SIEHE KAP. 1, AM KLEISTPARK). Trotzdem wird nach vielen Suchen auf dem Sportplatz **Britzer Mühle** endlich ein geeigneter Platz gefunden und das Unternehmen Luftbrücke kann starten. Es ist die wohl spektakulärste Flucht in den Jahren des Kalten Krieges. **(28)**

INVALIDENSTRASSE: In der Nacht vom 2. auf den 3. Dezember 1989 fliehen Alexander Schalck-Golodkowski und Frau Sigrid nach West-Berlin. Die Machenschaften des „Devisenbeschaffers" (SIEHE KAP. 11, WALLSTRASSE 17–22) kommen nach und ans Tageslicht und Schalck fürchtet, in der DDR als Kronzeuge ausgeschaltet zu werden.

Er tarnt sich mit dem Namen „Gutmann", stellt sich den West-Berliner Behörden und geht in U-Haft. Am 9. Januar 1990 wird er entlassen. Alexander Schalck-Golodkowski macht unter dem Decknamen „Schneewittchen" umfangreiche Aussagen beim BND. Danach siedeln sich er und Frau Sigrid im bayrischen **Rottach-Egern** an. Ein Kredit früherer Geschäftspartner aus dem Westen hilft dabei.

Ermittlungen wegen Verstoßes gegen das Betäubungsmittelgesetz, der Veruntreuung von Milliardenbeträgen durch Überweisungen ins Ausland und Steuerhinterziehung werden Anfang der 90er Jahre eingestellt. 1995 wird Schalck wegen des nach Militärregierungsgesetz 53 illegalen Kaufs von Nachtsichtgeräten und Jagdwaffen für die SED-Führung zu einer einjährigen Freiheitsstrafe auf Bewährung verurteilt. Am 9. Juli 1998 folgt eine Verurteilung wegen Embargo-Verstoßes zu 16 Monaten auf Bewährung. Die vorhergegangene Verurteilung wurde in diese Strafe einbezogen.

Wegen einer Krebserkrankung finden keine weiteren Prozesse statt. Alexander Schalck-Golodkowski gründet 1996 im oberbayrischen **Miesbach** die Firma „Dr. Schalck & Co.", die mit „Waren aller Art" handelt.

IM SPREEBOGEN: Das Bundesministerium des Innern veröffentlicht Ende der 90er Jahre Zahlen über die Bevölkerungsbewegung von Ost nach West. Danach sind bis zum 13. August 1961 insgesamt 2 738 562 Menschen in den Westen gegangen. Bis zum 31. Dezember 1988 kamen 383 181 dazu, die offiziell aus der DDR ausreisten. 178 182 Personen gelang die Flucht „mit mäßigem Risiko". Für 40 101 Menschen war sie mit tödlichen Gefahren verbunden. **(29)**

9. KAPITEL

ABRISS, TEILUNG UND AUFBAU

Der Eiffel-Turm liegt schon im Westen. Von der Avenue de New York am anderen Ufer der Seine aus kann man ihn sehen. Und auf Fotos ist der Stacheldraht dazwischen kaum zu erkennen.

Paris geteilt? Kaum vorstellbar!

In Berlin war das jahrzehntelang Alltag. Familienbande wurden zerschnitten und Rohrleitungen gekappt, Stadtbahnschienen zersägt und Fenster zugemauert.

Das Unnormale schien normal, das Gewöhnliche außergewöhnlich geworden zu sein.

Es wurde geteilt, abgerissen, wieder aufgebaut – manches so als sei es für die Ewigkeit, anderes trotz allem mit Blick auf eine gemeinsame Zukunft der Stadt, die immer weiter in die Ferne zu rücken schien.

FRIEDRICHSTRASSE: Im Ausweichquartier der Deutschen Staatsoper im Admiralspalast wird am 29. Januar 1946 die traditionsreiche Friedrich-Wilhelm-Universität als „Universität Berlin" wieder eröffnet.

Am 6. Februar öffnet der erste Lesesaal der Staatsbibliothek **Unter den Linden.** Die Universität im sowjetischen Sektor gerät schnell unter östliche Dominanz. Am 11. Mai 1948 beschäftigt sich die Stadtverordnetenversammlung mit der SPD-Forderung, die Bildungsstätte unter Vier-Mächte-Kontrolle zu stellen. Gleichzeitig beschließt sie mit den Stimmen von SPD, CDU und LDP, die Errichtung einer freien Hochschule vorzubereiten. Grund: An der Berliner Universität seien Freiheit und Unabhängigkeit von Forschung und Lehre nicht mehr gewährleistet.

Am 22. September 1948 verleiht der (inzwischen geteilte) Magistrat der Freien Universität Berlin die Genehmigung, mit den Vorlesungen zu beginnen.

Die offizielle Einweihungsfeier der „Freien Universität Berlin" (FU) findet am 4. Dezember 1948 im „Titanic-Palast" in **Steglitz** statt.

Ab 8. Februar 1949 trägt die Berliner Universität den Namen „Humboldt-Universität zu Berlin".

DOROTHEENSTRASSE 22–24: In West-Berlin wird am 8. August 1948 ein eigenes Postscheckamt errichtet, das später am Halleschen **Ufer** einen neu erbauten Sitz findet, weil das zentrale Amt in der Dorotheenstraße nun im Ostteil der Stadt liegt.

Am 5. April 1949 betragen die Einlagen beim Postscheckamt West 32,5 Millionen DM (West) und 61,5 Millionen DM (Ost). Neue Konten in Ost-Mark werden nicht mehr eröffnet.

POTSDAMER STRASSE 188: Im Zuge der Teilung der Stadt muß auch die 1929 gegründete „Berliner Verkehrs-Aktiengesellschaft" (BVG) per 1. August 1949 geteilt werden.

Verhandlungen dazu finden im Sommer 1949 jedoch nicht im Gebäude der Hauptverwaltung, sondern in einer Gasstätte in **Friedenau** statt.

Grund: Für einige Delegierte zu den Verhandlungen gibt es in der Potsdamer Straße ein Hausverbot. Mit der Wahl des „neutralen Ortes" soll der „Hausfrieden" gewahrt bleiben.

Nach der Teilung der BVG entsteht später im Osten das VEB Kombinat Berliner Verkehrsbetriebe mit Sitz in der **Rosa-Luxemburg-Straße 2.**

REICHPIETSCHUFER 60–62: Auch der zweite große Eigenbetrieb der Stadt, die seit 1923 existierende Berliner Kraft- und Licht-Aktiengesellschaft (Bewag) wird 1948 in zwei Teilbetriebe gespalten. Am 4. Dezember 1948 zieht die Zentrale aus ihren Geschäftsräumen in der **Luisenstraße** ins Shell-Haus am Reichpietschufer in West-Berlin um.

Da die Netztrennung technisch kompliziert ist, versorgt zunächst die Bewag Ost noch einige West-Berliner Stadtteile. Als Ausgleich belieferte die HEW aus Hamburg Strom nach Mecklenburg.

Die letzten Netzverbindungen wurden am 5. März 1952 gekappt. Die Bewag in West-Berlin arbeitet danach als Inselbetrieb, die DDR verwehrt ihr den Anschluss an den Stromverbund in der Bundesrepublik.

Die Ost-Berliner Bewag bildete später gemeinsam mit der Gasversorgung das Energie-Kombinat Berlin. Nach der Einheit wurde es von der Bewag West übernommen, die seither auch in den Europäischen Stromverbund eingebunden ist.

TEMPELHOF: Am 14. September 1949 findet sich in der Lebensmittelabteilung eines Kaufhauses zum ersten Mal ein Schild: „Brot frei" 1 500 Gramm für 66 Pfennige". Am 1. Oktober wird die Rationierung der Lebensmittel in West-Berlin aufgehoben.

OTTERNBUCHTSTRASSE: Die erste Stufe des Heizkraftwerkes West (ab 14. 10. 1953 Kraftwerk Reuter) in **Spandau** geht am 1. Dezember 1949 ans Netz.

Am 6. Oktober 1952 wird eine neue 100-kV-Leitung der Bewag zum Abspannwerk **Steglitz** in Betrieb genommen. Damit ist die Stromversorgung der südwestlichen Stadtteile West-Berlins gesichert.

WENDENSCHLOSS: Die zwischen **Karlshorst** und Wendenschloss verkehrende sowjetische Militärstraßenbahn (im Volksmund „Machorka-Express" genannt) wird am 11. Dezember 1949 eingestellt.
Am 15. Dezember schließt der **Wriezener Bahnhof** in **Friedrichshain** für den Personenverkehr.

GLIENICKER BRÜCKE: Die Verbindung zwischen Potsdam und Zehlendorf erhält nach zweijährigem Wiederaufbau von der DDR am 19. Dezember 1949 den Namen „Brücke der Einheit". Er bleibt bis 1989 erhalten, als der Weg über die **Glienicker Lake** dann wirklich zu einer Brücke der Einheit wird.

RATHAUS SCHÖNEBERG: Am 14. März 1950 erklärt die Bundesregierung West-Berlin zum Notstandsgebiet.

FRIEDRICHSTRASSE 101–102: Im Admiralspalast, dem damaligen Haus der Deutschen Staatsoper, wird am 24. März 1950 die Deutsche Akademie der Künste zu Berlin neu gegründet. Sie sieht sich als Nachfolgerin der Preußischen Akademie der Künste. Erster Präsident ist der Schriftsteller Arnold Zweig (1887–1962). 1974 benennt sie sich in „Akademie der Künste der DDR" um.

REINICKENDORF: Nach dreijähriger Unterbrechung wegen französischer Demontagen nimmt am 1. April 1950 das Borsig-Werk die Produktion wieder auf.

MÜLLERSTRASSE 178: Die Schering AG legt am 3. April 1950 den Grundstein für eine neue Produktionsstätte von Arzneimitteln und pharmazeutischen Erzeugnissen.

CHAUSSEESTRASSE 96: Nach nur vier Monaten Bauzeit wird am 15. Mai 1950 das „Walter-Ulbricht-Stadion" eröffnet. Zur Aufschüttung wurden Trümmer des Berliner Stadtschlosses verwendet.
Ab 1973 heißt die Sportstätte „Stadion der Weltjugend", 1992 wird sie abgerissen.

SCHLOSSPLATZ: Das Stadtschloss der Hohenzollern in der Mitte Berlins muss weg. Das meint jedenfalls Walter Ulbricht (1893–1973), als er 1950 den Befehl zur Sprengung des zwar schwer beschädigten, aber durchaus rekonstruierbaren Bauwerks gibt.
Die Entscheidung ist heftig umstritten. Öffentlich ist von „kaltblütigem Mord" und einem „unbegreiflichen Akt fanatischen Zerstörungswillens" die Rede. Ministerpräsident Otto Grotewohl (1894–1964) reagiert auf die Proteste gelas-

sen: „Jetzt schreien alle, und wenn das Schloss erst weg ist, kräht kein Hahn mehr danach." (1) Der Widerstand bleibt erfolglos.

Am 7. September 1950 rücken die Sprengmeister vom „VEB Abräumung und Erdbau" an. Innerhalb von vier Monaten legen sie das Schloss endgültig in Schutt und Asche.

Ein Großteil der Trümmer dient Aufschüttungen für Neubauten. Erhalten bleibt nur das Portal IV, von dessen Balkon Karl Liebknecht (1071–1919) am 9. November 1918 die „freie sozialistische Republik" ausgerufen hatte. 1963 wird es in das an den **Marx-Engels-Platz** (heute **Schlossplatz**) angrenzende neue Staatsratsgebäude integriert.

Walter Ulbricht hat sein Ziel erreicht: „Das Zentrum unserer Hauptstadt, der Lustgarten und das Gebiet der jetzigen Schlossruine, muss zu dem großen Demonstrationsplatz werden, auf dem der Kampfwille und Aufbauwille unseres Volkes Ausdruck finden können." (2)

Am 1. Mai 1951 wird der Aufmarschplatz für 800 000 Menschen – mehr als auf den Roten Platz in Moskau passen – offiziell eingeweiht. (3)

FRIEDRICHSHAGEN: Zwischen Ost- und West-Berlin werden am 3. Juli 1950 die Wasserschieber geschlossen. Es hatte Streit um die Bezahlung des Wassers gegeben. Damit ist die einheitliche Wasserversorgung Berlins unterbrochen.

HENNIGSDORF: Die die Sektorengrenze kreuzende Kleinbahnstrecke **Spandau – Hennigsdorf** wird am 21. August 1950 eingestellt.

POTSDAMER STRASSE 188: Am 14. Oktober 1950 stellt die BVG West die über die Stadtgrenze führenden Straßenbahnlinien 47 und 96 und die Buslinien 5 und 6 ein.

MAUERSTRASSE 69–75: Die DDR beginnt 1. November 1950 im Gebäude des Postministeriums mit dem Probebetrieb eines UKW-Senders. Er soll später für Rundfunksendungen genutzt werden.

ORANIENBURGER STRASSE 70: Zwei Tage lang knallt es am 7. Dezember 1950, dann liegt die Ruine des alten Berliner Paketpostamtes endgültig in Trümmern.

UNTER DEN LINDEN 6: Am 20. April 1951 gehen sechs der sieben Professoren für Veterinärmedizin der Humboldt-Universität an die neu gegründete Veterinärmedizinische Fakultät der Freien Universität in West-Berlin.

SPANDAU WEST: Auf der 52 Kilometer langen S-Bahnstrecke Spandau West – Königs Wusterhausen beginnt am 30. April 1951 der elektrische Betrieb.

Am 1. Mai 1951 wird die elektrifizierte S-Bahn **Grünau – Königs Wusterhausen** in Dienst gestellt.

AM HERMANNPLATZ: Das im Krieg zerstörte Karstadt-Kaufhaus wird am 7. Mai 1951 in Neukölln als Neubau wiedereröffnet.

STUTTGARTER PLATZ: Am 12. Mai 1951 geht der erste Interzonen-Busbahnhof in Betrieb. Zwölf Buslinien verbinden nun West-Berlin mit dem Bundesgebiet.

TORSTRASSE 142–146: Der von der SED eingesetzte Reichsbahn-Generaldirektor Erwin Kramer (1902–1979) verkündet am 15. Mai 1951 die weitgehende Entflechtung des Eisenbahnknotenpunktes Berlin. Dazu sollen alle Kopf-Bahnhöfe – wie z. B. der **Görlitzer Bahnhof** – aus dem Stadtbild verschwinden.

NIKOLASSEE: Eine neue Empfangsstation für den UKW-Dienst zwischen West-Berlin und dem Bundesgebiet wird am 1. Juni 1951 eröffnet. Sie ermöglicht täglich 2 000 Ferngespräche von und nach Berlin.

SCHLOSSSTRASSE: Im „Titania-Palast" beginnen am 6. Juni 1951 die ersten Internationalen Berliner Filmfestspiele.
An der Ecke **Wilmersdorfer-/Kantstraße** weiht Leiser zwei Tage später seinen ersten modernen Schuhsalon ein.
Langsam wird West-Berlin so zum Schaufenster des Westens mitten im Osten.

FLUGHAFEN TEMPELHOF: Nach Abschluss der Luftbrücke öffnet der Flughafen am 9. Juli 1951 wieder für den zivilen Verkehr.

GRÜNAU: Die Deutsche Reichsbahn nimmt am 10. Juli 1951 den neu gebauten Teil des Südlichen Außenrings um Berlin zwischen **Grünau** und **Ludwigsfelde** in Betrieb. Am 22. November folgt der nördliche Abschnitt **Karow – Birkenwerder,** am 10. Dezember dann wieder ein Stück im Süden zwischen **Alt-Glienicke** und **Adlergestell.**
Damit konnte der gesamte Eisenbahnverkehr im Süden und Westen um die West-Sektoren von Berlin herumgeleitet werden.

STALINALLEE: Die neue Sporthalle zwischen **Andreas-** und **Koppenstraße** wird am 2. August 1951 ihrer Bestimmung übergeben. 1971 verschwindet sie wieder, weil sie bereits baufällig ist.

MARCHLEWSKISTRASSE 25: Ost-Berlins Oberbürgermeister Friedrich Ebert (1894–1979) legt am 1. September 1951 den Grundstein für das erste Wohnhochhaus, das als **„Hochhaus an der Weberwiese"** bekannt wird. Gleichzeitig beginnen die Bauarbeiten in der **Stalinallee.**

Ost-Berlin will aber nicht nur beim Bauen zeigen, dass es voran geht – am 15. Oktober wird die Rationierung von Marmelade, Kunsthonig, Sirup, Seife und Textilien aufgehoben.

OBERSCHÖNEWEIDE: Am 28. April 1952 übergeben die Sowjets die früheren AEG-Kabelwerke „Oberspree" und die Akkumulatorenfabrik an die DDR.
Heute ist das einstige Industrieareal Campus der Fachhochschule für Technik und Wirtschaft Berlin.

ANHALTER BAHNHOF: Die Deutsche Reichsbahn legt am 18. Mai 1952 den Anhalter Bahnhof still. Bis auf Fassadenreste wird er 1959 abgetragen.
Am gleichen Tag wird der **Nordbahnhof** an der **Invalidenstraße** für den Fahrgastverkehr geschlossen.

PARETZ: Der ab 1951 gebaute **Paretz-Niederneuendorfer Kanal** (später „Havelkanal" geht) am 28. Juni 1952 in Betrieb. Durch ihn kann der Schiffsverkehr im Norden Berlins den **Wannsee** und die Potsdamer Grenz-Gewässer umfahren.

UHLENHORST: Am 6. Juli 1952 werden die Sendeanlagen des Berliner Rundfunks (SIEHE KAP. 3, MASURENALLEE 8) in Köpenick in Betrieb genommen. Sie haben eine Leistung von 300 Kilowatt und werden über einen 240 Meter hohen Sendemast abgestrahlt, damit sie in ganz Berlin und im Umland zu empfangen sind.

MARIENDORFER DAMM 1–3: Ab 26. September 1952 wird die 1898 erstmals erschienene „Berliner Morgenpost" nach der Neugründung des Ullstein Verlages neu herausgegeben.

RUDOWER CHAUSSEE: Ab 21. Dezember 1952 beginnt das Fernsehen in **Adlershof** mit täglichen Versuchssendungen. Erster Sprecher ist der Schauspieler Herbert Köfer. Er kann auf 75 in Ost-Berlin vorhandenen Geräten gesehen werden.

West-Berlin wird am 25. Dezember 1952 neben **Hamburg** und **Köln** zu einer Sendestelle des Fernsehprogramms des Nordwestdeutschen Rundfunks, der sein Programm tägliche von 20 bis 22 Uhr abstrahlt.
Nach der Einführung von Fernsehgebühren in den West-Sektoren sind per 31. Juli 1954 von der Post 1 589 Fernsehteilnehmer registriert.

POTSDAMER STRASSE 188: Die BVG West unterbricht am 13. Januar 1953 die 13 von Ost- nach West-Berlin führenden Straßenbahnlinien.
Ab 15. März 1953 wird an DDR-Bürger und Ost-Berliner der „Sonderfahrschein B" gegen Bezahlung in Ost-Mark ausgegeben.

FLUGHAFEN SCHÖNEFELD: Am 29. März 1953 eröffnet die „Aeroflot" eine ständige Fluglinie Moskau – Schönefeld.
Die „Pan American Airways" beginnt am 6. Juni 1954 mit Direktflügen zwischen **Berlin-Tempelhof** und New York.

MARIENDORF: Die neue Gaskokerei des Gaswerkes geht am 4. Juli 1953 in Betrieb.

HARDENBERGSTRASSE/ECKE FASANENSTRASSE: Als eines der ersten großen Bauvorhaben nach dem Krieg errichtet die Berliner Bank ein Bürogebäude. Es wird am 12. September 1953 eröffnet.

MARIENDORFER DAMM 1–3: Am 19. November 1953 erscheint erstmals nach dem Krieg wieder die „BZ".

HEIDELBERGER PLATZ 3: Am 1. Juni 1954 um 5 Uhr beginnt der „Sender Freies Berlin" (SFB) mit seinen Nachrichtensendungen. Am 12. November 1953 war er als öffentlich-rechtliche Anstalt gegründet worden. Den Namen hatten die Berliner vorgeschlagen und in einem Wettbewerb ermittelt.
Nachdem die Sowjets am 5. Juli 1956 das „Haus des Rundfunks" in der **Masurenallee 8** an den Senat übergeben haben, zieht der SFB am 2. Dezember 1957 aus seinem provisorischen Quartier im ehemaligen „Reichszahnärztehaus" dorthin um.
Am 10. Juni 1965 kauft der Sender das „Haus des Rundfunks" für 92 Millionen Mark.

GARYSTRASSE 35: Der Henry-Ford-Bau mit seinen Hörsälen und der Bibliothek, der aus Mitteln der Ford-Stiftung für die FU erbaut worden war, wird am 19. Juni 1954 eingeweiht.

SIEMENSSTADT: Am 8. Oktober 1954 eröffnet das modernste Berliner Ziegelwerk. Es hat eine Kapazität von 50 Millionen Steinen pro Jahr.

OTTERNBUCHTSTRASSE: Mit der Inbetriebnahme der letzten Turbine ist am 8. Dezember 1954 der Aufbau des „Kraftwerk Reuter" abgeschlossen.

THEODOR-HEUSS-PLATZ: Am 19. Februar 1955 strahlt der SFB seine erste Fernsehsendung aus. Am 1. September 1958 startet dann die „Berliner Abendschau".

RATHAUS SCHÖNEBERG: Am 27. April 1955 vereinbaren Bundesregierung und Senat einen langfristigen Plan zum Aufbau der Stadt. Er sieht bis 1959 für die Förderung von Arbeitsplätzen, Wohnungen und Industrieansiedlungen eine Summe von 1,6 Milliarden Mark vor.

FLUGHAFEN SCHÖNEFELD: Die Sowjetunion übergibt am 28. April 1955 der DDR den Flughafen Schönefeld.
Der erste offizielle Start erfolgt am 30. September 1955 mit einer IL 14, die eine Regierungsdelegation nach **Moskau** bringt.

HARDENBERGSTRASSE: Das neue Gebäude der Berliner Börse wird am 18. Juni 1955 eröffnet.

CHARLOTTENBURG: Im Kraftwerk Charlottenburg wird am 11. August 1955 eine Heizturbine mit 55 000 Kilowatt in Betrieb genommen. Die Bewag hat damit in West-Berlin eine Gesamtkapazität von 527 000 Kilowatt.

UNTER DEN LINDEN 7: Mit Richard Wagners „Die Meistersinger von Nürnberg" startet am 4. September 1955 nach dreijähriger Bauzeit die restaurierte Staatsoper wieder am traditionellen Ort. Bis dahin wurde im „Admiralspalast" in der **Friedrichstraße** gespielt.

LEOPOLDPLATZ: Mitte der 50er Jahre beginnt West-Berlin wie keine andere deutsche Stadt mit dem Neubau von U-Bahn-Linien. Das hat politische Gründe, denn die Teilstadt will von der unter Ost-Verwaltung stehenden S-Bahn unabhängig werden. Deshalb entstehen auch U-Bahnen, die parallel zu S-Bahn-Trassen verlaufen.
Nach sechsjähriger Bauzeit wird am 2. September 1961 die Strecke **Leopoldplatz – Spichernstraße** dem Verkehr übergeben. Am 28. September 1963 folgt die Verlängerung der U-Bahnlinie C von **Grenzallee** nach **Britz-Süd** (ab 2. Januar 1970 bis **Zwickauer Damm** und ab 1. Juli 1972 bis **Rudow**) und am 28. Februar 1966 die U 6 von **Tempelhof** nach **Alt-Mariendorf.**
Die Verlängerung der U 7 zwischen **Mehringdamm** und **Möckernbrücke** wird am 28. Februar 1966 dem Verkehr übergeben.
Am 29. Januar 1971 rollt erstmals die U 7 zwischen Möckernbrücke und **Fehrbelliner Platz.** Am gleichen Tag geht auch der Streckenabschnitt Spichernstraße – **Walther-Schreiber-Platz** der U 9 in Betrieb. Die Verlängerung bis **Rathaus Steglitz** ist am 30. September 1974 fertig.

Von **Leopoldplatz** bis **Osloer Straße** (U 9) rollt es ab dem 20. April 1976, von **Gesundbrunnen** nach Osloer Straße (U 8) ab 7. Oktober 1977. Die U 7 fährt seit dem 28. April 1978 bis zum **Richard-Wagner-Platz**. Weiter bis **Rohrdamm** geht es ab dem 1. Oktober 1980. Das **Rathaus Spandau** erreicht die U-Bahn am 1. Oktober 1984.

Am 27. April 1987 wird die 2,9 Kilometer lange Verlängerung der U 8 von Osloer Straße nach **Paracelsusbad** dem Verkehr übergeben.

RUDOWER CHAUSSEE / ADLERSHOF: Am 3. Januar 1956 beginnt der „Deutsche Fernsehfunk" mit seinem regulären Fernsehprogramm. Im Osten sind 13 600 Geräte vom Typ „Leningrad" gemeldet.

MARIENDORF: Für die Ofenbatterie IV, die die Kapazität des Gaswerkes auf 1,2 Millionen Kubikmeter pro Tag erhöhen soll, wird am 29. Mai 1956 der Grundstein gelegt.

JUNGFERNHEIDE: Nach Fertigstellung der Schleuse Jungfernheide und des restlichen Kanalstücks wird am 15. August 1956 der **Westhafenkanal** von der **Schleuse Charlottenburg** zum **Westhafen** freigegeben.

WILHELM-PIECK-STRASSE 142–146: Die Deutsche Reichsbahn schließt mit der Inbetriebnahme der Strecke **Golm – Saarmund** am 24. September 1956 den Berliner Außenring. Damit sind die Voraussetzungen für die verkehrstechnische Abschnürung West-Berlins geschaffen.
Ab 17. März 1958 fährt der Schnellverkehr („Sputnik") von Berlin nach **Werder**. Seine merkwürdigste Station ist „**Potsdam Hauptbahnhof**" (heute „Pirschheide"). Er liegt nun mitten im Wald, von der Stadt ist weit und breit nichts zu sehen.
Makaber: In einer am 29. September 1956 erscheinenden Broschüre wird der Außenring als „Bau der Einheit" und „Großer Sieg der Arbeiterklasse" gefeiert.

RATHAUS SCHÖNEBERG: Am 8. August 1957 erhält der Senat von der Alliierten Kommandantur die Lizenz für die Einfuhr eines amerikanischen Kernforschungsreaktors.
Der Reaktor „BER I" geht am 24. Juli 1958 an der **Glienicker Straße 100** in **Wannsee** in Betrieb. Ab 1959 entsteht auf dem Gelände das Hahn-Meitner-Institut.

KLOSTERSTRASSE 47: In Ost-Berlin verkündet die Regierung am 29. Mai 1958 die Abschaffung der letzten Lebensmittelkarten für Fleisch, Butter, Fette, Milch und Zucker.

BRANDENBURGER TOR: Mit der Übergabe der flankierenden Wachhäuser ist die Restaurierung des Berliner Wahrzeichens am 19. Juli 1958 abgeschlossen.

KURFÜRSTENDAMM 27 / FASANENSTRASSE: West-Berlin ist wieder schick: Das „Kempinski" wurde erweitert und knüpft als „Bristol Hotel Kempinski" nun an die Vorkriegstradition an.
Ein weiterer Traditionsbau, das „Café Kranzler" erwartet ab 17. Dezember 1958 am **Kurfürstendamm / Ecke Joachimsthaler Straße** wieder Gäste. 600 Plätze stehen bereit.

LÜTZOWSTRASSE 12–18: Am 21. November 1958 nimmt die Bewag ihr neues „Abspannwerk Mitte" ans Netz. 11,7 Millionen Mark wurden investiert.

TEGEL: Erstmals seit dem Krieg beziehen die Borsig-Werke an der **Berliner Straße** am 27. Dezember 1958 wieder Gas aus Salzgitter. Die Pipeline entstand bereits 1938.

LEHRTER BAHNHOF: Zum Abschluss des Abrisses zerreißen Sprengladungen am 29. Januar 1959 das Hauptportal des stillgelegten Bahnhofs.

RATHAUS SCHÖNEBERG: Der Senat gibt am 19. März 1959 bekannt, dass der Bundestag die geplanten Mittel zur Förderung der West-Berliner Wirtschaft von 100 auf 500 Millionen Mark erhöhen will.

SPREEWEG 1: Nach der Restaurierung wird **Schloss Bellevue** am 18. Juni 1959 als Amtssitz des Bundespräsidenten in Berlin übergeben.

FLUGHAFEN TEGEL: Ab dem 2. Januar 1960 dürfen auf dem während der Berliner Blockade 1948 erbauten Flughafen Tegel auch zivile Maschinen landen.

KAROLINGERPLATZ: Das „Churchill-Haus" mit über 55 Wohnungen für britische Zivilangestellte wird am 4. März 1960 seiner Bestimmung übergeben.

HARDENBERGSTRASSE 16: West-Berlin hinkt der wirtschaftlichen Entwicklung im Westen erheblich hinterher. Das stellt die Industrie- und Handelskammer am 29. März 1960 fest. Danach hat sich die Industrieproduktion in der Bundesrepublik im Vergleich zu 1936 auf 255 Prozent gesteigert. In West-Berlin sind es jedoch nur 133 Prozent.

MERTENSSTRASSE 63: Am 8. April 1960 eröffnet die „British American Tobacco Company" (B.A.T.) in Spandau eine neue Zigarettenfabrik.

FLUGHAFEN SCHÖNEFELD: Die neue, 3 600 Meter lange Start- und Landebahn wird am 6. Oktober 1960 ihrer Bestimmung übergeben.

SCHAPERSTRASSE 24: Die traditionsreiche „Volksbühne" liegt im Osten und dort bestimmt die SED das Programm. In **Wilmersdorf** legt Volksbühnen-Vorsitzender Siegfried Nestriepke am 6. Oktober 1960 deshalb den Grundstein für eine „Freie Volksbühne".
Am 30. April 1963 wird das Haus der Freien Volksbühne feierlich eröffnet.

DAHLEM: Die erste amerikanisch-deutsche Gemeinschaftsschule öffnet am 13. Oktober 1960 ihre Pforten.

KEITHSTRASSE 1–3: An der Ecke zur **Kleiststraße** legt der DGB am 26. August 1961 den Grundstein zu seinem neuen Gewerkschaftshaus. Die ehemalige Zentrale liegt im Sowjetsektor und ist nicht mehr zugänglich.
Bereits am 17. August 1961 ruft der Gewerkschaftsbund zum Boykott der unter DDR-Verwaltung stehenden S-Bahn in West-Berlin auf.
Der daraufhin einsetzende Boykott der S-Bahn führt zu einem massiven Rückgang der Fahrgastzahlen. Aus vielen West-Berliner S-Bahnhöfen finden sich Plakate wie „Wer S-Bahn fährt, zahlt Ulbrichts Stacheldraht". S-Bahnwagen werden demoliert, Bahnhofseinrichtungen zerstört. Die BVG setzt parallel zu den S-Bahnlinien Busse ein.
Bis zur Übernahme der S-Bahn durch die BVG 1984 führt das traditionelle Berliner Verkehrsmittel in West-Berlin ein Schattendasein.

POTSDAMER STRASSE 188: Die BVG West stellt am 11. September 1961 den Verkauf von Fahrscheinen gegen Ost-Mark ein.
Um den Fahrzeugmangel zu überbrücken treffen im September aus verschiedenen Städten der Bundesrepublik „Solidaritätsbusse" ein. Sie fahren bis zum 28. April 1963 in West-Berlin.
Auf einer Pressekonferenz erklärt BVG-Chef Schneider am 29. Dezember 1961, dass die Fahrgastzahlen im Laufe des Jahres in West-Berlin um 29 Millionen auf 721 Millionen Fahrgäste gestiegen sind, weil viele Berliner die S-Bahn boykottieren.

PAPENBERGER WEG: In **Spandau** nimmt am 28. Oktober 1961 das neue Kraftwerk Oberhavel anstelle des alten Kraftwerkes Spandau die Stromerzeugung auf. Es hat eine Kapazität von 100 000 Kilowatt und trägt dazu bei, West-Berlin vom Osten unabhängig zu machen.

BLANKENBURG: Die Deutsche Reichsbahn eröffnet am 19. November 1961 die fast „über Nacht" gebaute S-Bahn-Strecke **Blankenburg – Hohen Neu-**

endorf mit Anschluss nach **Oranienburg.** Damit wird West-Berlin künftig umgangen.

Zwischen den Bahnhöfen **Schönhauser Allee** und **Pankow** ist derweil ein Stück neuer S-Bahnstrecke entstanden, auf dem manchmal noch Ost- und West-Berliner für ein paar Sekunden nebeneinander her fahren. Am 30. Juni 1974 versucht ein, damals 25-jähriger, Kraftfahrer aus Ost-Berlin auf dem im Volksmund „Ulbrichtkurve" genannten Abschnitt zu fliehen. Er springt aus der fahrenden S-Bahn und erleidet einen Schädelbasisbruch.

ALEXANDERPLATZ 3: Wo früher das alte Lehrervereinshaus stand, wird am 12. Dezember 1961 der Grundstein für das „Haus des Lehrers" und die Kongresshalle gelegt. Am 6. Oktober 1964 wird es eröffnet.

Die Grenze ist dicht, nun will Ost-Berlin sein neues Selbstbewusstsein auch zu Stein und Beton werden lassen. Davon wird später ein 7 Meter hoher und 125 Meter langer Fries des Künstlers Walter Womacka zeugen.

Er wurde inzwischen restauriert und steht unter Denkmalsschutz.

FALKENHAGENER FELD: Am 4. Mai 1962 wird der Grundstein für eine neue Großsiedlung in **Spandau** gelegt. Hier werden 8 000 neue Wohnungen für rund 30 000 Menschen entstehen. Auch an ein Einkaufszentrum, Schulen, Kindergärten, Altenheime, Sportanlagen und Kirchen ist gedacht. Solch neue Satellitenstädte sollen zeigen, das West-Berlin auch nach dem Mauerbau lebt.

TIERPARK FRIEDRICHSFELDE: Prof. Dr. Heinrich Dathe (1910–1991) begrüßt am 26. Juli 1962 den 10 000 000. Besucher. Die Gehege und großzügigen Freiflächen in Friedrichsfelde stechen den traditionsreichen **Zoologischen Garten** in West-Berlin inzwischen aus.

Der Tierpark im Schlosspark Friedrichsfelde war am 2. Juli 1955 vom DDR-Präsidenten Wilhelm Pieck eröffnet worden.

BUCKOW/RUDOW: Der Bauboom in West-Berlin geht weiter. Am 7. November 1962 wird im Südosten der Grundstein für die Großsiedlung **Gropiusstadt** gelegt.

HEINRICH-HEINE-STRASSE: DDR-Räumkommandos reißen am 12. Januar 1963 mehrere Häuser ab, um den Grenzstreifen zu vergrößern.

AM KÖLLNISCHEN PARK 5: Mit der Teilung der Stadt wurde West-Berlin auch vom Märkischen Museum abgeschnitten. Am 31. Januar 1963 gründet deshalb Prof. Dr. Edwin Redslob den „Verein der Freunde und Förderer des Berlin-Museums".

SALZBRUNNER STRASSE 41–47: Das Evangelische Gymnasium in **Grune-wald** wird mit der Wahrung der Tradition des berühmten Berlinischen Gymnasiums „Graues Kloster" betraut. Der Ost-Berliner Magistrat hatte es 1958 aufgelöst.

WARTENBERG: Der „sozialistische Frühling" Anfang der 50er Jahre hatte auch Ost-Berlin nicht verschont. Am 18. April 1963 feiert die Landwirtschaftliche Produktionsgenossenschaft „1. Mai" ihr zehnjähriges Jubiläum. Die 260 LPG-Bauern bearbeiten 420 Hektar. Ihnen gehören 506 Rinder und 2 382 Schweine – ein Gesamtvermögen von mehr als neun Millionen Mark.

FLUGHAFEN SCHÖNEFELD: Die Fusion der Deutschen Lufthansa der DDR und der Interflug ist am 1. September 1963 abgeschlossen. Interflug ist fortan die alleinige Fluglinie der DDR.

RUDOW: Das neue Heizkraftwerk mit einer Leistung von 75 000 Kilowatt geht am 26. November 1963 ans Netz. Damit verfügen die West-Berliner Kraftwerke insgesamt über eine Kapazität von über einer Million Kilowatt.

KARL-MARX-ALLEE 31: Ab 18. April 1964 empfängt das neue Hotel „Berolina" mit 358 Zimmern und 607 Betten seine Gäste. Die Stasi nutzt es von Anfang an für verschwiegene Treffs mit Spionen aus dem Westen. Anfang 1996 wird es abgerissen.

SCHÄFERBERG: Der 121 Meter hohe Fernmeldeturm nimmt am 18. Juli 1964 seinen Betrieb auf. Damit wird West-Berlin an das Fernwahlnetz der Bundesrepublik angeschlossen.

MARX-ENGELS-PLATZ 1: Der neu erbaute Amtssitz des Staatsrates der DDR wird am 3. Oktober 1964 übergeben, endgültig fertig wird das Gebäude erst im Dezember. Sein wichtigster Schmuck ist das erhalten gebliebene Portal IV des Berliner Stadtschlosses (SIEHE KAP. 10, MARX-ENGELS-PLATZ).
Nach der Einheit dient das Gebäude eine Weile als Bundeskanzleramt. Heute beherbergt es eine private Universität.

FRIEDRICHSTRASSE/ECKE UNTER DEN LINDEN: Wo früher einmal das „Café Bauer" stand, wird am 5. Mai 1966 der „Gastronomiekomplex Lindencorso" mit Restaurant, Café und Espressobar eröffnet. Er steht bis 1993, danach wird ein Neubau errichtet.
An der gegenüberliegenden Straßenecke geht am 10. Juni 1966 das Interhotel „Unter den Linden" in Betrieb. 2006 wurde es abgerissen.

ROTES RATHAUS: Am 25. Mai 1966 berät die Stadtverordnetenversammlung Ost-Berlins die „Grundkonzeption über den Aufbau des Stadtzentrums der Hauptstadt der DDR, Berlin, bis 1970" In den folgenden Jahren soll der Schwerpunkt auf der Bebauung zwischen dem **Alex** und dem **Marx-Engels-Platz** (heute **Schlossplatz**) liegen.

MASURENALLEE 4–6: Der neu errichtete „Zentrale Omnibusbahnhof" (ZOB) zwischen **Messedamm** und **Masurenallee** startet am 27. Mai 1966 seinen Betrieb.

KIEHNWERDERALLEE (ALTES EIERHAUS): West-Rummel im Osten – am 4. Oktober 1969 startet der **„Kulturpark Plänterwald"**. Die Attraktion ist ein 40 Meter hohes Riesenrad. Viele der modernen Karussells kommen aus dem Westen. Das hat die Bezahlung von Leistungen der DDR-Post, von Ost-Berlin propagandistisch „Postschulden" genannt, möglich gemacht.

JERUSALEMER STRASSE: Ost-Berlins Oberbürgermeister Herbert Fechner (1913–1998) legt an der Baugrube Jerusalemer Straße am 13. Januar 1970 den Grundstein für die neue **Leipziger Straße.** Die dort geplanten Hochhäuser sollen u. a. auch endlich die Dominanz des Springer-Hochhauses in dieser Ecke Berlins beenden.

MÄRKISCHES VIERTEL: In dem ausgedehnten Neubaugebiet in **Reinickendorf** wird am 17. April 1970 die zehntausendste Wohnung an die Mieter übergeben.

FLUGHAFEN TEGEL: Am 27. April 1970 gibt es eine feierliche Grundsteinlegung: Der Bau des sechseckigen Abfertigungsgebäudes beginnt. Damit wird die erste Ausbaustufe des im französischen Sektors liegenden Flughafens (SIEHE KAP. 12, FLUGHAFEN TEGEL) in Angriff genommen.

WILHELMSTRASSE 1 / MEHRINGDAMM: Die AOK Berlin weiht am 18. September 1970 ihr neues, 13-stöckiges Verwaltungsgebäude ein. In Westberlin sind Arbeitsplätze Mangelware. Großverwaltungen, wie die der AOK, schaffen dringend benötigte Jobs.

ALEXANDERPLATZ: Hotels sind in Ost-Berlin knapp, internationaler Standard nahezu unbekannt. Um wenigstens einen kleinen Schritt gegenüber West-Berlin aufzuholen, eröffnet am 9. Oktober 1970 das „Interhotel Stadt Berlin" direkt am Alex. Ein wenig West-Atmosphäre lässt sich nun in der Bar im 37. Stockwerk des Hauses schnuppern – wenn man einen der raren Plätze ergattert.

Am 22. November 1991 wir es in „Forum Hotel Berlin" umbenannt.

TUCHOLSKY STRASSE 6: Der seit 1952 unterbrochene Telefonverkehr zwischen Ost- und West-Berlin und West-Berlin und der DDR wird am 31. Januar 1971 vom Ost-Berliner Fernsprechamt wieder aufgenommen. Zunächst werden zehn Leitungen geschaltet. Bis zum Juli erhöht sich ihre Zahl auf 30 – stundenlange Wartezeiten auf eine Verbindung bleiben jedoch die Regel.
Durch die Schaltung von 55 neuen Leitungen kann man ab 9. Dezember 1971 wieder direkt von Ost- nach West-Berlin telefonieren. Ab 15. Dezember sind auch Gespräche aus öffentlichen Telefonzellen West in den Ostteil der Stadt möglich. Am 24. Juni 1972 folgt die Freigabe des Selbstwählverkehrs zwischen West-Berlin und 32 Ortstelefonnetzen der DDR.

WITTENBERGPLATZ: Auf der seit August 1961 zwischen **Gleisdreieck** und **Potsdamer Platz** unterbrochenen U-Bahnlinie 2 wird am 1. Januar 1972 das Teilstück **Wittenbergplatz – Bülowstraße – Gleisdreieck** stillgelegt. Die U-Bahn von **Krumme Lanke** endet nun auf dem Bahnhof **Wittenbergplatz** am KaDeWe.

NEUE GRÜNSTRASSE 19–22: Am 26. März 1972 beschließt die Regionalsynode der Evangelischen Kirche Berlin-Brandenburg ein neues Bischofswahlgesetz. Danach soll der Verwalter des Ost-Berliner Bischofsamtes, Albrecht Schönherr, damals 61, im November zum Bischof gewählt werden.
Der amtierende Bischof der Evangelischen Kirche Berlin-Brandenburg, Kurt Scharf (1902–1990), erklärt am 15. Juni 1972 sein Einverständnis damit, dass sich sein Amtsbezirk ab 1. Januar 1973 nur noch auf West-Berlin erstrecken würde.
Zwei Tage später fasst die West-Berliner Regionalsynode der Evangelischen Kirche Berlin-Brandenburg in geheimer Abstimmung mit 55 gegen 25 Stimmen (eine Enthaltung) den Beschluss, die Einrichtung eines eigenständigen Bischofsamtes im Ostteil der Landeskirche zu respektieren.
Am 4. November 1972 wählt die Regionalsynode Ost den bisherigen Bischofsamtsverwalter Albrecht Schönherr mit der nötigen Zweidrittelmehrheit zum Bischof für die Ost-Region der Evangelischen Kirche Berlin-Brandenburg.
Am 19. November 1972 stimmt die West-Berliner Regionalsynode mit der erforderlichen Zweidrittelmehrheit von 61 Stimmen für ein neues Bischofsamtsgesetz. Es beschränkt den Amtsbereich von Bischof Kurt Scharf auf West-Berlin. Damit ist die organisatorische Trennung der Evangelischen Kirche zwischen Ost- und West-Berlin vollzogen. **(4)**

KOHLHASENBRÜCK: Der amerikanische Stadtkommandant William W. Cobb und der Regierende Bürgermeister Klaus Schütz übergeben am 30. August

1972 die Straße zur Exklave Steinstücken (SIEHE KAP. 2, STEINSTÜCKEN) dem Verkehr.

RATHAUS SCHÖNEBERG: Die Bundesregierung billigt am 4. Juni 1973 den Bau einer Erdölpipeline aus der DDR nach West-Berlin.

FLUGHAFEN TEGEL: Die auf 3 000 Meter verlängerte nördliche Start- und Landebahn wird am 10. Juli 1973 dem Verkehr übergeben.

MARX-ENGELS-PLATZ: Nach ersten Tiefbauarbeiten ab 13. August 1973 legt Erich Honecker am 2. November 1973 den Grundstein für den Bau des „Palastes der Republik". Nach den zahlreichen Neubauten im Stadtzentrum West soll nun endlich auch in Ost-Berlin eine repräsentative Mitte entstehen. Chef-Architekt Heinz Graffunder (1926–1994) hat den Auftrag, ein „Haus des Volkes" zu schaffen.
Am 23. April 1976 wird der Palast der Republik offiziell übergeben. In dem Gebäude findet auch die Volkskammer der DDR (SIEHE KAP. 6, LUISENSTRASSE) ihr neues Domizil. Dort fasst sie am 23. August 1990 den wichtigsten Beschluss ihrer Geschichte: Die Entscheidung über den Beitritt der DDR zur Bundesrepublik Deutschland.
Ab 2006 wird der „Palast der Republik" abgerissen.

BISMARCKPLATZ 1: Am 22. Juli 1974 wird das Bundesumweltamt in **Wilmersdorf** eröffnet. Der Osten protestiert, denn Bundesbehörden dürfen eigentlich nicht in West-Berlin arbeiten.

FLUGHAFEN TEMPELHOF: Am 1. September 1975 wird der zivile Flugbetrieb eingestellt. Der neue **Flughafen Tegel** kann diese Aufgabe ohne Probleme bewältigen.
Der Flughafen Tempelhof dient nun nur noch als amerikanischer Militärflughafen. Am 29. Januar 1993 nimmt die US Air Force dort offiziell Abschied von Berlin.
Bis zur endgültigen Schließung nach dem geplanten Ausbau des **Flughafens Schönefeld** zum neuen Berlin-Brandenburgischen Großflughafen (BBI) dient er zeitweilig wieder dem zivilen Luftverkehr.

BAHNHOF SPANDAU: Ab 26. September 1976 verkehren vom Bahnhof Spandau auch Fernzüge.

FRIEDRICHSTRASSE/ECKE CLARA-ZETKIN-STRASSE: Mit 320 Zimmern eröffnet am 19. April 1977 das Hotel „Metropol". Ost-Berlin spekuliert vor allem auf Besucher aus West-Berlin, die für harte Devisen die günstige Lage am Bahnhof Friedrichstraße nutzen.

Dennoch gibt es auch für DDR-Bürger eine kleine Sensation: Der „Intershop" des Hotels bietet gegen Westgeld auch westliche Autos zum Kauf an. Sie sind auf einer Dachterrasse ausgestellt und so kann man sie sich – wenn schon nicht kaufen – doch wenigstens ansehen. Das beflügelt offenbar die Phantasie – und lässt heimliche Hoffnungen sprießen. So schreibt Rock-Musiker Peter Meyer von den „Puhdys" zum Beispiel am 6. April 1988 an SED-Politbüro-Mitglied Kurt Hager (1912–1998): „Lieber Genosse Hager – ‚Gerüchte' besagen, dass es bei uns Möglichkeiten zum Kauf von Pkw's BMW für Mark der DDR gibt. Sollte das zutreffen, bitte ich Sie zu überprüfen, ob das auch für uns möglich wäre ..." **(5)** Es ist weder zutreffend, noch möglich.

KLOSTERSTRASSE 47: Mit der DDR-Regierung, die die Hoheit über die Wasserstraßen in West-Berlin hat, wird am 1. Dezember 1977 eine Übereinkunft über den Bau einer zweiten Kammer in der **Schleuse Spandau** getroffen.

POTSDAMER STRASSE 33: Am 15. Dezember 1978 wird der Neubau der Staatsbibliothek Preußischer Kulturbesitz der Öffentlichkeit übergeben. Die Architektur des Hauses stammt von Hans Scharoun.

NEUE KANTSTRASSE / ECKE MESSEDAMM: Nach zehnjähriger Planung und vierjähriger Bauzeit öffnet am 2. April 1979 das Internationale Congress Centrum (ICC).

AN DER WUHLHEIDE 197: In **Köpenick** wird am 3. Oktober 1979 der „Pionierpalast Ernst Thälmann" als Freizeit- und Erholungseinrichtung eingeweiht. Drei Jahre wurde daran gebaut, berühmt ist sein „Kosmonautenzentrum". Heute beherbergt das Haus das „Freizeit- und Erholungszentrum" (FEZ).

JOHN-FOSTER-DULLES-ALLEE 10: Am 21. Mai 1980 stürzt ein Teil des Daches der Berliner Kongresshalle in **Tiergarten** ein. Das Unglück fordert einen Toten und fünf Verletzte, das Haus muss geschlossen werden. Am 9. Mai 1987 wird die Kongresshalle nach der Sanierung wieder eröffnet.

AM MARX-ENGELS-PLATZ: Erich Honecker kündigt am 4. Juli 1980 in einem Interview mit dem britischen Verleger Robert Maxwell an, dass er den Alten Fritz wieder **Unter den Linden** gen Osten reiten lassen will. Das von Christian Daniel Rauch geschaffene Reiterstandbild wurde am 14. Juli 1950 demontiert und stand dreißig Jahre in einer abgeschiedenen Ecke des Parks von Sanssouci in Potsdam.

SCHLOSSBRÜCKE: Anlässlich des 200. Geburtstages von Karl Friedrich Schinkel am 13. März 1981 werden die sechs zur Schlossbrücke gehörenden Figuren am 29. April aus West-Berlin zurückgeführt. Sie sollen wieder auf der 1824 erbauten Brücke aufgestellt werden.

Am 26. April 1984 werden die letzten vier Schinkel-Figuren auf ihre Postamente gehoben. Nach Restaurierung der historischen Kandelaber wird die Brücke am 28. Mai 1984 wieder dem Verkehr übergeben.

Die in West-Berlin befindlichen Vorlagen zur Anfertigung der einst an den Postamenten angebrachten Medaillons gehen am 31. Januar 1985 an Ost-Berlin.

Bereits am 11. März 1982 hatte der Senat beschlossen, auch die in West-Berlin lagernden Fassadenreste des früheren Ephraim-Palais nach Ost-Berlin zu geben.

GRIEBNITZSEE: Am 20. November 1981 wird der Teltowkanal zwischen Griebnitzsee und **Lichterfelde** für die Frachtschifffahrt freigegeben. Zuvor war ein fünf Kilometer langes, durch DDR-Gebiet führendes Teilstück des Kanals zwischen **Kohlhasenbrück** und **Zehlendorf-Süd** saniert und wiedereröffnet worden.

LICHTERFELDE SÜD: Am 8. Januar 1984 fährt die S-Bahn vorerst letztmalig bis Lichterfelde Süd.

Die Linie S 25 von **Lichterfelde Ost** nach Lichterfelde Süd wird am 25. September 1998 wieder feierlich in Betrieb genommen.

RATHAUS SCHÖNEBERG: Entsprechend einer Vereinbarung des Berliner Senats mit der Deutschen Reichsbahn vom 30. Dezember 1983 übernimmt die BVG (West) ab 4 Uhr den Betrieb der S-Bahn im Westteil der Stadt.

Von etwa 70 Streckenkilometern bleiben zunächst nur 21 Kilometer in Betrieb.

SWINEMÜNDERSTRASSE 120: Am **Arkonaplatz** wird am 9. Februar 1984 die zweimillionste Wohnung übergeben, die seit Verkündung des Wohnungsbauprogramms der SED 1971 gebaut wurde.

Um das ehrgeizige Ziel zu erreichen, werden inzwischen nicht mehr nur Neubauten, sondern auch Modernisierungen als „Erfolge im Wohnungsbauprogramm" gezählt.

FLUGHAFEN TEMPELHOF: Die amerikanischen Fluggesellschaft „Direct Air" gibt am 7. Mai 1984 bekannt, dass sie ab 12. Mai mit einer zweimotorigen „Metro III" den Linienverkehr zwischen **Berlin** und **Friedrichshafen** aufnehmen will. Das Flugticket kost 516 Mark, der Spartarif ist für 334 Mark zu haben.

FLUGHAFEN TEGEL: Am 18. September 1984 begrüßen Pan Am-Chef Edward Acker und der Regierende Bürgermeister Eberhard Diepgen den ersten Airbus A 310, der mit drei anderen Maschinen ab 1. April 1985 im Liniendienst nach Berlin eingesetzt werden soll.

British Airways nimmt am 29. Oktober 1984 mit einer „DC Super-One-Eleven" die Verbindung von **Berlin** nach **Münster/Osnabrück** über den Flugplatz **Greven** auf. Die Maschine fliegt montags bis freitags zweimal täglich.

BERNAUER STRASSE: Das unmittelbar an der Mauer liegende Kirchenschiff der Versöhnungskirche wird am 22. Januar 1985 gesprengt. Die Kirche durfte seit dem Mauerbau nicht mehr genutzt werden.

MAUERSTRASSE 69–75: Vertreter des Ministeriums für Post- und Fernmeldewesen der DDR vereinbaren am 15. März 1985 mit dem Bundespostministerium den Bau einer Glasfaserstrecke für den Telefonverkehr zwischen West-Berlin und Großstädten in der Bundesrepublik.

WILHELM-PIECK-STRASSE 142–146: Die Reichsbahndirektion gibt am 2. Juni 1985 bekannt, dass der gesamte Berliner Außenring elektrisch befahren werden kann.

TEGELER SEE: Am 6. September 1985 geht am Nordrand des Sees die größte Phosphat-Reinigungsanlage der Welt in Betrieb. Die 210 Millionen Mark teure Anlage kann 300 000 Kubikmeter Wasser pro Tag von Schadstoffen befreien.

GUSTAV-MEYER-ALLEE 1: Auf dem Gelände der ehemaligen AEG-Motorenfabrik in Wedding wird am 28. November 1986 das neue Werk der Nixdorf Computer AG Paderborn eröffnet.

FRIEDRICHSTRASSE/UNTER DEN LINDEN: Das von einem japanischen Firmenkonsortium erbaute „Grand Hotel" empfängt ab 1. August 1987 Gäste. DDR-Touristen sind dort nicht willkommen. Das Haus soll als standesgemäße Unterkunft für westliche Geschäftsleute dienen.

NIKOLAI-VIERTEL: Am 11. Januar 1991 tagt zu ersten Mal unter Leitung von Parlamentspräsidentin Hanna-Renate Laurien das neu gewählte Berliner Abgeordnetenhaus in der Nikolaikirche. 241 Abgeordnete, davon 150 aus dem West- und 91 aus dem Ostteil der Stadt, bestimmen nun gemeinsam über den Aufbau der deutschen Hauptstadt Berlin.

10. KAPITEL

VERSCHWIEGENE HÄUSER, DISKRETE ADRESSEN UND DIE KELLER DER STADT

Geschichte spielt sich nicht nur an Regierungssitzen, in Ministerien oder Parlamenten ab. Besonders dann nicht, wenn es Kontrahenten gibt, die ihr Tun voreinander verbergen wollen.

Das war in den Jahren des Kalten Krieges in Berlin der Fall. Im Osten fürchtete man den Feind im Westen, im Westen Übergriffe aus dem Osten. Beide Seiten trafen Vorbereitungen für den „Ernstfall" und jede wollte der anderen dabei um wenigstens eine Nasenlänge voraus sein.

Natürlich versuchte der eine den anderen auszuspionieren, was dann wiederum zu noch mehr Täuschung und Tarnung führte. So sind manche Geheimnisse aus vierzig Jahren Teilung erst heute zu entdecken.

ROHRWALL-ALLEE 7: Nachdem Walter Ulbricht (1893–1973) mit Lebensgefährtin Lotte (1903–2002) aus dem Moskauer Exil zurückgekehrt ist, bezieht er als erste Berliner Wohnung ein Haus in **Karolinenhof**. Dort wohnt er gemeinsam mit Familie Pieck.

Sein erstes Büro in Berlin hat der KPD-Chef in der **Prinzenallee 80** in **Lichtenberg** (heute Einbecker Strasse) (SIEHE KAP. 6, LOTHRINGERSTRASSE 1).

FRANZÖSISCHE STRASSE / OBERWALLSTRASSE: Im Februar 1949 werden sämtliche Rohrpostlinien vom sowjetischen Sektor in die West-Sektoren Berlins gekappt.

Als High-Tech-Beförderungssystem für Briefe und Päckchen war die Berliner Rohrpost ab 1865 gebaut worden. Die erste Röhre verband das Haupttelegrafenamt an der Französischen Straße / Oberwallstraße mit der Börse, **Neue Friedrichstraße / Burgstraße**. Sie ging am 18. November 1865 in Betrieb. Im März 1939 umfasste die Rohrpost ein Netz von 400 Kilometer mit 90 Ämtern und zwölf Schnellrohrpostlinien.

In Ost-Berlin wurde der Postversand per Druckluft bis etwa 1976 genutzt. Das Streckennetz betrug 65 Kilometer und bestand aus den Vorkriegseinrichtungen. In West-Berlin kamen noch einige Neubaustrecken hinzu, so dass insgesamt 167 km Rohrpost betrieben wurden. Der öffentliche Rohrpostdienst endete am 1. März 1963. Bis 1972 gab es noch eine interne Nutzung für Rohrpostschecks. **(1)**

KURFÜRSTENDAMM 108: Ab Herbst 1950 arbeiten die „Abteilung II b" und das „Chemisch-technische Laboratorium" der „Kampfgruppe gegen Unmenschlichkeit" (SIEHE KAP. 4. ERNST-RING-STRASSE 2–4) am Kurfürstendamm. Sie sind als „Sauerbier & Co.," Transporte und „Leibacher & Co.", Textilien, getarnt. Seite Ende 1949 sammelt diese Abteilung Informationen aus der Zone. Ihre „Sachgebiete" gliedern sich nach den damaligen fünf Ost-Ländern. Sie müssen konspirativ arbeiten, um die Gewährsleute aus dem Osten zu schützen. Aus diesem Grund wird immer wieder umgezogen, wie z. B. im November 1951 in die **Clausewitzstraße 6** (Sachgebiete Sachsen-Anhalt, Sachsen, Thüringen) in **Charlottenburg** oder Anfang 1952 in die **Steglitzer Kaiser-Wilhelm-Straße 9** („Zentrale II b", Labor).
Treffen mit Informanten finden oft in unauffälligen Geschäftshäusern, wie dem in der **Reichsstraße 82** statt. Doch trotz aller Vorsicht werden viele der getarnten Quartiere von der Stasi entdeckt und observiert.

UNTER DEN LINDEN: Am 2. September 1951 schließt der Straßenbahntunnel Unter den Linden für den Verkehr. Er wird danach als Lagerraum genutzt.
Obwohl mit der Verschärfung des Kalten Krieges Anfang der 50er Jahre Zivilschützer in Ost und West immer wieder den Mangel an unterirdischen Schutzräumen beklagen, können viele der im Krieg genutzten Anlagen nicht wieder reaktiviert werden.
Dazu gehört z. B. der zwischen **Brunnenstraße** und **Ackerstraße** liegende AEG-Tunnel. Er ist 295 Meter lang, 2,60 Meter breit und 3,15 Meter hoch und wurde 1895 von der AEG zur Erprobung der ersten U-Bahnen gebaut. Seit etwa 1910 außer Betrieb, diente der Tunnel im Krieg Werksangehörigen als Luftschutzanlage.
Komplett aufgegeben ist auch der Stralauer Spreetunnel. Der 454 Meter lange, eingleisige Straßenbahntunnel verband ab 1899 den **Treptower Park** mit der Halbinsel **Stralau**. Während des Krieges diente er als Luftschutzraum. Heute erinnern nur die **„Tunnelstraße"** an der einen und der **„Platz vor dem Spreetunnel"** an der anderen Seite daran, das es hier einmal eine unterirdische Verbindung gab. In der Röhre plätschert inzwischen wieder die Spree.
Niemals genutzt wurde das von den Nazis 1938 bis 1941 begonnene Achsenkreuz unter dem **Tiergarten**. Es ist Teil von Hitlers Planungen der „Welthauptstadt Germania". Etwa auf der Höhe des sowjetischen Ehrenmals an der Straße des 17. Juni sollte die Ost-West-Achse **(Unter den Linden – Straße des 17. Juni – Ernst-Reuter-Platz – Bismarckstraße)** eine zur mehrspurigen Autobahn ausgebaute Nord-Süd-Achse kreuzen. Das Kreuz ist Teil des geplanten Einfädelungssystems zwischen beiden Straßenzügen. Weil während des Krieges die Kapazitäten zum Bunkerbau benötigt wurden, blieb das 200 Meter lange und 6,80 Meter breite Fragment in 16 Metern Tiefe unvollendet

und unbenutzbar. Es geriet in Vergessenheit und wurde erst in den 60er Jahren wieder entdeckt und später aus Sicherheitsgründen saniert. **(2)**

KRAUSENSTRASSE 50: Der Verlag „Volk und Wissen" ist der Schulbuch-Monopolist der DDR. Anfang der 50er Jahre taucht dort ein junger Mann auf, der nur die Volksschule abgeschlossen und keinerlei Berufsausbildung hat. Trotzdem wird er als Fotograf angestellt. Der Mitzwanziger kommt nur unregelmäßig zur Arbeit. Keiner weiß warum, aber niemand fragt danach.

Der Fotograf heißt Günter Guillaume (1927–1995). Er ist seit 1951 mit Christel Boom (1927–2004) verheiratet. Sowohl diese Ehe, als auch der Job bei „Volk und Wissen" sind nichts anderes, als die Vorbereitung auf seinen späteren Spionage-Einsatz.

Erste einschlägige Erfahrungen dafür sammelt Günter Guillaume bei gelegentlichen Fronteinsätzen im „Operationsgebiet" West-Berlin.

Das meldet in jenen Jahren ein unbekannter Informant dem „Untersuchungs-ausschuß freiheitlicher Juristen" (UfJ). Der Hinweis wird registriert und vergessen – und Günter Guillaume macht seine Spionage-Karriere, die ihn bis ins Vorzimmer von Willy Brandt (1913–1992) führt.

KLOSTERSTRASSE: Nördlich des U-Bahnhofs Klosterstraße zweigt hier der Klostertunnel, im BVG-Sprachgebrauch offiziell „A-E-Tunnel" genannt, ab. Er entstand 1951/52 und verbindet die U-Bahn-Linien U 2 und U 5 (früher A und E) miteinander und diente dazu, A-Linien-Wagen zur E-Linien-Werkstatt in **Friedrichsfelde** zu fahren. In einer S-Kurve führt er zum Waisentunnel (offiziell „D-E-Tunnel") unter der **Littenstraße**, der den Übergang zwischen U 8 und U 5 schafft. Damit gibt es eine Verbindung zwischen dem einstigen Ost- und West-Netz der U-Bahn. Das hat im Mai 1986 heftige Spekulationen über einen bewaffneten Durchbruchsversuch (SIEHE KAP. 5, KLOSTERSTRASSE) ausgelöst.

S-BAHNHOF FEUERBACHSTRASSE: Die „Alexanderquelle" direkt am Bahnhof, aber auch das Café „Storch" in **Lichterfelde-West** oder die „Pension Schmidt" in der **Steglitzer Schlossstrasse** sind in den 50er Jahren beliebte Treffpunkte von KgU-Mitarbeitern mit ihren Informanten aus dem Osten. Die Treffs werden in West-Berlin telefonisch unter der Nummer 84 43 46, App. 34 vereinbart.

Können V-Leute der „Kampfgruppe gegen Unmenschlichkeit" (KgU) nicht am gleichen Tag in ihre Heimatorte zurückkehren, bringt sie die Organisation auf ihre Kosten in der „Pension Dahlem" in **Lichterfelde, Unter den Eichen 89 a,** unter.

WILHELM-PIECK-STRASSE 11 (HEUTE TORSTRASSE): Die Kanzlei von Rechtsanwalt Friedrich Karl Kaul (1906–1981) gilt bis in die 70er Jahre als eine der verschwiegenen Drehscheiben bei rechtlichen Querelen zwischen Ost und West.

„FKK" ist einer der wenigen ostdeutschen Anwälte, die ihre Ausbildung noch in der Zeit der Weimarer Republik genossen haben. Nach dem Machtantritt Hitlers 1933 wird der seit 1932 als KPD-Mitglied eingetragene Jurist jüdischen Glaubens mit Berufsverbot belegt. Nach dem Krieg ist er von Anfang an Mitglied der SED. In deren Auftrag agiert Friedrich Karl Kaul als Anwalt und Nebenkläger in verschiedenen politischen Prozessen, z. B. beim KPD-Verbotsprozess 1956 und beim Auschwitz-Prozess 1964 – 66. Sein Auftreten im Westen ist durch die 1949 erteilte Zulassung als Anwalt in beiden Teilen Deutschlands möglich.

Nebenbei: Von seinen West-Honoraren kauft sich „FKK" einen Ford-Mustang-Roadster und dürfte so wohl der einzige Ost-Berliner gewesen sein, der in den 60er Jahren diesen Wagen in der „Hauptstadt der DDR" fuhr.

SCHÖNHOLZER STRASSE 10/11: Am 16. August 1954 tritt der CDU-Bundestagsabgeordnete Karlfranz Schmidt-Wittmack (1914 –1987) in die DDR über. Damit er nicht ganz auf westlichen Lebensstandard verzichten muss, wird er Vizepräsident der Kammer für Außenhandel der DDR.

Der Überläufer entlarvt vor der Presse die finsteren Pläne der „Bonner Ultras", aber das genügt der DDR-Propaganda nicht. Spionagechef Markus Wolf: „Außerdem verkündete er eine Information, die uns der sowjetische Geheimdienst hatte zukommen lassen, dass nämlich ein Mobilmachungsplan für die Aufstellung eines bundesdeutschen Kontingentes von vierundzwanzig Divisionen auf geheimen Sonderkonferenzen beschlossen worden sei." **(3)**

Niemand ahnt damals, dass Karlfranz Schmidt-Wittmack unter dem Decknamen „Timm" schon lange für die Stasi im Westen arbeitete. Er ist die wichtigste Quelle jener Jahre. Für den Propagandacoup in Ost-Berlin wird er geopfert.

KURFÜRSTENDAMM: Für die Sowjets sind in den 50er Jahren Spitzel in den russischen Emigrantengruppen wichtige Informationsquellen. Die konspirativen Treffs finden oft im Restaurant „Haus Wien" am Ku'damm statt.

KAROLINGER PLATZ: Wer als Ost-Berliner oder DDR-Bürger Rat und Hilfe im Westen sucht, muss mit Observanten aus dem Osten rechnen. Deshalb richten manche Organisationen Büros in neutralen Gebäuden ein. Dazu gehört bis 1957 z. B. die „Sonderberatungsstelle" des „Untersuchungsausschusses freiheitlicher Juristen" (UfJ) im Hotel „Haus Tannen".

WINKLER STRASSE: In der weißen Villa in **Grunewald** betreibt seit 1958 der schwedische Diplomat Carl-Gustav Svingel ein Altenheim. Als knapp Dreißigjähriger hatte er in Norwegen gegen die Nazis gekämpft und dann seinen

Beruf aufgegeben, weil er sein Leben ganz der humanitären Hilfe widmen wollte. Dafür engagiert sich der Schwede in der evangelischen Kirche. Sie hat das „Haus Victoria" bezahlt, nun dient es Svingel als Tarnadresse für seine Arbeit zwischen West und Ost. Mit seinem Volvo-Sportcoupé transportiert er unkontrolliert Arznei und Literatur, Motoröl und Zündkerzen für die Kirchen-Fahrzeuge und sogar Blattgold für Grabsteine über die Grenze. **(4)**

AM MARX-ENGELS-PLATZ: Im Keller der ehemaligen Deutschen Reichsbank, befinden sich riesige Tresore mit meterdicken Panzertüren. Es wird gemunkelt, dass sie mit Hilfe des am Haus vorbei fließenden Spreearms sogar geflutet werden können.
Seit 1958 residiert das Zentralkomitee der SED (SIEHE KAP. 4, WERDERSCHER MARKT) in dem Gebäude. 1949 bis 1958 diente es als Finanzministerium der DDR. Heute ist es Teil des Auswärtigen Amtes.

SCHARNHORSTSTRASSE 34–37: Das „Regierungskrankenhaus" der DDR nahe der Charité zieht 1976 in einen Neubau im „Städtischen Klinikum Buch" um. In der öffentlich nicht zugänglichen „Spezialklinik" steht für die Führungsschicht der SED neueste West-Technik zur Verfügung, z. B. einer der beiden in der DDR vorhandenen Computertomographen von Siemens (der andere befand sich im zentralen NVA-Lazarett in **Bad Saarow**). Viele Medikamente in dem auf dem Standard eines Luxushotels eingerichteten Haus kommen aus dem Westen.
Eine Sonder-Klinik nur für das Ministerium für Staatssicherheit entsteht 1980. In ihrer Abteilung III landen künftig auch psychisch labile Patienten, um sie so vor der Außenwelt abzuschirmen.
In der Scharnhorststraße werden künftig nur noch die in der DDR akkreditierten Diplomaten, deren Familienangehörige und die zweite Garnitur der DDR-Funktionäre behandelt.
Die Privilegien haben ihren Preis: Anfang 1988 kommt Erich Honeckers (1912–1994) zweijährige Enkeltochter Mariana mit Husten ins Regierungskrankenhaus. Die Ärzte diagnostizieren eine harmlose Erkältung. Mariana muss Medikamente schlucken und Mutter Sonja kann sie wieder nach Hause holen. Kurz darauf stirbt das Kind.
Die auf die Gebrechen alter Männer spezialisierten Ärzte hatten die typische Kinderkrankheit Pseudokrupp nicht erkannt, ein Fehler, der in keiner DDR-Kinderklinik passiert wäre. Erich Honecker ist erschüttert. Seine Leibärztin wird gefeuert.
Nebenbei: Immer wieder lässt sich Honecker auf dem Friedhof **Pankow** fahren. Er stellt eine wertvolle Kristallvase auf Marianas Grab. Beim nächsten Besuch ist sie geklaut. Die Ersatzvase wird nun von den „Personenschützern" der Stasi nach dem Besuch in der Verwaltung eingeschlossen und von einem voraus-

eilenden Kommando aufs Grab gestellt, wenn der Opa im Anmarsch ist. Der meint, sie stehe ständig dort – dass es in seiner sozialistischen DDR Diebstahl gibt, kann sich Erich Honecker einfach nicht vorstellen. **(5)**

WOLLANKSTRASSE: Gleich neben dem geschlossenen S-Bahnhof im „Grenzgebiet" bezieht 1979 die Berliner Außenstelle des „Institutes für Kernkraftwerke" eine ehemalige Eckkneipe und ein paar leer stehende Wohnungen und Geschäfte. Im Juni 1979 wird Abteilungsleiter Dietrich W. Nagel vom Chef der neue Kollege Dr. Johannes Koppe vorgestellt, der „nicht wie ein normaler Mitarbeiter zu behandeln sei, was seine Arbeitszeit und seine Aufgaben anbelangen würde."

Der Physiker Johannes Koppe arbeitete bis dahin in den „Hamburgischen Electricitäts-Werken" (HEW) und nebenbei als Stasi-Spion. Nach dem Überlaufen des MfS-Offiziers Werner Stiller (SIEHE KAP. 8, BAHNHOF FRIEDRICHSTRASSE) muss er Hals über Kopf aus seiner Wohnung **Kiebitzstraße** 4a in **Hamburg-Hohenfelde** fliehen. Das gelingt, weil es bei den HEW noch einen zweiten Man namens „Koppe" gibt, nach dem die Polizei zunächst fahndet.

Eine große Hilfe ist er den Genossen in der DDR nicht. Dietrich W. Nagel: „Meistens hatte er schon morgens eine Fahne, auch während der Arbeitszeit goß er sich häufig einen ein." **(6)**

KURFÜRSTENDAMM / ECKE UHLANDSTRASSE: Die Bundesregierung fühlt sich von Anfang an auch für das Wohlergehen der hinter dem „Eisernen Vorhang" lebenden Landsleute in der „Zone" verantwortlich. So bestimmt es das Grundgesetz. Der DDR ist dieser „Alleinvertretungsanspruch" ein Dorn im Auge. Argwöhnisch versucht sie, dessen praktische Umsetzung zu verhindern. Bis zum Mauerbau unterläuft das Bundesministerium für gesamtdeutsche Fragen dieses Bemühen unter anderem dadurch, dass es in der fünften Etage eines unscheinbaren Bürohauses am Ku'damm ein Büro unterhält. Von Bundesminister Ernst Lemmer (1898–1970) persönlich ausgesuchte Mitarbeiter stehen dort für die Beratung ratsuchender DDR-Bürger bereit.

GLEIMSTRASSE: Bis 1961 ist der Gleimtunnel eine beliebte Verbindung zwischen sowjetischem und französischem Sektor.

Seit dem 8. September 1905 verbindet er das kürzere Ende der Gleimstraße im **Wedding** mit dem längeren im **Prenzlauer Berg.**

Damit ist am 13. August Schluss. Kampfgruppen besetzten den Tunnel. Die Straße wird zur Sackgasse, die Häuser **Gleimstraße 58–61** auf der Ost-Seite sind nun Grenzgebiet und nur mit Passierschein zu betreten.

Die Anwohner gewöhnen sich an die Ruhe. Nach dem Mauerfall protestieren sie gegen die Entscheidung des Senats, den Tunnel wieder für den Autoverkehr zu öffnen. Auch das Bezirksamt **Prenzlauer Berg** ist dagegen. Trotzdem rollen ab 5. Oktober 1993, 9.30 Uhr wieder die Autos von der Gleimstraße Ost in die Gleimstraße West. Der Tunnel steht inzwischen unter Denkmalschutz.

GARTENSTRASSE/SCHWARTZKOPFFSTRASSE: „Demokratischer Sektor – Ende" informiert ein Pfeil in Richtung **Gartenstraße,** auf den „Anfang" wird in Richtung **Schwartzkopffstraße** hingewiesen. Wegen dieser Lage zwischen Ost und West wurde der 1872–1876 gebaute Fußgängertunnel am **Nordbahnhof** mit dem Mauerbau blockiert. Sein schlechter Bauzustand erlaubt bis heute keine Wiedereröffnung. Gebraucht wurde der Tunnel, weil Ende des 19. Jahrhunderts mit dem Bau des ehemaligen **Stettiner Fernbahnhofs** die frühere Verbindung der Schwartzkopff- zur Gartenstraße unterbrochen wurde. **(7)**

WEDDING/PRENZLAUER BERG: Kurz nach dem Mauerbau gelangt eine Gruppe von rund 100 Menschen durch einen Sammelkanal der Kanalisation an der **Gleimstraße** in den Westen. Studenten hatten den Weg ausgekundschaftet, das Unternehmen lief unter dem Decknamen „Reisebüro".

Die Teilung der Kanalisation zwischen dem Ost- und West-Teil Berlins begann schon lange vor 1961. In die Kanäle wurden massive Sperren eingezogen, manchmal sogar aus Eisenbahnschienen. Das war damals geheim, die West-Berliner Behörden informierte niemand darüber. Dennoch gab es Probleme. Floss das Abwasser von Ost nach West, sammelte sich an den Gittern der Unrat, der von Hand beseitigt werden konnte. Strömte es in die ungekehrte Richtung, war dies nicht möglich und so staunte man in West-Berlin immer mal wieder über überschwemmte Gullys, aus denen stinkende Brühe quoll.

Nach dem 13. August gelangen noch einige Massenfluchten durch die Kloaken, wie z. B. das Unternehmen „Glockengasse 4711". Nach „echt Kölnischwasser" roch es dabei in dem 1,60 Meter hohen Mischwassertunnel von **Mitte** nach **Kreuzberg** jedoch ganz gewiss nicht.

Am 13. Oktober 1961 entdeckten Grenzwächter die letzte Flüchtlingsgruppe in der Kanalisation und trieben sie mit Tränengas aus den Gullys. An 75 Stellen wurde nun die Kanalisation vergittert. Nachdem so dieser Weg in den Westen endgültig versperrt war, begannen findige Berliner mit dem Bau von Fluchttunneln (SIEHE KAP. 7, BERNAUER STRASSE).

Für die „Sicherung" der grenzüberschreitenden Kanalisationsröhren zur Verhinderung weiterer Fluchten hatten sich die Tüftler von der Stasi etwas ganz besonderes ausgedacht. In die Kanal- oder Tunnelwände wurden ganz normale Eisenrohre eingemauert. Von außen nicht sichtbar, befanden sich in ihrem Inneren gehärtete Stahlkerne. Gegen Festrosten lagerten sie in Fett. Ergänzt wurde die Konstruktion durch einen ebenfalls eingebauten Signaldraht, Schaffte es nun ein Flüchtling, bis an das Sperrgitter vorzudringen, glaubte er, die marode aussehenden Eisenstäbe leicht zersägen zu können. Doch weit gefehlt. Durch die Sägebewegung begann sich die nicht greifbare Stahleinlage zu drehen und löste den Alarm aus. Die Grenzwächter konnten den Flüchtling in aller Ruhe noch eine Weile sägen lassen. Entkommen konnte er ihnen nicht. (8)

MARX-ENGELS-PLATZ 1: Als Ende 1964 das neue Staatsratsgebäude bezogen wird, ahnt niemand, dass sich unter dem Haus ein streng geheimer Bunker befindet. Sechs Meter tief, sechs Räume, Toilette und zwei aufgebockte Fahrräder als Antrieb der Belüftung. Einziger Luxus: Rote Velourstapete in einer Kammer, die wohl für Erich Honecker (1912–1994) vorgesehen war.
Vom Bunker führt ein 30 Meter langer Fluchttunnel in den Hof des Gebäudes. Dort ist der Ausstieg mit Rosenbüschen getarnt.
Die Anlage wird erst im Herbst 2004 bei Sanierungsarbeiten entdeckt.

POTSDAMER STRASSE 188: Im BVG-Hauptquartier glaubt man auch zu finstersten Mauerzeiten an die Wiedervereinigung Berlins. Als ab März 1966 für die neun West-Berliner U-Bahn-Linien numerische Linienbezeichnungen eingeführt werden, bleiben für die Ost-Berliner Strecken Lücken in der Zahlenreihe. Nach 1990 werden sie dann in das damals festgelegte System unter den frei gehaltenen Nummern eingegliedert.

ALT-LÜBARS 8: Dass der 1896 gebaute LabSaal im einstigen Dorfkrug **Lübars** am nördliche Stadtrand Berlins zu den schönsten Gasthaussälen der Hauptstadt gehört, ist seit seiner Renovierung 1984 nicht zu übersehen. Längst vergessen ist dagegen seine Nutzung als Filmtheater „Fortuna" nach dem Krieg und danach 20 Jahre lang als Lager für Düngemittel der Senatsreserve.
Ob Schuhsohlen oder Büstenhalter, Fleischkonserven oder Mullbinden, Fahrräder oder Nägel – seit der Berlin-Blockade 1948 bis zum Ende des Kalten Krieges wurden in West-Berlin alle nur denkbaren Waren gehortet. Die Lager im Gesamtwert von 500 Millionen Mark sollten das Überleben der West-Insel im Osten sichern, falls der Nachschub wieder einmal abgeschnitten sein würde.
An alles war gedacht. Immer wieder werden die Reserven überprüft und gewälzt. Getreidelager mit einem Fassungsvermögen von 46 000 Tonnen und Zementsilos für 14 000 Tonnen des Baustoffs werden ab 1961 im **Westhafen** in die Senatsreserve einbezogen. Kaffee und Zucker liegen derweil in einer 1937 gebauten Halle an der **Sterkrader Straße.** Das Gelände gehörte einst zum riesigen Borsig-Imperium. Für kaputte Fensterscheiben kann im Ernstfall Ersatz im Glaslager in der **Alten Jakobstraße 123–128** gefunden werden.
Mit 3 600 Quadratmetern Lagerfläche ist auch der Bunker am **Anhalter Bahnhof** dabei. 1943 als Luftschutzbunker für Anwohner und Reisende gebaut, dienten seine drei oberirdischen und zwei unterirdischen Etagen zunächst als

Flüchtlings- und Auffanglager, bis dort dann ein Großteil der Senatsreserve mit den unterschiedlichsten Waren einzog.

Eine zehn Hektar große Betonfläche am **Friedrich-Olbricht-Damm 63–73** beherbergt seit 1955 die Kohlenvorräte der Stadt. Die „Speerplatte", nach Hitlers Rüstungsminister Albert Speer (1905–1981, SIEHE KAP. 2, WILHELMSTRASSE 23/ECKE GATOWER STRASSE) benannt, ist eine Erbschaft der Nazi-Vergangenheit. 1940 inmitten eines Laubengeländes auf dem Terrain des ehemaligen Eiswerkes von Carl-Christoph Lörcher gebaut, fungierte sie bis 1945 als Abstellfläche für den Fuhrpark der „NSKK Transportstandarte Speer". 1993, nachdem niemand mehr die Senats-Kohle brauchte, wurde der Beton entfernt.

Ein Großteil, der mit dem Ende des Kalten Krieges sinnlos gewordenen West-Berliner Vorräte, ging Anfang der 90er Jahre als kostenlose Hilfslieferung nach Russland und in andere Staaten des ehemaligen Ost-Blocks.

Viele früheren Lagerflächen und -gebäude sind seither schwer zu vermarkten. Der an Oktober 2004 geplante Bau von Ein- und Mehrfamilienhäusern mit direktem Zugang zum **Nieder-Neuendorfer See** auf einem 22 000-Quadratmeter-Gründstück der einstigen Senatsreserve an der **Hennigsdorfer Straße 137–143** ist bislang fast eine Ausnahme.

S-BAHNHOF WOLLANKSTRASSE: Der Anfang 1962 entdeckte Tunnel (SIEHE KAP. 6, S-BAHNHOF WOLLANKSTRASSE) ist nur ein Beispiel dafür, dass viele Aktionen in den Kellern der Stadt schief gingen, noch bevor auch nur ein Flüchtling in den Westen gelangte.

Von 18 bis 1965 bekannt gewordenen Tunneln konnten nachweislich nur sieben für eine erfolgreiche Flucht genutzt werden.

Dennoch tat die Stasi alles, um Tunnelfluchten mit aller Gewalt zu verhindern. Nach den ersten erfolgreichen Aktionen konzentrierte sie sich auf die Überwachung im Vorfeld. Horchgeräte zum Feststellen von Grabungsgeräuschen wurden eingesetzt und die „Grenzgebiete" im Ost-Berliner Hinterland verbreitert. Geschulte Stasi-Mitarbeiter observierten verdächtige Objekte im Westteil der Stadt. Überdies wurden Gruppen von potentiellen Tunnelbauern mit Spitzeln durchsetzt. **(9)**

REINICKENDORFER STRASSE / KOCHSTRASSE / MORITZPLATZ / VOLTA-STRASSE: Aus den im „Transit" unter Ost-Berlin verlaufenden U-Bahnlinien werden den auf den Geisterbahnhöfen stationierten DDR-Grenzern immer mal wieder Kleinigkeiten zugeworfen.

Die Stasi hält fest: „Eine Analyse der gegnerischen Tätigkeit zeigt, dass als Hauptmethode die ideologische Diversion in Erscheinung tritt und als Tatmethode vorwiegend das Herauswerfen von Zeitschriften sowie Nahrungs- und Genussmitteln angewendet wird. Charakteristisch ist weiter das Zurufen,

Winken, Bewerfen, Bedrohen der Sicherungsposten, sowie die Aufforderung zur Desertion."

Als Mittel der „ideologischen Diversion" gelten westliche Zeitungen. Von 2665 „Vorfällen", die allein zwischen 1969–1972 registriert werden, handelt es sich zu knapp 80 Prozent um Presseerzeugnisse, die aus den Durchgangszügen geflogen kommen. **(10)**

MARX-ENGELS-PLATZ 2: Im Keller des neuen Außenministeriums der DDR gibt es eine Besonderheit, die weltweit wohl einmalig sein dürfte: In mit Gittern verschlossenen Waffenkammern lagern „Kalaschnikow"-Maschinenpistolen und die dazugehörige Munition.

Die Waffen gehören zur Ausrüstung der „Kampfgruppe", die – wie in vielen anderen DDR-Betrieben seit 1953 (SIEHE KAP. 4, MAUERSTRASSE 29) – auch im Außenministerium eine „Hundertschaft" unterhält. Die Genossen dort gelten als besonders zuverlässig. Deshalb dürfen sie schon am 13. August 1961 am Brandenburger Tor in der ersten Reihe am „antifaschistischen Schutzwall" stehen.

S-BAHNHOF UNTER DEN LINDEN: In der gleichmäßig gepflanzten Allee vor der russischen Botschaft fehlt ein Baum. Dort gab es mal einen Eingang in die S-Bahn-Station Unter den Linden, der lange vor dem Bau der Mauer verschlossen wurde. Das hatten die Sowjets „aus Sicherheitsgründen" verlangt. Sie fürchteten, westliche Spione könnten über die unterirdischen Bahnanlagen auf ihr exterritoriales Gebiet vordringen.

Natürlich musste damals alles sehr schnell gehen, und so blieb nicht einmal Zeit, aus der dort befindlichen Schalterhalle die „Wannen" der Kartenknipser auszubauen. Als die Station 1990 wieder geöffnet wurde, fand man sie so vor, wie sie einst verlassen wurden. **(11)**

TEUFELSBERG: Ende der sechziger, Anfang der siebziger Jahre blühen in West-Berlin die Gerüchte um den Teufelsberg bei **Spandau.** Die Amerikaner betreiben dort eine streng abgeschirmte Abhörstation (SIEHE KAP. 12, TEUFELSBERG). Doch weil niemand Genaues weiß, gibt es viele Spekulationen. Dort gäbe es Geheimgänge bis in die Bunker der von den Nazis vor der Aufschüttung des Trümmerbergs angefangenen Technischen Hochschule, meinen die einen. Sogar U-Boote vermuten andere. Keines der Gerüchte stimmt.

MENZELSTRASSE 12: Das politische West-Berlin ist in den Mauer-Jahren geschwätzig wie ein Kaffeekränzchen, schließlich treffen sich immer wieder die gleichen Leute. Für vertrauliche Klausurtagungen zieht sich der Senat deshalb gern in sein Gästehaus im **Grunewald** zurück.

Inzwischen wurde es an Süd-Korea verkauft. Der Botschafter richtet nun dort seine Residenz ein.

SAARBRÜCKER STRASSE: Vor 150 Jahren war der **Prenzlauer Berg** eine Hochburg der Bierbrauer, weil günstige geologische Verhältnisse die Anlage von großen Kellern erlaubten. Mehr als 4 000 Quadratmeter unterirdisches Labyrinth hat zum Beispiel die einstige Königstadtbrauerei an der **Saarbrücker Straße** hinterlassen. Nachdem in den 20er Jahren das Bierbrauen eingestellt wurde, bauten die Nazis die Katakomben zu Luftschutzkellern aus. Nach dem Krieg dienten sie als Garagen für den Ost-Berliner Magistrat – und waren in den geheimen Zivilschutzplanungen eine wichtige Reserve.

Im Ernstfall hätten neben den Kellern der alten Schultheiss-Brauerei in der **Schönhauser Allee 39** und denen der 1919 von Schultheiss übernommenen Pfeffer-Brauerei („Pfefferberg") auch die Gewölbe der früheren Schneider-Brauerei reaktiviert werden können. Sie liegen direkt neben dem „Filmtheater am Friedrichshain". Zu DDR-Zeiten wurden dort Champignons gezüchtet.

PÜCKLERSTRASSE 14: In der Villa des Berlin-Beauftragten der Bundesregierung treffen sich in den 70er Jahren unter strengster Geheimhaltung immer wieder Staatssekretär Egon Bahr und der KGB-General Wjatscheslaw Keworkow. In ihren Gesprächen räumen sie gemeinsam und diskret Hindernisse bei der Gestaltung der neuen Ostpolitik der Bundesregierung beiseite.

Der Russe reist inkognito über den **Flughafen Schönefeld** an. Dort hat er einen dunkelblauen Ford stationiert, mit dem es dann über den **Checkpoint Charlie** nach West-Berlin geht.

UNTER DEN LINDEN 5: Das „Operncafé" ist in den 70er Jahren ein beliebter Treffpunkt für konspirative Zusammenkünfte von Stasi-Offizieren mit ihren „inoffiziellen Mitarbeitern" (IM). Insider erkennen die sich geheimnisvoll gebärdenden MfS-Bediensteten mühelos an ihrem immer gleichen „modischen" Outfit: Bundjacke aus „Präsent 20", dazu ein breiter, einfarbiger, meist etwas schriller Schlips, „Boxer"- oder „Wisent"-Jeans und im Sommer die obligatorische Handgelenktasche.

KNAACKSTRASSE 8: In dem hässlichen alten Haus im Prenzlauer Berg unterhält die Stasi im Parterre rechts eine „konspirative Wohnung". Hier unterzeichnet am 6. Dezember 1970 der spätere Stasi-Überläufer Werner Stiller (SIEHE KAP. 8, BAHNHOF FRIEDRICHSTRASSE), der bei der Stasi den Decknamen „Stahlmann" trägt, seine Verpflichtungserklärung für den Geheimdienst.

ZIMMERSTRASSE: Die letzte Berliner Tunnelflucht gelingt zu Jahresbeginn 1972. Zwölf Nächte lang graben drei junge Ost-Berliner einen 21 Meter langen

Stollen unter dem Todesstreifen an der Zimmerstraße in Richtung **Kreuzberg**. Als sie glauben, bereits West-Berlin erreicht zu haben und den Tunnel nach oben öffnen, sind sie noch mitten in den Sperranlagen. Ganze zwei Meter fehlen. Die Männer tauchen wieder ab und graben unentdeckt weiter. So wird ihr „Unternehmen Maulwurf" doch noch ganz knapp zum Erfolg – wenige Stunden nach ihrer Flucht entdecken Grenzer den Einstieg auf der Ost-Seite. **(12)**

LÜCKSTRASSE 60–63: Zu Beginn des Schuljahres 1974/75 taucht in der Klasse 11a der „Erweiterten Oberschule Immanuel Kant" in **Lichtenberg** ein neuer Schüler auf. Der schlaksige Junge in Jeans und Lederjacke kommt vom „Heinrich-Hertz-Gymnasium" in **Bonn-Bad Godesberg**. Er heißt Pierre Guillaume (...). (SIEHE KAP. 13, ANDREASSTRASSE 20)

Am 24. April 1974 waren sein Vater Günter und seine Mutter Christel als DDR-Spione im Westen verhaftet worden. Am 6. Mai 1974 tritt deshalb Bundeskanzler Willy Brandt (1913–1992) zurück.

Der junge Mann ist von der Atmosphäre an der Schule befremdet: zackige Meldungen, Fahnenappell und Vereinnahmung durch die FDJ irritieren ihn. Noch glaubt er aber, sich an das DDR-Leben gewöhnen zu können.

Das schafft er nicht. Im Mai 1988 kehrt er mit seiner Familie in den Westen zurück. Es ist der zweite Samstag des Monats und zufälligerweise waren gerade an diesem Tag auch Günter und Christel Guillaume in die Bundesrepublik „übergesiedelt" – 32 Jahre zuvor. **(13)**

MANETSTRASSE 14: Äußerlich macht der Bungalow von Devisenbeschaffer Alexander Schalck-Golodkowski, 1932 geboren, und Frau Sigrid einen eher bescheidenen Eindruck. Drinnen dominiert Praktisches aus dem Westen und Erlesenes aus der DDR. Schalck: „Mein Hobby war Meißner Porzellan und mein ganzer Stolz ein Zwiebelmusterservice für 12 Personen." Bei den Dingen des täglichen Bedarfs wurden West-Waren bevorzugt. Der SED-Funktionär: „Das vielseitige Angebot in der Welt des Klassenfeindes löste – auch bei mir und Sigrid – entsprechende Konsumbedürfnisse aus." **(14)**

U-BAHNHÖFE PANKSTRASSE UND SIEMENSDAMM: Diese beiden, 1977 und 1980 fertig gestellten Stationen, sind Kinder des Kalten Krieges. Sie dienen nicht nur dem Halt von Untergrundbahnen, sondern sind als Luftschutzbunker konzipiert. Deshalb heißen sie offiziell auch „Mehrzweckbauten".

Beide Bahnhöfe sind entsprechend ausgestattet, um im Krisenfall als öffentliche Schutzräume zu dienen. Dazu dienen jeweils eine Luftfilteranlage und ein Trinkwasser-Tiefbrunnen. Sämtliche Zugänge und auch die Streckentunnel lassen sich gasdicht verschließen. In Nebenräumen werden zusammensteckbare Feldbetten gelagert.

Im Ernstfall würden in jedem Bahnhof je zwei Sechswagenzüge als Unterkünfte abgestellt. Dadurch erreicht Pankstraße eine Kapazität von 3 300 und Siemensdamm von 4 500 Personen.

HANS-BEIMLER-STRASSE 70/72: Das „Mokka-Eck" nahe am **Alexanderplatz** ist in den 70er Jahren eine beliebte Treff-Gaststätte der Stasi-Führungsoffiziere mit ihren Agenten. Sie schätzen die ebenso preiswerten wie üppigen Eisbecher des Hauses.

TORSTRASSE 49: „Alles was Recht ist" heißt die populäre Ratgebersendung im DDR-Fernsehen und wenn Rechtsanwalt Friedrich Wolff, Jahrgang 1922, nicht auf dem Bildschirm zu finden ist, arbeitet er in seiner Kanzlei in **Mitte**. Der ostdeutsche Star-Jurist verteidigt Kanzleramtsspion Günter Guillaume (1927–1995) und steht 1992/93 als einer von drei Anwälten Erich Honecker (1912–1994) zur Seite. Nach dem Ende des Kalten Krieges schlägt er noch einige Nachhutgefechte – so als Verteidiger des letzten SED-Regierungschefs Hans Modrow, geboren 1928, und des letzten Stasi-Spionagechefs Werner Großmann, Jahrgang 1929.

GRÜNBERGER STRASSE 6: Wer als DDR-Bürger diskret Kontakt zu Journalisten oder Diplomaten aus dem Westen sucht, ist Anfang der 80er Jahre bei „Hühner-Gust'l" richtig. In der privat geführten Gaststätte verkehren sie alle und natürlich sind auch jede Menge Stasi-Spitzel dabei.
Nebenbei: Der Wirt gehört damals zu den wenigen Ost-Berlinern, die einen Porsche fahren.

MARIENBURGER STRASSE: In einem der heruntergekommenen Häuser im Prenzlauer Berg hat Stasi-Oberleutnant Werner Stiller eine ansonsten leer stehende Einzimmer-Wohnung mit Küche als „konspirative Wohnung" zugewiesen bekommen. Sie trägt den Decknamen „Burg". Da außer ihm niemand das Quartier betreten darf, hört er Ende 1978 dort den „Rundspruchdienst" des BND ab und bereitet seine Flucht in den Westen vor (SIEHE KAP. 8, BAHNHOF FRIEDRICHSTRASSE).

EKHOFSTRASSE 17: Die herrschaftliche anmutende Villa in **Köpenick** heißt bei der Stasi „Wendenschloss". Dort trifft sich Oberstleutnant Klaus Roßberg unter anderem am 21. November 1978 mit dem Kirchenjuristen Manfred Stolpe, damals 42. Der regelt für seinen Bischof die schwierigen Fälle im Verhältnis zwischen Staat und Kirche. Die Stasi führt ihn als IM „Sekretär" und notiert jedes Wort.

REINICKENDORFER STRASSE / KOCHSTRASSE / MORITZPLATZ / VOLTA-STRASSE: Hinter den Grenzbahnhöfen der Ost-Berlin unterquerenden U-Bahn-linien beginnt ein ausgeklügeltes Sicherheitssystem. Es soll die Flucht von Ost nach West verhindern.

Direkt an der Grenze sind Rolljalousien installiert. Sie tragen unten die Aufschrift „Achtung Zonengrenze" und werden bei „Zwischenfällen" oder bei Betriebsschluss heruntergelassen. Dahinter – natürlich auf der Ost-Seite – gibt es zunächst die „Tritt-Ton-Anlagen". Die etwa sechs Meter langen Bretter sind auf Spiralfedern gelagert. Betritt man sie, wird unbemerkt Alarm ausgelöst.

Wer das weiß, könnte die Bretter durch Balancieren auf der Schiene umgehen. Deshalb werden sie im Zuge des weiteren Ausbaus der Sicherheitsanlagen durch Lichtschranken ersetzt. Sie sind so angeordnet, dass ein Unterkriechen oder Überklettern unmöglich ist.

Besonders gesichert sind die Bahnsteige der Geisterbahnhöfe. Hier wurden nicht nur oberirdisch alle Hinweise auf das Vorhandensein eines Bahnhofs getilgt, sondern sogar die Bahnsteigkanten abgeschlagen, um tote Winkel zu vermeiden. Dazu dienen auch speziell angebrachte Spiegel. Großflächige „GV-Matratzen", wobei „GV" für „Grenzverletzer" steht, fungieren als Flächensperren. Sie bestehen aus mit spitzen Dornen besetzten Stahlmatten.

Sämtliche Durchgänge zwischen Ost und West im U-Bahnbereich sind vermauert. Auf der östlichen Seite säuberlich verputzt, verstecken sich darin unsichtbar eingelassene Signaldrähte, um jedes Kratzen an der Mauer registrieren zu können. Sicherheitsausstiege sind bis auf wenige Ausnahmen verschweißt und oberirdisch mit dicken Stahlplatten abgedeckt.

Zusätzlich eingebaute Schalter erlauben die blitzartige Unterbrechung des Fahrstroms der U-Bahnen. **(15)**

S-BAHNHOF POTSDAMER PLATZ: Liefen die DDR-Grenzer in der ersten Zeit auf dem Bahnsteig noch auf und ab, sind sie in den 80er Jahren regelrecht eingemauert. Nur durch Sehschlitze können sie aus ihren Bunkern „feindwärts" die langsamen Durchfahrten der Nord-Süd-Bahn verfolgen. Sollte es einmal eine „Zwischenfall" geben, war die Führungsstelle anzurufen. Dann erschien der Zugführer mit Verstärkung. Nur er hatte einen Schlüssel für die Tür zum Bahnsteig und nur er wusste, wo vorher die Signalschalter auszuschalten sind. So konnte kein Posten unbemerkt seinen Platz verlassen. **(16)** Das machte die Wachschichten im Bahnhof stinklangweilig.

André K. schob 1980–1983 bei Grenzkommando Mitte (SIEHE KAP. 4, KARLS-HORST) Dienst und erinnert sich nur ungern an die Schichten am **Potsdamer Platz.** Doch er und seine Kameraden hatten eine – natürlich strikt verbotene – Unterhaltungsmöglichkeit gefunden. Durch ein paar Manipulationen ließ sich die Wechselsprechanlage zur Transportpolizei zu einem Radio umfunktionieren. Allerdings war nur ein Sender zu empfangen: RIAS Berlin. **(17)**

STERNDAMM 34: In dem unscheinbaren Ost-Berliner Wohnblock in **Johannisthal** lebt bis zum 19. Januar 1979 die Familie Stiller. Wie viele andere Nachbarn auch, ist Vater Werner im nahen Stasi-Hauptquartier beschäftigt. Er arbeitet in der Hauptverwaltung Aufklärung. Was er da genau tut, darf nicht einmal seine Frau Erszebet, eine gebürtige Ungarin, erfahren. Sie kümmert sich um die achtjährige Edina und deren kleinen Bruder.

An jenem Tag klingelt es und zwei Männer stehen vor der Tür. Einer der beiden weist sich als Stasi-Oberstleutnant aus und erklärt: „Frau Stiller, ich muss ihnen mitteilen, dass ihr Mann, Werner Stiller, Republikflucht begangen hat."

Der Frau wird verboten, Telefongespräche anzunehmen oder bei eventuellem Läuten die Tür zu öffnen. Noch am Abend desselben Tages bringen Stasi-Leute sie und die Kinder zu einem Ehepaar nach Wandlitz, das für das MfS arbeitet. Wenig später stellt ihr die Stasi einige DDR-Städte als künftigen Wohnort zur Auswahl.

Erszebet Stiller wählt Cottbus, weil sie dort eine Freundin hat. Als sie in der Stadt ankommt, ist ihre Bekannte unbekannt verzogen. Sie meldet sich nie wieder. Der Frau des „Verräters" werden jegliche Kontakte zu ihren Eltern in Ungarn, den Schwiegereltern und den Geschwistern ihres Mannes verboten. Sie wird geschieden und nimmt wieder ihren Mädchennahmen, Erszebet Tóta, an.

Am Sterndamm 34 rollen derweil die Möbelwagen an. Sämtliche Stasi-Mitarbeiter aus dem Haus müssen umziehen. **(18)**

FLUGHAFEN TEMPELHOF: Rund fünf Kilometer dehnen sich die unterirdischen Anlagen unter dem 1937 bis 1941 gebauten Flughafen Tempelhof aus. Sie sind so gewaltig, dass dort während des Krieges im „Posttunnel" unterirdisch Flugzeuge produziert wurden. Der Tunnel verläuft parallel zu den Hangars unter dem Hauptgebäude und beherbergt sogar eine Eisenbahntrasse.

Unter der Grünanlage am **Columbiadamm** gibt es ein eigenes Wasserwerk mit zwei Behältern und dicht daneben ein autonomes Kraftwerk.

Ein weiterer Bunker aus gegossenen Rundbögen unter dem Hangar am Columbiadamm wurde noch in den 80er Jahren von den Amerikanern bei Manövern als Kommandozentrale genutzt. **(19)**

STRASSE DER BEFREIUNG 60: Die Stasi-Bezirksverwaltung Berlin hat im Gegensatz zu den anderen Verwaltungen in der Provinz einige Sonderaufgaben, die aus der Teilung Berlins resultieren. So überwacht eine besondere Struktureinheit militärische Geheimnisträger und die „Auswahl der Kader". Die Abteilung VI „sichert" verstärkt die touristischen Highligth's in Ost-Berlin, denn immerhin können dort unangemeldet ja sogar Amerikaner, Britten und Franzosen auftauchen. Außerdem gibt es in der Abteilung XIX Mitarbeiter, die ausschließlich für die Reichsbahn in West-Berlin zuständig sind. Eine „Koordinierungsgruppe" bekämpft den „kriminellen Menschenhandel". **(20)**

AM SPREEUFER 2: Im neu erbauten Ost-Berliner **Nikolaiviertel** nimmt nach seiner Pensionierung 1986 Markus Wolf, damals 63, mit Frau Andrea in einer Maisonettewohnung Quartier. Obwohl das allein unter DDR-Verhältnissen bereits der Gipfel des Luxus gewesen wäre, wird die Wohnung für den ehemaligen Spionagechef und Generaloberst extra hergerichtet und ausgestattet: Der Ausbau inklusive Sauna, Solarium, Küchentechnik und Unterhaltungselektronik verschlingt 545 752,97 Mark, davon rund 200 000 DM.
Dafür muss Markus Wolf 298,20 DDR-Mark Warmmiete im Monat bezahlen. Auch die Haushaltshilfe (neben weiterem Personal wie Fahrer und persönlichem Sekretär) ist ausgesprochen günstig. Der General a. D. zahlt 400 Mark, 1 127 Mark schießt die Stasi zu. **(21)**

TEGELER SEE: Ein bisschen Heimatgefühl in der Fremde macht das Leben leichter. Das ist die Erfahrung der französischen Kolonialbeamten und da machen auch die Geheimdienstler keine Ausnahme. „Pavillon du Lac" – „Seepavillon" – heißt deshalb ihr Berliner Agenten-Treff am **Tegeler See.**

KARL-MARX-ALLEE: Die Dissertation mit „magna cum laude" – das will Helmut Jochen Fischer im Mai 1988 so richtig feiern. Der Abend in der „Nationalitätengaststätte Moskau" kostet ihn stolze 1384,16 Mark der DDR. Ohne Trinkgeld.
In Wirklichkeit heißt der frischgebackene Doktor Hansjoachim Tiedge. Bis zum 19. August 1985 hatte er im Westen für den Verfassungsschutz DDR-Spione gejagt. Dann floh er wegen seiner Alkoholprobleme und Schulden in die DDR. Später promoviert er an der Humboldt-Universität. Thema: „Die Abwehrarbeit der Ämter für Verfassungsschutz in der Bundesrepublik Deutschland".
Noch vor der Einheit setzt sich Hansjoachim Tiedge nach **Moskau** ab, wo er heute noch lebt. Sein Landesverrat ist nach zwanzig Jahren verjährt.

OBERSEESTRASSE: Rund um den Obersee in **Hohenschönhausen** siedeln sich die Stasi-Generäle an. Aus Fertigteilen werden für sie extra Zwei-Familienhäuser mit Garage gebaut, wie zum Beispiel die **Oberseestraße 40.** Hier wohnten früher Spionage-Chef Markus Wolf und sein Nachfolger Werner Großmann. Klingelschilder gibt es nicht.
Ende 1989 dienen 64 Generäle bei der Stasi – der höchste und älteste heißt Erich Mielke (1907–2000). Er lebte als einziger in der „Waldsiedlung" Wandlitz. Erich Mielke war auch der einzige Stasi-General, für den am 8. Dezember 1989 eine Odyssee durch fünf Gefängnisse begann. 1995 kehrt er zu Ehefrau Trud-

chen zurück. Sie lebt inzwischen in einer 2-Zimmer-Wohnung in der **Prende-ner Straße 28** in **Hohenschönhausen**.

REILERSTRASSE 4: Für viele verzweifelte DDR-Bürger ist die Kanzlei von Rechtsanwalt Wolfgang Vogel, Jahrgang 1925, die letzte Hoffnung. Er dient Erich Honecker (1912–1994) als geheimnisumwitterter Unterhändler und kann so schier unlösbar scheinende Fälle doch noch klären.

Bis 1989 dürfen dank der diskreten Missionen Wolfgang Vogels 215 019 DDR-Bürger durch Familienzusammenführung in den Westen ausreisen. Gemeinsam mit seinem West-Berliner Kollegen Jürgen Stange, der 1961 seine erste Kanzlei in der **Schlüterstraße** an der Ecke zum **Ku'damm** eröffnet hat, regelt er den Freikauf von 33 755 politischen Häftlingen aus DDR-Gefängnissen. Überdies managt Wolfgang Vogel den Austausch von rund 150 in Ost und West einsitzenden Spionen (SIEHE KAP. 5, GLIENICKER BRÜCKE).

Heute verbringt Wolfgang Vogel seinen Lebensabend im bayrischen **Schliersee**.

BAHNHOF FRIEDRICHSTRASSE: Es sieht aus, wie eine riesige Modellbahnanlage, doch was sicher Männerherzen höher schlagen ließe, ist bis 1989 streng geheim.

Der maßstabsgetreue Nachbau des unübersichtlichen Labyrinthes im Bauch des Bahnhofs dient der Schulung von Mitarbeitern der Stasi-Passkontrolleinheiten. Bevor sie ihren Dienst in den Katakomben unter den Gleisen antreten, bekommen sie hier einen Überblick.

Vor Ort dürfen sie sich nur an ihrem zugewiesenen Arbeitsplatz aufhalten. Die genaue Kenntnis der geheimen Gänge und diskreten Türen betrachtet die Stasi als „Sicherheitsrisiko". Und das soll unter allen Umständen vermieden werden.

HEERSTRASSE / STAAKEN: Eine echte Festung im Mauerring um West-Berlin, das gibt es nur einmal.

Fort Hahneberg entsteht 1882 bis 1888 als letztes Artilleriefort Deutschlands. Eigentlich soll es die Zitadelle **Spandau** als Vorwerk schützen, doch als die Festungsanlage auf dem 66 Meter hohen Hahneberg fertig ist, schießen die Kanonen so weit, dass das neue Fort nichts mehr nützt.

Rund 28 Millionen Ziegel sind umsonst in den märkischen Sand gesetzt worden.

Mit der Teilung Berlins wird auch der Spandauer Ortsteil **Staaken** geteilt. **West-Staaken** gehört nun zum Osten, **Ost-Staaken** zum Westen.

Und Fort Hahneberg liegt mittendrin. So fällt die 450 mal 170 Meter große Festung mit ihren fünf Meter hohen Wällen und zehn Meter breiten Gräben in einen 40-jährigen Dornröschenschlaf.

Seit dem Mauerfall kümmert sich die „Arbeits- und Schutzgemeinschaft Fort Hahneberg e. V." um den Erhalt der einzigartigen Anlage.

POTSDAMER STRASSE 188: Wenn die BVG in den Jahren der Teilung unter der Erde neue U-Bahnen grub, waren die dabei entstehenden „Vorratsbauten" stets auch für den Zivilschutz von Interesse. „Vorratsbauten" sind meist im Rohbau fertiggestellte Bahnhöfe oder Linien für künftige Planungen. Wird einmal an der Linie gearbeitet, baut man sie mit, um später nicht erneut riesige Gruben öffnen zu müssen. Im Krisenfall können solche Anlagen zu Notunterkünften umgerüstet werden. Weil sich Pläne oft ändern oder das Geld fehlt, gibt es unter Berlin rund fünf Kilometer tote U-Bahn-Tunnel. Unter der **Schlossstraße** läuft fast zwei Kilometer eine solche Röhre, die einmal Teil der U 10 von **Weißensee** nach **Lichterfelde** werden sollte. Sie beginnt unter der **Rheinstraße** am **Walter-Schreiber-Platz**. Auch von der U 3, **Theodor-Heuss-Platz-Weißensee** sind schon ein paar Abschnitte vorhanden. So war die Fußgängerunterführung am ICC mal als Teil eines U-Bahnhofs dieser Linie vorgesehen und unter der Linie 7 am **Adenauerplatz** liegt ebenfalls ein dafür geplanter Tunnelrohbau. Ein U-3-Teilstück von 550 Metern Länge führt von der Philharmonie unter dem **Potsdamer Platz** hindurch in die **Leipziger Straße**. Tote Gleise am Bahnhof **Jungfernheide** und das verschlossene Zwischendeck im Bahnhof **Turmstraße** gehören zu Planungen der U 5, die vielleicht irgendwann einmal den **Flughafen Tegel** mit **Hönow** verbindet. Seit Jahren hin und wieder wenigstens als Filmkulisse genutzt wird der rohbaufertige **U-Bahnhof Reichstag**. Auch am **Alexanderplatz** im Osten gibt es Vorratsbauten, wie z. B. die Kammer für die nach **Weißensee** geplante U-Bahn-Linie. **(22)**

CHARLOTTENBURG: Anfang der 90er wird Harry Wierschke in eine elegante Anwaltskanzlei im alten West-Berliner Zentrum bestellt. Er weiß nicht, was er dort soll, doch die ganze Sache entpuppt sich schnell als recht angenehmer Anlass: Der Anwalt schiebt ihm einen Koffer mit Geld über den Tisch, „eine anständige Summe in kleinen Scheinen". Eine Quittung verlangt er nicht. Vorgeschichte: Die Nazis hatten Harry Wierschke 1944 ins KZ Börgermoor gesteckt. Er meldet sich zu einem Strafbataillon und läuft bei der ersten Gelegenheit zu den Engländern über. Diese antifaschistische Vergangenheit bringt ihm nach dem Krieg einen Job als Kraftfahrer beim ZK der SED ein. Doch Harry Wierschke sind die Klassenkampfparolen zuwider. Er wird Spion für die CIA. Als „Karlberg" informiert er die Amerikaner über alles, was er im Zentralkomitee so hört. Das ist eine Menge, denn die Genossen tratschen gern. Regelmäßig trifft er sich mit dem für ihn zuständigen CIA-Mitarbeiter in West-Berlin, meist in einer der Kneipen an der Sonnenallee in Neukölln. Nach dem Bau der Mauer läuft die Verbindung über „tote Briefkästen".

Dann fliegt die Sache auf. Harry Wierschke bekommt 1966 in der DDR eine lebenslange Haftstrafe. 1974 wird er zu 15 Jahren begnadigt, 1975 ist er wieder frei. Die CIA hatte sich während der Haft nicht um ihn gekümmert, ein Schicksal, dass er mit anderen aufgeflogenen amerikanischen Agenten teilt (SIEHE KAP. 5, GLIENICKER BRÜCKE).

Nach der Einheit geht Harry Wierschke zur amerikanischen Botschaft in Berlin, bittet darum, einen Kontakt zur CIA herzustellen. Man sei nicht zuständig, wird ihm beschieden – bis die überraschende Einladung in die Kanzlei kommt. **(23)** Auch andere ehemalige Agenten westlicher Dienste, die bis zum Ende der DDR unentdeckt arbeiteten, werden in aller Stille entschädigt. So war zum Beispiel Hagen Sch. aus dem Harz für die Briten tätig, die ihm seit der deutschen Einheit dafür eine Rente zahlen. All das geschieht jedoch bis heute unter dem Siegel strengster Verschwiegenheit.

WIESENBURGER WEG: Das Grab auf dem **Marzahner Parkfriedhof** ist unscheinbar und nichts erinnert daran, dass hier einer der bekanntesten Spione des Kalten Krieges begraben liegt: Günter Guillaume, Jahrgang 1927. Er starb am 10. April 1995 in Eggerdorf bei Strausberg. Damals hieß er schon Günter Bröhl, denn der Kanzleramtsspion im Ruhestand hatte 1986 den Namen seiner zweiten Frau Elke angenommen. So steht es auch auf dem Grabstein.

FISCHERINSEL: In einem der Plattenbauten in der Mitte Berlins wohnt Ursel Lorenzen und ihr Mann Dieter. Gut zehn Jahre lang waren sie seit 1990 auf der Flucht, per Haftbefehl vom Generalbundesanwalt wegen Spionage gesucht. Bis 1979 arbeitete Ursel Lorenzen als Sekretärin bei der NATO in Brüssel. Dort lernte sie Dieter W. („Bordeaux") kennen, der sie für die Stasi anwarb. Bevor ihre Spionage entdeckt wird, setzten sich die beiden in die DDR ab. Dort „entlarvt" Ursel Lorenzen auf internationalen Pressekonferenzen die angeblichen Kriegspläne des Westens. Die Stasi belohnt sie für ihren Fronteinsatz mit einem Haus am Tierpark **Friedrichsfelde,** doch dann bricht die DDR zusammen und das Agentenpärchen muss fliehen. Ihr Landesverrat verjährt erst nach zwanzig Jahren. Die sind inzwischen vergangen und so haben beide heute nichts mehr zu befürchten.

ELSENSTRASSE / HEIDELBERGER STRASSE: Ein letztes Relikt des Kalten Krieges in Berlin entdeckten Bauarbeiter im Oktober 2004. Es sind die gut erhaltenen Reste eines Fluchttunnels zwischen **Neukölln** und **Treptow.** Der torfhaltige Boden dort hat ihn über 40 Jahre lang konserviert. Pfingsten 1962 krochen 54 Menschen durch den 35 Meter langen Stollen bis in den Keller der Eckkneipe „Elsentreff" in West-Berlin. Der Gang war nur 80

Zentimeter breit und 70 Zentimeter hoch und wurde mit Hilfe eines Staubsaugers belüftet. Eine Grubenlampe sorgte für Licht.
Die Flucht bleibt eine einmalige Aktion. Ost-Grenzer haben den Tunnel entdeckt und feuern in den Gang. Dabei wird Fluchthelfer Heinz Jercha so schwer verletzt, dass er im Westen verblutet. Auch für Harry Seidel hat die Aktion ein trauriges Ende. Der Mit-Erbauer des Stollens wird später in **Kleinmachnow** verhaftet und muss als „Fluchthelfer" eine vierjährige Gefängnisstrafe verbüßen. (24)

11. KAPITEL

DUNKLE GESCHÄFTE

Zuerst ging es ums nackte Überleben, dann kam das Geldverdienen. In den Jahren des Kalten Krieges war der Handel zwischen Ost und West einmalig auf der Welt, denn die Alliierten hatten verboten, dass dabei Geld fließt. So sollten die deutsch-deutschen Beziehungen kontrolliert und auch begrenzt werden, ging es doch schließlich darum, den einstigen Aggressor nicht wieder zu stark werden zu lassen.

Entwickelt hat sich daraus ein voluminöser Tauschhandel. Und was Vater Staat vormachte, ahmte manch Privatmann nach.

Der wirtschaftlich schwächere Osten profitierte davon, denn ohne harte West-Währung ging es auch dort nicht. Das beförderte auch manche dunkle Geschäfte.

....

BRUNNENSTRASSE: Weil der Handel noch nicht wieder funktioniert, wird vom Magistrat am 4. September 1945 in der Brunnenstraße der erste Tauschmarkt eingerichtet. Rund 5 000 Menschen sind am Eröffnungstag dabei.

Ende des Monats kommen bereits 20 000 Marktbesucher. Längst blüht hier auch der Schwarzhandel. Bei einer Kontrolle von 16 000 Menschen am 16. Oktober 1945 können rund 4 000 kein reguläres Arbeitsverhältnis nachweisen. Am 25. Oktober wird für alle genehmigten Tauschmärkte eine Marktordnung erlassen. Danach sind Lebens- und Genussmittel, aber auch Waren wie Näh-maschinen, Stopfgarn, Seife und Streichhölzer vom Handel ausgeschlossen.

Dennoch muss der Magistrat am 24. Januar 1946 konstatieren, dass die offi-ziell zugelassenen Tauschmärkte zu „grauen Märkten" geworden sind. Ein Brot kostet dort 100 Reichsmark, ein Pfund Mehl 40 und ein Pfund Butter 450 Reichsmark. Die Preise werden von Angebot und Nachfrage bestimmt.

PAROCHIALSTRASSE 1–3: Der Magistrat beschließt mit Zustimmung der Alliierten Kommandantur eine Verordnung gegen Preistreiberei. Sie legt den 1. April 1945 als Stichtag fest. Alle Preise müssen genau dem entsprechen, was an diesem Tag verlangt wurde. Abweichungen sind nur in Ausnahmefällen möglich.

Zur Überwachung der Preise hat der Magistrat ein Preisamt mit Sitz im ehe-maligen Kriminalgericht in der **Ernst-Thälmann-Straße** (ab Ende 1945 **Turm-straße 91**) eingerichtet.

KAISERSWERTHER STRASSE 16–18: Laut Anordnung der Alliierten Kommandantur sind Altbestände an Waren zu melden. Zuwiderhandlungen werden als vorsätzliche Unterschlagung geahndet.

Dennoch beschlagnahmen die Behörden bei einer Razzia in **Mitte** am 4. Oktober 1945 insgesamt 4 568,4 Kilogramm Lebensmittel.

PAROCHIALSTRASSE 1–3: Bei einer Überprüfung sämtlicher Fahrzeuge in Berlin am 29. Mai 1946 werden 30 646 bislang versteckte Kraftfahrzeuge entdeckt.

KAISERSWERTHER STRASSE 16–18: die Alliierten Kommandantur verbietet am 21. Oktober 1946 in Berlin alle Devisen- und Währungsgeschäfte.

PLATZ DER REPUBLIK: Auf den Berliner Schwarzmärkten blühen die Geschäfte. Der Wirtschaftsausschuss der Stadtverordnetenversammlung schätzt am 27. Mai 1947, dass fünf bis sieben Prozent der Lebensmittel und zehn bis zwölf Prozent der Textilien schwarz gehandelt werden.

Besonders begehrt sind Zigaretten. Kein Wunder, denn Rohtabak ist so knapp, dass die Zentralfinanzverwaltung der SBZ am 17. Mai 1947 per Runderlass folgende Tabak-Ersatzstoffe empfiehlt: Blätter von Apfelbäumen, Ahorn, Birke, Haselnuss und Linde.

Am 31. 12. 1947 verbietet die Alliierte Kommandantur auch noch den Empfang von Tabakwaren aus dem Ausland.

KURFÜRSTENDAMM: Am 3. Oktober 1947 führen britische und deutsche Polizisten eine Großrazzia gegen Schwarzhändler und illegal in Berlin lebende Personen durch.

Am 17. Januar 1948 ordnet die Alliierte Kommandantur die verschärfte Bekämpfung von Spekulation und Preiserhöhungen an.

BRITISCHER SEKTOR: Am 2. August 1948 öffnen die ersten Wechselstuben. Sie werden von privaten Bankfachleuten betrieben. Der Kurs beträgt 1 DM-West gegen 2,20 DM-Ost.

Erste Wechselstuben im französischen Sektor folgen am 9. August.

POTSDAMER PLATZ: Hier stoßen britischer, sowjetischer und amerikanischer Sektor direkt aneinander. Deshalb blüht der Schwarzhandel, denn bei einer wilden Flucht muss die Polizei die Sektorengrenzen beachten. Am 19. August 1948 findet eine Razzia statt, die mit Schüssen und handgreiflichen Auseinandersetzungen endet. Es gibt einige Verletzte.

Die Briten sichern daraufhin ihre Sektorengrenze an dieser Stelle mit einem Drahtzaun – es ist das erste Hindernis, das zwischen Berliner Sektoren entsteht.

FRANKFURTER ALLEE 304: Am 15. November 1948 öffnet das erste HO-Geschäft. Dort gibt es Lebensmittel und Industriewaren ohne Karten und Bezugsscheine, dafür aber zu gepfefferten Preisen. So kostet noch 1954 – nach etlichen Preissenkungen – ein Kilogramm Butter 20 Mark, auf Lebensmittelmarken jedoch nur 4,45 Mark.

ALEXANDERPLATZ: Bei einer Razzia am 8. April 1949 werden mehrere hundert Personen gestellt. Vierzehn von ihnen landen im Knast.

MOABIT: In einer Garage beschlagnahmen Zollfahnder am 13. Juni 1949 insgesamt 250 000 amerikanische Zigaretten und 250 000 Zigaretten der sowjetischen Handelsorganisation Rasno-Export.
In der Nähe des **Reichskanzlerplatzes** (heute **Theodor-Heuss-Platz**) schnappen sie am 6. August 24 Zentner brasilianischen Rohkaffee.

FRIEDRICHSHAIN: Auf einem Hinterhof entdecken Polizei und Zoll am 23. Januar 1950 ein Buntmetall-Lager im Wert von einer halben Million Mark. Es soll nach West-Berlin verschoben werden. Bis zum 31. März werden insgesamt 5 500 Tonnen Buntmetalle und größere Mengen Schwefelsäure beschlagnahmt. **(1)**

KUFSTEINER STRASSE 69: Der RIAS berichtet am 2. September 1952 über eine Pressekonferenz des Chefs der Berliner Zollverwaltung, Oscar-Victor Hellwig, der die Zerschlagung des größten West-Berliner Kaffee-Schmugglerrings bekannt gibt.

HUNSRÜCKERSTRASSE 14: In Weißensee und später dann in der **Pestalozzistraße 24** in **Pankow** wohnt ein Mann, der sich Michael Wischnewski nennt, aber eigentlich Hersz Libermann heißt und aus Polen stammt. Mit ihm tut sich Anfang der 50er Jahre der in der Türkei geborene Kaufmann Simon Goldenberg zusammen. Beide sind Mitte dreißig und mit ihrem „Handelsring" im legalen und illegalen Ost-West-Handel tätig. Das wird von der DDR gedeckt.
Im Januar 1983 informiert das Bundesamt für Verfassungsschutz den Generalbundesanwalt in Karlsruhe über ein Ermittlungsverfahren gegen Simon Goldenberg wegen Verdachts geheimdienstlicher Agententätigkeit. Die Ermittler: „Neben den Handelsgeschäften und gewissermaßen als Gegenleistung für die Erlaubnis zur Durchführung ihrer Geschäfte erfüllt der Handelring Aufträge bestimmter Dienststellen wie MWD (sowjetischer Geheimdienst – K. B.) und MfS." **(2)**
Wie umfangreich der Handel ist, ergibt sich daraus, dass der „Handelsring" neben dem Umschlaglager in der **Schlegelstraße 9** weitere Lager in der **Rittergutstraße** in **Lichtenberg**, der **Pistoriusstraße** und der **Saarbrücker**

Straße 30–32 unterhält. Die Verfassungsschützer: „Gegenstände des Schwarz-handels waren u. a. Alkohol, Zigaretten, Kaffee, Kraftstoffe." **(3)**

PAROCHIALSTRASSE 1–3: Der Magistrat gibt am 5. September 1952 bekannt, dass in West-Berlin wohnenden Inhabern von Geschäften und Betrieben die Gewerbeerlaubnis entzogen wird. Ihre Unternehmen werden vorläufig dem Magistrat unterstellt.

BAHNHOF ZOO: Die West-Berliner Wechselstuben kaufen am 31. Dezember 1953 437,50 Ost-Mark für 100 West-Mark. Der Durchschnittskurs lag im Dezember bei 100 Ost-Mark für 22,40 West-Mark.

PAROCHIALSTRASSE 1–3: Auf Beschluss des Magistrats vom 10. Januar 1955 müssen West-Berliner und Bundesbürger in Gaststätten, Hotels und anderen gastronomischen Einrichtungen Kost und Logis 1:1 in West-Mark bezahlen.
Am 7. Februar verfügt der Ost-Berliner Oberbürgermeister, dass Speisen, Getränke und sonstige Waren in Hotels, Gaststätten und an Kiosken nur gegen Vorlage des „Deutschen Personalausweises" (der DDR) gekauft werden dürfen.

NALEPASTRASSE 10–50: Das Verschieben der wenigen ostdeutschen Qua-litätsprodukte über die offene Sektorengrenze ist der DDR ein Dorn im Auge. Deshalb reagiert die „BZ am Abend" sofort auf eine Meldung des Deutsch-landsenders aus der **Nalepastraße** und schreibt am 15. Februar 1955: „Beam-te der USA-Mission kauften HO-Optiken en gros"! Das Ost-Berliner Lokalblatt moniert, dass die Amerikaner „optische Geräte im Gesamtwert von 61504 DM … in HO-Spezialläden aufgekauft und verschoben" hätten.
Allerdings ist der Adressat der Anklage falsch. Die Angehörigen der Militärmis-sionen (SIEHE KAP. 4, CLAYALLEE) haben den Status von Diplomaten und dürfen im Gastland uneingeschränkt einkaufen.
Ein Sprecher des europäischen Hauptquartiers der US-Army in **Heidelberg** weist umgehend darauf hin, dass die ganze Sache die „Zone" überhaupt nichts angeht, denn in **Berlin** haben immer noch die vier Mächte das Sagen.

WERDERSCHER MARKT: Für Ost und West überraschend, verkündet das Finanzministerium der DDR am 13. Oktober 1957 den Umtausch aller seit 1948 im Umlauf befindlichen Geldscheine. Bis 15. Oktober werden sie gegen neue Banknoten ausgetauscht.
Mit der Nacht-und-Nebel-Aktion geht eine strenge Kontrolle an den Sekto-ren- und Zonengrenzen einher. Die West-Berliner Wechselstuben bleiben am 14. Oktober gezwungenermaßen geschlossen.
Nach DDR-Angaben befinden sich zu diesem Zeitpunkt 600 Millionen Ost-Mark im Westen. Mit der Umtauschaktion werden sie ungültig.

NEUE GRÜNSTRASSE 9–12: Seit der Teilung Deutschlands sucht die evangelische Kirche im Westen nach Möglichkeiten, um ihre Brüder und Schwestern im Osten zu unterstützen. Einen direkten Geldtransfer verbieten dabei die Gesetze, die die Alliierten nach dem Krieg erlassen haben.

Ab 1957 praktiziert man deshalb folgenden Weg: Das DDR-Außenhandelsministerium (ab 1966 dann KoKo) übermittelt Listen mit gewünschten Waren an die Kirchenleitung West. Die kauft die Waren und schickt sie über die Grenze. Die DDR stellt dafür der Kirchenleitung Ost den Gegenwert in Ost-Mark zur Verfügung.

Zwischen 1957 und 1990 gelangen so Rohstoffe und Konsumgüter im Gesamtwert von 1,42 Milliarden Mark in die DDR.

Ab 1966 beteiligt sich auch die katholische Kirche an dieser Form des indirekten Geldtransfers. Sie liefert bis 1989 vor allem Elektrolytkupfer im Wert von 630 Millionen DM. **(4)**

SCHÖNHAUSER ALLEE 26A: Der bislang im „Handelsring" tätige Kaufmann im Ost-West-Geschäft, Simon Goldenberg, gründet 1958 die „G. Simon Industrievertretungen". Auch sein bisheriger Partner Michael Wischnewski alias Hersz Libermann macht sich mit der Firma „F. C. Gerlach Export-Import" in der **Parkstraße 37** selbständig. Beide Firmen sind nach Erkenntnissen des BND Tarnunternehmen der Staatssicherheit. Unter dem Deckmantel ihrer privatwirtschaftlichen Konstruktion beschaffen sie im westlichen Ausland strategische Güter, die dann illegal in die DDR importiert werden.

BAHNHOF ZOO: Am 29. Februar 1960 kaufen die Wechselstuben rings um den Bahnhof Zoo 417,50 Mark (Ost) für 100 Mark (West). 100 Ost-Mark sind für 25,40 West-Mark zu haben.

AM MARX-ENGELS-PLATZ: Die „führenden Genossen" bevorzugen für den privaten Konsum West-Waren. Deshalb ordnet Erich Honecker 1961 an, einfach Westpakete zu beschlagnahmen und deren Inhalt in **Wandlitz** zu einem symbolischen Preis anzubieten.

Am 14. Februar 1990 sagt Stasi-General Günter Wolf, Jahrgang 1926, vor dem Militärstaatsanwalt der DDR aus: „Als ich 1964 in die Hauptabteilung Personenschutz kam, war es bereits üblich, dass in der Waldsiedlung NSW-Artikel verkauft wurden, die vom ‚Amt für Zoll und Kontrolle des Warenverkehrs' kamen."

Als sich nach 1972 eine Normalisierung der Beziehengen zwischen Ost und West abzeichnet, ist der ungenierte Pakete-Klau nicht mehr im gewohnten Umfang möglich. Er sinkt von 96 000 Paketen im Jahr 1970 auf 54 000 ein Jahr später und 31 000 im Jahr 1972. **(5)**

BAHNHOF ZOO: Die Berliner Wechselstuben kaufen am 29. April 1961 zum Tageskurs 457,20 Ost-Mark für 100 West-Mark an. Für 100 Ostmark müssen 23,21 West-Mark im Verkauf gezahlt werden. Der Durchschnittskurs liegt n diesem Monat bei 100 Ost-Mark für 22,40 West-Mark.

NORMANNENSTRASSE 22: Kurz nach dem Mauerbau plant die Stasi einen Raubzug gegen das Eigentum von Leuten, die im Osten Bankschließfächer unterhielten, diese seit 1945 aber nicht mehr geöffnet hatten. Unter ihnen sind viele jüdische Mitbürger, die dem Terror der Nazis zum Opfer fielen oder sich inzwischen irgendwo im Ausland niederließen.

Der Coup startet am 6. Januar 1962 und trägt den Decknamen „Aktion Licht". Überall in der DDR werden übers Wochenende Banksafes geknackt, notfalls auch mit Gewalt. Rund 100 000 Schließfächer von „unbekannten Alteigentümern" sind betroffen.

In den Safes finden sich neben Brillianten- und Goldschmuck auch Handschriften von Goethe und Heine, Stiche von Albrecht Dürer und Gemälde von Canaletto. Die Beute wird auf einer 99 Seiten langen Liste erfasst. Eigens zum Stillschweigen verpflichtete Experten schätzen den Wert auf insgesamt rund 4,1 Millionen West-Mark.

Offiziell dient die „Aktion Licht" der Bekämpfung des „Schieber- und Spekulantentums". Der größte Teil des von der Stasi gestohlenen Eigentums bis heute Unbekannter wird gegen Devisen über KoKo in den Westen verkauft. **(6)**

ROTES RATHAUS: Der Magistrat beschließt am 4. August 1961, dass Berufstätige, die in West-Berlin arbeiten, mit Wirkung vom 1. August ihre Grundstückspachten und die Gebühren für Gas, Wasser und Strom im Osten mit West-Mark zahlen sollen.

Die so genannten „Grenzgänger" bekommen ihren Lohn in der Regel zu 40 Prozent in West- und 60 Prozent in Ost-Mark ausgezahlt.

LEHRTER STADTBAHNHOF: „Zuuu-rück-blei-beeen!" Im Herbst 1963 muss sich der Mann mit der roten Mütze noch die Kehle aus dem Hals brüllen, bevor sich von hier aus eine S-Bahn auf ihren Weg durch Mauer und Stacheldraht macht. Die nächste Station heißt **„Bahnhof Friedrichstraße"** und liegt bereits im Osten.

Kurz bevor die Türen per Luftdruck zuknallen, reicht ein Mann im zeitlosen Outfit eines Beamten jemandem ein Päckchen in die Bahn. Es sieht so aus, als verabschiede er einen in den Osten reisenden Freund und der hatte ja vielleicht sein Stullenpaket vergessen.

Doch dafür steckt es der S-Bahn-Fahrgast ein wenig zu schnell in sein Jackett. Unauffällig hält er die Hand auf dem Umschlag. Dort sind 320 000 DM in bar drin. Rechtsanwalt Jürgen Stange hat sie gerade von Regierungsrat Ludwig A. Rehlinger, ab 1982 Staatssekretär im Bundesministerium für innerdeutsche Beziehungen, erhalten. Es ist das Kopfgeld für die ersten acht politischen Häftlinge, die die Bundesregierung heimlich freigekauft hat. **(7)**

Insgesamt zahlt sie zwischen 1963 und 1989 für den Freikauf von 31 775 DDR-Häftlingen 3 399 337 134,64 DM. **(8)** Später wird das Geld allerdings nicht mehr in bar transferiert, sondern mit Warenlieferungen über das Diakonische Werk der evangelischen Kirche verrechnet.

LEIPZIGER STRASSE 5–7: Am 3. Dezember 1965 peitscht plötzlich ein Schuss durchs Chefzimmer der Staatlichen Plankommission". Erich Apel, damals 48, hatte sich erschossen. Seine Sekretärin findet ihn zusammengesunken am Schreibtisch, die Kugel steckt in der Holztäfelung des Büros.

Der oberste Planer sollte eigentlich wenig später ein neues, langfristiges Handelsabkommen mit der Sowjetunion unterschreiben. Er kennt die Krise der DDR-Wirtschaft, die kaum etwas liefern kann.

Die Wirtschaftsreform – das „Neue Ökonomische System der Planung und Leitung der Volkswirtschaft der DDR", im Funktionärskauderwelsch NÖSPL genannt – war gescheitert. Erich Apel wusste offenbar nicht mehr weiter.

WALLSTRASSE 17–22: Um im Westen harte DM zu erwirtschaften, gründet das Außenhandelsministerium der DDR am 1. April 1966 den Bereich „Kommerzielle Koordinierung" (KoKo – SIEHE KAP. 4, WALLSTRASSE 17–22). Am 7. Dezember wird der damals 34-jährige Alexander Schalck-Golodkowski als Stellvertreter des Ministers für Außenhandel und KoKo-Chef berufen. Er dient gleichzeitig der Stasi als „Offizier im besonderen Einsatz" (OibE).

Da die Bundesrepublik die DDR nicht als Ausland betrachtet, darf diese ihre Waren zollfrei einführen. Das nutzt KoKo für illegale Geschäfte: Ausländische Produkte werden in der DDR umgepackt und als DDR-Waren in den Westen verscherbelt.

Dieser Betrug bleibt dem Bundesnachrichtendienst nicht verborgen. In der seiner vertraulichen Information WIR A 0077/78 vom 16. August 1978 nennt er Beispiele: „Im Zeitraum 1975/76 wurde Bettwäsche aus Rumänien als DDR-Erzeugnis in der Bundesrepublik Deutschland abgesetzt … Textilien aus Polen wurden 1976 als DDR-Erzeugnisse im innerdeutschen Handel abgesetzt … Herrenoberhemden aus Korea wurden 1978 als DDR-Erzeugnisse im innerdeutschen Handel abgesetzt…"

Die Geheimdienstler kennen auch die Organisation dieses Handels: „Die Ware wurde im Freihafen Hamburg gelagert und von DEUTRANS zur Umdeklarierung in die DDR gebracht. Von dort erfolgte die Lieferung in die Bundesrepublik Deutschland."

Oft sind in solche Geschäfte ausländische Partner einbezogen. Auch das hat der BND entdeckt: „Große Mengen von EG-subventionierter Blockbutter soll ab 1977 via DDR in der Bundesrepublik Deutschland abgesetzt worden sein. Die belgische S. A. NICOLAS CORMANN & FILS hatte den Export dieser Butter nach Rumänien vorgetäuscht. Auf dem scheinbaren Weg nach Rumänien gelangte die Butter jedoch in die DDR, wo sie in elf Kühlbetrieben umgepackt wurde. Von dort soll die Butter als „Erzeugnis der DDR-Milchwirtschaft" in die Bundesrepublik Deutschland zurückgeliefert worden sein."

Die Dimensionen dieser Geschäfte sind gewaltig. So wurden allein mit rumänischen und polnischen Textilien 1971 bis 1976 rund 50 Millionen DM „erwirtschaftet". **(9)**

UNTER DEN LINDEN 44–60: Im Ministerium für Außenhandel der DDR (vormals Ministerium für Außen- und innerdeutschen Handel) ist in den 60er und 70er Jahren Heinz Behrendt, Jahrgang 1913, der wichtigste Mann im Ost-West-Geschäft. Der einstige „Bevollmächtigte für den Interzonenhandel" schafft es bis auf den Sessel eines Stellvertreters des Ministers. 1978 geht der Mann mit der ständig qualmenden „Brasil" in der Hand in Rente. Bis dahin hält Heinz Behrendt die Kontakte zu sämtlichen westdeutschen Großkonzernen. Er ist für den West-Manager ein äußerst gefragter Gesprächspartner, denn die DDR gilt als guter Kunde.

WALLSTRASSE 17–22: Auf der Suche nach weiteren Devisenquellen beschließt der Ministerrat der DDR 1973, über die neu zu gründende KoKo-Firma „Kunst und Antiquitäten" Kulturgüter in den Westen zu verkaufen. Oft stammen sie aus dem Besitz von Privatleuten. Denen wird plötzlich mit angeblicher „Hinterziehung von Vermögenssteuer" gedroht, denn die DDR rechnet den Vermögenswert von Antiquitäten auf der Grundlage der Wiederbeschaffungspreise aus. So wird mancher über Nacht zum Steuerschuldner im sechsstelligen Bereich und „zufälligerweise" reichen seine Antiquitäten dann gerade so aus, um die Schuld zu begleichen und am Knast vorbei zu schrammen.

Doch auch sonst wird alles verkauft, was nicht niet- und nagelfest ist. So gehen sogar für acht Millionen DM uralte Pflastersteine in den Westen. Dort braucht man sie, um die historischen Innenstädte wieder stilecht aufzubauen.

BAHNHOF FRIEDRICHSTRASSE: Einen Radiorecorder am Kiosk kaufen? Die „Intershop"-Pavillons auf dem Bahnhof Friedrichstraße sind wohl der einzige Ort Deutschlands, wo das zu Mauer-Zeiten möglich war. Das meiste Geld geht hier aber für Schnaps und Zigaretten über die Theke. Deshalb arbeitet der „Intershop" sogar in Schichten. Um zollfrei einzukaufen, brauchen West-Berliner nur mit der S-Bahn vom **Zoo** anzureisen und dann mit der U 6 nach **Tegel** oder **Alt-Mariendorf** weiterzufahren. Schon bei der Ausfahrt aus dem Bahnhof werden die Zigaretten-Stangen in Packungen zerlegt und in Bundjacken und Hosenbeinen verstaut. Der West-Berliner Zoll kennt die Tricks und kontrolliert hin und wieder im Abteil auf der ersten Station im Westen.

AM LUSTGARTEN 1: Bis 1973 bemüht sich die evangelische Kirche, den stark kriegszerstörten Berliner Dom loszuwerden. Sie will ihn Ost-Berlin schenken, doch die „Hauptstadt der DDR" nimmt das Geschenk nicht an. Deshalb beschließt schließlich die Kirchenleitung im Westen, 45 Millionen DM für die Restaurierung der Außenhaut des Doms bereitzustellen. Für das Geld erledigt die DDR die nötigen Bauarbeiten. Sie erklärt sich überdies bereit, ab 1976 jährlich 200 000 Ost-Mark für den Unterhalt des Doms locker zu machen. **(10)**

GEORGENSTRASSE 16: Am 29. März 1974 richtet Alexander Schalck-Golodkowski, damals 42, auf Anweisung Erich Honeckers (1912–1994) bei der Deutschen Handelsbank AG das Devisenkonto 0628 ein. Über dieses Konto verfügt der SED-Chef persönlich. Zeichnungsberechtigt sind nur der KoKo-Chef und dessen Stellvertreter. Gespeist wird es aus den Einnahmen von Häftlingsverkäufen und Familienzusammenführungen.
Das Geld dient zum Stopfen von Löchern der DDR-Mangelwirtschaft und anderen außerplanmäßigen Ausgaben. Beispiele: > Am 2. November 1976 werden für 42,9 Millionen DM 800 000 Paar Schuhe importiert. > Am 4. Januar 1978 kaufen die Außenhändler für 5,4 Millionen DM in Japan Unterhaltungselektronik ein. > Am 1. November 1979 beglückt Erich Honecker das Volk mit Leckereien für 90 Millionen Mark zum 30. Jahrestag der DDR. > Am 6. November 1980 fließen 80 Millionen Mark als Unterstützung nach Polen. > 26. Juni 1981 spendiert der SED-Chef für 140 Millionen Mark „Mazdas" aus Japan. > Für 9,5 Millionen Mark muss er am 27. August 1981 Säcke im Westen kaufen, um darin Kartoffeln in die Sowjetunion exportieren zu können. > Am 5. Oktober 1989 gönnen sich Erich und Genossen 160 neue „Citroen", die insgesamt 3,3 Millionen Mark kosten und > am 26. Oktober 1989 werden für 35 Millionen Mark Bananen und anderes zur „Weihnachtsversorgung der Bevölkerung" geordert.
Im Dezember 1989 beträgt der Kontostand des Honecker-Kontos etwa 2,2 Milliarden Mark. Rund 100 Millionen sind kurzfristig verfügbar, das anderen ist bei Banken angelegt – natürlich im Westen. **(11)**

GLINKASTRASSE 5–7: Für den nordkoreanischen Diktator Kim Il Sung ist Ost-Berlin ein Schlupfloch für den unkontrollierten Zutritt in den Westen. Regelmäßig landen Flugzeuge aus Fernost in **Schönefeld**, deren Fracht unkontrolliert und kofferweise über die Sektorengrenze verschwindet. Die Stasi vermutet Gold- und Rauschgiftschmuggel. Zugreifen darf sie jedoch nicht, weil die Gepäckstücke als „Diplomaten-Post" deklariert sind.

FRANZÖSISCHER STRASSE 15: Mitte der 70er Jahre entwickelt sich in der DDR die „Gestattungsproduktion". Dabei werden West-Waren in der DDR produziert und die darf dafür einen Teil davon behalten. Darauf baut der Außenhandelsbetrieb Delta GmbH ein illegales Geschäft auf. Er gehört zum KoKo-Imperium und hat seine Büros in der **Französischen Straße** und im Internationalen Handelszentrum **Friedrichstraße.** Um harte DM zu „erwirtschaften", werden in Dresden gedrehte „Marlboro" verschoben.

Wie das geschieht, notiert Stasi-Oberleutnant Feldmann im Oktober 1985 in einem internen Vermerk: „Ablauf der Zigarettengeschäfte: Weder (ein Schweizer Partner der DDR-Firma „Delta" – K. B.) organisiert verschiedene Warenlieferungen per Container von Dänemark nach Italien. Auf dem Transit durch die DDR werden diese Container durch die Fa. DELTA mit Zigaretten der Marke „Marlboro" beladen und mit einem Teil der ursprünglichen Ware getarnt. Daraufhin werden die Container, die offiziell die ursprüngliche Ware enthalten, nach Italien gesandt. Auf diesem Wege gelangen die Zigaretten unter Umgehung des italienischen Zolls nach Italien. Das Umladen der Container erfolgt überwiegend im Lager Schacksdorf des VEB Antikhandel Pirna. Zu diesem Zwecke übergeben die ausländischen Partner die Container-Lastzüge auf der DDR-Autobahn einem Mitarbeiter der Fa. DELTA und übernehmen sie nach der Umladung wieder. In der Zwischenzeit werden sie von einem Mitarbeiter der Firma DELTA betreut." **(12)**

KRAUSENSTRASSE 9–10: Die Künstleragentur der DDR ist dafür verantwortlich, dass bei den großen Shows im Friedrichstadtpalast oder beim „Kessel Buntes" im Palast der Republik auch die angesagten West-Künstler dabei sind. Doch die wollen ihre Gage in harter Währung sehen und das ist kompliziert. Deshalb erfinden die Kultur-Manager ihre eigene Methode: Bezahlung in Naturalien. Ob Meißner Porzellan aus dem Laden **Unter den Linden** oder Antiquitäten von KoKo, wenn die Stars abreisen sind ihre Koffer gut gefüllt.

WALLSTRASSE 17–22: Seit Mitte der 70er Jahre baut KoKo unter strengster Geheimhaltung ein Firmengeflecht im Westen auf, über das die von der SED abhängigen kommunistischen Parteien in West-Berlin und in der Bundesrepublik finanziert werden.

KoKo-Chef Alexander Schalck-Golodkowski: „So entschlossen wir uns 1976, die Parteifirmen sukzessive aufzukaufen. Doch wie? Wegen des ... Militärregierungsgesetzes Nr. 53 konnten wir das nicht offen tun. Wir schauten uns deshalb von westlichen Konzernen das Modell von Besitzgesellschaften mit Sitz in Liechtenstein und der Schweiz ab ...." **(13)**

Dabei spielt die Verschleierung des Geschäfts eine wichtige Rolle. Wie diese abläuft, beschreibt das Bundesamt für Verfassungsschutz in einem Geheimbericht vom 23. Oktober 1983 mit der Registratur III A 2-081-S-171 063-122/83

(14): „Über einen ‚Strohmann' wird ein ortsansässiger Anwalt mit der Firmengründung beauftragt. Das hierfür als Mindesteinlage erforderliche Kapital wird von der DDR in bar zur Verfügung gestellt. Der Anwalt, ein von ihm beauftragter Notar und ein Bankdirektor treten als treuhänderische Firmengründer auf, lassen die Statuten der Gesellschaft beurkunden, wählen den obligatorischen Verwaltungsrat und zahlen die Mindesteinlage auf ein Firmenkonto ein. Nach Erledigung dieser Formalitäten kann die neue Firma registriert werden, wobei die eigentlichen Kapitalgeber mit den üblichen Mitteln (Registerauskunft usw.) nicht mehr feststellbar sind." **(15)**

KLOSTERSTRASSE 47: In Ost-Berlin und in der DDR ist Ende der 70er Jahre wieder einmal der Kaffee knapp. Deshalb lockert die DDR-Regierung am 21. September 1977 die Einfuhrbestimmungen für Genussmittel aus dem Westen. So dürfen Besucher mehr mitbringen – bei Kaffee ist es zunächst ein Kilogramm bis ein Jahr später dann alle Grenzen fallen – so dass die Versorgungslücken auf diesem Wege notdürftig gestopft werden.

Dabei war es bis dahin ein gutes Geschäft für die DDR. Sie gibt pro Jahr etwa 150 Millionen Mark in harter Währung für den Kauf von Kaffee- und Kakaoerzeugnissen aus. Ihre Bürger lassen sich allein den Kaffeegenuss jährlich 3,3 Milliarden Ost-Mark kosten.

Doch dann steigen die Preise für Rohkaffee 1976 auf dem Weltmarkt dramatisch an. Nun muss die DDR tiefer in die Tasche langen und fast 700 Millionen „Valutamark" für die Importe ausgeben, um den Kaffeedurst ihrer Bürger zu stillen. Das Angebot wird knapper und „KaffeeMix" erfunden, doch das Volk boykottiert „Erichs Krönung". Also sollen die Ameisentransporte zwischen West und Ost Abhilfe schaffen.

Die Gaben der „Brüder und Schwestern" sind bis zum Ende der DDR ein wichtiger Faktor in der SED-Kalkulation zur „Versorgung der Bevölkerung". So gelangen 1986 zum Beispiel 2 383,8 Tonnen Kakaopulver per West-Paket in den Osten. Der „offizielle" Import beträgt gerade einmal 1 206 Tonnen! Doch nicht nur bei Genussmitteln wird privat „importiert". Im gleichen Jahr werden insgesamt 5 147 400 Stück Textilien von West nach Ost geschickt, 1,7 Millionen Stück mehr, als die im Handel käufliche Menge. **(16)**

ALBERTINENSTRASSE 20: Das Stephanus-Stift in **Weißensee** ist die wichtigste Diakonische Anstalt in Ost-Berlin. Wie allen kirchlichen Einrichtungen fehlt Geld, doch die Brüder im Westen finden einen Weg, um auf unkonventionellen Wegen zu helfen. Wie das funktioniert, erfährt die Berlinerin Margot R..

Sie erbt 1977 von ihrem verstorbenen Mann ein 6-Zimmer-Haus in **Altglienicke, Sachsenstraße 11**. Die alte Dame möchte aber nach West-Berlin umziehen und bittet die Evangelische Kirche um Hilfe. Es wird vereinbart, dass sie ihr Haus für den Schätzpreis von 70 600 Ost-Mark an einen Pfarrer verkauft.

Dann zahlt Margot R. 70 000 Ost-Mark als Spende an das Stephanus-Stift. Nachdem sie am 10. Mai 1980 die Genehmigung der DDR-Behörden für den Umzug hat, erhält sie dafür in West-Berlin eine als „Unterstützung" deklarierte Zahlung in Höhe von 50 000 West-Mark.

Geschäfte dieser Art laufen mit drei bis vier Häusern pro Jahr. Solange die Mauer steht, haben alle Beteiligten ihrer Vorteile davon. Doch dann schnellen die Grundstückspreise im Osten in die Höhe. Nun fühlen sich manche der einstigen ostdeutschen Nutznießer dieser Deals von der Kirche betrogen und verlangen Nachbesserung. Die wird abgelehnt, denn rechtlich handelt es sich um zwei völlig von einander unabhängige Vorgänge: Die Zahlung einer Spende im Osten und der Empfang einer Unterstützung im Westen.

FRIEDRICHSTRASSE 93–97: Am 1. September 1978 wird das neu erbaute „Internationale Handelszentrum" direkt neben dem Bahnhof Friedrichstraße eröffnet.

Das Haus beherbergt Büros von Firmenvertretern aus aller Welt und ganz still und heimlich wird von dort aus auch manches dunkle Geschäft abgewickelt.

Ein Beispiel: Am 6. Juli 1989 berichtet der japanische Fernsehsender NHK: „Im Zusammenhang mit der Verletzung des CoCom-Gesetzes wurde heute Nachmittag der Präsident der Firma Prometron, Herr Hirokuni Matsuda, von der Polizei verhaftet. H. Matsuda wird verdächtigt, Hafnium, welches einem CoCom-Exportverbot in kommunistische Länder unterliegt, von den USA importiert und 1987 zweimal in einer Gesamtmenge von 10 kg für 4,3 Millionen Yen nach Ostdeutschland exportiert zu haben. Dieser Preis ist doppelt so hoch wie der Importpreis. Hafnium wird als Steuerstab in Atomreaktoren verwendet." (17) Ein schwarzer Deal mit der DDR ist offenbar aufgeflogen.

NHK teilt dazu wenig später mit: „Die japanische Polizei hat seit Mai dieses Jahres Hausdurchsuchungen und Vernehmungen beteiligter Personen durchgeführt. Im Ergebnis dessen kann festgestellt werden, dass Matsuda die Angestellten von Prometron Technics angewiesen hat, bei ihren Reisen nach Ostdeutschland Hafnium in ihren Koffern nach Ostdeutschland zu bringen ... Prometron Technics hat im Mai 1980 in Ost-Berlin ein Büro eröffnet. Seitdem wurden in 12 Fällen insgesamt etwa 58 kg Hafnium, das entspricht etwa 22 Millionen Yen, illegal exportiert." (18)

Das Büro, von dem die Japaner hier reden, befindet sich im „Internationalen Handelszentrum an der Ost-Berliner **Friedrichstraße 93–97**.

ALEXANDERPLATZ: Am 27. November 1978 beginnt im „Centrum"-Warenhaus der Verkauf von importierten „Levis's". Die Schlangen sind endlos und in den ersten vier Tagen gehen 120 000 Jeans zum Preis von 149 Mark pro Stück über die Ladentische. Zum Vergleich: Einheimischen Cottino-Nietenhosen sind für 125 Mark zu haben, Stoffhosen kosten damals um die 80 Mark.

Die DDR-Propaganda schimpft zwar stets auf den „Schwindelkurs" von 1 zu 5, doch bei den „Levi's" praktiziert sie ihn selbst: Eingekauft wurden nämlich eine Million Jeans für 25 Millionen West-Mark, macht 25 Mark pro Hose. **(19)**

OBERSPREESTRASSE 61–63: Geht es um den illegalen Import von High-Tech in die DDR, kann die Militäraufklärung der NVA auf Richard Müller zählen. Der Elektronik-Händler aus dem Westen liefert in den 70er Jahren allerhand Embargo-Waren in den Ostblock. Um diese Geschäfte zu verschleiern, gründet er zahlreiche Unternehmen in der Bundesrepublik, der Schweiz, Österreich und anderen Staaten.

Dann geht „Moneten-Müller" für eine Weile nach Südafrika, doch 1983 ist er wieder im Geschäft. Doch nun schnappt der Zoll eine seiner illegalen Lieferungen und Richard Müller wird zur Fahndung ausgeschrieben. Am 5. Februar 1984 flieht er in die DDR.

Der NVA-Geheimdienst richtet ihm Büro- und Geschäftsräume im „Palasthotel" ein, denn auch die Kollegen vom sowjetischen Geheimdienst wollen auf den umtriebigen Kaufmann nicht verzichten und man ist gern behilflich.

Das ist auf Dauer aber wohl zu auffällig und so beauftragt die Stasi Alexander Schalck-Golodkowski, für Richard Müller angemessene Lager- und Büroräume bauen zu lassen. Das geschieht in **Pankow** und dafür wird sogar kurzfristig eine Fertigteil-Lagerhalle aus der Schweiz für 1,5 Millionen Schweizer Franken importiert. Die NVA-Aufklärung fabriziert für „Moneten-Müller" einen britischen Reisepass auf den Namen „John Edgar Brent".

Nun können die schwarzen Embargo-Geschäfte weiter gehen. Erst im Frühjahr 1989 kehrt der Kaufmann in die Bundesrepublik zurück und stellt sich den Behörden. Am 26. Juni 1989 verurteilt ihn das Landgericht Lübeck zu zwei Jahren Haft auf Bewährung. Die Zusammenarbeit mit den östlichen Geheimdiensten kann es ihm nicht nachweisen.

KLOSTERSTRASSE 47: „Erst die Ware, dann das Geld", heißt die alte Kaufmannsregel, doch ab dem 14. April 1979 stellt sie die DDR-Regierung auf den Kopf. Wer West-Waren gegen harte DM im Intershop kaufen möchte – das DDR-Devisengesetz vom 1. Februar 1974 erlaubt auch DDR-Bürgern offiziell den Besitz westlicher Zahlungsmittel – muss seine DM vorher in „Forum-Schecks" umtauschen.

Erich Honecker will damit die Sowjets beruhigen. Sie machen sich Sorgen, weil die DM in der DDR unter der Hand zur zweiten Währung geworden ist. Leonid Breschnew hatte deshalb sogar die Einstellung des gesamten „Intershop"-Handels gefordert. Das kann sich die devisenschwache DDR aber nicht leisten.

Der „Intershop" ist eine wichtige Einnahmequelle von West-Mark: Betrug der Umsatz 1971 noch 92 Millionen DM im Jahr, stieg er bis 1988 auf 1,1 Milliarden DM. **(20)**

GROSS-ZIETHEN: Am 9. September 1979 passieren die ersten Müllautos den extra im Süden der Stadt geschaffenen Übergang zur an West-Berlin vermieteten Mülldeponie Groß-Ziethen. Sie wird, ebenso wie die Zufahrtsstraße, streng bewacht, damit DDR-Bürger nicht auf die Idee kommen, im West-Müll nach Verwertbarem zu suchen.

Rund ein Drittel des West-Berliner Mülls wird auf DDR-Deponien entsorgt. Ab 1. Januar 1975 sind auch Bauschutt und Bodenaushub dabei.

Weil die DDR auf die dafür zu zahlende, harte Währung scharf ist, nimmt sie es mit dem Umweltschutz nicht sehr genau, so dass mit dem Müll auch manch schwarzes Geschäft abgewickelt wird.

Nebenbei: Für die Stasi gibt es eines Tages in der Müllschleuse einen ganz besonderen Fang: Ein Pkw der US-Militärmission verirrt sich in die Einbahnstraße und die hilfreichen Genossen können unauffällig kontrollieren, was sich alles so in dem Auto befindet. Da dürfen sie sonst nämlich nicht heran (SIEHE KAP. 4, CLAYALLEE).

UNTER DEN LINDEN 44–60/WALLSTRASSE 17–22: Waffen werden offiziell von der DDR über den im Ministerium für Außenhandel angesiedelten „Ingenieurtechnischen Außenhandel" (ITA) verkauft. Er untersteht dem „Bereich spezieller Außenhandel" und wickelt den planmäßigen Waffen-Export und –Import innerhalb des Warschauer Paktes und die Unterstützung „progressiver nationaler Befreiungsbewegungen" ab. Zu letzteren gehört 1980 auch der Irak.

Der führt gerade mit dem Iran Krieg und so kommt SED-Wirtschaftschef Günter Mittag (1926–1994) die Idee, dass vielleicht auch auf der anderen Seite der Front mit Waffen Geld zu verdienen wäre. Dafür wird unter strengster Geheimhaltung in der KoKo-Firma Transinter die „Arbeitsgruppe 10" gebildet. Bis zu ihrer Auflösung am 31. Dezember 1981 verkauft sie Waffen und Munition für 60 Millionen DM an den Iran. Weiterhin werden 3 600 militärisch genutzte Lkw W 50 im Wert von 173,6 Millionen DM geliefert. Für 1982 sind bereits weitere Waffen-Exporte über 28 Millionen DM vereinbart.

Nach Auflösung der „Arbeitsgruppe 10" wird für die „Erwirtschaftung frei konvertierbarer Devisen auf dem Waffenhandelssektor" unter dem Dach von KoKo die IMES GmbH gegründet. Sie hat ihren Sitz im Internationalen Handelszentrum in der **Friedrichstraße**. Ihr Waffenlager unterhält die IMES in Kavelsdorf bei **Rostock. (21)**

MAUERSTRASSE 65–79: Das Postministerium der DDR drückt beide Augen zu, wenn Außenhandelsfirmen wie Delta, Berliner Import-Export-Gesellschaft oder TextilCommerz in den 80er Jahren ganz nebenbei kleine schwarze Devisengeschäfte machen. Sie befördern Post aus dem Westen in den Osten, geben diese zu den billigeren DDR-Gebühren auf die Post und die bringt die Sendungen zurück in den Westen. **(22)**

UNTER DEN LINDEN 44–60: Anfang 1980 bekommt das Ministerium für Außenhandel der DDR Post aus den USA: „Sehr geehrte Herren, es ist uns zur Kenntnis gebracht worden, dass in Ostberlin Jeans auf den Markt gebracht worden sind, die das angenähte Wisent-Etikett und die bogenförmige Naht an der hinteren rechten Tasche tragen. Der Entwurf dieser Tasche mit Naht und Etikett stammt ursprünglich von Levi's Strauss & Co. USA, und ist ein gewisses Unterscheidungsmerkmal für Levi's Jeans. Im Interesse der Erhaltung guter Beziehungen und eines ordnungsgemäßen Marktes müssen wir darauf bestehen, dass Sie auf die Verwendung des angenähten Etikettes und der bogenförmigen Naht auf Ihren Jeans verzichten … mit freundlichen Grüßen – Levi Strauss Eximco SA, D. G. MacNeill, Vize-Präsident".

Die Sache wird an den Hersteller, der die Levi's einfach abgekupfert hat, weitergeleitet. Das ist der VEB Bekleidungswerke Templin. Betriebsdirektor Gärtner antwortet nach Amerika: „Sehr geehrte Herren, … Die von Ihnen aufgeführte Taschengestaltung wird von unserem Betrieb bereits seit mehreren Jahren in größerem Umfang angewandt und ist dadurch für unsere Erzeugnisse in der DDR bei breiten Käuferschichten bereits bekannt … wir beabsichtigen, die Produktion für den DDR-Markt in gleicher Weise fortzuführen …"

Das will sich Levi Strauss nicht bieten lassen. Das Unternehmen droht mit Klage. Zwei Jahre wird zäh verhandelt, dann steckt „Wisent"-Jeans zurück. Die Naht wird geändert. **(23)**

OBERSPREESTRASSE 61–63: NVA-Generalleutnant Theo Gregori ist von 1974 bis 1982 Chef des streng geheimen Nachrichtendienstes der Volksarmee (SIEHE KAP. 4, OBERSPREESTRASSE 61–63). Zu seinem 53. Geburtstag am 31. Juli 1982 möchte ihm seine Frau Charlotte eine ganz besondere Freude machen. Bei Oberstleutnant Hans Pfotenhauer bestellt sie einen Revolver der Firma Smith and Wesson, Modell „Chief".

Für den Offizier ist das kein Problem, denn das Besorgen von West-Waren für seinen Chef und andere NVA-Generäle ist sein Job beim Geheimdienst.

Als deren unersättliche Gier nach westlichem Lebensstandard schließlich Überhand nimmt – als einer der ganz wenigen DDR-Spitzenfunktionäre stürzt General Gregori sogar darüber und wird zum Oberst degradiert – ist das auch das Ende der Hilfskraft Pfotenhauer. Am 2. Oktober 1982 erhängt er sich an seiner Hundeleine. Auch die hatte er im Westen gekauft.

PLATZ DER REPUBLIK: Am 4. März 1983 nimmt die Polizei rund 200 Händler auf dem „Polen-Markt" vorläufig fest. Durch die Lockerung der Reisebestimmungen beim östlichen Nachbarn der DDR waren in West-Berlin mehrere illegale Märkte entstanden.

NORDBAHNHOF: Unter der Tarnbezeichnung „BV 45" sitzen hier die Post-Kontrolleure der Stasi. Eine weitere Einheit wühlt am Ostbahnhof („BV 46/47") in den Briefen aus dem Westen. Eine ihrer Aufgaben ist es, Geldscheine aus der Post zu fischen. Das Zollgesetz der DDR verbietet zwar deren Versand im Brief und die Post hat auch das Recht, solches Geld zu konfiszieren, nicht aber die Stasi. Dennoch lohnt sich das „Nebengeschäft": Allein von Januar 1984 bis November 1989 ziehen die Stasi-Kontrolleure 32,8 Millionen DM aus den Westbriefen. Das Geld wandert über ein Konto auf der Staatsbank in den Staatshaushalt der DDR. Die Stasi-Mitarbeiter müssen bei der Arbeit Kittel ohne Taschen tragen ... **(24)**

AM MARX-ENGELS-PLATZ: Am 22. Mai 1985 beschließt das Sekretariat des Zentralkomitees der SED den Kauf eines neuen Urlauberschiffes. Es soll die in die Jahre gekommene „Völkerfreundschaft" ersetzen. Devisenbeschaffer Alexander Schalck-Golodkowski bekommt den Auftrag zur Erledigung.

Mit dem Kreuzfahrer „Astor" ist schnell ein geeignetes Schiff gefunden. Der Haken: Es gehört der südafrikanischen Reederei „Safmarine" und mit Südafrika will die DDR wegen des Apartheid-Regimes keine Geschäfte machen.

Also springt die „Deutsche-Afrika-Linien GmbH" aus Hamburg ein. Sie kauft die „Astor" in **Südafrika** und verkauft sie an die DDR-Firma „Schiffscommerz" weiter. Dort wird das Schiff zur „MS Arkona". Unterm Strich kostet die DDR der Deal 143 Millionen DM. Ab 15. Oktober 1985 steht das neue Urlauberschiff dem FDGB zur Verfügung. **(25)**

FRANZÖSISCHEN STRASSE 15/FRIEDRICHSTRASSE: In ihren letzten Jahren schreckt die DDR bei der „Erwirtschaftung" von Devisen nicht vor kriminellen Methoden einmal zurück. Auf der Grundlage von BND-Berichten erkennt der Westen erst viel später die dazu getätigten Manipulationen.

Neben dem Zigarettenschmuggel (siehe oben) ist solch ein schwarzes Geschäft und der Alkoholschmuggel, den ebenfalls die Delta GmbH abwickelt. Die Ermittler: „Hierbei geht es darum, dass Spirituosen zoll- und steuerfrei im Bundesgebiet oder im westlichen Ausland abgesetzt werden. Dazu wird die Ware in der DDR unter Mitwirkung von DDR-Betrieben in Lkw verladen, verplombt und im Wege eines vorgetäuschten Transits Berlin/übriges Bundesgebiet in die Bundesrepublik befördert ... Hinzu kommen Fälle des Markenschwindels. Unter dem Etikett einer bekannten Marke werden Spirituosen vertrieben, die nicht von dem jeweiligen Hersteller stammen." **(26)**

FALKENBERGER CHAUSSEE: Weil es in der DDR Autos erst nach zwölf bis vierzehn Jahren Wartezeit gibt, kosten Gebrauchtwagen oft mehr als neue. Durch das leicht geöffnete Fenster geschobene Angebote liegen beim alten Trabi in den 80er Jahren bei bis zu 15 000 Mark, Ladas bringen es bis auf 35 000

Mark und für einen acht Jahre alten Golf sind Summen um die 50 000 Mark durchaus drin.

Natürlich darf der Wucherpreis nicht im Kaufvertrag erscheinen. Dort steht nur der Schätzwert. Immer wieder ist davon zu hören, dass nervenstarke Käufer dem Verkäufer erst den Vertrag abluchsen und dann statt des vereinbarten Überpreises doch nur das zahlen, was der Wagen wirklich wert ist. Zur Polizei gehen können die betrogenen Betrüger kaum.

AM FALKENBERG: Im Dezember 1987 und im Juli 1988 schließt der Außen-handelsbetrieb Berliner Import-Export-Gesellschaft (BIEG) mit dem Unternehmen Humedia in **Neufahrn/Bayern** einen Vertrag über die Lieferung von Blutplasma und Erythrozyten. In einer vertraulichen Zusatzvereinbarung legen die Vertragspartner fest, die DDR-Herkunft der Blutprodukte zu verschleiern. Grund: Das Blut wird zum Dumping-Preis von 61 DM pro Beutel à 250 ml verkauft, pro Jahr wird für etwa eine Million DM geliefert. Empfänger ist das Städtische Klinikum **Karlsruhe**.

Als das dunkle Geschäft durch die Recherchen von Journalisten auffliegt, erhängt sich am 21. März 1988 der Humedia-Geschäftsführer Klaus Dieter Kranz in seinem Büro. **(27)**

WALLSTRASSE 17–22: Wenn ein Bewohner der Funktionärssiedlung **Wandlitz** einen Wunsch nach West-Waren hatte, genügte es, einen Zettel an Alexander Schalck-Golodkowski zu schicken. Gemanagt wurde die Besorgung dann von der KoKo-Firma Letex unter Leitung seiner Frau Sigrid. „Big Alex" erinnert sich: „Erledigt wurden diese ‚Sofortaufträge' von vier Mitarbeitern, die nach West-Berlin zum Einkaufen geschickt wurden. ... Man erledigte die Aufträge bevorzugt in den großen Kaufhäusern West-Berlins, da war der Umtausch leichter und außerdem war es dort billiger." Für besondere Kunden wie Erich und Margot Honecker oder Erich und Gertrude Mielke war jedoch das Beste aus dem KaDeWe gerade gut genug. Die West-Einkäufe für die SED-Führung kosteten die DDR jährlich etwa sieben Millionen DM. Die Kunden in Wandlitz zahlten allerdings in Ost-Mark, etwa zum Kurs von 1 zu 1,75. **(28)**

WALLSTRASSE 17–22: Am 27. Februar 1989 bekommt KoKo-Abteilungsleiterin Traudel Lisowski einen kurzen Brief von der Abteilung Verkehr des SED-Zentralkomitees: „Liebe Traudel! Zur Renovierung des Parteivorstandes in **Düsseldorf, Prinz-Georg-Str. 77–79**, werden ca. 120 000 DM benötigt ... Von den 120 000 DM werden 50 000 schwarz und 70 000 auf das Arbeitskonto Rekim mit dem Titel Investitionskosten für Liegenschaft Düsseldorf benötigt. Den Betrag von 50 000 DM bitte ich, mir zur Verfügung zu stellen. Dieses Geld nimmt Lothar bei seinem nächsten Besuch am 16. 3. 1989 mit. Mit sozialistischem Gruß, Jonny". **(29)**

Darüber informiert Traudel Lisowski am 28. Februar 1989 ihren Chef, Alexander Schalck-Golodkowski und fügt schriftlich eine Anmerkung hinzu: „Anruf des Genossen Cebulla am 1. 3. 89: Nach Abstimmung mit dem PV sind zur Renovierung der Räume mindestens 100 TDM in bar erforderlich. Genosse Cebulla bittet deshalb um entsprechende Erhöhung. Gegenzeichnung wird von ihm nachgereicht. Erbitte Nachzahlung von 50 TDM." **(30)** Der KoKo-Chef zeichnet lapidar mit „einverst." ab.

Illegaler Geldtransfer von Ost nach West wie dieser, bei dem auch noch gleich Schwarzarbeit mit finanziert wird, sind seit Jahren üblich, denn so finanziert die SED ihren Ableger „Deutsche Kommunistische Partei" (DKP) im Westen und die SEW in West-Berlin.

LEIPZIGER STRASSE 5–7: Die „Staatlichen Plankommission" (SPK) im Haus der Ministerien weiß 1989, dass die DDR pleite ist. Dem Westen gegenüber kann sie ihre angebliche Zahlungsfähigkeit nur noch durch kriminelle Tricks vorspiegeln. Dazu schreibt SPK-Chef Gerhard Schürer, am 28. September 1989 in der „Geheimen Kommandosache b 5 – 1111/89" an den obersten Wirtschafslenker Günter Mittag: „Die gegenwärtige Zahlungssituation der DDR im Handel mit dem NSW („Nichtsozialistisches Wirtschaftsgebiet" – K. B.) ist dadurch gekennzeichnet, daß wir zur Einhaltung unserer Zahlungsverpflichtungen aus Krediten und Zinsen sowie zur Durchführung jährlicher Importe bereits jetzt weitestgehend von kapitalistischen Kreditgebern abhängig sind." **(31)**

Bei rund 400 verschiedenen Banken müssen die jährlich nötigen, neuen Kredite von acht bis zehn Milliarden DM „Valutamark" lockergemacht werden. Das klappt nur noch, wenn gleichzeitig DDR-Vermögen vorgetäuscht wird. Schürer: „Die weitere Beschaffung von Krediten in den Jahren bis 1995 ist maßgeblich abhängig von… der Beibehaltung relativ hoher Anlagen bei ausländischen Banken, die als Guthaben der DDR in Erscheinung treten, auch wenn es sich um Depositen und bereits mobilisierte, noch nicht eingesetzte Kredite handelt. Bei Wahrung der Geheimhaltung über den tatsächlichen Charakter dieser ‚Guthaben' tragen sie ganz wesentlich zum Ansehen der DDR als solider und zuverlässiger Kreditnehmer bei." **(32)**

ALEXANDERPLATZ 6: West-Händler, die für den DDR-Außenhandelsbetrieb „elektronik export-import" Waren besorgen, deren Ausfuhr offiziell verboten ist, haben fast die Lizenz zum Geld drucken. Die Finanzbehörden der Bundesrepublik stellen am 3. November 1989 fast: „Die DDR zahlt für illegal beschaffte Erzeugnisse in der Regel 70 % über dem Marktwert (= 100%). Dabei sahnen die handelnden Personen kräftig ab. Die Marge fließt in die eigene Tasche. Sie liegt zwischen 8 und 10 % je Geschäft." **(33)**

HALLESCHES UFER 40–60 / GROSSBEERENSTRASSE 2: Wer nach dem Mauerfall beim Postgiroamt oder in einer der anderen Berliner Banken oder Sparkassen seinen DDR-Personalausweis oder -pass vorlegt, bekommt 100 DM Begrüßungsgeld.

Ende der 80er Jahre reisten schon längst nicht mehr nur die Rentner, sondern auch jüngere Leute „in dringenden Familienangelegenheiten" in den Westen. Danach lag der dann ohne „Ausreisevisum" nutzlos gewordene Pass zu Hause in der Schublade. Manche schämten sich nicht, ihn für ein doppeltes Kassieren des Begrüßungsgeldes zu nutzen. *Begrüßungsgeld*

ALEXANDERPLATZ 6: Ende 1989, die Mauer ist gefallen und die Stasi versucht, aus ihren dunklen Geschäften zu retten, was zu retten ist. Das zeigt sich am 5. Dezember. An diesem Tag unterschreibt Militärstaatsanwalt Kadgien einen Haftbefehl gegen „Dr. Wenzel, Artur ... Mitarbeiter im Amt für Nationale Sicherheit Berlin", Aktenzeichen 1 A-142 / 89 S.

Dafür hat er seine Gründe: „Der O. G. ist dringend verdächtig, einen schweren Diebstahl sozialistischen Eigentums begangen zu haben. Dr. WENZEL wurde beim Verlassen des Hofes des Hauses der Elektrotechnik Alexanderplatz, Berlin 1020, durch Bürger und Einsatzkräfte der VP gestellt, als er versuchte, unter Mitnahme eines Aktenkoffers und einer Aktentasche, sich von diesem Grundstück zu entfernen. Eine Kontrolle des Inhalts des Aktenkoffers ergab, dass in diesem Bargeldbeträge in Höhe von ca. 740 000,– DM der Bundesbank der BRD, ca. 150 000 Mark der Währung der DDR sowie zwei Stück Goldbarren enthalten waren. Es besteht der dringende Verdacht, dass WENZEL sich die vorstehenden Beträge rechtswidrig zugeeignet hat. **(34)**

Artur Wenzel weist sich als Oberst des Stasi-Nachfolgers aus und behauptet, das Geld gehöre westlichen Embargohändlern. Sie hätten es als Sicherheit bei ihm hinterlegt und es gehe um KoKo-Geschäfte (SIEHE KAP. 4, WALLSTRASSE 17–22). Jetzt müsse die Sicherheitsleistung zurückerstattet werden und deshalb wolle er Geld und Gold in die Stasi-Zentrale schaffen.

Niemand glaubt ihm. Oberst Artur Wenzel war Chef der 60 Mitarbeiter der Abteilung 8, Elektrotechnik und Elektronik, in der Stasi-Hauptabteilung XVIII, Sicherung der Volkswirtschaft, die u. a. High-Tech über dunkle Kanäle aus dem Westen beschafft hat.

Er erhängt sich am 6. Dezember mit seinem Hosengürtel am Gitter seines Zellenfensters in der U-Haft. Nun kann ihn niemand mehr fragen.

12. KAPITEL

ABHÖREN, ABSCHÖPFEN UND AUSSPÄHEN

Wie jeder Krieg brauchte auch der Kalte Krieg Frontsoldaten und Stabs-Offiziere, Gewährsleute im Hinterland und Späher beim Feind.

Für viele der Akteure war Berlin der Schauplatz ihres Handelns. Die Front verlief mitten durch die Stadt. Wo andere ängstlich-aufmerksam die Krisen beobachteten und hofften, sie würden nicht durch irgendeine Unbedachtsamkeit zum Ernstfall werden, war der für die Frontsoldaten im Kalten Krieg längst eingetreten. Und er forderte seine Opfer. Die meisten von ihnen sind bis heute unbekannt.

Manche ahnen nichts davon, dass sie damals Figuren im hartnäckigen Kampf zwischen Ost und West waren, andere erfuhren erst nach dem Ende des Kalten Krieges, welche geheimnisvollen Kräfte dereinst in ihr Leben eingriffen.

FLUGHAFEN TEMPELHOF: Mit der Übernahme des Flughafens von den Sowjets werden dort die ersten Fernmeldeaufklärer der US Air Force stationiert. Mit der Berlin-Blockade kommen dann auch die Nachrichtendienstler.

Die 6912th Radio Squadron Mobile und später die 6912th Electronic Security Group des US Air Force Security Service saß in den oberen Stockwerken des Flughafengebäudes. Auch die Army Security Agency (ASA), ein militärischer Ableger der National Security Agency (NSA), unterhielt im Flughafen Tempelhof Arbeitsräume.

Die Antennenanlagen befanden sich unter einer viereckigen Polyesterverkleidung auf einem der mittleren Türme. Weitere Antennen waren auf der östlichen Seite des Geländes vorhanden. **(1)**

WALLSTRASSE 76-79: Am 24. Januar 1950 beschließt das SED-Politbüro die Bildung eines Ministeriums für Staatssicherheit. Zwei Tage später fasst die provisorische Regierung der DDR einen „Beschluss über die Abwehr von Sabotage" und empfiehlt ebenfalls die Schaffung eines solchen Ministeriums. Erwartungsgemäß verabschiedet daraufhin die Volkskammer am 8. Februar 1950 einstimmig das „Gesetz über die Bildung eines Ministeriums für Staatssicherheit" (MfS). Wilhelm Zaisser (1893–1958) wird zum Minister, Erich Mielke (1907–2000) zum Staatssekretär ernannt.

GRUNEWALD, JAGEN 87: Wahrscheinlich seit Anfang der 50er Jahre betreibt der amerikanischen Militärgeheimdienst Army Security Agency (ASA) im Grunewald eine Abhöreinrichtung, intern „Site 4" genannt. Sie besteht nur aus einigen unscheinbaren Baracken und kleinen Antennenträgern und ist bis etwa 1975 in Betrieb.

Um vor Spaziergängern zu verbergen, was in „Site 4" vorgeht, sind Außenlautsprecher installiert, die rund um die Uhr das Programm von AFN dudeln. **(2)**

RATHAUS SCHÖNEBERG: In der Senatsverwaltung für Inneres wird am 5. März 1951 eine Dienststelle für Verfassungsschutz eingerichtet.

FLUGPLATZ GATOW: Seit Mitte 1945 dient Gatow den britischen Besatzungstruppen als Militärflugplatz. Etwa ab 1951 betreibt die Special Signals Division von dort aus taktische Funkaufklärung. Die Truppe ist ein Vorposten des in **Uetersen** stationierten 365th Signals Regiments, später wird sie in „5 Signals Wing" umbenannt. Ihre Arbeit beginnt mit einer Peilantenne auf dem Flugfeld und einem hölzernen Antennenträger auf dem Tower. **(3)**

LIMASTRASSE/ECKE ELVIRASTEIG: Anfang der 50er Jahre sind Lebensmittel noch überall knapp. Das nutzen sowohl Amerikaner, als auch Sowjets, um ihre jeweiligen Gewährsleute mit Paketen zu bestechen.

So geht zum Beispiel ein Viertel der 800 000 im Jahr 1949 bereitgestellten Care-Pakete an die amerikanische Militärregierung in West-Berlin. Sie gibt viele davon an den „Untersuchungsausschuss freiheitlicher Juristen" weiter, der in der Limastraße, **Ecke Elvirasteig** extra eine Garage anmietet, um die Waren zu lagern. Sie werden als Belohnung für Informationen aus Ost-Berlin und der Zone verteilt.

Bei den Sowjets heißen die Lebensmittel-Sonderrationen „Pajok". Es gibt sie in unterschiedlichen Ausstattungen, je nach Funktion des zu bevorzugenden Funktionärs. Über ihre Verteilung wird insgeheim streng Buch geführt. Verweigert ein über einen gewissen Zeitraum Privilegierter irgendwann einmal die Zusammenarbeit, drohen die Sowjets, seine Bevorzugung öffentlich zu machen.

TEUFELSBERG: Erste mobile Horchposten gen Osten sind seit 1951 auf dem 115 Meter hohen Teufelsberg im **Grunewald** stationiert. Zwischen dem Trümmerberg und Moskau gibt es keine nennenswerten Erhebungen mehr. Das macht ihn zu einem einmaligen Vorposten in der Geschichte des Kalten Krieges. Etwa ab 1965 wird die Technik durch feste Anlagen ersetzt. Für den Teufelsberg ist das modernste Gerät immer gerade gut genug.

Bis 1990 betreiben von hier die U.S. Army und U.S. Air Force Intelligence gemeinsam mit der NSA die Anlage. Sie erlaubt sowohl das Abhören, als auch das Stören des Funkverkehrs bis tief in den Ostblock hinein.

Als „Gasthörer" haben auch verschiedene andere Geheimdienste ihre Leute auf dem Teufelsberg, so z. B. die CIA, französische Einheiten und ein Detachment des britischen 13th Signals Regiments.

Im Schichtdienst arbeiten zu jener Zeit rund 230 Personen in der „Field Station Berlin". Stab und Mitarbeiter sind in den „Andrews Barracks" in **Lichterfelde** untergebracht. **(4)**

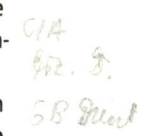

MOHRENSTRASSE: Das SED-Zentralorgan „Neues Deutschland" berichtet über eine Pressekonferenz am 9. November 1953, auf der der angebliche stellvertretende Chef der Filiale X/9592 der „Organisation Gehlen" (OG) in West-Berlin, Hans-Joachim Geyer, nach seinem Überlaufen „aus Gewissensgründen" in die DDR vorgestellt wurde.

Das ist etwas übertrieben, denn Geyer, OG-Deckname „Grell", war bereits drei Jahre lang DDR-Agent in der Gehlen-Außenstelle und fungierte dort als einziger Sachbearbeiter. Dennoch ist es ein nachrichtendienstlicher Erfolg für den Osten, denn Hans-Joachim Geyer hat nicht nur Dokumente geliefert, sondern bringt auch noch die komplette Liste aller 60 von der Filiale X/9592 in der DDR geführten Spione mit.

CLAYALLEE: Im Dezember 1954 veranlasst das US-Hauptquartier in aller Eile die Rückkommandierung einiger Offiziere in die Heimat. Gleichzeitig beginnt vor einem amerikanischen Militärgericht der Prozess gegen Irmgard Schmidt.

Die attraktive, gebildete Frau, die fließend fünf Sprachen spricht, war 1952 als angeblicher politischer Flüchtling nach West-Berlin gekommen. In Wahrheit hatte sie das KGB beauftragt, Kontakt zu amerikanischen Offizieren zu knüpfen, um sie „abzuschöpfen". Das gelingt mit körperlichem Einsatz. Ihre intimen Beziehungen zu mehreren einflussreichen Militärs führen dazu, dass Irmgard Schmidt ohne Sicherheitsüberprüfung sogar Zivilangestellte einer CIA-Dienststelle werden kann – bis sie durch übergroße Neugier auffällt.

Vor Gericht schweigt die Dame und die ganze Verhandlung dauert nur eine Stunde. Irmgard Schmidt bekommt fünf Jahre Haft. Unter den gegebenen Umständen ist das eine milde Strafe, die mancher als Belohnung dafür empfindet, dass vor Gericht keinen Namen fielen. **(5)**

FLUGPLATZ GATOW: Ab 1955 übernimmt ein Detachement des 13th Signals Regiments aus **Birgelen** die Abhöreinrichtungen. Der Funkaufklärungsbereich wird vom Kontrollturm in den Block 15 („Hanbury Block") verlegt. 1962 arbeiten dort Übersetzer für Russisch, Polnisch und Tschechisch. Zu dieser Zeit tauchen in Gatow auch erste amerikanische Aufklärungseinheiten mit mobilem Gerät auf.

Offenbar herrscht bei den Alliierten eine enge Zusammenarbeit bei der funkelektronischen Aufklärung, denn bereits 1963 zieht ein Teil der britischen Lauscher zu den Amerikanern auf den **Teufelsberg.** Etwa ab 1967 arbeitet das gesamte Detachment des 13th Signals Regiments dort.

Zunächst erfolgt jedoch noch der Umzug des Restes der Truppe in den extra umgebauten Hangar 4 des Flugplatzes Gatow. Daneben hatte die Firma Rhode & Schwarz 1963 einen etwa 30 Meter hohen Radarturm errichtet. Im September 1994 übernahm die Bundeswehr das Gelände. Die südlich des ehemaligen Flugfeldes gelegene General-Steinhoff-Kaserne ist heute auch Standort des Fernmeldesektors D der Bundesluftwaffe. **(6)**

LITTENSTRASSE 12–17: Nach nur dreijähriger Tätigkeit als Leiter eines „Funkkopfes" für die „Organisation Gehlen" im Raum Berlin verurteilt das Oberste Gericht der DDR den 41-jährigen Hans-Joachim Koch 1955 zum Tode.

RUDOW: Nur 100 Meter vor der Sektorengrenze unterhält die amerikanische Army Security Agency seit Anfang der 50er Jahre ihren Radar-Horchposten „Site 1". Ende 1954 beginnt dort unter dem Decknamen „Stopwatch/Gold" die spektakulärste Abhöraktion des Kalten Krieges.

Bis zum 28. Februar 1955 wird ein 449,88 Meter langer Tunnel in vier Metern Tiefe bis nach **Alt-Glienicke** vorgetrieben. Er endet unter Telefonleitungen, die die Sowjets für vertrauliche Gespräche nutzen.

Ausgerüstet und betrieben wird die Anlage von den Amerikanern, das Knowhow stammt vom britischen MI 6, der in **Wien,** das bis 1955 ebenfalls unter Vier-Mächte-Verwaltung stand, unter dem Codenamen „Silver" bereits eine ähnliche Einrichtung gebaut hatte.

In „Site 1" zeichnen 600 Tonbandgeräte rund um die Uhr die Gespräche aus drei angezapften Hauptkabeln mit 1 200 Kommunikationskanälen auf.

Ab Mai 1955 wird gelauscht. Der Informationsanfall ist gewaltig. Insgesamt bespielen die Abhörspezialisten 50 000 Bänder mit 443 000 Gesprächen. Überdies fallen täglich 300 Meter vertrauliche Telex-Mitschnitte an.

Die Sowjets sind in der Zwickmühle. Ihr Maulwurf im britischen Geheimdienst MI 6, George Blake, hatte den Tunnel schon vor dem ersten Spatenstich an den KGB verraten. Doch der Agent ist für sie so wertvoll, dass er durch die vorzeitige „Entdeckung" des Tunnels nicht dekonspiriert werden darf. Er liefert dem KGB mehr als 300 westliche Spione ans Messer.

Deshalb lassen die Sowjets die Amerikaner und Briten 11 Monate und 11 Tage lauschen. Erst in der Nacht vom 21. zum 22. April 1956 wird die Abhöranlage von einem als Fernmeldetrupp getarnten KGB-Kommando „rein zufällig" entdeckt und stillgelegt. Es folgt eine riesige Propagandakampagne, mit der die Kriegsvorbereitungen der Amerikaner bewiesen werden sollen.

Geheimdienstexperten sind sich heute darüber einig, dass trotz aller Vorsichtsmaßregeln der Sowjets auch wichtige Gespräche abgehört wurden. Davon gingen auch die Amerikaner aus, die bis zum September 1958 die Tunnel-Informationen auswerteten. **(7)**

KARLSHORST: Generalmajor Karl Linke ist Ende der 50er Jahre Chef des Geheimdienstes der Nationalen Volksarmee (SIEHE KAP. 4, OBERSPREESTRASSE 61–63) und wohnt deshalb mitten im Sperrgebiet der Sowjets. Dennoch hat die CIA aus dem **Föhrenweg** in West-Berlin erfolgreich die Fühler ausgestreckt und seine Haushälterin Anna Kubiak angeworben.

Im Sommer 1957 passiert ihr ein Missgeschick: Beim Abschreiben eines geheimen Telefonverzeichnisses fällt ein Tintenklecks aufs Papier. Anna Kubiak muss verschwinden (SIEHE KAP. 5, PODBIELSKIALLEE) und die CIA startet einen letzten Coup. Bevor die Haushälterin am 29. Juni 1957 die S-Bahn Richtung Westen nimmt, legt sie ihrem Chef eine Einladung der Amerikaner und Fahrgeld auf den Schreibtisch. In dem Brief steht, dass in Linkes Wohnung Wanzen lauschen und er seinen Chefs wohl kaum das Auftauchen wichtiger geheimer Unterlagen seines Dienstes im Westen erklären könne.

Dennoch zögert der Generalmajor keine Sekunde und stellt sich der Spionageabwehr der Stasi. Verteidigungsminister Willi Stoph (1914–1999) schickt ihn ab 25. Juli 1957 „aus Gesundheitsgründen" in einen unbefristeten Urlaub. Wenig später wird er zum Oberst degradiert und aus der NVA entlassen.

NÖLDNERPLATZ: 1957 ist Prof. Adolf-Henning Frucht, damals 44 Jahre alt, Direktor des von ihm gegründeten Institutes für Arbeitsphysiologie in **Lichtenberg**. Er forscht u. a. zur Wirkung von Giftgasen.

Im Februar 1958 nimmt er in West-Berlin Kontakt zur CIA auf. Er will so mit seinen Mitteln die Amerikaner veranlassen, jede Propaganda zur Förderung der Fluchtbewegung aus der DDR zu unterlassen.

Die denken nicht im Entferntesten daran, das zu tun, versuchen aber gleichzeitig, Adolf-Henning Frucht zur Spionage zu nötigen.

Dabei profitieren sie von seiner liberalen Gesinnung. So liefert Frucht z. B. einen Impfstoff gegen Kinderlähmung aus der DDR, der den westlichen Produkten überlegen ist, weil er es einfach für seine ärztliche Pflicht hält, allen Menschen das beste Mittel zur Verfügung zu stellen.

Auch als Frucht Ende 1962 von der Entwicklung eines Nervengiftes erfährt, dass noch bei extremer Kälte funktioniert, hält er es für notwendig, die Amerikaner darüber in Kenntnis zu setzen. Er sieht sich dabei keineswegs als Verräter, sondern – ganz in der Tradition seiner Familie, zu der Widerstandskämpfer der „Roten Kapelle" zur Nazi-Zeit gehören – als ein Mensch, der etwas für den Frieden tut.

Nach jahrelangen Ermittlungen wird er am 17. Mai 1967 verhaftet. Am 27. Februar 1968 verurteilt ihn der Militärstrafsenat beim Obersten Gericht der DDR wegen Spionage zu einer lebenslangen Freiheitsstrafe. Zehn Jahre verbringt Adolf-Henning Frucht in **Bautzen** II, bis er am 18. Juni 1977 am Grenz-übergang **Wartha / Herleshausen** gegen den Chilenen Jorge Montes, einst kommunistischer Senator in der Allende-Regierung, ausgetauscht wird. **(8)**

RATHAUS SCHÖNEBERG: Wie viele andere auch, gelangt Stasi-Spion Günther Schmidt, Deckname „Zady", 1958 über das Notaufnahmelager **Marienfelde** (SIEHE KAP. 4, MARIENFELDER ALLEE 66–80) nach West-Berlin. Er wird Fachschul-dozent und 1961 CDU-Mitglied. Für die Stasi spitzelt „Zady" in der Berliner Außenstelle der Bundesanstalt für gesamtdeutsche Aufgaben. Seine Parteikar-riere führt ihn bis ins Berliner Abgeordnetenhaus. Dort hält er die Ohren offen. Günther Schmidt: „Man merkte natürlich, dass eben die Stasi hauptsächlich an der Meinung der Abgeordneten interessiert war, nicht nur der Abgeordne-ten, sondern auch der führender Politiker. Also welche Meinung zur DDR man hat bei den Politikern, also ich kann mich zum Beispiel erinnern, über Heinrich Lummer mal gesprochen zu haben und über Eberhard Diepgen … "
Am 17. Mai 1999 wird Günther Schmidt alias „Zady" für seine Spionage vom Berliner Kammergericht zu zwei Jahren auf Bewährung und 30 000 Mark Geld-strafe verurteilt. **(9)**

OTTO-GROTEWOHL-STRASSE 19D: Der „Nationalrat der Nationalen Front des Demokratischen Deutschland" veröffentlicht über seinen Kongress-Verlag regelmäßig Propagandaschriften zu West-Berlin. Unter dem Titel „… im Diens-te der Unterwelt" erscheint so 1959 eine Dokumentation über den „Untersu-chungsausschuss freiheitlicher Juristen".
Darin heißt es über den „UfJ-Hauptagenten Götz Schlicht": „Im Mai 1952 wurde Schlicht (in der DDR) fristlos entlassen und wegen Boykotthetze und Verbreitung illegaler Hetzschriften zu einer längeren Freiheitsstrafe verurteilt. Nach Verbüßung dieser Strafe begab er sich sofort nach Westberlin, wo er von seinen ‚alten Bekannten' im UfJ mit offenen Armen aufgenommen und mit der Leitung der Marienfelder ‚Nebenstelle' betraut wurde. Dort versucht er mit den abgefeimtesten Mitteln, möglichst viele Spionagenachrichten für die Zentrale in der Limastraße zu beschaffen."
Als „Dr. Lutter" beschafft er die auch für das MfS. Die Stasi hatte den 1908 geborenen Juristen im Gefängnis „umgedreht" und ihm nach Verbüßung der Hälfte seiner zehnjährigen Haftstrafe angeboten, als Spion nach West-Berlin zu gehen. Götz Schlicht arbeitet bis 1969 als Vertreter des „Untersuchungsaus-schusses freiheitlicher Juristen" (SIEHE KAP. 4, LIMASTRASSE 29) im Notaufnahme-lager **Marienfelde** (SIEHE KAP. 4, MARIENFELDER ALLEE 66–80) und dann, bis zu seiner Pensionierung 1973, im Referat „Recht und Verwaltung" des „Gesamt-deutschen Institutes" (SIEHE KAP. 4, BUNDESALLEE 216). Dort berät Götz Schlicht u. a. im Westen Rat suchende DDR-Bürger. Ihre ihm unter dem Siegel der Ver-

schwiegenheit anvertrauten Sorgen und Nöte meldet er umgehend an die Stasi weiter.

Auch danach bleibt er bis zum Fall der Mauer für die Stasi aktiv. „Dr. Lutter" verrät Hunderte von geplanten Fluchtaktionen und liefert Personendossiers. Dafür kassiert er im Laufe der Jahre etwa 345 000 DM und 170 000 DDR-Mark Agentenlohn. Als seine Spionagetätigkeit 1992 entdeckt wird, entscheidet das Gericht auf dauerhafte Verhandlungsunfähigkeit. Da Götz Schlicht deshalb nicht verurteilt werden kann, darf er sein Geld ebenso wie die 1985 und 1991 überreichten Bundesverdienstkreuze behalten. **(10)**

ORANIENSTRASSE 35: Der hier bei Familie Harbich als Untermieter wohnende Wolfgang Moch steht 1959 vor dem Strafsenat 1b des Berliner Stadtgerichtes. Sein Prozess offenbart, dass der 1956 aus der „Organisation Gehlen" hervorgegangene Bundesnachrichtendienst bei der Spionage im Osten mehr auf Masse, als auf Qualität setzt. Moch hat zwischen 1955 und 1958 gegen Kopfgeld in Ost-Berlin 35 Mitarbeiter angeworben, die militärische Informationen sammeln sollen. Meist sind es recht unbedarfte Jugendliche, die schnell auffliegen. Er wird zu neun Jahren Zuchthaus verurteilt.

S-BAHNHOF WOLLANKSTRASSE: Diese Station ist etwas ganz besonderes. Sie liegt direkt an der Grenze zwischen **Pankow** und **Wedding**. Deshalb gehört die Bahnhofshalle zu West-Berlin, die Straße davor jedoch zu Ost-Berlin. Wer also auch nur einen Fuß aus dem Bahnhof setzt, befindet sich bereits im Sowjetischen („Demokratischen") Sektor. Vor dem Mauerbau warnt ein Schild die Fahrgäste: „Achtung! Dieser Eingang und der Bahnhof liegen im Sowjetsektor".

Nach 1961 wird der S-Bahnhof Wollankstraße so zu einer idealen Agentenschleuse von Ost nach West. Man brauchte nur einen Raum hinter einer sonst fest verschlossene Stahltür auf der Ostseite des Bahnhofs zu passieren, die Treppe hinaufsteigen und sich in die nächste Bahn zu setzen. **(11)**

Als die West-Berliner Anwohnerin Ariane Damerow immer wieder Männer im Osten beobachtet, die im Bahnhof verschwinden und scheinbar nirgendwo wieder auftauchen und darüber auch noch im Freundeskreis erzählt, bringt ihr das einige Verhöre durch den Verfassungsschutz ein (SIEHE KAP. 13, WOLLANK-STRASSE).

AM MARX-ENGELS-PLATZ: Als Walter Ulbricht seine Rede für den Besuch des sowjetischen Staats- und Parteichefs Nikita Chruschtschow vorbereitet, will er der Weltöffentlichkeit die Angriffslust des Westens noch einmal so richtig vor Augen zu führen. Insgeheim wird nämlich längst der Bau der Mauer vorbereitet. Deshalb verkündet er während der Großkundgebung am 20. Mai 1960, dass gerade in der letzten Zeit vom Ministerium für Staatssicherheit besonders viele feindliche Funkgeräte sichergestellt wurden. Allein von Mitte April bis Mitte Mai seien es siebzehn Stück gewesen.

REGATTASTRASSE: Am 1. Oktober 1960 beginnt unter strengster Geheimhaltung der „Deutsche Soldatensender" (DSS) in **Grünau** mit seinem Programm. Er soll DDR-Propaganda unter den Soldaten der Bundeswehr verbreiten, das Ganze ist mit flotter Musik garniert und so verpackt, als sende der Soldatensender vom Westen aus. In jeder Sendung gibt es in den knapp zwölf Jahren des Bestehens des Senders die Aufforderung, Meinungen und Wünsche mitzuteilen. Adresse: Werner Schütz, Postfach 116, Berlin W 8. Das klingt zwar ein wenig nach Westen liegt aber in **Berlin-Mitte**.

Bis 1972 gehen beim DSS 278 026 Briefe und Karten ein. 188 751 davon kommen aus der Bundesrepublik, 86 823 tragen DDR-Absender und 2 452 stammen aus anderen Staaten. Auch wenn es sich meist nur um Musikwünsche handelt, ergeben sich hin und wieder Ansatzpunkte für die Werbung von Spionen.

So entsteht z. B. der Kontakt zu dem Chiffreur Heinz Werner, der an den DSS schreibt und sich als „Kundschafter" anbietet. Im Januar 1969 trifft er sich zum ersten Mal im „Sporthotel" in der **Ho-Chi-Minh-Straße 39–49** mit seinem künftigen Führungsoffizier „Roland" vom militärischen Nachrichtendienst der NVA (SIEHE KAP. 4, OBERSPREESTRASSE 61–63). Als „Günter", später dann „Cherry", liefert er bis zum Ende der DDR vertrauliche Informationen aus der Bundeswehr und dem Auswärtigen Amt. Sein Meisterstück: Insgeheim wird ein Schlüsselgerät „Elcrotel" über die Grenze und wieder zurück gebracht, um es im Osten zu analysieren.

1991 wird Hans Werner nach Aussagen eines Stasi-Überläufers enttarnt und zu neun Jahren Haft verurteilt. Sechs davon muss er absitzen.

MARIENFELDE: Auf einem rund dreizehn Hektar großen Gelände direkt an der Sektorengrenze entsteht zwischen 1962 und 1965 eine Station des U. S. Air Force Security Service/Electronic Security Command. Sie arbeitet im 24-Stunden-Betrieb und dient offiziell der Sicherung des Flugverkehrs und der „Erkundung von atmosphärischen Phänomenen". Tatsächlicher Schwerpunkt der Anlage ist die elektronische Kampfführung, u. a. gegen die sowjetische Luftwaffe rings um Berlin. In sechs der insgesamt 14 Gebäude werden unterschiedliche Abhöreinrichtungen betrieben.

Als Gast sind hier auch Einheiten der britischen Royal Air Force tätig.

Der Lauschposten Marienfelde wird im September 1991 geschlossen und komplett abgebaut. **(12)**

KARLSHORST: Im Oktober 1967 werden Jewgenij Runge und seine Frau ins KGB-Hauptquartier (SIEHE KAP. 4, KARLSHORST) zum Rapport bestellt. Unter dem

Namen „Willi Gast" arbeitet er seit 1964 mit seiner Familie als Resident des Geheimdienstes im Rheinland, getarnt als herumreisender Automatenaufsteller.

Nun eröffnen ihm die Genossen, dass sein siebenjähriger Sohn in der Sowjetunion in ein Internat soll, damit Runge und Frau eine illegale Residentur in den USA aufbauen können. Dass passt der Familie nicht, die ohnehin von der Geheimdienstarbeit die Nase voll hat. Am 10. Oktober 1967 meldet sie sich deshalb im West-Berliner CIA-Hauptquartier am **Föhrenweg**. Frau Runge hatte bereits vorgefühlt, ob sie in den USA Asyl erhalten und straffrei bleiben würden. Die Amerikaner halten ihr Wort und fliegen die Runges am nächsten Tag mit einer Militärmaschine vom **Flughafen Tempelhof** in die USA aus. **(13)**

KURFÜRSTENDAMM 140: Nach den Schüssen auf Rudi Dutschke am 11. April 1968 (SIEHE KAP. 5, KURFÜRSTENDAMM 140) versammeln sich aufgebrachte und ratlose Studenten in der Zentrale des Sozialistischen Deutschen Studentenbundes (SDS). Spontan entsteht am Abend eine Demonstration. Ziel: Das Springer-Haus in der **Kochstraße**. Die Studenten sind überzeugt: „BILD hat mitgeschossen!" Sie wollen die Auslieferung des Boulevard-Blattes für den nächsten Tag verhindern.

Trotz immer wieder gepredigter Gewaltlosigkeit, fliegen ein paar Steine in die Fenster des Amerika-Hauses in der **Hardenbergstraße**, doch so richtig weiß niemand, wie die Demo eigentlich ablaufen soll. Bis Peter Urbach auftaucht. Er öffnet den Kofferraum seines Autos und bietet den Protestanten aus einem Weidenkorb zündfertige Molotow-Cocktails an. Wenig später brennt der Springer-Fuhrpark.

Niemand ahnt in diesem Moment, dass Peter Urbach ein Agent provocateur des Verfassungsschutzes ist. Der gelernte Klempner und Rohrleger arbeitete bis 1967 als S-Bahner bei der Deutschen Reichsbahn in West-Berlin. Für den Job musste er der „Sozialistische Einheitspartei Westberlins" (SEW) beitreten. Das ruft den Verfassungsschutz auf den Plan. Er macht Urbach zum Spitzel unter den West-Berliner Kommunisten.

Die wiederum suchen Kontakte zu den radikalen Studenten. Peter Urbach macht sich bei ihnen mit kleinen, preiswerten Dienstleistungen unentbehrlich. Dann fliegt er bei der Reichsbahn und aus der SEW – wegen Diebstahls. Nun konzentriert sich Peter Urbach ganz auf die Studenten. Solange die gewaltlos demonstrieren, kann ihnen die Polizei gar nichts. Peter Urbach sorgt dafür, dass das nicht so bleibt. **(14)**

TEUFELSBERG: Die Lauschposten im **Grunewald** sind inzwischen eine der erfolgreichsten amerikanischen Abhörstationen im Kalten Krieg. Die „Field Station Berlin" erhält zweimal die „Travis Trophy", eine Auszeichnung, die einmal im Jahr an die militärische oder zivile Aufklärungseinheit verliehen wird, die die wertvollste Leistung für die Sicherheit der USA erbracht hat.

JEBENSTRASSE 1/REFORMATIONSPLATZ 2/SCHLOSSSTRASSE 1/WATER-LOO UFER 5/SCHULSTRASSE 118: In den in West-Berlin unterhaltenen „Büros für Besuchs- und Reiseangelegenheiten" verfügt die Stasi ab Anfang der 70er Jahre über mindestens drei „inoffizielle Mitarbeiter" (IM) unter den West-Berliner Senatsangestellten.

Neben einer inzwischen verstorbenen Senatsbediensteten unter dem Deckname „Frosch" arbeiteten Harry Feuchter, Angestellter des Landesverwaltungsamtes und 1991 zu einer dreijährigen Haftstrafe verurteilt, und Dr. Harald Müller nebenbei für die Stasi.

Müller gilt als der wichtigste Stasi-Informant in diesem Bereich. Als „Herbert Hildebrandt" verpflichtete er sich 1956 der Stasi und beteiligte sich an „Zersetzungsmaßnahmen" gegen die von der FDP abgespaltene „Freie Volkspartei" unter Carl-Hubert Schwennicke (SIEHE KAP. 5, SIEMENSSTADT). Später orientierte er sich auf die CDU, für die Harald Müller 1971 sogar in die Bezirksverordnetenversammlung Charlottenburg einzog. Ab 1981 fungierte er als Bezirksverordnetenvorsteher, ein Amt, das er – mit kurzer Unterbrechung – bis 1994 ausübte.

Von 1974 bis 1980 bekleidete Harald Müller die Funktion des Leiters des Besucherbüros in **Steglitz**, danach, bis 1989, in den Büros **Charlottenburg** und **Spandau**.

Als Stasi-IM lieferte er u. a. Einsatzbefehle der Polizei, vertrauliche Unterlagen des Senats und anonyme Schreiben von West-Berlinern, die auf geplante Flucht- und Ausschleusungsversuche aufmerksam machten. Dafür erhielt er von der Stasi regelmäßige Zahlungen, ab 1980 waren es 600 DM im Monat.

Nach Eröffnung eines Ermittlungsverfahrens 1994 trat Müller von allen Ämtern zurück. Wegen Verjährung wurde das Verfahren 1997 eingestellt. **(15)**

FLUGHAFEN TEGEL: Neben einer Horchfunkstelle in **Spandau** unterhält der Bundesnachrichtendienst (BND) ab Dezember 1976 auch auf dem Flughafen Tegel einen Abhörposten. Er wird gemeinsam mit dem französischen Partnerdienst, BND-Deckname „Narzisse", betrieben.

Die abgehörten Informationen aus dem Osten sammelt der BND unter den Decknamen „Eisberg" und „Sandwüste".

IN DER HALDE 5: Über all die Jahre wohnen die Berliner CIA-Mitarbeiter in **Dahlem**. Die Chefs residieren „Auf dem Grat 6". Jedes Jahr im September feiern sie mit ihren Kollegen ein großes Gartenfest. Das KGB und die Stasi nutzen die Gelegenheit, um sie zu zählen – meist sind es so um die 60 Leute.

GRENZÜBERGANGSSTELLE GRIEBNITZSEE: Nach einer Transitfahrt wird der damals 26-jährige West-Berliner Manfred Streich verhaftet. Er gehört zu den etwa 75 „Bafög-Spionen", die in den 70er Jahren für ein paar Spesen und ein Honorar von 300 bis 350 DM pro Fahrt regelmäßig mit dem Zug durch die DDR in die Bundesrepublik reisen und dem BND über ihre Beobachtungen am Rande der Strecke berichteten. Manfred Streich war zwischen 1973 und 1977 insgesamt 110 mal dabei.

Wie auch andere seiner Kommilitonen, ist der Pädagogik-Student durch eine Annonce in der „Berliner Morgenpost" an den Nebenjob gekommen. Zunächst hatte man ihm weisgemacht, es gehe im Auftrag der Deutschen Bundesbahn um die Überprüfung von Sauberkeit und Hygiene in den Interzonenzügen. Am 21. März 1978 wird er vom 1. Strafsenat des Militärobergerichtes der DDR zu 12 Jahren Haft verurteilt. Beim Austausch von Kanzleramtsspion Günter Guillaume (1927–1995) am 1. Oktober 1981 gegen acht Häftlinge aus DDR-Gefängnissen kommt Manfred Streich wieder zurück in die Bundesrepublik.

Als „Beipack" (Stasi-Jargon) ist auch der West-Berliner Diplom-Psychologe und „Transit-Spion" Wolfgang Rietig (36) Teil des „Paketes", der ebenfalls durch eine unverfängliche Zeitungsannonce an den BND geriet und von der DDR dafür zu 15 Jahren Haft verurteilt wurde. (16)

Solche unverhältnismäßig hohen Strafen wie in diesen beiden, eher harmlosen Fällen sind ein Grund dafür, dass nach Herstellung der deutschen Einheit alle ehemaligen westlichen Häftlinge in der DDR nach dem „SED-Unrechtsbereinigungsgesetz" rehabilitiert und entschädigt wurden. Unter anderem dieses Vorgehen wird von vielen ehemaligen DDR-Funktionären bis in die Gegenwart hinein als „Siegerjustiz" gerügt.

ZEHLENDORF: Ende der 70er, Anfang der 80er Jahre machen die Abhörspezialisten auf dem **Teufelsberg** eine interessante Erfahrung; Immer wenn in Zehlendorf das deutsch-amerikanische Volksfest stattfindet und das große Riesenrad auf der **Truman Plaza** steht, ist der Empfang bestimmter Frequenzen in der fünf Kilometer entfernten „Field Station Berlin" besonders gut. Das Riesenrad wirkt offenbar wie eine Antenne. Künftig dreht es sich im Herbst einfach ein Weilchen länger. (17)

NEUSTÄDTISCHE KIRCHSTRASSE 4–5: Mit der Eröffnung der Botschaft der USA im renovierten und umgebauten ehemaligen Haus der Handwerkskammer in Ost-Berlin richtet die CIA dort unter dem Deckmantel der diplomatischen Tätigkeit auch eine kleine Außenstelle des Geheimdienstes ein. Rund 70 MfS-Mitarbeiter haben fortan nichts anderes mehr zu tun, als „die bösen Sieben" rund um die Uhr zu überwachen.

FLUGHAFEN TEGEL: Seit den 70er Jahren praktizieren die westdeutschen Dienste „Reisewegsuchmaßnahmen". Sie laufen unter den Decknamen „Wirbelsturm" und „Wacholder". Dabei geht es darum, schon beim Abflug von Berlin ins Bundesgebiet mögliche Stasi-Kuriere zu entdecken. Deshalb werden alle

Reisenden nach Rastermerkmalen gecheckt: Wer männlich und um die 35 ist, allein mit kleinem Gepäck reist, Maschinen zu bestimmten Tageszeiten benutzt, zögert, auf dem Flughafen noch einen Kaffee zu trinken und einen Tick zu modisch gekleidet auftritt, wird als verdächtig registriert. Kommt er öfter oder gar regelmäßig, wird daraus eine Verdachtsspur.

KURFÜRSTENSTRASSE 58: Dreizehn Jahre lang ist das „Café Einstein" für Stephen Laufer von der US-Mission die Stammkneipe. Dort schöpft er für seinen zweiten Arbeitgeber – das KGB – Journalisten ab. 1992 bringt ihm das die Verurteilung zu einer Haftstrafe von 18 Monaten auf Bewährung ein.

TEMPELHOFER DAMM 54: Der Schriftsteller Jürgen Fuchs (1950–1999) bleibt für die Stasi 1977 auch nach seiner Abschiebung nach West-Berlin „Zielobjekt". Der Grund: Von dort aus unterstützt er Oppositionelle in der DDR und macht deren Anliegen im Westen öffentlich.

Inoffizielle Stasi-Mitarbeiter aus Ost und West durchsuchen konspirativ seine West-Berliner Wohnung am **Tempelhofer Damm** und machen sich mit dem gesamten Umfeld vertraut. Sogar ein Nachschlüssel wird gefeilt.

Gegen Jürgen Fuchs und seine Familie startet die Stasi zahlreiche „Zersetzungsmaßnahmen": Es gibt anonyme Drohungen, Waren werden auf seinen Namen bestellt und geliefert, Gerüchte gestreut und auch Telefonterror gehört dazu.

BORNHOLMER STRASSE: Mit Sack und Pack übersiedelt am 22. Juni 1977 Schauspieler Manfred Krug, damals 40, in den Westen. Die Stasi fotografiert ihn heimlich bei der Kontrolle vor der **Bornholmer Brücke** (heute Bösebrücke). Akribisch wird vermerkt: „Die Kontrollhandlungen verliefen ohne Besonderheiten und Krug mit Familie verließ 16.06 Uhr das Kontrollterritorium der GÜST. Im Vorfeld hielten sich ab 13.45 Uhr zwei Zivilisten auf. Einer hatte zwei Fotoapparate bei sich ... Einer fertigte Fotos von der Ankunft in Berlin (West), während der andere eine kurze Befragung des Krug durchführte. Diese Handlungen konnten nicht dokumentiert werden, da diese Handlungen durch die Brückenkonstruktion verdeckt wurden." **(18)**

Manfred Krug setzt seine Karriere im Westen fort und wird besonders als „Liebling Kreuzberg" und „Tatort"-Kommissar Paul Stöver berühmt.

Neben der offiziellen Ausreise schiebt die DDR Ende der 70er Jahre auch immer öfter unliebsame Personen ohne deren Einverständnis nach West-Berlin ab. Am 26. August 1977 trifft das zum Beispiel die Liedermacher Gerulf Pannach und Christian Kuhnert.

CYKLOPSTRASSE: Der französische Geheimdienst lauscht mit Hilfe eines Antennenmastes in der damaligen **Cité Foch, Rue Montesquieu.** Er besitzt immerhin die Kapazität, um kurz nach dem Mauerfall der zeitweiligen Abstrahlung von Hörfunkprogrammen zu dienen.

Danach übernahm ihn der Bundesnachrichtendienst, der außerdem auch über eine gemietete Antenne auf dem Fernsehturm am **Alexanderplatz** verfügt.

FÖHRENWEG 19–21: Ende der 70er, Anfang der 80er Jahre setzt die CIA bei der Werbung ihrer Agenten im Osten auf Masse und schert sich kaum um die Sicherheit ihrer Leute. Der ehemalige US-Botschafter in Deutschland, John Kornblum erinnert sich: „Wir rekrutierten diese Leute, die meistens einfache, ganz normale Leute waren, die niemals vorher die Arbeit eines Spions gesehen hatten. Wir gaben ihnen eine Kamera und sagten, fahr' bei diesem oder jenem sowjetischen Stützpunkt vorbei, mach mal ein Foto. Ihre Vorbereitung war sehr schlampig. Die Sowjets bekamen häufig Wind davon." **(19)**

MARX-ENGELS-PLATZ 2: An der Via **de Trasone** in **Rom** hat die DDR eine neue Botschaft bauen lassen. Noch bevor Botschafter Hans Voß dort seine Arbeit aufnehmen kann, gibt es eine böse Überraschung: „Im Rahmen der Abnahmeuntersuchung des durch italienische Firmen errichteten Neubaus der Botschaft in Rom wurde ein komplettes Abhörsystem entdeckt und entfernt ... Die Anlage bestand aus ca. 12 Systemen (Mikrofon M 21 mit verkürztem Sondenrohr und integriertem Vorverstärker mA 741 (beides US-Fabrikate), das sich jeweils zwischen zwei nebeneinander liegenden Steckdosen befand) und wurde durch eine italienische Elektrofirma installiert ..." Mit Röntgen-, Metallsuchgeräten und einer Thermovisionsanlage untersuchen DDR-Spezialisten das gesamte Gelände. So können sie von Anfang an verhindern, dass Informationen abfließen. **(20)**

KUCKHOFFSTRASSE: Als Klaus Bölling, damals 53, am 7. Februar 1981 seine Residenz als Ständiger Vertreter der Bundesrepublik Deutschland bei der DDR in **Niederschönhausen** bezieht, weiß er, dass das Haus von der Stasi komplett abgehört wird. Er richtet sich darauf ein: „Mit einigen meiner Besucher bin ich anfänglich in der Nachbarschaft spazieren gegangen. Bei strengen Wintertemperaturen war das nicht sehr gesprächsfördernd. So haben wir uns schon nach wenigen Tagen darauf verständigt, dass wir die irgendwo vielleicht verborgenen ‚Lauschmittel' ganz einfach ignorieren und uns, bei Aussparung von Namen, möglichst ungezwungen unterhalten wollten." **(21)**

GRENZÜBERGANGSSTELLE DREWITZ/DREILINDEN: Unter der Tarnbezeichnung „Technik 5" werden um 1980 Durchleuchtungsanlagen für Fahrzeuge installiert. Sie arbeiten mit radioaktivem Cäsium 137 und dienen dem Aufspüren von versteckten Flüchtlingen. Ähnliche Anlagen sind an weiteren fünf innerdeutschen Kontrollpunkten im Dauerbetrieb im Einsatz. Nach dem Fall der

Mauer gehören sie zu den ersten Einrichtungen, die beseitigt und deren Spuren systematisch verwischt werden.

STORKOWER STRASSE 158: Geheimdienstler im Westen wie im Osten wissen, dass in Büchern, Zeitungen und Zeitschriften oft wertvolle Informationen stecken, die Puzzle-Steinchen bei der gegenseitigen Spionage sein können.

Für den Westen ist da der Ost-Berliner Militärverlag ganz besonders interessant. Doch in der Storkower Straße, sitzt extra ein Offizier, der darüber wacht, dass weder in der „Volksarmee", noch in der „Armee-Rundschau" und anderen Zeitschriften und Büchern zu militärischen Themen informative Details erscheinen.

Deshalb versucht der BND die Manuskripte – wie etwa die erste Fassung der Memoiren von Kanzleramts-Spion Günter Guillaume oder ein nie veröffentlichtes 700-Seiten-Opus von NATO-Spionin Ursel Lorenzen – vor dem „Weißwaschgang" in die Hand zu bekommen. Dabei hilft eine als Agentin angeworbene Lektorin. Sie trägt den Decknamen „Nike".

Erst 1991 erfahren die BND-Leute beim Verhör von Stasi-General Harry Schütt, dass „Nike" nichts weiter als ein nachrichtendienstliches Gegenspiel der Hauptabteilung II der Stasi ist, die alle übermittelten Fakten sorgfältig ausgewählt und geprüft hat.

FEHRBELLINER PLATZ 2: Verfassungsschützer Gerhard K. wechselt 1982 klammheimlich die Fronten von West nach Ost. Das hält das Landesamt für Verfassungsschutz streng geheim. Deshalb bekommt sogar K.'s vermeintliche Witwe ihren Anteil an der Pension des Beamten, rund 1800 DM im Monat – bis er 1990 in Thüringen frisch verheiratet wieder auftaucht.

RATHAUS SCHÖNEBERG: Bis zur Einheit haben alle in West-Berlin stationierten Geheimdienste beim Senat ihre „Verbindungsoffiziere" stationiert.

Im Osten laufen Stasi und Mil-ND, der Geheimdienst der Nationalen Volksarmee, seit ihrer Gründung an der langen Leine der Sowjets. „Berater" und „Verbindungsoffiziere" sind direkt in einzelne Diensteinheiten integriert – so hat z. B. ein Offizier des sowjetischen Militärgeheimdienstes sein Büro in der **Oberspreestraße** (SIEHE KAP. 4, OBERSPREESTRASSE 61–63). Darüber hinaus ist die Zusammenarbeit auch in knapp einem Dutzend bi- und multilateraler Abkommen vereinbart.

OTTO-NUSCHKE-STRASSE 59/60: In der Ost-Berliner CDU-Zentrale wird am 28. Februar 1982 der angebliche West-Agent René B. verhaftet. Der 78-jährige Journalist soll bereits seit 1934 Geheimdienstkontakte unterhalten haben und dürfte so wohl der dienstälteste deutsch-deutsche Spion gewesen sein. Er wird am nächsten Tag in die Bundesrepublik abgeschoben.

René B. hatte beim Gründer der Ost-CDU, Otto Nuschke (1883–1957), einen Stein im Brett, weil er am 17. Juni 1953 daran beteiligt war, dessen „Verschleppung" nach West-Berlin (SIEHE KAP. 4, STRALAUER ALLEE) schnell zu beenden. Seither bezog René B. Insider-Informationen direkt aus dem Ost-Berliner Büro des CDU-Hauptvorstandes.

MARIENFELDE: Von ihrem Spion „Kid" alias Jeffrey M. Carney (SIEHE KAP. 4, PINTSCHSTRASSE 12), der als US-Sergeant auf der Abhörbasis **Marienfelde** dient, erfährt die Stasi schier Unglaubliches: Die Amerikaner sind dabei, eine Sprachdatenbank mit den Stimmen der sowjetischen und NVA-Piloten, die die supermodernen MiG 29 fliegen, aufzubauen. Diese Maschinen werden im Ernstfall vom Boden aus gesteuert. Gelingt es, sich in deren Funkverkehr einzulinken, würden sie, ohne es zu merken, die eigenen Stellungen angreifen oder zu Irrflügen bis zum Absturz starten.

UNTER DEN LINDEN 44–60: Das Ministerium für Außenhandel der DDR, nahe am **Brandenburger Tor**, ist ein Gebäude mit viel Glas und Stahl. Am 16. April 1984 startet dort die Stasi einen Selbstversuch. Es geht um das Auffangen von Computer-Abstrahlungen.
Auf dem abgesperrten Parkplatz an der Rückfront des Ministeriums beziehen zwei Ladas und ein mit Elektronik voll gestopfter „Robur" Position. Um 13.43 Uhr beginnen die Stasi-Spezialisten mit Richtantennen die Fassade abzustreichen. Wenig später kann der Chef des Sonderkommandos, Major Bock, auf seinem Bildschirm mitlesen, was die Sachbearbeiter im Ministerium in ihre Computer tippen.
Es ist das erste derartige Experiment innerhalb der „sozialistischen Bruderländer". Noch bevor in der DDR gegen diese Möglichkeit des Datenklaus eine wirksame Abwehr entwickelt werden kann, gibt es sie nicht mehr. **(22)**

FLUGHAFEN TEMPELHOF: Zusätzlich zu den vorhandenen Lauschanlagen wird 1984 ein 72 Meter hoher Turm für die militärische Luftraumüberwachung errichtet. Er erfasst Flugbewegungen bis zu einer Höhe von 30 Kilometern im Umkreis von etwa 350 Kilometern. Damit ist faktisch die gesamte DDR zu kontrollieren.
Am 1. Juli 1991 werden die bisher von den Alliierten genutzten Anlagen der Berliner Flughafengesellschaft übergeben. Seit 1994 nutzt die Bundesluftwaffe den Radarturm.

STRASSE DER BEFREIUNG 60: Bei einer eventuellen Eroberung West-Berlins durch die NVA (SIEHE KAP. 4, STRAUSBERG, PRÖTZELER CHAUSSEE) wollte die Stasi nicht abseits stehen. Am 5. August 1985 unterzeichnet Generalleutnant Wolfgang Schwanitz, Chef der MfS-Bezirksverwaltung (BV) Berlin mit Sitz in der

Straße der Befreiung 60 in **Lichtenberg**, ein Dokument über die „Linienspezi-fischen Aufgaben der BV Berlin". Darin plant die Stasi den Zugriff auf wichtige Punkte der Stadt, von den Rundfunksendern über Parteibüros bis zum „Preu-ßischen Kulturbesitz". Es wird bis zum Mauerfall ständig aktualisiert.

Unmittelbar nach dem Sturm sollen 12 Stasi-Kreisdienststellen flächendeckend in West-Berlin errichtet werden und fast 600 Mitarbeiter ihre Tätigkeit vor Ort aufnehmen. Etwa die Hälfte standen bereits namentlich auf der „Kaderliste". Ihre erste Amtshandlung wäre eine Verhaftungswelle unter den West-Berliner Führungskräften gewesen. **(23)**

TEUFELSBERG: Mitte der 80er Jahre gelingt es der Stasi, das Geheimnis des Teufelsbergs zu knacken. Dabei hilft der türkische Auto-Mechaniker Hüseyin Yildirim (IM „Blitz"). Er wirbt, angeblich für den türkischen Geheimdienst, den amerikanischen Sergeanten James W. Hall als Spion an. Der ist Mitarbeiter des Geheimdienstes der amerikanischen Landstreitkräfte, INSCOM, und direkt auf dem **Teufelsberg** stationiert. Er liefert fortan gegen Bares brisante Dokumente. Die Stasi registriert James W. Hall zunächst als „Devil", dann als „Ronny".

Um die Materiallieferungen des Amerikaners besser auf die Interessen der DDR abzustimmen, wird er nach einiger Zeit direkt für die Stasi verpflichtet. Als „Paul" besorgt er nun Dokumente zur elektronischen Kampfführung, die im Ernstfall kriegsentscheidend sein könnten.

Die ganze Sache fliegt auf, als sich der Doppelagent von Stasi und Verfassungs-schutz, Manfred S., Deckname „Hagen", am 16. Dezember 1988 von den Ameri-kanern mitsamt seiner Familie über den **Checkpoint Charlie** nach West-Berlin ausschleusen lässt. Als „Gastgeschenk" gibt er den Amerikanern die ersten Hin-weise auf „Blitz" und „Paul".

Am 21. Dezember 1988 klicken bei James W. Hall die Handschellen, einen Tag später ist Hüseyin Yldirim dran. „Paul" wird zu 40 Jahren Haft, der Türke sogar zu lebenslänglich verurteilt. **(24)** Inzwischen wurde er begnadigt.

VOLTAIRESTRASSE: Mitten in Ost-Berlin befindet sich in den 80er Jahre eine der Endstellen für die Video-Überwachung der Diplomatenwohnungen in der **Elsa-Brandström-Straße** in **Pankow**. Dort lautet der „Kampfauftrag" der Stasi, die CIA-Mitarbeiter unter den Botschaftsbediensteten zu entdecken. Da-für ist die modernste Technik gerade gut genug. Deshalb sind in den **Pan-kower** Appartements millimeterdünne Glasfaserkabel installiert, deren Enden wie eine Linse geschliffen sind, die in die zu überwachende Wohnung „blickt". Meist wird das Kabel durch die Steckdosen geführt und so wie sich etwas regt, springen in der Nachbarwohnung die Video-Recorder an.

Beim Beobachten der attraktiven blonden Amerikanerin Barbara H. haben die Stasi-Voyeure ihre stille Freude, denn sie schläft stets nackt. Unter dem Deck-

namen „Hexe" notieren sie jedes Umdrehen im Bett. Ihre dunkelhaarige Nach-
barin wird als „Fee" ebenso heimlich beobachtet.

Mitte der achtziger Jahre hat die Stasi damit ein technisches Niveau erreicht,
das dem von CIA und MI 6 durchaus entspricht.

WALLSTRASSE 17–22: Als KoKo-Chef Alexander Schalck-Golodkowski (SIEHE
KAP. 11, WALLSTRASSE 17–22) eines Tages mitbekommt, dass seine Büros von
der Stasi abgehört werden, ist er richtig sauer: „Als ich Mitte der achtziger
Jahre erfuhr, dass das MfS Wanzen in der Führungsetage von KoKo installiert
hatte und wir abgehört wurden, hat mich das doch überrascht. Ich bin nicht
aus allen Wolken gefallen, aber es war schon ein dicker Hund." **(25)** „Big Alex"
stellt Mielke-Stellvertreter Rudi Mittig (1925–1994) zur Rede. Der eiert erst
rum, gibt dann aber zu, dass seine Lauscher am Werk sind. Er verspricht dem
Genossen die Entfernung der Wanzen.

STRASSE DER PARISER KOMMUNE 8–12: Im Hauptpostamt und in anderen Berliner und ostdeutschen Postämtern kontrolliert die Stasi flächendeckend den nationalen und internationalen Postverkehr. 1989 stehen der
dafür zuständigen „Abteilung M" insgesamt 2 171 Mitarbeiter zur Verfügung.
Ihre Tätigkeit regelt sich u. a. nach der „Dienstanweisung Nr. 3/85 zur politisch-
operativen Kontrolle und Auswertung von Postsendungen durch die Abteilung M", Geheime Verschlusssache GVS MfS o008–10/85, von Erich Mielke
(1907–2000), die am 5. Juni 1985 in Kraft tritt.
Danach werden sämtliche Postsendungen nach Rasterfahndungsmerkmalen
durchgesehen, bei Interesse geöffnet und kopiert.
Für die Überwachung des Telefonverkehrs ist die „Abteilung 26" der Stasi mit
insgesamt 1 486 Leuten in Ost-Berlin und der DDR zuständig. Ihre technische
Ausrüstung erlaubt es, allein in Ost-Berlin bis zu 20 000 Gespräche gleichzeitig
mitzuhören. Etwa 7 000 Anschlüsse von Oppositionellen und Personen unter
„operativer Postkontrolle", aber auch Führungskräften, kirchlichen Funktio-
nären und Kulturschaffenden werden ständig abgehört.
Für die Telefonüberwachung im „grenzüberschreitenden Verkehr" nach West-
Berlin und in die Bundesrepublik ist eine gesonderte Stasi-Abteilung (XVI)
zuständig. Sie wurde Anfang der 80er Jahre aus der Hauptabteilung III, zuständig für das Belauschen von West-Bürgern, herausgelöst und verfügt über technische Einrichtungen, die auch das Identifizieren von geheimdienstlichen
Schnellübermittlungen und codierten Nachrichten ermöglichen. **(26)**

SAMARITERPLATZ: Für ein Gotteshaus ist die Samariterkirche in Friedrichshain fast noch ein Neubau. Sie entstand erst 1892–1894. Geschichte hat sie
deshalb auch nicht wegen ihrer Architektur, sondern eher mit den „Bluesmes-
sen" in den 80er Jahren gemacht. Pfarrer Rainer Eppelmann, Jahrgang 1943,

organisierte sie. Blues und Beten brachten Oppositionelle in die Kirche. Sie bot ihnen einen Freiraum für den unzensierten Gedankenaustausch. Unbeobachtet blieb das nicht. Das MfS schickte seine Mitarbeiter regelmäßig zum Lauschen in die Kirche und verwanzte die Wohnung des Pfarrers. Als der die Mini-Spione per Zufall fand, lieferte er sie „pflichtschuldig" bei der Polizei ab, doch die „Genossen von der K" konnten deren Herkunft, „leider, leider", nicht ermitteln!

TEUFELSBERG: Ende der 80er Jahren lauschen 785 Amerikaner rund um die Uhr vom Teufelsberg in den Osten. Überdurchschnittlich viele von ihnen sind Mormonen: Sie rauchen nicht, trinken nicht und glauben fest an jedwede von Gott geschickte Obrigkeit. Auch gegen andere am Telefon erlauschte Versuchungen, von Telefonsex bis zu Insider-Tipps von Bankern, gelten sie als besonders resistent.

NORMANNENSTRASSE 22: Peinliche Panne beim Lauschen: Ende der 80er Jahre gelangt Abwehr-Generalmajor Harry Schütt das Abhörprotokoll eines Telefongesprächs auf den Tisch. John Bishop wurde bei einem Telefonat mit seiner Frau belauscht. Der Diplomat arbeitet 1986 bis 1988 an der US-Botschaft in Ost-Berlin (SIEHE KAP. 4, NEUSTÄDTISCHE KIRCHSTRASSE 4–5) und ist dort gleichzeitig der CIA-Resident. Er erklärt seiner Frau, dass er Punkt 17.30 Uhr zu Hause sein würde, um „Tom and Jerry" nicht zu verpassen. Prompt notiert der General: „Die Ankunft der CIA-Mitarbeiter ist zu dokumentieren und ihre sofortige Identifizierung einzuleiten. Rückmeldung!" So läuft es durch drei Referate und erst der zuständige Auswerter erkennt, dass John Bishop gar keine CIA-Kollegen erwatete, sondern nur ganz gerne den Zeichentrickfilm mit Kater Tom und Maus Jerry im Fernsehen gesehen hätte.

BAHNHOF FRIEDRICHSTRASSE: Dieter Nowatzky kennt sich als Diplom-Ingenieur bestens mit der Funktechnik aus. Deshalb überwacht ihn die Stasi, die seine Akte unter dem Decknamen „Antenne" führt. Am 26. Januar 1987 erhält er die Erlaubnis, zum Geburtstag seiner Tante nach West-Berlin zu fahren. Stasi-Observanten folgen ihm dorthin und notieren jeden Schritt.
Auszüge aus dem „Beobachtungsbericht": „8.30 Uhr passierte „Antenne" die GÜST Friedrichstraße. Auf dem Westteil des Bahnhofs wurde „Antenne" von einer männlichen Person erwartet. Es gab eine herzliche Begrüßung … 8.55 Uhr verließen „Antenne" und sein Begleiter im **S-Bahnhof Mariendorf** den Zug und begaben sich zu Fuß durch den **Steglitzer Damm** in Richtung Grabertstraße. „Antenne" und sein Begleiter betraten für ca. 3 Minuten das Tabakwaren/Zeitschriftengeschäft **Steglitzer Damm 97/99**, wobei nicht festgestellt werden konnte, welche Einkäufe getätigt wurden. Nach Verlassen dieses Geschäftes gingen beide Personen auf direktem Wege zum Wohnhaus

Grabertstr. 10, welches sie gegen 9.10 Uhr betraten. Durch den Begleiter von „Antenne" wurde die Haustür des o. g. Wohnhauses aufgeschlossen ..." **(27)**

UNTER DEN LINDEN 8: Abhörstützpunkte der Stasi zur Überwachung des Telefonverkehrs befinden sich in den 80er Jahren nicht nur in den Fernmeldeämtern wie z. B. in der **Dottisstraße 12–16,** sondern auch in unauffälligen Gebäuden wie denen der **Staatsbibliothek Unter den Linden.** Damit sie nicht von außen einsehbar sind, werden die Fenster mit Rollos verdunkelt.

STRASSE DER BEFREIUNG 60: Zum 40. Jahrestag der DDR will die Berliner Bezirksverwaltung der Stasi um jeden Preis „Provokationen" verhindern. Sie weiß, wie es überall im Lande gärt, und setzt deshalb auf ihr bewährtes Spitzelsystem nach innen und ihre Grenzwächter nach außen. In einem Dokument vom 3. Oktober 1989 wird angewiesen: „Gezielte Kontrolle bekannter feindlich-negativer Kräfte, um bei geringsten Hinweisen auf geplantes Wirksamwerden diese konsequent zu blockieren bzw. zuzuführen, bei entsprechenden Personen aus den Bezirken möglichst Anreise in Hauptstadt verhindern. Durchführung umfassender Reisesperrmaßnahmen und Sonderfahndungen, um Einreise von Personen von Westberlin aus, von denen Gefahren ausgehen könnten, zu unterbinden." **(28)**

TEUFELSBERG: Der Fall der Mauer und damit das Ende des Kalten Krieges kommt für die Lauscher auf dem Teufelsberg überraschend, denn die Pläne für den weiteren Ausbau der „Field Station Berlin" liegen schon in der Schublade. Bis 1995 sollen jährlich zwischen 12 und 60 Millionen Dollar in die Anlagen fließen.

Nun braucht das niemand mehr. Im August 1992 werden die elektronischen Ausrüstungen abgebaut. Das Areal auf dem Teufelsberg geht an die Berliner Landesentwicklungsgesellschaft. Nach etlichen gescheiterten Plänen ist bis heute noch nicht klar, was aus dem Gelände einmal werden soll.

Erst 1992 wird bekannt, dass auch die Bundesrepublik an der Finanzierung der Abhöranlagen auf dem Teufelsberg beteiligt war. Bis dahin hatte sie dort etwa 300 Millionen Mark investiert. **(29)**

13. KAPITEL

LIEBE, SEX UND LEIDENSCHAFT
UND DIE FRONTSTADT IM FILM

In einer Millionen-Stadt wie Berlin sind zu jeder Minute des Tages ein paar Leute mit nichts anderem, als der Liebe beschäftigt. Und wie überall auf der Welt dürfte manches davon eigentlich gar nicht stattfinden. Irgendwo wartet nämlich eine Ehefrau, die Vernunft bleibt beim Seitensprung auf der Strecke oder die vermeintliche Liebe ist nur gegen die Peinlichkeit der Bezahlung zu haben.

Doch in Berlin kommt noch etwas dazu. In einer Stadt, die so von Geheimdienstlern aller Couleur wimmelt, ist die Liebe oft auch Ausgangspunkt von Abhängigkeit und Erpressung. Sie macht verletzlich und angreifbar. Das wird erbarmungslos genutzt. Wie das geschieht, müssen manche am eigenen Leib erfahren, anderen reicht eine Besichtigung im Kino.

FISCHERSTRASSE 38: Die Berliner „Dirnenkartei" hat den Krieg unbeschadet überstanden. Sie umfasst etwa 16 000 Einträge und bietet dem Hauptgesundheitsamt in der **Fischerstraße, Berlin** C 2, wichtige Ansatzpunkte im Kampf gegen die sich explosionsartig verbreitenden Geschlechtskrankheiten. Die gesetzliche Grundlage dazu schafft die Sowjetische Militäradministration (SMAD) mit Befehl Nummer 25 vom 7. August 1945 „Über die Maßnahmen zur Bekämpfung der Geschlechtskrankheiten in der Sowjetischen Besatzungszone Deutschlands".

Doch die Geschlechtskrankheiten grassieren nicht nur wegen der lockeren Sitten nach dem Krieg. Vergewaltigungen durch die Besatzer sind an der Tagesordnung. Die Militäradministration versucht manchmal, sie zu verhindern. Dennoch gibt es keinerlei Rechtssicherheit für die missbrauchten Frauen. Übergriffe – wenn auch in wesentlich geringerem Umfang – finden nicht nur durch die sowjetischen, sondern auch durch die anderen Besatzungstruppen statt.

Und dann ist da noch etwas: Die alte Volksweisheit, nach der Liebe durch den Magen geht, bekommt für die Nachkriegsprostitution im hungernden Berlin eine völlig neue Bedeutung. In der geteilten Stadt verwischen sich manchmal die Grenzen zwischen Vergewaltigung und Elends-Prostitution.

ZWIESELER STRASSE 4/ECKE RHEINSTEINSTRASSE: Die Sowjetische SMAD vergibt am 12. Mai 1946 die Lizenz an die Deutsche Filmgesellschaft AG (DEFA).

Als erster Film der DEFA wird am 15. Oktober 1946 im Admiralspalast in der **Friedrichstraße** „Die Mörder sind unter uns" aufgeführt. Wolfgang Staudte (1906–1984) plädiert mit seinem Film gegen Vergeltung der Nazi-Verbrechen als Privatsache und für die Aburteilung von Kriegsverbrechern vor einem Gericht.

Mit „Ehe im Schatten" von Kurt Maetzig, Jahrgang 1911, hat am 3. Oktober 1947 erstmals ein Film in allen vier Sektoren Berlins gleichzeitig Premiere. Er erzählt die Geschichte einer „Mischehe" während der Nazi-Zeit, die mit dem Freitod des „arischen" Mannes und seiner jüdischen Frau endet.

Als wenig später der Kalte Krieg die Filmthemen in Ost und West bestimmt, bleibt die Verbreitung der Werke im Gebiet des jeweiligen Gegners aus. Dafür sorgen auf beiden Seiten staatliche Institutionen.

Im Osten untersteht die DEFA mit dem „Progress Film-Vertrieb" (Inland) und dem „VEB DEFA-Außenhandel" zunächst der Volksbildung, später dann der Hauptverwaltung Film im Ministerium für Kultur. Im Westen nimmt der „Interministerielle Prüfungsausschuss für Ost/West-Filmfragen" die Rolle des Zensors beim Filmexport in den Osten wahr.

FLUGHAFEN TEMPELHOF: Von Hollywood kommend, trifft am 15. Juni 1949 Hildegard Knef (1925–2002) in Berlin ein. Sie soll in dem amerikanischen Film „A Quarter City" ein deutsches „Fräulein" spielen.

FISCHERSTRASSE 38: Während des Deutschlandtreffens vom 1. bis 30. Mai 1950 herrscht beim Hauptgesundheitsamt Ausnahmezustand. Die Zentralstelle zur Bekämpfung von Geschlechtskrankheiten ordnet für registrierte Personen mit „häufig wechselndem Geschlechtsverkehr" zweimal wöchentlich eine Kontrolluntersuchung an. Zu normalen Zeiten reichen alle acht Tage.

Wer nicht erscheint, ist durch den Paragraphen 327 des Strafgesetzbuches „Verletzung von Absperrungsmaßregeln" mit Gefängnis bis zu zwei Jahren oder Geldstrafe bedroht. Wird jemand angesteckt, tritt eine Gefängnisstrafe von drei Monaten bis zu drei Jahren ein. **(1)**

BRANDENBURGER TOR: UFA-Star Henny Porten (1890–1960) will Anfang der 50er Jahre bei der DEFA drehen, weil sie im Westen niemand besetzt. Das erfreut den Osten und so bekommt sie sogar eine Sondergenehmigung, um das **Brandenburger Tor** mit dem Auto von West nach Ost passieren zu dürfen.

Der Passierschein ist dummerweise für den 17. Juni 1953 ausgestellt. Angesichts der aufgebrachten Menschen und der sowjetischen Panzer hat der West-Berliner Taxifahrer Angst, ans Tor zu fahren. So marschiert Henny Porten schließlich zu Fuß in den Osten.

Bei der DEFA dreht sie dann „Carola Lamberti – Eine vom Zirkus". Die Premiere wird am 9. Dezember 1954 im „Babylon" gefeiert.

PAROCHIALSTRASSE 1–3: Wutentbrannt berichtet der „Org-Instrukteur" der „Gesellschaft für Deutsch-Sowjetische Freundschaft 1952 seinem Arnstädter Kreissekretär von seiner Dienstreise nach Berlin. Ein Skandal: Prostituierte haben ihn belästigt! Am 15. Dezember setzt sich der Kreissekretär hin und schreibt einen geharnischten Brief an den Magistrat von Groß-Berlin:
„Ein äußerst unangenehmes Erlebnis unseres Org.-Instrukteurs, das er bei seinem letzten Besuch in Berlin hatte, gibt uns Veranlassung zu einigen kritischen Feststellungen ... Auf dem Weg zum Hotel wurde er ... von ,Straßenmädchen' in einer Art und Weise angesprochen, dass Zweifel aufkommen musste, ob man sich tatsächlich im demokratischen Sektor Berlins befand. Es wurden Ausdrücke gebraucht, die unmöglich zu wiederholen sind, die aber eine Verkommenheit und Schamlosigkeit offenbaren, die wohl kaum zu übertreffen ist .... Bedenken Sie bitte, welchen Eindruck jeder Besucher unserer Hauptstadt mitnehmen muss, den derartige Gier belästigt!" **(2)**

NORDMARKSTRASSE (AB 1982 FRÖBELSTRASSE): Metallgitter vor den Fenstern und Türen ohne Klinke sind die Besonderheit dieses Krankenhauses im **Prenzlauer Berg.** Hier werden in den 50er Jahren zwangsweise „hwG-Personen" („häufig wechselnder Geschlechtsverkehr") eingewiesen, die unter einer Geschlechtskrankheit leiden. Das begründen die Ost-Berliner Behörden so: „Diese Maßnahme ist notwendig, um eine sichere Isolation von der Außenwelt zu gewährleisten und nicht die Möglichkeit bestehen zu lassen, dass während der Behandlung weiterer Geschlechtsverkehr ausgeübt wird. Die Versuchung dazu ist für die hwG und Prostitution treibenden Personen zu groß, da es die einzige Verdienstmöglichkeit für den Lebensunterhalt ist." **(3)**

SCHORLEMMER ALLEE 12 B: Wie viele Künstler wohnt Regisseur Wolfgang Staudte Anfang der 50er Jahre im Westen und arbeitet im Osten.
Dort, bei der DEFA in **Babelsberg,** hat er gerade den Film „Der Untertan" nach dem Roman von Heinrich Mann (1871–1950) gedreht. Am 31. August 1951 ist im „Babylon" am **Rosa-Luxemburg-Platz** und im „DEFA-Filmtheater Kastanienallee" feierliche Premiere.
Im Westen kommt der Film derweil gar nicht gut an. „Der Spiegel" schreibt am 12. Dezember 1951: „,Der Untertan' ist ein Paradebeispiel ostzonaler Filmpolitik: Man lässt einen politischen Kindskopf, wie den verwirrten Pazifisten Staudte, einen scheinbar unpolitischen Film drehen, der aber geeignet ist, in der westlichen Welt Stimmung gegen Deutschland und damit gegen die Aufrüstung der Bundesrepublik zu machen. Der Film lässt vollständig außer acht, dass es in der ganzen preußischen Geschichte keinen Untertan gegeben hat, der so unfrei gewesen wäre wie die volkseigenen Menschen unter Stalins Gesinnungspolizei es samt und sonders sind."

„Der Untertan" kommt erst am 8. März 1957 – Wolfgang Staudte wohnt inzwischen immer noch in **Berlin-Dahlem**, jetzt aber in der **Pacelli-Allee 31** – in die westdeutschen Kinos. Vorher wird er um zwölf Minuten gekürzt.

Der Kalte Krieg funktioniert aber auch in umgekehrter Richtung.

Als Wolfgang Staudte im Westen Gerhard Hauptmanns (1862–1946) „Rose Bernd" in einer modernen Form verfilmt, ist die Kritik aus dem Osten vernichtend.

Das Schimpfwort-Reservoir reicht von „Europäertum" und „Kosmopolitismus" bis zu „politischer Demagogie" und „amerikanischem Lebensstil".

Der Film darf in der DDR nicht gezeigt werden, denn angeblich enthält er „in der Gesamtkonzeption nicht zu übersehende Propaganda gegen den Ostern". **(4)**

ZEHLENDORF: Rund um die **Bogotastraße** gibt es in den 50er Jahr eine Menge konspirativer Villen. Hier unterhalten die Amerikaner ihr „sicheren Quartiere", in anderen Häusern finden Treffs statt oder sie dienen als Anlaufstellen des „Untersuchungsausschuss freiheitlicher Juristen" (UfJ) oder der „Kampfgruppe gegen Unmenschlichkeit" (KgU). Um die Tätigkeit dieser Einrichtungen zu stören, lässt die Stasi Ende der 50er Jahre bei den Nachbarn Flugblätter verteilen. Darin steht, in den Häusern befänden sich getarnte Bordelle.

MULACKSTRASSE: Das Scheunenviertel ist die traditionelle Berliner Rotlichtmeile. Anfang der 50er Jahre werden hier und anderswo viele Kneipen, die für käufliche Damengesellschaft bekannt sind, geschlossen und enteignet.

Für die „Mulackritze" kommt das Aus 1951. Charlotte von Mahlsdorf (1928–2002), Berlins bekanntester Transvestit, rettet die Einrichtung und macht sie später zum Grundstock ihres Jugendstil-Museums in **Mahlsdorf**.

RAUCHFANGSWERDER: Als die Außenminister der vier Siegermächte im Januar 1954 in Berlin tagen, wittert die Stasi ihre Chance, aus dem internationalen Tross Agenten anwerben zu können. Ein eigens angereister KGB-Offizier erklärt den noch unerfahrenen Ost-Geheimdienstlern, dass man dazu unbedingt eine „malina" brauche. Das heißt „Himbeere", doch Markus Wolf, damals 31 und in Moskau aufgewachsen, kennt den Ganovenjargon. Darin ist die „malina" ein Puff.

Im idyllischen Rauchfangswerder wird ein geeignetes Haus gefunden. Markus Wolf erinnert sich: „Unten das Wohnzimmer mit Seeblick und einer von uns installierten Abhörvorrichtung, oben unter der Dachschräge ein winziges Schlafzimmer mit in die Deckenbeleuchtung eingebautem Fotoapparat samt Blitzlicht hinter infraroten Scheiben. Der Bedauernswerte, der diese Apparate bediente, musste sich in ein enges Verlies von einem Wandschrank zwängen und konnte sich erst bewegen, wenn Dame und Begleiter das Schlafzimmer verlassen hatten." Dann wurden Prostituierte engagiert, Pornofilme besorgt und Aphrodisiaka für die Drinks beschafft.

Allerdings bleiben alle Bemühungen ohne großen Erfolg; Die „malina"-Betreiber sind meist betrunkener als die Gäste oder von den Pornos so angetan, dass den Westlern, die das alles schon mal gesehen haben, die Lust vergeht. **(5)**

ELSASSER STRASSE: Wie alle Vergnügungslokale Ost-Berlins leidet das „Hamburg Ahoi" in der **Elsasser Straße** Anfang der 50er Jahre unter einem Phänomen, das es nur in Ost-Berlin gibt: Das Durchschnittsalter der Prostituierten steigt rapide. Die jungen Huren wandern nach West-Berlin ab, Kinderprostitution von Mädchen ab 15 ist in jenen Jahren an der Tagesordnung.

In Berlin teilt sich die Szene. Am **Kurfürstendamm** und rund um die **Tauentzienstraße** setzen sich die amerikanischen Vergnügungsformen durch. Striptease-Bars entstehen, die „Callgirls" machen dem Straßenstrich Konkurrenz.

In Ost-Berlin bleibt es beim Vorkriegsstandard mit schummrigen Tanzlokalen und abgeteilten Kontaktnischen.

HARDENBERGSTRASSE 29A: Am 28. Mai 1957 feiert der „Zoo-Palast" glanzvolle Eröffnung. Doch selbst dort gezeigte weltberühmte Filme bleiben vom Propagandahauch des Kalten Krieges nicht verschont.

So wird z. B. in Alfred Hitchcocks „Notorius" der Hinweis auf in Südamerika untergetauchte Nazis getilgt. In Michael Curtiz' Film „Casablanca" fehlt die Anspielung auf die Machenschaften der Gestapo.

Möglich macht solche Akzentverschiebung die inzwischen gängige Praxis der Synchronisation ausländischer Filme. In beiden Fällen bleiben so schließlich unpolitische Krimis übrig.

KRONENSTRASSE 73–74: Seit 1954 versorgt „Das Magazin" jeden Monat Ost-Berlin und die DDR mit einer züchtigen Nackten. Das Kollektiv um Chefredakteurin Hilde Eisler (1912–2000) ist sich sicher, dass bei solcher Erziehung zur Natürlichkeit auch die Prostitution in der DDR bald ausgestorben sein wird und verkündet 1958: „Heute gibt es bei uns in der Deutschen Demokratischen Republik nur noch wenige käufliche Mädchen mit wechselnder Kundschaft, und auch die ‚ehrbare' Form, sich für ein ganzes Leben an einen ungeliebten Mann zu verkaufen, ist zur großen Ausnahme geworden. Das liegt an der wachsenden wirtschaftlichen, politischen und rechtlichen Gleichberechtigung der Frau." **(6)**

HARDENBERGSTRASSE 29A: Der einzige Film, der den Kalten Krieg in Berlin ohne den Bierernst der Ideologen auf beiden Seiten darstellt, läuft 1961 im Filmpalast am Zoo. Er heißt „Eins, zwei, drei" und ist von Hollywood-Star Billy Wilder.

Nebenbei: Billy Wilder hatte Mario Adorf, Jahrgang 1930, eine kleine Rolle in dem Film angeboten. Er sollte einen wodkaseligen Russen spielen. Das war dem Star zu wenig – über seine Ablehnung ärgert er sich bis heute.

AM MARX-ENGELS-PLATZ: Wenn in der DDR etwas gedruckt werden soll, geht das nur mit dem Segen der SED. Der SED-eigene Betrieb „Zentrale Druk-kerei-, Einkaufs- und Revisionsgesellschaft" (ZENTRAG) besaß 90 Prozent der Druckkapazitäten. Ihr unterstanden mehr als 90 Druckereien, Verlage und Vertriebsorgane. Anfang der 60er Jahre kam man auf die Idee, dieses Potential für die „Erwirtschaftung" von Devisen zu nutzen. So wurden klammheimlich plüschige Aktbilder gedruckt und im Westen verkauft.
Als das die Schriftstellerin Inge von Wangenheim 1980 in ihrem Buch „Die Entgleisung" zwischen den Zeilen verrät, ist der Ärger groß.

KARL-MARX-ALLEE 131A: Knallhart geht's am 29. November 1962 im Film-Theater „Kosmos" zu. „Der Kinnhaken" hat Premiere. Es ist die einzige Drehbucharbeit Manfred Krugs, damals 35, der natürlich auch die Hauptrolle spielt. Inhalt: Kampfgrüppler Georg bewacht tapfer den antifaschistischen Schutzwall, als Carolin ihm schöne Augen macht. Sie will aber nur, dass er sie rüber nach West-Berlin lässt, wo sie in einer Bar arbeitet. Georg bleibt bei seinem Einsatz für den Sozialismus jedoch unerbittlich und als schließlich Zuhälter Bubi als Schatten der Vergangenheit auftaucht, erledigt er ihn mit dem Titel-Kinnhaken. So einfach kann es mit der Mauer sein und die Ost-„Berliner Zeitung" jubelt am 4. Dezember 1962: „Ein Kinnhaken ... ist jener Schlag, den unser Staat am 13. August 1961 den Möchtegern-Kriegern in Westberlin und Bonn und ihrem Anhang versetzte ... Getragen wird der Film aber in erster Linie von Manfred Krug, der die Idee zum ‚Kinnhaken' hatte ... "
Nebenbei: Den echten 13. August verbringt Manfred Krug mit einem Besuch im Westen. Er kehrt aber nach Ost-Berlin zurück, um seine dort gerade begonnene Karriere fortzusetzen. Sie dauert noch bis 1976 (SIEHE KAP. 12, BORNHOLMER STRASSE).

MAHLSDORF: Im Gutshaus eröffnet Charlotte von Mahlsdorf (1928-2002), die eigentlich Lothar Berfelde heißt, ohne den Segen der Ost-Berliner Behörden ein privates Gründerzeitmuseum. Sie versuchen, die bedeutende Sammlung des gelernten Konservators zu zerschlagen, doch Charlotte von Mahlsdorf wehrt sich 1974 trickreich durch eine Verschenkaktion an Museumsbesucher, um der Enteignung zuvor zu kommen. Der Preis: 1971 bis 1976 führt sie die Stasi als IM „Park".
In den 80er Jahren baut Charlotte von Mahlsdorf die Sammlung neu auf. Das Gutshaus wird zu einem Treffpunkt für schwule und lesbische Gruppen.

1997 kauft die Stadt Berlin das Gründerzeitmuseum, das seither von einem Förderverein fortgeführt wird. Charlotte von Mahlsdorf wandert nach Schweden aus. In der Villa Hamilton zu **Porla** beschäftigt sie sich bis zu ihrem Tod am 30. April 2002 mit der Einrichtung eines neuen Jahrhundertwende-Museums.

KLEINMACHNOW: Horst Liebig dient von 1950 bis 1982 an der Demarkationslinie zwischen Kleinmachnow und **Zehlendorf**. Immer wieder erlebt er, wie die Amerikaner die ostdeutschen Grenzwächter provozieren: „Oft fuhren US-Militärfahrzeuge mit aufmontiertem schweren Maschinengewehr in voller Fahrt auf uns zu und stoppten mit quietschenden Bremsen erst kurz vor der Grenzlinie. Die ‚GI' hatten Stahlhelme auf, mitunter rußgeschwärzte Gesichter und richteten ihre Waffen drohend auf uns." **(7)**
Nach dem Mauerbau wird subtiler „provoziert". In Kleinmachnow und an anderen dunklen Ecken der Grenze locken die GI's mit bunten Bildern halbnackter Mädchen. Manchmal erscheint auch eine Dame persönlich und präsentiert, was sie so unter dem Pullover hat.

BERNAUER STRASSE: Den berühmtesten Mauertoten der Welt gibt es gar nicht. Er heißt Alec Leamas und ist der „Spion der aus der Kälte kam". Der Thriller-Autor (und ehemalige britische Geheimdienstler) John le Carré hat ihn erfunden.
Als Alec Anfang der sechziger Jahre nördlich der Bernauer Straße über die Mauer klettert, wird er hinterrücks erschossen – glaubt man zumindest dem erfolgreichen Buch nebst Film.

KAISER-FRIEDRICHSTRASSE 54A: Am **Stuttgarter Platz** bezieht im Mai 1967 die „Kommune I" ihr Quartier (SIEHE KAP. 5, FRIEDENAU). Dieter Kunzelmann, Volker Gebbert, Dagmar Seehuber, Hans-Joachim Harmeister, Dorothea Richter und Dagrun und Ulrich Enzensberger wollen den braven Bürgern zeigen, was es mit der von den protestierenden Studenten geforderten „freien Liebe" auf sich hat. Später kommen noch Rainer Langhans und Uschi Obermeyer dazu.
Der kollektive Beischlaf wird zelebriert, „Wer zweimal mit derselben pennt, gehört schon zum Establishment" heißt die Parole. Uschi Obermeyer macht Karriere als Top-Model und kassiert sagenhafte Tagesgagen von 1 000 Mark. Brave Bürgern genießen als Voyeure wohliges Gruseln, die aufmüpfigen Studenten feiern die sexuelle Befreiung und alles scheint hochpolitisch.
Doch irgendwann holt der ganz normale Alltag die Kommunarden wieder ein. Rainer Langhans will Uschi Obermeyer nicht mehr mit den anderen teilen und Dieter Kunzelmann klagt: „Was geht mich der Vietnam-Krieg an, wenn ich Schwierigkeiten mit meinem Orgasmus habe." **(8)**

KEIBELSTRASSE: Vom 28. Juli bis zum 5. August 1973 finden in Ost-Berlin die „X. Weltfestspiele der Jugend und Studenten" statt. Deshalb soll die Stadt „sauber" sein. Das Präsidium der Volkspolizei berichtet dazu am 23. Juni 1973, dass vom 1. Mai bis 15. Juni 775 Ermittlungsverfahren eingeleitet wurden, „darunter befinden sich 439 rückfällige Asoziale, die amnestiert worden waren, und 52 Prostituierte." **(9)**

BEKASSINENWEG: Ihre Vergangenheit möchte Monika K. am liebsten vergessen. Deshalb ist sie gleich nach dem Mauerfall in den Westen, nach **Heiligensee**, gezogen. Dort ahnt niemand, dass die unscheinbare Hausfrau frührer einmal die „flotte Moni" von der Stasi war. In **Chemnitz**, das damals Karl-Marx-Stadt hieß, geriet sie den Geheimdienstlern ins Netz. Am 9. Oktober 1973 notiert ein Stasi-Mitarbeiter: „Monika (Zuname nicht bekannt), 22, 1,75, schlank, sehr gute Figur, stets gut gekleidet, HWG-Person, wh: Karl-Marx-Stadt."

Der „häufig wechselnde Geschlechtsverkehr" macht die Metall-Facharbeiterin aus dem Werkzeugmaschinenkombinates „Fritz Heckert" für die Stasi interessant. Sie erpresst die leichtlebige Frau, zur Mitarbeit. So wird die „flotte Moni" 1974 zu IM „Petra Meyer". Ihr Führungsoffizier „Aßmus" gliedert sie in das Heer der Messe-Huren ein. Ist in **Leipzig** nichts zu tun, wird in Berlin, oder auch mal im „Neptun" in **Warnemünde** gearbeitet. Die westlichen Geschäftsleute sollen sich in der DDR wie zu Hause fühlen und die Stasi ist immer dabei. Die Lauscher vom Geheimdienst interessieren sich für die Bett-Gespräche und schießen kompromittierende Beischlaffotos. Die Männer werden so erpressbar gemacht. **(10)**

LINIENSTRASSE / ORANIENBURGER TOR: Der Kiez am alten Scheunenviertel ist Ost-Berlins heimliche Rotlichtmeile. Es gibt Kneipen, eine „Klappe" und sogar einen bescheidenen Straßenstrich. Mitte der 70er Jahre registriert die VP dort rund 100 junge Frauen mit „häufig wechselndem Geschlechtsverkehr".

Das möchte die Stasi für die Werbung inoffizieller Mitarbeiter nutzen. Stasi-Oberstleutnant Klaus Roßberg erinnert sich: „Sowohl die Polizei als auch das MfS hatten unter ihnen ihre Informanten."

Die berichten eines Tages von Pfarrer Horst K., der dort aufgefallen sei. Stasi-Major Harry Otto versucht, ihn damit auf der VP-Dienststelle zu erpressen. Doch der Gottesmann bleibt hart: „Bevor ich mich mit Ihnen einlasse, beichte ich lieber meinem Bischof. Ich werde dort Vergebung finden." Die Stasi versucht es danach nicht noch einmal. **(11)**

ESPLANADE 21: 1974 engagiert der Schweizer Botschafter in der DDR Peter Gross als Koch. Der 26-jährige Schweizer kennt die Welt, doch Ost-Berlin ist für ihn ein ganz besonderer Ort. Mit der Diplomatennummer CY 33–10 an seinem

Mini Cooper gibt es für ihn keine Mauer und durch den Schwarzumtausch hat er im Osten die Taschen voller Geld.

Im Café Nord an der **Schönhauser** ist Peter Gross der Hahn im Korb – bis er Christa Feurich kennenlernt. Er erzählt der Pharma-Ingenieurin aus dem Klinikum **Buch** vom bunten Westen. Und er bietet an, ihr die Glitzerwelt zu zeigen. Im Oktober 1974 legt sich Christa Feurich in den Kofferraum des Mini. Die beiden fahren auf den **Ku'damm** und wieder zurück nach Ost-Berlin. Alles geht gut. Doch die Sache bleibt nicht geheim.

Peter Gross prahlt mit seinem ganz persönlichen Loch in der Mauer. Die Stasi nimmt ihn in ihrer Operation „Schleuse" ins Visier. Am 30. Dezember 1974 notiert ein Major Spaltenholz: „Die Zielstellung der Bearbeitung des Gross bleibt ein Nachweis seiner Schleusertätigkeit auf frischer Tat."

Der gelingt am 1. Februar 1975. Am Grenzübergang **Bornholmer Straße** wird Peter Gross verhaftet und Christa Feurich aus dem Kofferraum gezogen. Das Stadtbezirksgericht **Lichtenberg** verurteilt den Schweizer zu fünf Jahren Haft. Seine Freundin bekommt in **Dresden** viereinhalb Jahre.

Die hohen Strafen haben ihren Grund: 1975 stehen in **Lausanne** zwei ertappte Spione des Nachrichtendienstes der NVA (SIEHE KAP. 4, OBERSPREESTRASSE 61–63) vor Gericht. Als „Hans und Ursula Kälin" haben sie in der Schweiz spioniert. Mit Peter Gross will sich die DDR ein Faustpfand schaffen, um die beiden frei zu bekommen. Das dauert bis zum 12. Mai 1978. In dem Moment, als das Agentenpärchen in **Zürich** in eine CSA-Maschine nach **Prag** steigt, gehen auch für Peter Gross und Christa Feurich die Gefängnistore in **Bautzen** auf.

In der Schweiz heiraten die beiden und machen eine Gaststätte auf. Über ihr Schicksal wird der Film „Einmal Ku'damm und zurück" gedreht. **(12)**

BAHNHOF ZOO: Ost-Berlin ist in der Zwickmühle: Die Deutsche Reichsbahn ist für den Bahnhof Zoo wie für alle Bahnanlagen in West-Berlin zuständig. Als sich dort in den 70er Jahren die Drogenszene und Prostitution konzentriert, steht sie dem hilflos gegenüber. Die Transportpolizei Ost sieht meist über die jugendlichen Fixer hinweg und ist froh, wenn sich die ganze Gesellschaft gegen Abend rings um den **U-Bahnhof Kurfürstenstraße** verzieht. Doch am nächsten Morgen sind alle wieder da.

RATHAUS SCHÖNEBERG: Bevor 1976 in West-Berlin das erste Frauenhaus gegründet wird, haben Aussteigerinnen aus der florierenden Prostitution kaum eine Chance. Der Senat unterstützt das Projekt, die Adresse wird streng geheim gehalten, soll doch das Frauenhaus mißhandelten und von Gewalt bedrohten Frauen einen sicheren Unterschlupf bieten. 1979 folgt eine zweite Einrichtung. Heute kämpfen die Berliner Frauenhäuser ums Überleben, weil es keine Subventionen mehr gibt.

JAQUES-DUCLOS-STRASSE: Im Standesamt des **Rathauses Lichtenberg** heiratet am 26. Mai 1976 Dagmar Kahlig-Scheffler aus Bonn den DDR-Bürger Herbert Richter, ihre Urlaubsliebe vom Schwarzen Meer. Für ihn spioniert die Sekretärin als „Inge" in der Abteilung „Auswärtige und innerdeutsche Beziehungen" des Bundeskanzleramtes. Deshalb muss die Hochzeit im kleinen Kreis der Hauptverwaltung Aufklärung der Stasi gefeiert werden. Die Genossen schenken Meißner Porzellan und eine Brecht-Ausgabe. Von Markus Wolf gibt es überdies noch eine besondere Überraschung: „Was sie nicht wussten, war, dass die Seite im Heiratsregister mit ihrem Eintrag nach der Veranstaltung entfernt und vernichtet wurde." **(13)** Erst als Dagmar Kahlig-Scheffler am 4. Mai 1977 verhaftet und später zu viereinhalb Jahren Haft verurteilt wird, erfährt sie, dass ihre Ehe mit Herbert Richter, der in Wirklichkeit Schröter heißt, null und nichtig ist. Die betrogene Frau bricht zusammen und ist wochenlang schwer krank.

FRIEDRICHSTRASSE 150–153: Als 1977 das „Metropol" als erstes reines Devisen-Hotel in Ost-Berlin eröffnet, vermissen die West-Gäste das Angebot sexueller Dienstleistungen. Wolfgang Dorow, 1977 bis 1988 Nachtbar-Chef, erinnert sich: „Da wir die Gäste mit dem üblichen Service allein nicht hätten halten können, haben wir zielgerichtet weibliche Bekannte angesprochen, sie sollten doch mal vorbeikommen. Am Anfang mussten wir als Lockmittel sogar den ersten Drink spendieren, denn die acht oder zehn Mark hätten die Frauen damals lieber in Strumpfhosen als in ungewisse Barbekanntschaften investiert." **(14)**

SCHÖNHAUSER ALLEE 56: Der Kurs von mindestens 1 zu 5 macht Ost-Berlin bis zum Mauerfall zu einem Eldorado für Vergnügungssüchtige aus West-Berlin und deren Gäste. Nach einigen „Rotkäppchen"-Sekt für umgerechnet 40 West-Pfennige in der **„Lolott-Nachttanzbar"** verschwindet mancher West-Tourist bis zum Ablauf des Tagesvisums mit einem Ost-Mädchen in einer der leerstehenden Abriss-Wohnungen ringsum. Das Honorar dieser speziellen Berliner Form der „Hausfrauen-Prostitution" gab's meist in Naturalien: Ein Paar Strumpfhosen, ein Pfund Kaffee oder eine Dose „Creme 21" genügten. Prostitution gegen „Geschenke" ist keine Domäne der Frauen. Obwohl Homosexualität bis Ende der 60er Jahre noch als „widernatürliche Unzucht" unter Strafe steht, lassen sich in Läden wie der **„Böse-Buben-Bar"** in der **Prenzlauer Allee 43** auch männliche Ost-West-Pärchen beobachten.

BAHNHOF ZOO: Die „Stern"-Reporter Kai Hermann und Horst Riecke wollen 1978 mit der damals 15-jährigen Christiane F. eigentlich nur ein zweistündiges Intervierw führen. Daraus wird eine ein Jahr währende Zusammenarbeit, denn

Christiane F. berichtet mit schonungsloser Offenheit über ihr Leben als Drogensüchtige am Bahnhof Zoo.

Aus den Recherchen entsteht das Buch „Wir Kinder vom Bahnhof Zoo". Erstmals erschüttert das Drogenproblem und das damit verbundene Elend der Beschaffungsprostitution die Öffentlichkeit. 1981 wird das Buch verfilmt.

Christiane F. verbringt einige turbulente Jahre in den USA und lebt heute wieder mit ihrem Sohn Jan-Niklas in Berlin.

KOCHSTRASSE 50: Ost-Berliner Zeitungen werden im Westen aufmerksam durchforstet, denn auch dort weiß man, dass vieles zwischen den Zeilen steht. Am 2. Oktober 1979 beschert die emsige Suche der „BZ" eine kleine Geschichte: „Ost-Berlin gibt zu: Bei uns gibt es Dirnen und Zuhälter". Die Zeitungsauswerter hatten einen Gerichtsreport im „Morgen" gelesen und berichten nun: „Ein 34-jähriger Klempner wurde von einem Ost-Berliner Gericht zu 33 Monaten Gefängnis ohne Bewährung verurteilt sowie zu einem fünfjährigen Berlin-Verbot nach dem Strafvollzug. Zu welcher Strafe die Gunstgewerblerin verurteilt wurde, wird verschwiegen. Noch im vergangenen Jahr nannte das SED-Zentralorgan „Neues Deutschland" die Prostitution in der „DDR" eine „Erfindung der West-Presse".

NORMANNENSTRASSE 22: Für ihre Prostituierten übernimmt die Stasi auch die traditionellen Aufgaben der Zuhälter. Das enthüllen ihre Aktenvermerke.

So beschwert sich 1979 die Informantin „Schöbel" über den Westdeutschen Dr. S., der an der Valuta-Bar im Ost-Berliner Hotel „Metropol" zwar ständig die Mädchen begrabsche, für deren Liebesdienste aber statt der geforderten 100 nur 50 West-Mark zahlen wolle. Die Stasi sorgt dafür, dass solche „Übergriffe" unterbleiben.

Auch um die Leistungsfähigkeit ihrer horizontalen Mitarbeiterinnen kümmern sich die Männer aus der Normannenstraße. Als Barfrau Ute St. alias IM „Vera" im Interhotel „Neptun" in **Warnemünde** etwas müde wird, setzen sie extra einen geheimen „Tester" in Marsch. Er berichtet den Genossen, dass „Vera" zwar „etwas schlaffe Brüste" habe, aber „es ihr im Bett nicht oft und jeweils lange genug sein kann" und sie „sehr masochistisch-ausdauernd" sei. **(15)**

KÖPENICKERSTRASSE 187/188: In den 70er Jahren kämpfen überall in West-Europa Prostituierte um ihre Rechte. Sie wollen ihre Tätigkeit als Beruf anerkannt wissen und wenigstens ein Minimum an sozialer Sicherheit erlangen. Diese Aufbruchstimmung schwappt bis nach West-Berlin. 1982 entsteht dort der Selbsthilfeverein „Hydra e. V.". Ab 1985 wird er vom Senat subventioniert, was die Einrichtung einer Beratungsstelle in **Kreuzberg** ermöglicht. Engagierte Frauen, oft selbst mit Erfahrungen als Prostituierte, stehen ihren Kolleginnen vom Straßenstrich mit Rat und Tat zur Seite.

LIEBKNECHTSTRASSE/ECKE SPANDAUER STRASSE: In den DDR-Hotels blüht die Doppelmoral. Wenn eine Prostituierte im „Palast-Hotel" mit dem Freier aufs Zimmer geht, muss sie sich bei der Rezeption an- und gleichzeitig wieder abmelden. Der Kunde zahlt 60 DM „Aufbettungsgeld".
Paragraph 249 des DDR-Strafgesetzbuches vom 12. Januar 1968, „Beeinträchtigung der öffentlichen Ordnung und Sicherheit durch asoziales Verhalten" legt im Absatz **(2)** hingegen fest: „Ebenso wird bestraft, wer der Prostitution nachgeht oder in sonstiger Weise die öffentliche Ordnung und Sicherheit durch eine asoziale Lebensweise beeinträchtigt."

LUISENSTRASSE: Der Dermatologe Prof. Nils Sönnichsen von der Ost-Berliner Charite ist der führende AIDS-Spezialist der DDR. Er meint, dass die strikte Überwachung der Geschlechtskrankheiten in der DDR die Ausbreitung des AIDS-Virus im Osten bis zum Mauerfall verhindert habe. Trotz eines anzunehmenden Sex-Tourismus von West- nach Ost-Berlin, insbesondere von Schwulen, waren 1989 in der DDR nur vier AIDS-Fälle registriert.
Inzwischen kommen im Ostteil Berlins auf eine Million Einwohner 194 AIDS-Fälle, im Westteil sind es 1 616. **(16)**

FEHRBELLINER PLATZ 2: Aus Liebe riskiert eine Frau Anfang 1980 ihre Freiheit. Sie dient dem Verfassungsschutz bei dessen Aktion „Veronika" als Kurier und befestigt sich mit Klebestreifen einen falschen Pass unter ihrem Büstenhalter, um ihren Mann, Reiner Paul Fülle, aus der DDR herauszuholen.
Das hat seine Vorgeschichte: Reiner Paul Fülle ist Angestellter im Kernforschungszentrum **Karlsruhe** und seit 1963 DDR-Spion. Nachdem Stasi-Oberleutnant Werner Stiller am 18. Januar 1979 in den Westen übergetreten war (SIEHE KAP. 8, BAHNHOF FRIEDRICHSTRASSE), verrät er ihn. Am 20. Januar wird Reiner Paul Fülle verhaftet. Auf dem Weg in die U-Haft rutscht der Kripo-Kommissar auf Glatteis aus und Fülle kann fliehen Er schlägt sich zu sowjetischen Militärmission in **Baden-Baden** durch. Dort zimmern „die Freunde" eine große Holzkiste für den Spion und bringen ihn in die DDR.
Die Stasi versorgt ihn mit einem Haus in **Kleinmachnow**, zwei Autos und einem Motorboot. Doch das triste DDR-Leben gefällt ihm nicht. Das erzählt er seiner Frau, die ihn regelmäßig von West-Berlin aus besucht.
Dort trifft sich hin und wieder Verfassungsschützer Horst Freimark, Deckname „Holm" mit ihr. Immerhin wird Reiner Paul Fülle ja wegen Spionage gesucht. Als er erfährt, dass der Spion zurück will und dafür sogar eine zu erwartende Strafe auf sich nehmen würde, rollt die Aktion „Veronika" an.
Alles klappt und im September 1981 ist Reiner Paul Fülle via **Budapest** und Wien wieder im Westen. Er wird später zu vier Jahren Haft verurteilt. **(17)**

STRASSE DER BEFREIUNG 60: Die Stasi-Bezirksverwaltung Ost-Berlin interessiert sich ganz besonders für die rund 6 000 Türken, die jeden Monat mit einem Tagesvisum die „Hauptstadt der DDR" besuchen. Sie wirbt ihre Zuträger unter ihnen an, die ihr Hinweise auf ausreisewillige Ost-Frauen liefern sollen. Vielen scheint eine Scheinehe mit einem in West-Berlin lebenden Türken ein ungefährlicher Weg zum Verlassen Ost-Berlins oder der DDR zu sein.

Außerdem fürchte die Stasi ein Gefährdungspotential durch die jährlich bis zu 40 000 Türken, die über den Flughafen Schönefeld in die Heimat reisen. Unter ihnen könnten sich Extremisten befinden. Auch darüber sollen die angeworbenen Spitzel berichten. **(18)**

HANNOVERSCHE STRASSE 30: Am 9. Februar 1981 übergibt Klaus Bölling, damals 52, als Ständiger Vertreter der Bundesrepublik Deutschland bei der DDR sein Beglaubigungsschreiben.

Während seiner 14 Monate in Ost-Berlin verliebt er sich in die Grafikerin Ruth M.. Klaus Bölling setzt alle Hebel in Bewegung, um sie mit in den Westen nehmen zu dürfen. Das gestattet Erich Honecker (1912–1994), der den West-Vertreter aus früheren gemeinsamen FDJ-Zeiten kennt.

Nach drei Monaten kehrt die Dame in die DDR zurück.

GENSLERSTRASSE 66: Am 6. April 1981 wird Regina Kaiser in ihrer **Pankower** Wohnung von der Stasi verhaftet. Gemeinsam mit ihrem damaligen Mann hatte sie Kontakte zur Friedensbewegung im Westen gesucht und Flugblätter hergestellt. Das ist für den Osten ein verabscheuungswürdiges Verbrechen.

Major Uwe Karlstedt soll es in seinen Verhören aufklären. Unsicher sitzt der 26-jährige Untersuchungsführer der 32-jährigen jungen Frau gegenüber. Sie lächelt ihn an. Der Offizier kann sich kaum konzentrieren. Die „Täterin" gefällt ihm, obwohl er verheiratet ist. Er ahnt nicht, dass sich auch Regina längst in ihn verliebt hat. Immer wieder malt sie eine „12" auf das Verhörprotokoll.

Am 14. Juli 1981 erfährt Uwe Karlstedt, was das zu bedeuten hat. „12 heißt: Ich liebe Dich", antwortet ihm Regina, als er sie schüchtern fragt, ob sie sich eine Liebe zu einem wie ihm vorstellen könnte.

Verstohlen halten sich der Stasi-Mann und die Dissidentin hinter Gittern die Hände. Sie sehen sich noch drei Mal, bis Regina Kaiser, inzwischen geschieden, wegen „landesverräterischer Agententätigkeit und Nachrichtenübermittlung" für zweieinhalb Jahre in das Frauengefängnis **Hoheneck** muss. Dann kauft sie der Westen frei.

Sechs Jahre später fällt die Mauer. Regina Kaiser hat Uwe Karlstedt nicht vergessen. Sie braucht noch acht Jahre, bis sie sich traut, ihn anzurufen. Erst lässt er sich verleugnen, dann stimmt er doch einem Treffen zu.

Und es geschieht das Unfassbare: Die Liebe auf den ersten Blick hält auch dem zweiten stand. Der ehemalige Stasi-Major trennt sich von seiner Familie. Heute lebt er mit Regina Kaiser zusammen in einem Berliner Vorort. (19)

RUSCHESTRASSE: Im Oktober 1982 redigiert Markus Wolf einen vertraulichen Brief an Heinrich Lummer, den seine politische Karriere bis auf die Sessel des Präsidenten des Abgeordnetenhauses und West-Berliner Innensenators gebracht hat: „Ihr Verhalten liegt unter Ihrem Niveau. Sie selbst haben unsere Beziehungen herbeigeführt und lange Zeit akzeptiert ..."

Elf Jahre später, 1993, macht das der Generalbundesanwalt dem einstigen Spionagechef zum Vorwurf: „Ein weiterer Erpressungsfall ... ist der des CDU-Politikers Heinrich Lummer. Als Lummer im Sommer 1981 nicht mehr bereit war, Gespräche mit den MfS-Obristen Wagenbreth und Lange zu führen, ließ ihn der Angeklagte mit anzüglichen Briefen unter Druck setzen."

Was war geschehen?

Heinrich Lummer (CDU-Spitzname „Heinrich für's Grobe") gilt bei der Stasi als Rechtsaußen der Partei. 1973 spielt sie die 25-jährige „Susanne Rau", (Klarname: Frauke Borchardt) an den damals 40-jährigen Lebemann heran. Sie ist als Angestellte des staatlichen Kunsthandels der DDR mit Reisegenehmigung in den Westen getarnt. Die Stasi sieht ihre Chance, eine „Spitzenquelle" zu gewinnen.

Heinrich und Susanne werden ein heimliches Liebespaar. Sie zeigt ihm das Ost-Berliner Nachtleben und wenn es spät wird, ist für diskrete Übernachtung gesorgt. Die Stasi ist immer dabei und der West-Politiker gerät wegen seiner Eskapaden jenseits der Mauer immer tiefer in ihr Netz.

Dann bricht er 1981 die Kontakte ab. Die Stasi versucht, ihn zu erpressen. Das klappt nicht. Heinrich Lummer hat über den BND längst eine Sicherung eingebaut und als die ganze Sache noch vor dem Mauerfall herauskommt, wird sie schließlich vertuscht. (20)

MARX-ENGELS-PLATZ: Als Rocksänger Udo Lindenberg am 25. Oktober 1983 im „Palast der Republik" auftritt, müssen die echten Fans vor der Tür bleiben. Vor geladenen FDJ-Gästen rockt der „Panikpräsident" für den Frieden – sein „Mädchen aus Ost-Berlin" hat dabei nichts zu suchen.

Udo trifft sie Anfang der 70er Jahre bei einem Ost-Bummel: „So ein ganz heißes Mädchen aus Pankow, Und du findest sie sehr bedeutend, Und sie dich auch..."

Die beiden gehen ins Pressecafé am **Bahnhof Friedrichstraße** und sie verrät, dass sie Manu heißt.

Dann fahren sie vor die Stadt zur Datsche der Eltern und landen auf einem mit einem Schaffell bedeckten Bett. Die paar Stunden bis zum Ablauf des Tagesvisums vergehen wie im Rausch. Das Bild eines NVA-Offiziers auf dem

Nachttisch hatte Manu achtlos umgeschnippt. „Mein Bruder", sagt sie, und Udo will es glauben.

Nach der dritten Flasche „Rotkäppchen" erzählt das Mädchen von ihrer Familie. Gläubige Kommunisten, der Großvater rettete sogar die KP-Fahne von **Pankow** vor den Nazis. Für sie heißt das: „Wir werden uns nie wiedersehen!"

Das will der Rocker nicht wahr haben: „Ich war davon überzeugt, dass es für mich nie wieder eine andere Frau geben würde." Davon singt er sogar: „Ich komme wieder, Und vielleicht geht's auch irgendwann mal ohne Nervereien, Das muss doch auf die Dauer was zu machen sein!" Das soll ein Fluchthelfer für 20 000 Mark besorgen.

Doch bei einem der nächsten Besuche erwarten nicht Manu aus Pankow, sondern zwei Männer den Sänger. „Versuchter verbrecherischer Menschenhandel" heißt der Vorwurf der Stasi. Udo Lindenberg: „Erst Jahre später wurde mir klar, dass Manu mich verraten hatte. Ihr hatte ich es aber auch zu verdanken, dass die Stasi-Typen glimpflich mit mir umgingen, mich wieder gehen ließen. Ihre Bedingung: Ich musste den Kontakt zu Manu abbrechen."

Sie heiratet den NVA-Offizier, der doch der Verlobte und nicht der Bruder war. Udo macht im Westen Karriere. Erst Jahre nach der Einheit erfährt er aus seiner Stasi-Akte, dass Manu auf ihn angesetzt war.

Was bleibt, ist das „Mädchen aus Ost-Berlin". Mit seiner Rockballade von der unerfüllten Liebe zwischen Ost und West, die im Kalten Krieg von Mauer und Stacheldraht erstickt wird, rührt Udo Lindenberg Millionen von Fans. **(21)**

JOACHIMSTHALER STRASSE 4/KANTSTRASSE 5: Bevor die Stasi ihre Agenten in den Westen schickt, müssen sie erst im „Operationsgebiet West-Berlin" das Bewegen im Feindesland lernen. Ein ganz kritischer Punkt ist dabei die Filiale von Beate Uhse, kurz nach dem Verlassen des **Bahnhofs Zoo.** Sex-Shops gibt es im Osten nicht, deshalb interessieren sie jeden Dienstreisenden ganz besonders. Wenn das Tagesgeld schon nicht zum Einkauf reicht, man will es wenigstens mal gesehen haben. Das wissen auch die dort postierten Stasi-Observanten. Macht der Spionage-Eleve zu lange Stielaugen, oder stöbert gar im Angebot, dürfte das schon seine letzte Reise in den Westen gewesen sein.

ELSSHOLZSTRASSE 10: Die „Hudson-Espressobar" ist Anfang der 80er Jahre der angesagteste Schwulentreff West-Berlins, die „Oranienbar" (in Insider-Kreisen „O-Bar") der am meisten frequentierteste. Hier drücken sich auch Stasi-Tipper herum, denn Homosexualität gilt bis heute für alle Geheimdienste als beliebtes Erpressungsmittel. Auch wenn sich die Agenten nicht gerade in die einschlägigen Saunen „Apollo" oder „Steam" trauen, in Kneipen wie „flipflop" in der **Kulmer Straße 20a,** „Metropolis" in der **Kleiststraße 35** oder den Cafés „Anderes Ufer", **Hauptstraße 157** und „Movie" in der **Lietzenburger Straße 86** halten sie Augen und Ohren offen.

Ebenfalls im Blickpunkt stehen Treffpunkte von Schwulen. Dazu zählen die Galerie Janssen, **Pariser Straße 45**, „Bruno's" Buchladen **Kurfürstendamm 227** im Ku'damm-Eck sowie die Discos „Lipstick", **Richard-Wagner-Platz 5** und „Pool" in der **Motzstraße 19**.

In Ost-Berlin gilt der Gegend um den Märchenbrunnen im **Volkspark Friedrichshain** in dieser Hinsicht besondere Aufmerksamkeit.

NORMANNENSTRASSE 22: Erich Mielke (1907–2000) ist sauer. Sein Spionagechef Markus Wolf wechselt 1986 wieder einmal seine Frauen. Dieses Mal ist Christel, Ehefrau Nummer 2, dran. Sie hatte ihre Freundin Andrea ins Haus in der **Oberseestraße 40** geholt und der 63-jährige verliebte sich in die Mitzwanzigerin. Christel reagiert hysterisch. Nächtelang soll sie „Ich will meinen Mischa wiederhaben" geschrien haben. Solange, bis die Frau zeitweilig in der Abteilung III des Stasi-Krankenhauses **Buch** (SIEHE KAP. 10, SCHARNHORSTSTRASSE) landet.

Später wird sie mit Auto und Wohnung abgefunden und fährt nach **Varna** in Bulgarien in Urlaub. Dort macht sie die Bekanntschaft eines netten Herrn aus **Baden-Württemberg**. Spionageprofi Markus Wolf vermutet wohl nicht zu unrecht, dass der BND hinter dieser „zufälligen" Bekanntschaft steckt. Ex-Frau Christel bringt das eine lang andauernde, lückenlose Überwachung ein.

Markus Wolf lässt derweil von Alexander Schalck-Golodkowski für viel Geld auf Regimentsunkosten das neue Nest am **Spreeufer 2** (SIEHE KAP. 10, AM SPREEUFER 2) herrichten. **(22)**

INSELSTRASSE 10 / KARL-LIEBKNECHTSTRASSE 29: Das West-Berliner Aspen Institut veranstaltet 1987 einen Kongreß, der Ost-Berliner „Horizont" schickt eine Beobachterin dorthin. So lernen sich der SPD-Ost- und Abrüstungsexperte Karsten Voigt und die Journalistin Brigitta Richter kennen. Der 46-jährige Mann verliebt sich in die fast zwanzig Jahre jüngere Frau.

Das Normalste der Welt wird im geteilten Berlin zur Staatsaffäre. Der Bundestags abgeordnete Karsten Voigt ist ein „Zielobjekt" der Stasi, Brigitta Richter ihr „IM". Die junge Frau berichtet Belangloses, weil sie weder Freund, noch Reisepass verlieren will. Dem Mann aus dem Westen sagt sie nichts.

Der erfährt beim SPD-Parteitag im September 1988 in Münster nebenbei von einem SED-Genossen, dass die West-Ost-Liaison in Ost-Berlin bekannt ist. Der Mann bietet die Ausreise von Brigitta Richter an. So viel Entgegenkommen macht Karten Voigt misstrauisch. Er bricht den Kontakt zeitweilig ab.

Dann flieht die Journalistin 1989 über Ungarn in den Westen. Die alte Liebe ist wieder da, auch die Angst vor der Stasi. Wieder schweigt die Frau über ihren Nebenjob – bis 1991 ein ehemaliger Führungsoffizier mit der Story seine Rente aufbessert. Brigitta Richter wird vernommen, das Ermittlungsverfahren wegen „geringer Schuld" eingestellt.

Karsten Voigt ist verzweifelt, als er von der Stasi-Intrige gegen sich erfährt. Doch dann siegt die Liebe. Der Politiker, inzwischen von seiner langjährigen Frau Inge geschieden, heiratet am 17. Juni 1995 seine Spionin. Gut ein Jahr später kommt Sohn Gunnar auf die Welt. **(23)**

GNEISENAUSTRASSE: Statt den „real existierenden Sozialismus" in Ost-Berlin zu besichtigen, bieten Berliner Autonome Gruppen 1988 eine vierstündige „antiimperialistische Stadtrundfahrt" an. Sie geht am **Mehringhof** in **Kreuzberg** los und vom „Zigaretten-Multi Philip Morris" über die Deutsche Bank, Schering und Daimler-Benz bis hin zum „Frauenknast in Plötzensee" wird alles in ebenso leidenschaftlichen wie langatmigen Referaten abgehandelt. Der **Stuttgarter Platz** erscheint bei dieser Rundfahrt als „Berliner Zentrum für Zwangsprostitution und Frauenhandel". Die Sicherung der Strommasten am ICC „mit NATO-Stacheldraht" findet besondere Erwähnung, der Stacheldraht an der Mauer nicht. Er gehört längst zum Berliner Alltag.

LIEBKNECHTSTRASSE / ECKE SPANDAUER STRASSE: Wer in den 80er Jahren in Ost-Berlin käufliche Liebe gegen harte Währung sucht, wird unter Garantie in der „Sirius-Bar" im „Palast-Hotel" fündig. Für DDR-Bürger ist das Etablissement im Untergeschoss des Hauses nicht zugänglich, doch auch die Freier aus dem Westen könnten Probleme bekommen: Die Stasi ist nämlich immer dabei. Etliche Zimmer im Palast-Hotel sind mit Wanzen und Kameras ausgestattet, die den kompletten Beischlaf dokumentieren.
Für Begriffsstutzige wirbt der Hotel-Prospekt mit einer einsamen jungen Dame, die erwatungsvoll in ihrem Appartement sitzt.

WALLSTRASSE 17–22: Den Nachschub an Video-Kassetten für die „führenden Genossen" lässt Alexander Schalck-Golodkowski von seinen Koko-Mitarbeitern (SIEHE KAP. 4 UND 11, WALLSTRASSE 17–22) beschaffen. Die Bestellung erfolgt diskret: Auf einem westlichen Reklameblättchen oder der Angebotsliste einer Videothek in West-Berlin wird einfach angekreuzt, was interessieren könnte.
Aus Haus 11 in der **Waldsiedlung Wandlitz** kommt immer mal wieder der Wunsch nach Filmen mit ein bißchen nackter Haut: Prompt werden „Emmanuelle" und „Die schwarze Nymphomanin" besorgt. Der Besteller heißt Erich Honecker.

SAARBRÜCKER STRASSE: Die 1987 eröffnete und privat geführte „Alibi-Bar" ist ebenso wie die seit 1981 bestehende „Yucca-Bar" der wichtigste Treffpunkt von Ost-Berliner Schickeria, ausländischen Diplomaten und Prostituierten. Die Stasi pflegt enge Kontakte zu den Besitzern („Yucca-Müller" war aus dem Westen nach Ost-Berlin übergesiedelt), schickt ihre Spitzel und hält ansonsten ihre schützende Hand über die Etablissements. Dort werden Liebesdienste ebenso geschachert wie das Schmuggeln von Videorecordern aus West-Berlin oder die „Ausreise" im Kofferraum eines Diplomatenwagens.

ANDREASSTRASSE 20: Am 4. September 1988 hält kurz vor 14 Uhr ein hellgrauer Trabant vor dem Hochhaus in der Nähe des Ostbahnhofs. Eine Frau steigt aus, fährt in den 8. Stock, stellt ihre Schuhe auf die Balustrade und springt aus dem Treppenhausfenster.

Catherine Gittis ist sofort tot. Sie ist die Halbschwester von Markus Wolf.

Als Journalistin hat die 48-jährige jahrelang in **Kuba** gelebt. Dann meint sie, dort illegalen Geschäften auf die Spur gekommen zu sein, will darüber eine zweite Doktorarbeit schreiben. Es geht um Drogen, Waffen und Korruption. Catherine Gittis wird zum Sicherheitsrisiko. Ein Stasi-Kommando bringt sie zurück in die DDR. Sie ist depressiv, alkoholabhängig und am Sozialismus verzweifelt. Sie hasst sich wohl selbst für ihre Resignation. Das bringt die Frau mit einem 17 Jahre jüngeren Mann zusammen: Pierre Guillaume, Sohn des im Westen sitzenden Kanzleramtsspions (SIEHE KAP. 10, LÜCKSTRASSE 60–63).

Er erinnert sich an seine Geliebte: „Catherine zog mich runter, und sie demonstrierte mir, wozu diese Haltung bei ihr geführt hatte. Zu Alkoholexzessen und – meist in deren Folge – zu tiefen Depressionen. … Dennoch hatte ich Catherine sehr gern, und damit ist nicht nur der erotische Reiz gemeint …" **(24)**

Pierre Guillaume kann sich schließlich von ihr lösen. Er lernt eine Freundin kennen, deren Vater Oberst im MfS ist. Catherine Gittis, geschieden, Mutter zweier Kinder findet keinen Ausweg aus ihrem Dilemma. Auf dem Friedhof in **Pankow** gibt es keinen Stein auf ihrem Grab.

PREROWER STRASSE: In Wirklichkeit heißt sie gar nicht Mandy und 28 ist sie auch schon lange nicht mehr. Aber sie gehört zu den ersten Ost-Frauen, die unmittelbar nach dem Mauerfall in West-Berlin ins horizontale Gewerbe eingestiegen sind.

Die ehemalige Reichsbahnangestellte wohnt mit Mann und zwei Kindern in **Marzahn**. Gearbeitet wird nur in den Wohnungen der Freier. Dort hat „Mandy" beste Gelegenheiten, Ost- und West-Männer miteinander zu vergleichen: „Die Männer aus dem Osten sind viel schüchterner, lassen mich das ganze Programm mit ausziehen und Vorspiel machen. Sie trauen sich kaum, etwas zu fordern. Das ist bei den West-Männern ganz anders. Die behandeln mich oft wie ein Stück Holz. Da musste ich mich erst dran gewöhnen. Außerdem sind die Ost-Männer viel sauberer. Viele sind frisch gebadet, wenn ich komme."

GRUNOWSTRASSE 38: Am 23. Mai 1990 sendet der Agentenfunk des militärischen Nachrichtendienstes der NVA (SIEHE KAP. 4, OBERSPREESTRASSE 61–63) den Befehl zum Abtauchen seiner Spione im Westen. Für Dieter Popp kommt die Warnung zu spät. Er wird am 14. Mai 1990 verhaftet, weil er als „Asriel" zwanzig Jahre lang Egon Streffer, Deckname „Aurikel", im Bonner Verteidigungsministerium als Spion für den Mil-ND geführt hat.

Der Erfolg der beiden Spitzenquellen beruhte nicht unwesentlich auf dem homosexuellen Verhältnis der beiden Männer. Für Egon Streffer ist seine Spionage nicht nur „Arbeit für den Frieden", sondern auch Liebesbeweis gegenüber seinem erfahrenen Freund, den er nicht verlieren will.

Dieter Popp wird im Dezember 1991 zu sechs Jahren Haft und 70 000 DM Verfallsgeld verurteilt. Im Mai 1994 kommt er wieder frei.

Egon Streffer war bereits im August 1989 im Alter von 44 Jahren gestorben.

WOLLANKSTRASSE: Ein schwüler Sommertag, ein hübsches Mädchen und ein junger Mann – das sind überall auf der Welt die Zutaten für einen harmlosen Flirt. In Berlin wird 1985 daraus eine Affäre, in die sich gleich vier Geheimdienste einschalten. Daran ist die Mauer schuld.

Der junge Mann heißt Christian John und ist DDR-Grenzer, das Mädchen eine Studentin aus West-Berlin. Beim Umsteigen auf dem **Bahnhof Friedrichstraße** hat sich Ariane Damerow in einen Grenzposten verguckt. Sie will unbedingt seine Adresse erfahren. Dabei soll Christian helfen.

Der starrt mit seinem Fernglas über die Mauer auf den West-Balkon. Plötzlich hält Ariane einen Zettel Richtung Wachturm: „Pass auf, dass dir nicht die Linse platzt!", steht drauf, dann folgt ihre Adresse. Die 21-jährige hofft, über ihn in Kontakt zu ihrem Schwarm vom Bahnhof zu kommen. Das scheint zu klappen, denn Christian schreibt und ein Treffen in Ost-Berlin wird vereinbart.

Der Flirt über die Mauer ist aber weder im Westen, noch im Osten verborgen geblieben. Ariane Damerow wird vom Verfassungsschutz verhört und als sie sich das erste Mal mit Christian trifft, hat den bereits die Stasi zur „Mitarbeit" erpresst.

In der **Normannenstraße** wird der operative Vorgang „Sweety" eröffnet. Ab jetzt überwacht die Stasi jeden Schritt des Mädchens.

Arianes Schwester ist mit einem französischen Berufsunteroffizier liiert. Deshalb schaltet sich nun auch die französische Abwehr in die „verdächtigen" Ost-Kontakte ein. Weil damit wiederum die Alliierten an der ganzen Sache beteiligt sind, macht die Stasi das KGB in Moskau auf den „Fall" aufmerksam. Ariane Damerow wird in der zentralen Agentendatei des Ostblocks in Moskau als „gegnerische Agentin" gespeichert. Dort dürfte sie bis heute stehen.

Ariane Damerow lebt inzwischen als freiberufliche Dolmetscherin in Berlin. Die kleine Liebelei von damals hat sie längst verschmerzt, die Schatten des Kalten Krieges sind für sie jedoch noch immer nicht verschwunden. **(25)**

ERINNERN, KENNENLERNEN, BESICHTIGEN

EIN SERVICE ...

... FÜR EILIGE

Museum Haus am Checkpoint Charlie
Friedrichstraße 43–46
Öffnungszeiten: Täglich 9 bis 22 Uhr

Das Haus am Checkpoint Charlie präsentiert u. a. Geschichten und Geschehnisse um Mauer und Stacheldraht und Original-Objekte von gelungenen Fluchten auf, über und unter der Erde.
Kurze Dokumentarfilme mit historisch wertvollen Aufnahmen zu verschiedenen Ereignissen (17. Juni, Fluchten, Mauerfall u. a.) ergänzen die Ausstellung.
Auf Anforderung werden Referate in der Reihe „Wissen aus erster Hand" angeboten.

Telefon: 030–253725–0
Eintritt: 9,50 Euro Erwachsene | 5,50 Euro Schüler, Studenten, Gruppen ab 10 Personen
Internet: www.schutzgemeinschaft.de/deutsch/das_haus_am_checkpoint_Charlie_de.htm

Gedenkstätte Berlin-Hohenschönhausen
Genslerstraße 66
Führungen Mo-Do 13 Uhr, Fr-Sa 11 und 13 Uhr

Bis Anfang 1990 befand sich in der Genslerstraße 66 die zentrale Untersuchungshaftanstalt des MfS inmitten eines großen abgeriegelten Sperrbezirkes. Aufgabe der Gedenkstätte ist es, an die Leiden der Stasi-Opfer zu erinnern und für die nachwachsenden Generationen die Grausamkeit der DDR-Diktatur zu dokumentieren.
Vorträge, Seminare und Projekttage gehören zum Angebot.

Telefon: 030–9860–8230
Eintritt: 3 Euro Erwachsene | 1,50 Euro ermäßigt | Schüler frei
Internet: www.dhm.de/museen/gshs/gedenk.htm

... FÜR GRÜNDLICHE

Forschungs- und Gedenkstätte Normannenstraße
Ruschestraße 103, Haus 1
Ausstellung: Di-Fr 11 bis 18 Uhr, Sa-So 14 bis 18 Uhr

Neben den im Originalzustand erhaltenen Amtsräumen von Stasi-Minister Erich Mielke ist eine Dauerausstellung über die Macht des Ministeriums für Staatssicherheit über die DDR-Bürger zu sehen.

Die Forschungs- und Gedenkstätte veranstaltet Vorträge und Seminare und bietet nach Vereinbarung ein- und mehrtägige Veranstaltungen zu Aspekten des politischen Systems der DDR und der Tätigkeit der Stasi an.
Eine Spezialbibliothek befindet sich im Aufbau.

Telefon: 030 –553 68 54
Eintritt: 3,50 Euro Erwachsene | 2,00 Euro Studenten, Senioren, Azubi | 1,50 Euro Schüler, 2,50 Euro/Pers. Gruppen ab 10 Personen
Internet: www.Stasi-Museum.de

Erinnerungsstätte Notaufnahmelager Marienfelde
Marienfelder Allee 66 – 80
Öffnungszeiten Mi 15 bis 19 Uhr, So 15 bis 17 Uhr, Führungen auch nach Vereinbarung

Für rund 1,35 Millionen Menschen aus dem Osten war Marienfelde die erste Station im Westen. Die Ausstellung auf dem Lagergelände gibt über Fluchtmotive, Stationen im Notaufnahmelager und Probleme der Aus- und Übersiedlung Auskunft. Bild- und Sachdokumente und eine originale Flüchtlingswohnung gestatten informative Einblicke in den Flüchtlingsalltag und seine Organisation.

Telefon: 030 –901 733 25
Eintritt: frei | Führung 2,50 Euro | 1,50 Euro ermäßigt
Internet: www.enm-berlin.de

Verein Berliner Mauer –
Gedenkstätte und Dokumentationszentrum
Bernauer Straße 111
Öffnungszeiten Mi-So, 10 bis 17 Uhr
Führungen sind über Telefon/Fax 030 – 463 51 06 zu vereinbaren

Die Gesamtanlage besteht aus dem am 13. August 1998 eingeweihten Denkmal „Gedenkstätte Berliner Mauer" an der Ecke Bernauer Straße / Ackerstraße, der „Kapelle der Versöhnung" am Ort der 1985 von der DDR gesprengten Versöhnungskirche und dem im Ausbau befindlichen Dokumentationszentrum zur Geschichte der Mauer in der Bernauer Straße 111.

Telefon: 030 – 464 10 30
Eintritt: z. Zt. Frei, Einführung Eintritt geplant
Internet: www.gedenkbibliothek.de

Deutsches Historisches Museum
Unter den Linden 2
Ausstellungshalle von I. M. Pei
Hinter dem Gießhaus 3
Öffnungszeiten: Täglich 10 bis 18 Uhr

Auf 7 500 Quadratmetern gibt die ständige Ausstellung des Deutschen Historischen Museums einen Überblick über 2000 Jahre deutsche Geschichte. Rund 8 000 ausgewählte Exponate mit oft einmaligem historischen Zeugnischarakter vermitteln dazu einen lebendigen Eindruck.
Wechselnde Ausstellungen im Pei-Bau beleuchten einzelne zeitgeschichtliche Aspekte, oft anhand sonst selten zu sehender Zeitzeugnisse.
Ein Kino (165 Plätze) und ein Buchladen ergänzen das Angebot.

Telefon: 030–20 304 0
Eintritt: 2 Euro | Jugendliche bis 18. Jahren frei
Internet: www.dhm.de

Informations- und Dokumentationszentrum der Bundesbeauftragten für die Stasi-Unterlagen der ehemaligen DDR

Mauerstraße 38
Öffnungszeiten: Täglich 10 bis 18 Uhr

Das Zentrum beherbergt eine Dauerausstellung zur Tätigkeit der DDR-Staatssicherheit. Es werden Original-Exponate sowie umfangreiche Informationen und Dokumentationen geboten. Nach Voranmeldung sind Führungen und Vorträge möglich. Es können Anträge auf Akteneinsicht gestellt werden.

Telefon: 030–23 24 50
Eintritt: frei
Internet: www.bstu.de

Berliner S-Bahn-Museum

Rudolf-Breitscheid-Straße 203
14482 Potsdam
Öffnungszeiten: April–Nov. jeweils am 2. Wochenende des Monats (Sa/So) 11 bis 17 Uhr

Das Berliner S-Bahnmuseum ist eine ehrenamtlich betriebene Einrichtung des Berliner Fahrgastverbandes IGEB e.V. und des Deutschen Bahnkunden-Verbandes e.V., Landesverband Berlin. Es zeigt die Geschichte der Berliner S-Bahn und informiert über die Verkehrsverbindungen während der Jahre der Teilung. Bei Veranstaltungen (z. B. Lange Nacht der Museen) wird Fachliteratur angeboten, die sonst schwer zu finden ist.

Telefon: 030–78 70 55 11
Eintritt: 1,50 Euro Erwachsene | 0,50 Euro Kinder bis 14 J.
Internet: www.s-bahn-museum.de

Berliner U-Bahn-Museum

Im U-Bahnhof Olympia-Stadion
Öffnungszeiten: Jeden zweiten Samstag des Monats, 10.30 bis 16.00 Uhr

Einen Ausflug in die 100 Jahre U-Bahn-Geschichte bietet das U-Bahn-Museum im Hebelstellwerk Olympia-Stadion. Es wird ehrenamtlich von der „Arbeitsgemeinschaft Berliner U-Bahn e. V." betrieben.
Hauptattraktion ist das von Siemens & Halske gebaute Stellwerk, das 616 Fahrstraßen durch die Bedienung von 99 Signalen und 103 elektrischen Weichen sicherte. Vom August 1931 bis zu Außerdienststellung 1983 war es die größte Anlage dieser Bauart in Europa.

Telefon: 030–256–271–21
Eintritt: 2 Euro Erwachsene | 1 Euro Kinder (6–14 J.)
Internet: www.ag-berliner-u.-bahn.de

... FÜR DENKMAL-FREUNDE

Ganz ohne Eintritt und Öffnungszeiten können überall in Berlin Denkmäler besichtigt werden, die an Teilung und Besatzung erinnern. Eine Auswahl:

Der Berliner Teil des **Luftbrückendenkmals** (im Volksmund „Hungerharke") steht am Platz der Luftbrücke vor dem Flughafen Tempelhof (U 6 Flughafen Tempelhof) Das Gegenstück von gleichem Aussehen befindet sich am Airport Frankfurt am Main. Ein **„kleines Luftbrückendenkmal"** in Steinstücken, Am Landeplatz (Bus 118 ab Wannsee, Steinstücken) erinnert an die Zeit bis 1972, als die Enklave noch von West-Berlin abgeschnitten war.

Das monumentalste und berühmteste **sowjetische Ehrenmal für im Krieg gefallene Rotarmisten** dominiert den Treptower Park (S-Bahn Treptower Park, Busse 166, 167, 265, Eingang Puschkinallee oder Herkomer Straße). Es wurde 1946 – 48 unter Verwendung von Granitplatten aus der ehemaligen Reichskanzlei als Gedenk-Ensemble und Friedhofsanlage für die in Berlin gefallenen Sowjet-Soldaten gebaut. Blickfang ist eine 11 Meter hohe und 70 Tonnen schwere Bronze-Statue über dem Mausoleum. Das erste sowjetische Kriegsdenkmal mit 2 500 Einzelgräbern und T 34-Panzern und Geschützen entstand bereits am 11. November 1945 an der **Straße des 17.Juni** (S-Bahn „Unter den Linden", Bus 100 bis Reichstag). Ein weiterer sowjetischer Soldatenfriedhof mit 13 200 Gräbern und einem Denkmal ist in der **Schönholzer Heide**, Germanenstraße (S-Bahn „Schönholz", dann Bus 155 bis „Ehrenmal Schönholz"), zu sehen.

Schräg hinter dem Reichstag (S-Bahn „Unter den Linden", Bus 100) befinden sich einige **Kreuze**. Sie sind Menschen, die im dortigen Mauerabschnitt getötet wurden, gewidmet. Eine 2,60 Meter hohe Eisensäule in der Zimmerstraße (U-Bahn „Kochstraße") erinnert an den qualvollen Tod **Peter Fechters**, der 1962 dort verblutete. Stille Erinnerungen an weitere Maueropfer finden sich auch an anderen Stellen der Stadt, so z. B. die in Aluminium gefasste Glasstele in der Bernauer Straße nahe dem Nordbahnhof für Ernst Mundt (im September 1964 erschossen) oder das schlichte Holzkreuz für Willi Marzahn in Kohlhasenbrück, der am 6. März 1966 dort erschossen wurde.

Der Opfer des Volksaufstandes vom 17. Juni 1953 wird u. a. an einem mit Stacheldraht umwundenen Holzkreuz auf dem Mittelstreifen der **Potsdamer Chaussee** in **Zehlendorf** (Bus 118, Höhe BAB-Auffahrt) gedacht.

Einen nachdenklich-heiteren Rückblick bietet die 1,3 Kilometer lange **„East Side Gallery"**, die inzwischen schon fast so etwas wie ein Mauer-Denkmal geworden ist. An der Stralauer Allee zwischen Oberbaumbrücke und Ostbahnhof (S-Bahn „Ostbahnhof") haben kurz nach dem Mauerfall 118 Künstler aus aller Welt die einstige „Hinterlandmauer" bemalt. Besonders berühmt: Der „Bruderkuss" zwischen Breschnew und Honecker und der durch die Mauer preschende Trabi.

... FÜR MILITARY-FREAKS

Deutsch-russisches Museum Karlshorst
Zwieseler Straße 4/ Ecke Rheinstraße
Öffnungszeiten: Di-So, 10 bis 18 Uhr, Führungen nach Anmeldung

Am Ort der Unterzeichnung der bedingungslosen Kapitulation der Wehrmacht am 8. Mai 1945 im ehemaligen Offizierscasino der Pionierschule 1 der Wehrmacht, später Sitz der Sowjetischen Militäradministration (SMAD) liegt der Schwerpunkt auf der Darstellung der Kriegsplanungen, des Kriegsverlaufes, der NS-Vernichtungspolitik und den deutsch-sowjetischen Beziehungen von 1917 bis 1990. Ein Freigelände mit sowjetischen Kriegswaffen ergänzt die Ausstellung.

Telefon: 030–50 15 08–10
Eintritt: frei
Internet: www.museum-karlshorst.de

Das AlliiertenMuseum
Clayallee 135 - Outpost
Öffnungszeiten Do-Di, 10 bis 18 Uhr (Mittwoch geschlossen)
Führungen und Filmvorführungen nach Vereinbarung

Das AlliiertenMuseum wurde 1998 eröffnet und wird neben der Bundesrepublik auch von den USA, Großbritannien und Frankreich getragen. Es informiert über die Geschichte der Westmächte in Berlin und ihre Wandlung von Besatzern zu Beschützern des freien Teils der Stadt. Bemerkenswert sind die detaillierten Informationen zur Berliner Luftbrücke 1948/49.
Neben der Dauerausstellung zeigt das Museum auch Wechselausstellungen und führt Veranstaltungen mit interessanten Zeitzeugen durch.

Telefon: 030–81 81 99 0
Eintritt: frei
Internet: www.alliiertenmuseum.de

Luftwaffenmuseum der Bundeswehr
Kladower Damm 182
Öffnungszeiten Di-So, 9 bis 17 Uhr (letzter Einlass 16 Uhr)

Das Museum auf dem ehemaligen (britischen) Flugplatz Gatow verfügt – obwohl noch im Aufbau – über rund 200 000 Exponate, darunter 155 Luftfahrzeuge aus West und Ost, 5 000 Uniformteile und 30 000 Bücher, Fotos, Handwaffen, Orden, Rettungsgeräte und Bomben. Dennoch ist es eher ein historisches, denn ein reines Technik-Museum. Es hat seinen Schwerpunkt auf der Zeit nach 1945, informiert aber auch ausführlich zur Geschichte der militärischen Luftfahrt seit 1884.
Wechselnde Sonderausstellungen ergänzen das Angebot.

Telefon: 030–3687–2604
Eintritt: frei
Internet: www.Luftwaffenmuseum.com

... FÜR LIEBHABER HISTORISCHER ORTE

Viele historische Orte aus den Jahren des Kalten Krieges in Berlin werden heute von Vereinen oder privaten Initiativen betreut. Sie bemühen sich meist, entsprechende Ausstellungen und Dokumentationen aufzubauen und die Anlagen der Öffentlichkeit zugänglich zu machen.

Da es sich dabei fast immer um ehrenamtliche Arbeit handelt, empfiehlt sich eine vorherige Kontaktaufnahme.

Der „Checkpoint Bravo e. V." hat sich die Restaurierung, den Ausbau und die Pflege des denkmalgeschützten ehemaligen Kommandantenturms an der **Grenzübergangsstelle Dreiwitz/Dreilinden** zur Aufgabe gemacht. In den nächsten Jahren soll dort eine Erinnerungs- und Begegnungsstätte entstehen.

Information: www.checkpoint-bravo.de
Kontakt: Checkpoint Bravo e. V.
    Dr. Peter Boeger
    Bärlappsenke 2
    14532 Kleinmachnow
    c/o 030–23 24 50

Mit einer Ausstellung über die Mauer und den Dienst der DDR-Grenzer präsentiert sich die ehemalige „Führungsstelle" des Grenzregimentes 38 „Clara Zetkin" in **Nieder Neuendorf**. Besichtigungen sind von April bis Oktober täglich 12 bis 18 Uhr (So 10–18 Uhr) möglich.

Information: 0177–877–01–06
Kontakt: Stadtinformation Hennigsdorf
    Rathausplatz 1
    16761 Hennigsdorf
    03302–877–320

Der ehemalige Grenzwachturm am Schlesischen Busch, Puschkinallee in **Berlin-Treptow**, soll eine Galerie des Vereins „Kunstfabrik" werden, in der Kunst mit Bezug zur Geschichte des Ortes und zum Thema Grenze ausgestellt wird. Der Turm wurde 2004 vom Bezirksamt Treptow-Köpenick saniert und kann nach Voranmeldung Mo-Fr, 10 bis 13.30 Uhr besichtigt werden.

Information: www.kunstfabrik.org
Kontakt: Büro der Kunstfabrik
    Am Flutgraben 3
    12435 Berlin
    030–53 21 96 58 (Mo-Do 10–13.30 Uhr)

Um die Verlängerung des Pachtvertrages für die Gaststätte in der früheren Grenzabfertigungsbaracke am einstigen **Kontrollpunkt Dreilinden** (über Kohlhasenbrück erreichbar) wird seit Jahren gestritten. Der Pächter wolte dort ein kleines Museum über die Zeit des Kalten Krieges einrichten,

Zur Zeit geschlossen und dem Verfall preisgegeben.

An der **Glienicker Brücke** zwischen Berlin und Potsdam standen sich im Kalten Krieg Russen und Amerikaner direkt gegenüber. Hier wurden Agenten ausgetauscht und hier reisten die Offiziere und Soldaten der Alliierten Militärmissionen in die DDR ein.

Über die 300-jährige Geschichte der geheimnisvollsten Brücke Berlins informiert eine Ausstellung mit bislang unbekannten Fotos im Bundesvermögensamt in Potsdam

Information: www.glienicker-brücke.de
Kontakt: Bundesvermögensamt
    Berliner Straße 98–101
    14467 Potsdam
Ausstellung: Sa-So, 9 bis 17 Uhr, Eintritt frei

Seit 1993 bemüht sich die ehrenamtliche „Arbeits- und Schutzgemeinschaft **Fort Hahneberg** e. V." um den Erhalt des einzigartigen Festungsbauwerkes. Von April bis Ende Oktober führt sie regelmäßig am Samstag, Sonntag und an Feiertagen etwa 90-minütige Rundgänge durch (3 Euro Erwachsene, 1 Euro Kinder). Sonderführungen sind nach Vereinbarung möglich.

Information: www.forthahneberg.de
Kontakt: ASG Fort Hahneberg e. V.
    Ernst-Bruch-Zeile 39 – 13591 Berlin
    030–366 46 05

… FÜR ABENTEUERLUSTIGE UND WISSENSDURSTIGE

Expeditionen in die Keller der Stadt, geordnet nach verschiedenen Themenschwerpunkten, bietet der Verein „Berliner Unterwelten e. V." an. Knapp 1.000 Meter lang ist die jeden Samstag (12, 14, 16 und 18 Uhr, keine Anmeldung erforderlich) stattfindende Tour „U-Bahn, Bunker und Kalter Krieg". Treffpunkt: Bad-/Ecke Hochstraße, 9 Euro Erwachsene, 7 Euro ermäßigt, Kinder bis 12 J. frei)

Information: www.berliner-unterwelten.de | 030–49 91 05 18 (Mo-Fr, 10 bis 15 Uhr)
Kontakt: Berliner Unterwelten e. V.
    Brunnenstraße 108 a
    13355 Berlin
    030–49 91 05 17

Weitere Anbieter von Touren im Berliner Untergrund sind der Verein „Unter Berlin" (030–31 01 73 73) und „Kulturmanagement Elfert", Chausseestraße 35, 10115 Berlin (030–31 80 69 33)

Die ganz besondere Stadtrundfahrt zu den Jahren der Mauer und des Kalten Krieges startet jeden Samstag (Anmeldung erforderlich, ab 12,50 Euro) mit dem „Video-Bus". Dabei werden nicht nur die historischen Orte besucht, sondern dazu im Bus auch entsprechende Filmdokumente gezeigt. Im Angebost sind u. a. die Touren: > Berlin – geteilte Stadt. Die Mauer 1961–1989; > Kennedy, Kalter Krieg und Coca-Cola; > Geheimer Krieg. Spionage in Berlin (in Vorbereitung).

Information: www.videobustour.de
Kontakt: Arne Krasting, Andreas Dahrendorf
    ZeitReisen Erlebnisagentur
    Chodowieckistraße 10
    10405 Berlin
    030–44 02 44 50

Zu Fuß rund 1,5 Stunden durch die Berliner U-Bahn-Tunnel wandern, das bietet die BVG an. Die Tour findet jeweils am Freitag (19 und 21 Uhr) statt und beginnt und endet am U-Bahnhof Deutsche Oper, Anmeldung unter 030–25 62 76 23 ist erforderlich. Kosten: 10 Euro Erwachsene, Familienkarten ab 14 Euro.

Wem das nicht genügt, der kann auch rund zwei Stunden mit einer „Cabrio-U-Bahn" mit 150 Sitzplätzen und 35 km/h durch die Tunnel fahren. Ein Moderator erklärt dabei die U-Bahn-Geschichte und die baulichen Besonderheiten. Die Fahrten (Mindestalter 10 J.) starten vierzehntägig von April bis Oktober am Freitag 20 und 23.30 Uhr. Sie kosten 40 Euro pro Person.

Dieses weltweit einzigartige Erlebnis ist stets auf Monate im Voraus ausgebucht. Infos und Reservierungen unter 030–256 25 256 oder im Internet: www.bvg.de/service/citytours

---

... FÜR SPARSAME

Alles einsteigen und zurückbleiben! – Diese Stadtrundfahrt ist ein Geheimtipp, denn in nur 63 Minuten kann man einen Blick in die Hinterhöfe Berlins werfen, wie er sonst nur zu Zeiten des Kalten Krieges und der Teilung der Stadt möglich war. Und das Ganze kostet gerade einmal den Preis eines S-Bahn-Tickets!
Wer die gute Stube der deutschen Hauptstadt sehen möchte, hat auf der Ringbahn nichts zu suchen. Hier gibt es 37 Kilometer Berlin pur und manche Sehenswürdigkeit huscht am Fenster vorbei.

Die Reise beginnt auf dem **S-Bahnhof Gesundbrunnen** (ist inzwischen geändert). Wer Glück hat, erwischt einen rumpelnden roten Zug aus DDR-Produktion – die Eisenbahner nennen ihn unter sich „Cola-Büchse". Unbedingt in Fahrtrichtung auf der rechten Seite Platz nehmen und dann geht es auch schon ab, Richtung **Prenzlauer Berg**. Dort fährt die Bahn direkt durch die Hinterhöfe; die glitzernde Kugel des **Fernsehturms** ist erst ab dem Bahnhof **Greifswalder Allee** zu erspähen.

Im **Friedrichshain** führt die Trasse an der Rückseite des Velodroms entlang und dann streift sie die ruinösen **Schlachthöfe**. Berlins längste Fußgängerbrücke, das „lange Elend" ist nur noch im Vorspann vom „Polizeiruf 110" zu besichtigen, sie wurde abgerissen. Doch dann kreuzt die Bahn schon die **Frankfurter Allee** und ein Blick auf die **Tortürme der einstigen Stalinallee** ist möglich. Auf der „ersten sozialistischen Straße" Ost-Berlins begann der Volksaufstand am 17. Juni 1954, hier paradierten später Volksarmee und Kampfgruppen.

Nächster Bahnhof: **Ostkreuz**, das Aschenputtel unter den 163 Berliner S-Bahn-Stationen. „Rostkreuz" sagen die Leute und sie haben recht, denn bis zur jetzt endlich geplanten Renovierung wurde dort fast 120 Jahre lang nichts gemacht!

Trotzdem keine Panik: Die **Spreebrücke** hält und ein wenig flußabwärts spiegeln sich die Backsteintürme der **Oberbaumbrücke** im Wasser. Bis zur Einheit stark beschädigt und auf der Ost-Seite vermauert, ist sie heute wieder eine wichtige City-Verbindung, über die sogar die U-Bahn rattert.

Am **Bahnhof Treptower Park** wirft der **Treptower**, das höchste Haus der Stadt, seinen Schatten auf die Gleise, doch das ist schon wieder die Geschichte von Lack und Glanz. Kriegerisch kalt wird's gleich hinter Treptow, wo der südliche Ring 1961 durch die Mauer unterbrochen wurde. Tief in das Terrain eingebettet geht es weiter nach Neukölln. Gütergleise begleiten die Bahn, Gründerzeithäuser begrenzen den Rand.

Vor „Tempelhof" reißt das Böschungsgrün auf der rechten Seite auf und es eröffnet sich ein grandioser Blick auf den **Airport Tempelhof**. Russen, Amerikaner, die Flüchtlingsflüge in den Westen, die ersten Reisen nach Amerika – hier hat sich alles abgespielt.

Links in der Ferne grüßt das gewaltige Empfangsgebäude, ganz nah ist die Baracke der Flugaufsicht.

Das Stahlskelett eines **Gasometers** (in Mauer-Zeiten mal eine ganz wichtige Reserve für West-Berlin) ist kaum bemerkt, dann kommt schon „**Papestraße**", nach dem Ausbau zum Fernbahnhof in „**Südkreuz**" umbenannt. Morgen wird es hier schon wieder ganz anders aussehen, doch jetzt ist höchste Aufmerksamkeit angesagt: Nur für einen winzigen Augenblick erscheint der Turm des **Rathauses Schöneberg**. Kennedys „Isch bin ein Bearliner", die Freiheitsglocke, Willy Brandt – das alles war hier.

Von der „freien Stimme der freien Welt" ist am „**Innsbrucker Platz**" die alte **RIAS-Leuchtreklame** zu sehen, dann biegt die Trasse noch Norden ab. Links grüßt der **Funkturm** und die silbrig glänzende Front des **ICC** hätte es ohne die Jahre der Teilung und des Kalten Krieges wohl auch kaum gegeben.

Nun rollt die S-Bahn zwischen den Fahrbahnen der **A 100** entlang, immerhin die meistbefahrene Autobahn Deutschlands. In diese Lärmhölle trauen sich nicht einmal hartgesottene Graffititäter, die Stahlwände sind ohne Farbschmierereien.

Für ein paar Augenblicke zeigt sich die Kuppel vom **Schloss Charlottenburg** über dem Häusermeer und dann geht es schon auf die Zielgerade zum **Bahnhof Gesundbrunnen**.

Rechts laufen die neuen Gleise für das **Nordkreuz**, dort, wo die ICE zum **Lehrter Bahnhof**, den 2006 eingeweihten „Hauptbahnhof", brausen, gähnen Tunnelschlünde.

Gesundbrunnen: „Alles aussteigen bitte!" Nein, einen Endbahnhof gibt es bei der Ringbahn nicht und wer will, kann ja die Tour noch einmal machen. Dafür empfiehlt sich dann jedoch die Tageskarte.

QUELLEN UND ANMERKUNGEN:

Alle Daten und Ereignisse ohne besonderen Hinweis unter Verwendung von:
„Chronik: Berlin im Jahr 1945–1989, Fakten Tag für Tag"
www.berlingeschichte.de/Kalender/Jahr/Jahreszahl. htm
Angaben zu Filmen teilweise unter Nutzung von: F. B. Habel:
„Das große Lexikon der DEFA-Spielfilme" Berlin 2001
Bei biographischen Angaben wurde u.a. Müller-Enbergs, Wielgohs, Hoffmann (Hg.): „Wer
war wer in der DDR – Ein biographisches Lexikon", Berlin 2000 sowie das Munzinger-
Archiv benutzt.

1. KAPITEL

1 Zitat und Darstellung nach Rogasch, Wilfried: „Ätherkrieg über Berlin", www.dhm.
   de/ausstellungen/kalter krieg/aet 04.htm
2 AlliiertenMuseum (Hrsg): „The Link with Home – und die Deutschen hörten zu",
   Berlin 2002, Seite 40
3 ebenda
4 nach ebenda, Seite 50 ff und 82 ff
5 nach Rogasch, Ätherkrieg, a. o. O.
6 ebenda
7 Keiderling, Gerhard: „Der Kältewinter 1947" In „Berlinische Monatsschriften", Berlin, Heft 2/1996, Seite 37
8 nach ebenda, Seite 35 ff
9 zitiert nach Keiderling, Gerhard: „Willy Brandt auf Beobachterposten"
   in Berlinische Monatsschriften", Berlin, Heft 1/1998, Seite 50

2. KAPITEL

1 Gehlen, Reinhard: „Der Dienst – Erinnerungen 1942–1971, Mainz-Wiesbaden 1971,
   Seite 48
2 ebenda,
3 „Hier versenkten sie Hitlers Asche", BILD (BB), Berlin, 26. 1. 2000
4 Autze, Rajan: „Treibgut des Krieges – Flüchtlinge und Vertriebene in Berlin 1945",
   Berlin 2001, Seite 94 f.
5 nach ebenda, Seite 65 ff.
6 Karlsch, Rainer und Laufer, Jochen (Hrsg.): „Sowjetische Demontagen in Deutschland – Hintergründe, Ziele und Wirkungen", Berlin 2002, Seite 79 f.
7 ebenda, Seite 495
8 nach Joseph, Detlef: „Nazis in der DDR", Berlin 2002, Seite 194 f.
9 nach Knobloch, Heinz: „Geisterbahnhöfe – Westlinien unter Ostberlin", Berlin 1992,
   Seite 53
10 nach Posser, Diether: „Anwalt im Kalten Krieg – Ein Stück deutsche Geschichte in
   politischen Prozessen 1951 – 1968", München 1991, Seite 426 ff.
11 nach Joseph, Detlef: „Nazis ...", a. o. O., Seite 182 f.
12 nach Neubert, Erhart und Eisenfeld, Bernd (Hrsg.): „Macht, Ohnmacht, Gegenmacht
   – Grundfragen zur politischen Gegnerschaft in der DDR", Bremen 2001, Seite 257
13 Darstellung und Zitat nach Joseph, Detlef: „Nazis ...", a. o. O., Seite 146f

14 nach Görlich, Christopher: „Die 68er in Berlin – Schauplätze und Ereignisse", Berlin 2002, Seite 298

15 nach Reuth, Ralf-Georg: „Joseph Goebbels Tagebücher", Band 1, München 1999, 2. Auflage, Seite 10 ff

14 nach Neubert / Eisenfeld: „Macht …", a. o. O., Seite 248

15 „Der gute Stern der Stasi", „Welt am Sonntag", Berlin, 29. 4. 2001

3. KAPITEL

1 nach AlliiertenMuseum Berlin (Hrsg.): „Gegenwart und Rückblick – 50 Zeitzeugnisse zur Geschichte der Westmächte und Berlin 1945 – 1994", Katalog Nr. 3, Berlin o. D., Seite 37 f.

2 zit. nach: Meyer, Bernhard: „Das kleine Steinstücken und die große Politik", „Berlinische Monatsschriften", Berlin, Heft 6/2001, Seite 118

3 nach ebenda, Seite 116 ff

4 Forschungsinstitut der Deutschen Gesellschaft für Auswärtige Politik e. V. (Hrsg.): „Dokumente zur Berlinfrage 1944–1966", München 1987, Seite 313 ff

5 ebenda, Seite 318

6 siehe „Berliner Morgenpost", Berlin, 9. 5. 1994

7 zit. nach: Mußgnug, Dorothee: „Alliierte Militärmissionen in Deutschland 1946– 1990", Berlin 2001, Seite 63

8 nach „Chronik der Verteidigung des Luftraums der DDR" homa.snafu.de/veith/LW-Chronik.htm

9 nach Checkpoint Bravo e. V.: „Chronologie der GÜST 1945–1990" www.checkpoint-bravo.de

10 nach „Chronik der Verteidigung …", a. o. O.

11 nach AlliiertenMuseum Berlin (Hrsg.): „Gegenwart und Rückblick …", a. o. O., Seite 118

12 nach „Chronik der Verteidigung …", a. o. O.

13 nach „Der Mann auf der Mauer", „Die Welt", Berlin, 29. 10. 2004

4. KAPITEL

1 nach Karlsch, Rainer und Laufer, Jochen: „Sowjetische Demontagen in Deutschland 1944–1949 – Hintergründe, Ziele und Wirkungen", Berlin 2002, Seite 50 f.

2 nach Schmidt-Eenboom, Erich: „Geheimdienst – Politik und Medien – Meinungsmache undercover", Berlin 2004, Seite 377

3 Buschfort, Wolfgang: „Die Ostbüros der Parteien in den 50er Jahren" (2. Auflage) Berlin 2000, Veröffentlichung LStU Berlin, Internet

4 nach Herbst, Andreas, Ranke, Wilfried und Winkler, Jürgen: „So funktionierte die DDR", Lexikon der Organisationen und Funktionäre, 3 Bände, Reinbek b. Hamburg 1994, Seite 870 f.

5 nach Veen, Hans-Joachim u. a. (Hrsg.): „Opposition und Widerstand in der SED-Diktatur – Lexikon", Berlin – München, o. D., Seite 360 f.

6 ebenda, Seite 204 f.

7 nach Buschfort, Wolfgang: „Die Ostbüros …", a. o. O.

8 ebenda

9 nach Wendt, Gerhard und Curth, Roland: „Fluchtziel Berlin – die Geschichte des Notaufnahmelagers Berlin-Marienfelde", Erinnerungsstätte Notaufnahmelager Marienfelde e. V., Berlin 2000, Seite 33 ff.

10 zitiert nach Richter, Walter: „Der Militärische Nachrichtendienst der Nationalen Volksarmee der DDR und seine Kontrolle durch das Ministerium für Staatssicherheit", Frankfurt am Main 2002, Seite 218

11 nach Kühn, Detlef: „Das Gesamtdeutsche Institut im Visier der Staatssicherheit", Berlin 2001, Veröffentlichung LStU Berlin, Internet

12 nach Niederstadt, Jenny: „Erbitten Anweisung!" – Die West-Berliner SEW und ihre Tageszeitung „Die Wahrheit" auf SED-Kurs", Berlin 1999, Veröffentlichung LStU Berlin, Internet

13 „Mit dem Mauerfall ist die DDR-Krise vorbei", „Die Welt", Berlin, 18. 11. 200

5. KAPITEL

1 nach Bailey, George, Kondraschow, Sergej A. und Murphy David E.: „Die unsichtbare Front – Der Krieg der Geheimdienste im geteilten Berlin", Berlin 1997, Seite 162 ff,

2 nach „SSD-Agentin Ruth Penser verhaftet", „Neue Zeitung", Berlin, 16. 11. 1952 und „Wieder SSD-Agentin gefasst", „Berliner Morgenpost", Berlin, 16. 11. 1952

3 John, Otto: „Zweimal kam ich heim – Vom Verschwörer zum Schützer der Verfassung", München 1969, Seite 259

4 nach Stern, Carola: „Doppelleben – Eine Autobiographie", Köln 2001, Seite 127 ff.

5 nach Henkel, Rüdiger: „Was treibt den Spion? – Spektakuläre Fälle von der ‚Schönen Sphinx' bis zum „Bonner Dreigestirn'", Berlin 2001, Seite 425

6 nach Allertz, Robert: „Im Visier die DDR – Eine Chronik", Berlin 2002, Seite 126

7 „Liquidieren den Mann", „Berliner Morgenpost", Berlin, 2./3. 10. 2000

8 ebenda

9 nach Müller, Bodo: „Faszination Freiheit – Die spektakulärsten Fluchtgeschichten", Berlin 2000, Seite 75 ff.

10 nach Görlich, Christopher: „Die 68er in Berlin – Schauplätze und Ereignisse", Berlin 2002, Seite 132

11 ebenda, Seite 225 ff.

12 ebenda, Seite 306 ff.

13 nach Auerbach, Thomas: „Einsatzkommandos an der unsichtbaren Front – Terror- und Sabotagevorbereitungen des MfS gegen die Bundesrepublik Deutschland", Berlin 1999 (3. Auflage), Seite 18

14 ebenda, Dokumentenanhang

15 ebenda, Seite 141

16 nach „Kopfschuss im Grunewald", „Berliner Zeitung", Berlin, 1. 12. 2004

17 nach Müller, Bodo: „Faszination Freiheit …", a. o. O., Seite 214

18 Kopie BStU: HA IX, Stellvertreter des Leiters, streng geheim: „Information zum Ergebnis der gerichtlichen Obduktion der am 7. 3. 1978 von Tripolis (Libyen) in die DDR überführten Leichen" vom 10. 3. 1978

19 nach „Der 11. Juni 1985: Countdown des Agentenaustausches", MDR, www.mdr.de/doku/1311318-hintergrund-1311163.html

20 nach Plötzl, Norbert F.: „Basar der Spione – Die geheimen Missionen des DDR-Unterhändlers Wolfgang Vogel", Hamburg 1997, Seite 421 ff.

21 „Vier Mal lebenslänglich für La-Belle-Bomber", BZ, Berlin, 5. 10. 2001

22 Darstellung und Zitat nach Möller, Andreas: „Der letzte Top-Spion der Stasi packt aus", „BILD" (Ausgabe Neue Länder), 10 Teile ab 1. 9. 2003 und Gespräche des Autors

6. KAPITEL

1 Axen, Hermann: „Ich war ein Diener der Partei", Berlin 1996, Seite 135
2 nach Schabowski, Günter: „Der Absturz", Berlin 1991, Seite 86
3 Rogasch, Wilfried: „Ätherkrieg über Berlin"
   www.dhm.de/ausstellungen/kalter krieg/ eto6.htm
4 ebenda
5 nach Allertz, Robert: „Im Visier der DDR – Eine Chronik", Berlin 2002,
   Seite 81
6 SED-Hausmitteilung „Strafsache gegen 5 Agenten des RIAS" vom 14. 6.
   1955, zit. nach Beckert, Rudi: „Die erste und letzte Instanz – Schau- und
   Geheimprozesse vor dem Obersten Gericht der DDR", Goldbach 1995,
   Seite 278 f.
7 SED-Hausmitteilung vom 13. 6. 1955, zit. nach ebenda, Seite 277
8 nach Frank, Mario: „Walter Ulbricht – Eine deutsche Biographie", Berlin 2001, Seite
   312 f.
9 „Springer baut für die Zukunft" „Welt am Sonntag", Berlin, 12. 3. 2000
10 Darstellung und Zitat nach Beckert, Rudi: „Die erste und letzte Instanz …", a. o. O.,
   Seite 69
11 Bundesministerium für innerdeutsche Beziehungen (Hrsg.): „Dokumente zur
   Deutschlandpolitik", IV. Reihe, Band 6, Frankfurt/Main 1976, Seite 934
12 nach Flemming, Thomas und Koch, Hagen: „Die Berliner Mauer – Geschichte eines
   politischen Bauwerks", Berlin 1999, Seite 62
13 Uschner, Manfred: „Die zweite Etage", Berlin 1994, Seite 65
14 Darstellung und Zitat nach Bahr, Egon: „Zu meiner Zeit", München 1996, Seite 357
15 Seidel, Karl: „Berlin-Bonner Balance", Berlin 2002, Seite 111
16 unter Verwendung von Mitdank, Joachim: „Berlin zwischen Ost und West – Erinnerungen eines Diplomaten", Berlin 2004, Seite 136 ff
17 „Es war die wichtigste Zeit meines Lebens", Berlinische Monatsblätter, Berlin, Heft
   6/2001, Seite 86 f.
18 nach Veen, Hans-Joachim u. a. (Hrsg.): „Opposition und Widerstand in der SED-Diktatur – Lexikon", Berlin – München, o. D., Seite 342
19 nach Knobloch, Heinz: „Geisterbahnhöfe – Westlinien unter Ostberlin", Berlin 1992,
   Seite 7
20 Krenz, Egon: „Herbst ,89", Berlin 1994, Seite 245
21 Flemming, Thomas und Koch, Hagen: „Die Berliner Mauer …", a. o. O.,
   Seite 118
22 ebenda, Seite 129

7. KAPITEL

1 www.chronik-der-mauer.de/chronik/
2 ebenda
3 ebenda
4 Zitat und Darstellung nach „Der Tag, als Berlin geteilt wurde", BZ, Berlin, 13. 8.
   2003
5 nach Gottschalk, Wolfgang „Der Garnisonfriedhof und der Invalidenfriedhof zu Berlin", Berlin 1991
6 Zitat und Darstellung nach „Der Tag, als Berlin geteilt wurde", BZ, Berlin, 13. 8.
   2003
7 Gespräch des Autors
8 „Der Tag, als Berlin geteilt wurde", a. o. O.

9   nach Knobloch, Heinz: „Geisterbahnhöfe – Westlinien unter Ostberlin", Berlin 1992, Seite 81
10 nach Checkpoint Bravo e. V.: „Chronologie der GÜST 1945 –1990 www.checkpoint-bravo.de
11 nach Momper, Walter: „Grenzfall", Berlin 1991, Seite 18 f.
12 nach Hartewig, Karin: „Das Auge der Partei – Fotografie und Staatssicherheit", Berlin 2004, Seite 86 f.
13 nach Flemming, Thomas und Koch, Hagen: „Die Berliner Mauer – Geschichte eines politischen Bauwerks", Berlin 1999, Seite 106
14 ebenda
15 siehe „Der Tagesspiegel", 2. 7. 1988
16 „Zwiebel-Mekka zwischen Ost und West" www.berliner-mieterverein.de/magazin
17 nach Behrendt, Hans-Dieter „Im Schatten der ‚Agentenbrücke'", Schkeuditz 2003, Seite 166
18 nach Flemming, Thomas und Koch, Hagen: „Die Berliner Mauer …", a. o. O., Seite 110 f.
19 nach Hartewig, Karin: „Das Auge der Partei …", a. o. O., Seite 76
20 „Jeden Tag durch den Eisernen Vorhang", „Berliner Morgenpost", Berlin, 8. 8. 1994
21 nach „Where is the wall" in „Berlinische Monatsschrift", Berlin, Heft 7/2001, Seite 116 f

8. KAPITEL

1   nach Leonhard, Wolfgang: „Die Revolution entläßt ihre Kinder", Band 2, Leipzig 1990, Seite 608 ff.
2   nach Stern, Carola: „Doppelleben – Eine Autobiographie", Köln 2001, Seite 80 ff.
3   nach Dittfurth, Udo: „August 1961 – S-Bahn und Mauerbau", Berlin 2001, Seite 152
4   nach Müller, Bodo: „Faszination Freiheit – Die spektakulärsten Fluchtgeschichten", Berlin 2000, Seite 207 f.
5   nach Dittfurth, Udo: „August 1961 – S-Bahn …", a. o. O., Seite 152 f.
6   nach Müller, Bodo: „Faszination Freiheit …", a. o. O., Seite 10 ff.
7   nach ebenda, Seite 270
8   nach ebenda
9   nach ebenda, Seite 28 ff.
10 nach ebenda, Seite 41 ff.
11 nach Flemming, Thomas und Koch, Hagen: „Die Berliner Mauer – Geschichte eines politischen Bauwerks", Berlin 1999, Seite 50
12 nach Müller, Bodo: „Faszination Freiheit …", a. o. O., Seite 75 ff.
13 nach „Pressemitteilung zur 100. Pressekonferenz der Arbeitsgemeinschaft 13. August" vom 10. 8. 1993, Haus am Checkpoint Charly und Sauer, Heiner und Plumeyer, Hans-Otto: „Der Salzgitterreport – Die Zentrale Erfassungsstelle berichtet über Verbrechen im SED-Staat", Esslingen – München 1991, Seite 298
14 nach Müller, Bodo: „Faszination Freiheit …", a. o. O., Seite 57 ff.
15 zitiert nach Hussock, Peter Alexander: „Keine Frau ist so schön wie die Freiheit – Flucht aus DDR-Gefängnissen – Authentische Fälle nach geheimen Stasi-Protokollen", Berlin 2004, Darstellung nach Gesprächen des Autors
16 nach „Fluchtversuch in trojanischer Kuh", „Märkische Allgemeine", Potsdam, 9./10. 11. 2002, sowie „BZ", Berlin, 15. 7. 1960 (Titel)
17 nach Behrendt, Hans-Dieter „Im Schatten der ‚Agentenbrücke'", Schkeuditz 2003, Seite 172 ff.

18 nach ebenda, sowie Gespräch des Autors
19 nach Knobloch, Heinz: „Geisterbahnhöfe – Westlinien unter Ostberlin", Berlin 1992, Seite 81
20 nach Tantscher, Monika: „Die letzten Grenzopfer", „Deutschlandarchiv", Köln, Seite 737
21 nach Müller, Bodo: „Faszination Freiheit …", a. o. O., Seite 218
22 ebenda
23 ebenda, Seite 219
24 ebenda
25 nach Behrendt, Hans-Dieter „Im Schatten …", a. o. O., Seite 176 f.
26 nach Checkpoint Bravo e. V.: „Chronologie der GÜST 1945 – 1990", www.checkpoint-bravo.de
27 nach Müller, Bodo: „Faszination Freiheit …", a. o. O., Seite 220
28 nach ebenda, Seite 185 ff.
29 Schultke, Dietmar: „,Keiner kommt durch' – Die Geschichte der innerdeutschen Grenze 1945 – 1990", Berlin 2000 (2. Auflage), Seite 193 f.

9. KAPITEL

1 „Sächsische Zeitung", Dresden, 8. 8. 2000
2 „Protokoll der Verhandlungen des III. Parteitages der Sozialistischen Einheitspartei Deutschlands", Band 1, Berlin 1950, Seite 380
3 nach Frank, Mario: „Walter Ulbricht – Eine deutsche Biographie", Berlin 2001, Seite 200 f.
4 nach Chronik: „Berlin im Jahr 1972, Fakten Tag für Tag", www.berlin-chronik.de
5 Eberle, Henrik und Wesenberg, Denise (Hrsg.): „Einverstanden, E. H. – Parteiinterne Hausmitteilungen, Briefe, Akten und Intrigen aus der Honecker-Zeit", Berlin 1999, Seite 222

10. KAPITEL

1 nach www.berliner-unterwelten.de
2 nach ebenda
3 Wolf, Markus: „Spionagechef im geheimen Krieg – Erinnerungen", Düsseldorf und München 1997, Seite 100
4 nach Plötzl, Norbert F.: „Basar der Spione – Die geheimen Missionen des DDR-Unterhändlers Wolfgang Vogel", Hamburg 1997, Seite 164 f.
5 nach Stuhler, Ed: „Margot Honecker – eine Biographie", Wien 2003, Seite 185 f.
6 Nagel, Dietrich W.: „Atomingenieur in Ostdeutschland – Autobiographie", Berlin 2004, Seite 91 f.
7 nach www.berliner-unterwelten.de
8 nach „Klingeldraht im Geistertunnel", „Die Welt", Berlin 14. 12. 1999
9 nach ebenda
10 Zitat und Darstellung nach ebenda
11 nach Knobloch, Heinz: „Geisterbahnhöfe – Westlinien unter Ostberlin", Berlin 1992, Seite 60
12 nach „Klingeldraht …", a. O. O.
13 nach Boom, Pierre und Haase-Hindenberg, Gerhard: „Der fremde Vater – Der Sohn des Kanzlerspions Guillaume erinnert sich", Berlin 2004, Seite 153 ff.
14 Zitate aus: Schalck-Golodkowski, Alexander: „Deutsch-deutsche Erinnerungen", Reinbek b. Hamburg 2000, Seite 121 und 215

15 nach Knobloch, Heinz: „Geisterbahnhöfe ..." , a. o. O., Seite 77 f. und „Klingeldraht ..." , a. O. O.

16 nach Knobloch, Heinz: „Geisterbahnhöfe ..." , a. o. O., Seite 78 f.

17 nach „Klingeldraht ..." , a. O. O.

18 nach Glocke, Nicole und Stiller, Edina: „Verratene Kinder – Zwei Lebensgeschichten aus dem geteilten Deutschland", Berlin 2003, Seite 24 ff.

19 nach www.berliner-unterwelten.de

20 nach Schöne, Jens: „Erosion der Macht – die Auflösung des Ministeriums für Staatssicherheit in Berlin", Berlin 2004, Anhang

21 nach „Vorwärts nach hinten", „Der Spiegel", Hamburg, Heft 42/1999, Seite 77 ff.

22 nach „Partys im leeren U-Bahn-Tunnel", „Berliner Zeitung", Berlin, 21. 6. 2001

23 Staadt, Jochen: „Spione im ZK – Der Fall Arno Heine" Zeitschrift des Forschungsverbundes SED-Staat an der FU Berlin, Berlin, Heft 14/2000, Seite 37 f.

24 nach „Bauarbeiter finden alten Fluchttunnel zwischen Treptow und Neukölln", „Berliner Morgenpost", Berlin, 26. 10. 2004

11. KAPITEL

1 nach Allertz, Robert: „Im Visier die DDR – Eine Chronik", Berlin 2002, Seite 38

2 „Werkzeuge des SED-Regimes – Der Bereich Kommerzielle Koordinierung und Alexander Schalck-Golodkowski" Bericht des 1. Untersuchungsausschusses des 12. Deutschen Bundestags, Berlin 1994 Anlagenband 1, Seite 188,

3 ebenda, Darstellung nach ebenda, Textband, Seite 88

4 nach ebenda, Textband, Seite 297 ff.

5 nach ebenda, Seite 287 NSW = Nichtsozialistisches Währungs-/Wirtschaftsgebiet

6 nach „Rabiater Raubzug", „Der Spiegel", Hamburg, Heft 51/1997, Seite 42

7 nach Rehlinger, Ludwig A.: „Freikauf – Die Geschäfte der DDR mit politisch Verfolgten 1963 – 1989", Frankfurt am Main, Berlin 1993, Seite 34 f.

8 nach Bringschulte, Wolfgang, Gerlach, Hans Jörgen und Heise, Thomas: „Freikaufgewinnler – Die Mitverdiener im Westen", Frankfurt am Main, Berlin 1993, Seite 23 f.

9 nach „Werkzeuge des SED-Regimes ...." , a. o. O., Anlagenband 2, Seite 1860 ff.

10 nach ebenda, Textband, Seite 299 f.

11 nach Schalck-Golodkowski, Alexander: „Deutsch-deutsche Erinnerungen", Reinbek b. Hamburg 2000, 208 ff.

12 „Werkzeuge des SED-Regimes ...." , a. o. O., Anlagenband 2, Seite 1892 f.

13 Schalck-Golodkowski, Alexander: „Deutsch-deutsche Erinnerungen", a. o. O., Seite 196

14 „Werkzeuge des SED-Regimes ...." , a. o. O., Anlagenband 1, Seite 215 ff.

15 ebenda, Seite 220 f.

16 nach Härtel, Christian und Kabus, Petra (Hrsg.): „Das Westpaket", (2. Auflage), Berlin 2001, 174 ff.

17 Zitat und Darstellung nach Ronneberger, Gerhardt: „Deckname ‚Saale` – High-Tech-Schmuggler unter Schalck-Golodkowski", Berlin 1999, Seite 187

18 ebenda, Seite 187 f.

19 nach Menzel, Rebecca: „Jeans in der DDR – Vom tieferen Sinn einer Freizeithose", Berlin 2004, Seite 160

20 nach Schalck-Golodkowski, Alexander: „Deutsch-deutsche Erinnerungen", a. o. O., Seite 187 f.

21 nach „Werkzeuge des SED-Regimes ...." , a. o. O., Textband, Seite 179

22 nach ebenda, Anlagenband 2, Seite 1905

23 nach Menzel, Rebecca: „Jeans in der DDR – Vom tieferen Sinn …", a. o. O., Seite 164 f.

24 nach Kalinich, Joachim und Pasquale, Sylvia de (Hrsg.): „Ein offenes Geheimnis – Post- und Telefonkontrolle in der DDR", Museumsstiftung Post und Telekommunikation, ohne Ort 2002, Seite 87

25 nach „Werkzeuge des SED-Regimes ….", a. o. O., Textband, Seite 203 und 342

26 ebenda, Anlagenband 2, Seite 1904 f.

27 nach ebenda, Textband, Seite 250

28 nach Schalck-Golodkowski, Alexander: „Deutsch-deutsche Erinnerungen", a. o. O., Seite 212 ff.

29 „Werkzeuge des SED-Regimes ….", a. o. O., Anlagenband 3, Seite 2466

30 ebenda, Seite 2467 PV = Partei-Vorstand

31 Schürer, Gerhard, Beil, Gerhard, Schalck, Alexander, König, Herta und Polze, Werner, Geheime Kommandosache b 5 – 1111/89 vom 28. 9. 1989, Archiv des Autors

32 Darstellung und Zitat ebenda

33 „Werkzeuge des SED-Regimes ….", a. o. O., Anlagenband 2, Seite 1904

34 ebenda, a. o. O., Seite 2333

12. KAPITEL

1 nach „Geheimdienst-Horchposten in Berlin", www.lostplaces.de

2 ebenda

3 ebenda

4 ebenda

5 nach Henkel, Rüdiger: „Was treibt den Spion? – Spektakuläre Fälle von der ‚Schönen Sphinx' bis zum „Bonner Dreigestirn'", Berlin 2001, Seite 364 f.

6 nach „Geheimdienst-Horchposten …", a. o. O.

7 nach Stafford, David: „Berlin underground – Wie der KGB und die westlichen Geheimdienste Weltpolitik machten", Hamburg 2003,

8 nach Henkel, Rüdiger: „Was treibt den Spion? …", a. o. O., Seite 230 ff.

9 nach TV-Magazin „Fakt" (ARD), 17. 5. 1999

10 nach Henkel, Rüdiger: „Was treibt den Spion? …", a. o. O., Seite 422 ff.

11 nach Flemming, Thomas und Koch, Hagen: „Die Berliner Mauer – Geschichte eines politischen Bauwerks", Berlin 1999, Seite 43

12 nach „Geheimdienst-Horchposten …", a. o. O.

13 nach Henkel, Rüdiger: „Was treibt den Spion? …", a. o. O., Seite 357

14 nach Görlich, Christopher: „Die 68er in Berlin – Schauplätze und Ereignisse", Berlin 2002, Seite 343

15 nach „Das Büro für Besuchs- und Reiseangelegenheiten – eine MfS-Filiale in West-Berlin", www.stasi-landesbeauftragter-berlin.de

16 nach Allertz, Robert: „Im Visier die DDR – Eine Chronik", Berlin 2002, Seite 160 und Plötzl, Norbert F.: „Basar der Spione – Die geheimen Missionen des DDR-Unterhändlers Wolfgang Vogel", Hamburg 1997, Seite 271

17 nach „Geheimdienst-Horchposten …", a. o. O.

18 zitiert nach Hartewig, Karin: „Das Auge der Partei – Fotografie und Staatssicherheit", Berlin 2004, Seite 71

19 MDR: „Die Geschichte des CIA-Agenten Werner Jonsek", www.mdr.de/doku/131311.html

20 Zitat und Darstellung nach Nitz, Jürgen (Hrsg.): „Lauschangriff", Berlin 1995, Seite 45 ff.

21 Bölling, Klaus: „Die fernen Nachbarn – Erfahrungen in der DDR", Hamburg 1983, Seite 28
22 nach Nitz, Jürgen (Hrsg.): „Lauschangriff", a. o. O., Seite 58 ff.
23 nach TV-Magazin „Fakt" (ARD), 17. 5. 1999
24 nach Eichner, Klaus und Dobbert, Andreas: „Headquarters Germany", Berlin 2001 (2. Auflage), Seite 227 ff.
25 Schalck-Golodkowski, Alexander: „Deutsch-deutsche Erinnerungen", Reinbek b. Hamburg 2000, Seite 234
26 nach Gill, David und Schröter, Ulrich: „Ministerium für Staatssicherheit – Anatomie des Mielke-Imperiums", Berlin 1991, Seite 140 f. und 145 f.
27 nach „Die Stasi war immer dabei", www.d-no.de/stasi/opk2.htm
28 Schöne, Jens: „Erosion der Macht – die Auflösung des Ministeriums für Staatssicherheit in Berlin", Berlin 2004, Seite 73
29 nach „Geheimdienst-Horchposten ...", a. o. O.

13. KAPITEL

1 nach Falck, Uta: „VEB Bordell – Geschichte der Prostitution in der DDR", Berlin 1998, Seite 45
2 „Beschwerde des DSF-Kreissekretärs Arnstadt an den Magistrat von Groß-Berlin" vom 15. 12. 1952, zit. nach ebenda, Seite 23
3 zit. nach ebenda, Seite 48
4 nach Rother, Rainer: „Feindliche Brüder – Der Kalte Krieg und der deutsche Film" http://www.dhm.de/-roehrig/ws9596/texte/kk/dhm/film.html
5 Zitate und Darstellung nach Wolf, Markus: „Spionagechef im geheimen Krieg – Erinnerungen", Düsseldorf und München 1997, Seite 95 f.
6 „Liebe, Politik und Wahlen", „Das Magazin", Berlin, Heft 11/1958, Seite 41
7 „Ein wirklich gepfefferter Grenzzwischenfall", „Märkische Allgemeine", Potsdam, 8./9. 6. 2002
8 nach Görlich, Christopher: „Die 68er in Berlin – Schauplätze und Ereignisse", Berlin 2002, Seite 219 f.
9 Falck, Uta: „VEB Bordell – Geschichte der Prostitution ...", a. o. O., Seite 100
10 Darstellung und Zitate nach „Flotte Moni von der Stasi", „Focus", München, Heft 28/1997
11 nach Roßberg, Klaus und Richter, Peter: „Das Kreuz mit dem Kreuz", Berlin 1996, Seite 80 ff.
12 Darstellung und Zitate nach Erlebnisbericht Peter Gross, www.bautzeni.de
13 Wolf, Markus: „Spionagechef ...", a. o. O., Seite 156
14 Falck, Uta: „VEB Bordell – Geschichte der Prostitution ...", a. o. O., Seite 144
15 nach „Stasi: Mit Sex und Peitsche", „Focus", München, Heft 11/2002
16 Hein, Philipp und Leitner, Michael: „AIDS – Dekonstruktion einer Seuche" http://www.aids-kritik.de
17 nach Tiedge, Hansjoachim: „Der Überläufer – Eine Lebensbeichte", Berlin 2000, Seite 181 ff.
18 nach „Stern", Hamburg, 9. 2. 2004
19 nach Kaiser, Regina und Karlstedt, Uwe: „Zwölf heißt: Ich liebe Dich – Der Stasi-Offizier und die Dissidentin", München 2004
20 Zitate nach Hirsch, Rudolf: „Der Markus-Wolf-Prozeß – Eine Reportage", Berlin 1994, Seite 182 und 181

21 nach "Mein Mädchen aus Ost-Berlin", „Welt am Sonntag", Berlin, 18. 1. 2004 und „Mein Mädchen aus Ost-Berlin war Stasi-Spitzel", „Bild am Sonntag", Berlin, 11. 1. 2004

22 nach Bohnsack, Günter: „Die Legende stirbt", Berlin 1997, Seite 56

23 nach „Liebe, Stasi, Leidenschaft & eine Happy End", „BZ", Berlin, 16. 6. 1995

24 Boom, Pierre und Haase-Hindenberg, Gerhard: „Der fremde Vater – Der Sohn des Kanzlerspions Guillaume erinnert sich", Berlin 2004, Seite 244

25 nach Damerow, Ariane: „Operation Sweety – eine Liebe im Schatten der Mauer", Hamburg 2003

LITERATUR

Allertz, Robert: „Im Visier die DDR – Eine Chronik", Berlin 2002

AlliiertenMuseum Berlin (Hrsg.): „Gegenwart und Rückblick – 50 Zeitzeugnisse zur Geschichte der Westmächte und Berlin 1945–1994", Katalog Nr. 3, Berlin o. D.

Autze, Rajan: „Treibgut des Krieges – Flüchtlinge und Vertriebene in Berlin 1945", Berlin 2001

Auerbach, Thomas: „Einsatzkommandos an der unsichtbaren Front – Terror- und Sabotagevorbereitungen des MfS gegen die Bundesrepublik Deutschland", Berlin 1999

Axen, Hermann: „Ich war ein Diener der Partei", Berlin 1996

Bahr, Egon: „Zu meiner Zeit", München 1996

Bahrmann, Hannes und Links, Christoph: „Chronik der Wende – Die DDR zwischen 7. Oktober und 18. Dezember 1989", Berlin 1994

Bailey, George, Kondraschow, Sergej A. und Murphy David E.: „Die unsichtbare Front – Der Krieg der Geheimdienste im geteilten Berlin", Berlin 1997

Behling, Klaus: „Kundschafter a. D. – Das Ende der DDR-Spionage", Stuttgart 2003

Behling, Klaus „Spione in Uniform – Die Alliierten Militärmissionen in Deutschland", Stuttgart 2004

Beckert, Rudi: „Die erste und letzte Instanz – Schau- und Geheimprozesse vor dem Obersten Gericht der DDR" Goldbach 1995

Behrendt, Hans-Dieter „Im Schatten der ‚Agentenbrücke'", Schkeuditz 2003,

Bergner, Paul: „Befehl ‚Filigran' – Die Bunker der DDR-Führung für den Ernstfall", Basdorf 2000 (2. Auflage)

Bergner, Paul: „Die Waldsiedlung – Ein Sachbuch über ‚Wandlitz'" Basdorf 2001 (4. Auflage)

Bering, Henrik: „Outpost Berlin – The History of the American Military Forces in Berlin, 1945–1994", Chicago 1995

Bohnsack, Günter: „Die Legende stirbt", Berlin 1997

Bölling, Klaus: „Die fernen Nachbarn – Erfahrungen in der DDR", Hamburg 1983

Boom, Pierre und Haase-Hindenberg, Gerhard: „Der fremde Vater – Der Sohn des Kanzlerspions Guillaume erinnert sich", Berlin 2004

Brandt, Willy: „Erinnerungen", Berlin 1997

Braun, Jutta, Klawitter, Nils und Werkentin, Falco: „Die Hinterbühne politischer Strafjustiz in den frühen Jahren der SBZ/DDR" (Studie LStU Berlin), Berlin 1997

Bringschulte, Wolfgang, Gerlach, Hans Jörgen und Heise, Thomas: „Freikaufgewinnler – Die Mitverdiener im Westen", Frankfurt am Main, Berlin 1993

Bundesministerium für innerdeutsche Beziehungen (Hrsg.) „DDR-Handbuch", 2 Bände, Köln 1985

Bundesministerium für innerdeutsche Beziehungen (Hrsg.): „Dokumente zur Deutschlandpolitik", IV. Reihe, Band 6, Frankfurt/Main 1976

Bundesministerium der Justiz (Hrsg.): „Im Namen des Volkes? – Über die Justiz im Staat der SED", 3 Bände, 2. Auflage, Leipzig 1996

Damerow, Ariane: „Operation Sweety – eine Liebe im Schatten der Mauer", Hamburg 2003

Dittfurth, Udo: „August 1961 – S-Bahn und Mauerbau", Berlin 2001

Eberle, Henrik und Wesenberg, Denise (Hrsg.): „Einverstanden, E. H. – Parteiinterne Hausmitteilungen, Briefe, Akten und Intrigen aus der Honecker-Zeit", Berlin 1999

Eichner, Klaus und Dobbert, Andreas: „Headquarters Germany", Berlin 2001 (2. Auflage)

Falck, Uta: „VEB Bordell – Geschichte der Prostitution in der DDR", Berlin 1998

Felfe, Heinz: „Im Dienst des Gegners", Berlin 1988

Flemming, Thomas und Koch, Hagen: „Die Berliner Mauer – Geschichte eines politischen Bauwerks", Berlin 1999

Forschungsinstitut der Deutschen Gesellschaft für Auswärtige Politik e. V. (Hrsg.): „Dokumente zur Berlinfrage 1944–1966", München 1987

Frank, Mario: „Walter Ulbricht – Eine deutsche Biographie", Berlin 2001

Fricke, Karl-Wilhelm: „Politik und Justiz in der DDR. Zur Geschichte der politischen Verfolgung 1945–1968 – Bericht und Dokumentation", Köln 1979

Fricke, Karl-Wilhelm: „Zur Menschen- und Grundrechtssituation politischer Gefangener in der DDR – Analyse und Dokumentation", Köln 1986

Gaus, Günter: „Wo Deutschland liegt – Eine Ortsbestimmung" Hamburg 1983

Gehlen, Reinhard: „Der Dienst – Erinnerungen 1942–1971", Mainz-Wiesbaden 1971

Geraghty, Tony: „BRIXMIS – The Untold Exploits of Britain's most Daring Cold War Spy Mission", London 1997

Gesamtdeutsches Institut (Hrsg.): „Aus der Tätigkeit des Gesamtdeutschen Instituts 1969–1991", Bonn 1991

Gieseke, Jens: „Mielke-Konzern – Die Geschichte der Stasi 1945–1990", Stuttgart und München 2001 (2. Auflage)

Gieseke, Jens (Hrsg.): „Wer war wer im Ministerium für Staatssicherheit – Kurzbiografien des MfS-Leitungspersonals 1950 bis 1989", Der Bundesbeauftragte für die Unterlagen des Staatssicherheitsdienstes der ehemaligen Deutschen Demokratischen Republik, MfS-Handbuch, Teil V/4, Berlin 1998

Gill, David und Schröter, Ulrich: „Ministerium für Staatssicherheit – Anatomie des Mielke-Imperiums", Berlin 1991

Glocke, Nicole und Stiller, Edina: „Verratene Kinder – Zwei Lebensgeschichten aus dem geteilten Deutschland", Berlin 2003

Görlich, Christopher: „Die 68er in Berlin – Schauplätze und Ereignisse", Berlin 2002

Gottschalk, Wolfgang „Der Garnisonfriedhof und der Invalidenfriedhof zu Berlin", Berlin 1991

Grube, Frank und Richter, Gerhard: „Flucht und Vertreibung. Deutschland zwischen 1944 und 1947", Hamburg 1980

Härtel, Christian und Kabus, Petra (Hrsg.): „Das Westpaket", (2. Auflage), Berlin 2001

Hartewig, Karin: „Das Auge der Partei – Fotografie und Staatssicherheit", Berlin 2004

Heinrich, Eberhard, Ullrich, Klaus: „Befehdet seit dem ersten Tag – Über drei Jahrzehnte Attentate gegen die DDR", Berlin 1981 (2. Auflage)

Henkel, Rüdiger: „Was treibt den Spion? – Spektakuläre Fälle von der ‚Schönen Sphinx' bis zum „Bonner Dreigestirn'", Berlin 2001

Herbst, Andreas, Ranke, Wilfried und Winkler, Jürgen: „So funktionierte die DDR". Lexikon der Organisationen und Funktionäre, 3 Bände, Reinbek b. Hamburg 1994

Hirsch, Rudolf: „Der Markus-Wolf-Prozeß – Eine Reportage", Berlin 1994

Hussock, Peter Alexander: „Keine Frau ist so schön wie die Freiheit – Flucht aus DDR-Gefängnissen – Authentische Fälle nach geheimen Stasi-Protokollen", Berlin 2004

John, Otto: „Zweimal kam ich heim – Vom Verschwörer zum Schützer der Verfassung", München 1969

Joseph, Detlef: „Nazis in der DDR", Berlin 2002

Kaiser, Regina und Karlstedt, Uwe: „Zwölf heißt: Ich liebe Dich – Der Stasi-Offizier und die Dissidentin", München 2004

Kalinich, Joachim und Pasquale, Sylvia de (Hrsg.): „Ein offenes Geheimnis – Post- und Telefonkontrolle in der DDR", Museumsstiftung Post und Telekommunikation, o. O. 2002

Karlsch, Rainer und Laufer, Jochen (Hrsg.): „Sowjetische Demontagen in Deutschland 1944–1949 – Hintergründe, Ziele und Wirkungen", Berlin 2002

Knobloch, Heinz: „Geisterbahnhöfe – Westlinien unter Ostberlin", Berlin 1992

Kotschemassow, Wjatscheslaw: „Meine letzte Mission", Berlin 1994

Kowalczuk, Ilko-Sascha und Wolle, Stefan: „Roter Stern über Deutschland – Sowjetische Truppen in der DDR", Berlin 2001

Krenz, Egon: „Herbst '89", Berlin 1994

Krummholz, Walter: „Berlin-ABC", Berlin 1968

Kuhlmann, Bernd: „Züge durch Mauer und Stacheldraht", Berlin 1998

Leonhard, Wolfgang: „Die Revolution entläßt ihre Kinder", Band 2, Leipzig 1990

Menzel, Rebecca: „Jeans in der DDR – Vom tieferen Sinn einer Freizeithose", Berlin 2004

Ministerium der Justiz der DDR (Hrsg): „Strafgesetzbuch – StGB – sowie angrenzende Gesetze und Bestimmungen", Staatsverlag der Deutschen Demokratischen Republik, Berlin 1981

Mitdank, Joachim: „Berlin zwischen Ost und West – Erinnerungen eines Diplomaten", Berlin 2004

Momper, Walter: „Grenzfall", Berlin 1991

Müller, Bodo: „Faszination Freiheit – Die spektakulärsten Fluchtgeschichten", Berlin 2000

Mußgnug, Dorothee: „Alliierte Militärmissionen in Deutschland 1946–1990", Berlin 2001

Nagel, Dietrich W.: „Atomingenieur in Ostdeutschland – Autobiographie", Berlin 2004

Naimark, Norman M.: „Die Russen in Deutschland – Die sowjetische Besatzungszone 1945–1949", Berlin 1999

Neubert, Erhart und Eisenfeld, Bernd (Hrsg.): „Macht, Ohnmacht, Gegenmacht – Grundfragen zur politischen Gegnerschaft in der DDR", Bremen 2001

Nitz, Jürgen (Hrsg.): „Lauschangriff", Berlin 1995

Plötzl, Norbert F.: „Basar der Spione – Die geheimen Missionen des DDR-Unterhändlers Wolfgang Vogel", Hamburg 1997

Pollack, Detlef und Rink, Dieter (Hrsg.): „Zwischen Verweigerung und Opposition – Politischer Protest in der DDR 1970–1989", Frankfurt a. M. 1997

Posser, Diether: „Anwalt im Kalten Krieg – Ein Stück deutsche Geschichte in politischen Prozessen 1951–1968", München 1991

Potthoff, Heinrich: „Im Schatten der Mauer – Deutschlandpolitik 1961 bis 1990" Berlin 1999

Rehlinger, Ludwig A.: „Freikauf – Die Geschäfte der DDR mit politisch Verfolgten 1963–1989", Frankfurt am Main, Berlin 1993

Reuth, Ralf-Georg: „Joseph Goebbels Tagebücher", Band 1, München 1999, 2. Auflage

Richter, Walter: „Der Militärische Nachrichtendienst der Nationalen Volksarmee der DDR und seine Kontrolle durch das Ministerium für Staatssicherheit", Frankfurt am Main 2002

Ronneberger, Gerhardt: „Deckname ‚Saale' – High-Tech-Schmuggler unter Schalck-Golodkowski", Berlin 1999

Roßberg, Klaus und Richter, Peter: „Das Kreuz mit dem Kreuz", Berlin 1996

Sauer, Heiner und Plumeyer, Hans-Otto: „Der Salzgitterreport – Die Zentrale Erfassungsstelle berichtet über Verbrechen im SED-Staat", Esslingen – München 1991

Schalck-Golodkowski, Alexander: „Deutsch-deutsche Erinnerungen", Reinbek b. Hamburg 2000

Schabowski, Günter: „Der Absturz", Berlin 1991

Schmidt-Eenboom, Erich: „Geheimdienst – Politik und Medien – Meinungsmache undercover", Berlin 2004

Schöne, Jens: „Erosion der Macht – die Auflösung des Ministeriums für Staatssicherheit in Berlin", Berlin 2004

Schultke, Dietmar: „‚Keiner kommt durch' – Die Geschichte der innerdeutschen Grenze 1945–1990", Berlin 2000 (2. Auflage)

Seidel, Karl: „Berlin-Bonner Balance", Berlin 2002

Stafford, David: „Berlin underground – Wie der KGB und die westlichen Geheimdienste Weltpolitik machten", Hamburg 2003

Stern, Carola: „Doppelleben – Eine Autobiographie", Köln 2001

Stuhler, Ed: „Margot Honecker – eine Biographie", Wien 2003

Tiedge, Hansjoachim: „Der Überläufer – Eine Lebensbeichte", Berlin 2000

Uschner, Manfred: „Die zweite Etage", Berlin 1994

Veen, Hans-Joachim u. a. (Hrsg.): „Opposition und Widerstand in der SED-Diktatur – Lexikon", Berlin – München, o. D.

Wendt, Gerhard und Curth, Roland: „Fluchtziel Berlin – die Geschichte des Notaufnahmelagers Berlin-Marienfelde", Erinnerungsstätte Notaufnahmelager Marienfelde e. V., Berlin 2000

Wolf, Markus: „Spionagechef im geheimen Krieg – Erinnerungen", Düsseldorf und München 1997

Wyden, Peter: „Die Mauer war unser Schicksal", Berlin 1995